JN108619

HAND BOOK

陸上競技審判ハンドブック

2023
2024

JAAF Japan Association of
Athletics Federations

目　　次

3

トラック競技

フィールド競技

混成競技

競歩競技

道路競走競技

マスターズ陸上・パラ陸上

公認審判員

1 公認審判員制度

競技会における役員は，運営面（主催，共催，後援等）を担当する大会役員と直接競技そのものに携わる競技役員とから構成されている。競技役員は，競技をスムーズに進行させるための総務系統を担当する役員と，規則に則った審判を行い，その結果の記録および順位を正しく判定する競技系統の役員に分けられている。

通常，総務系統と競技系統を合わせて，それぞれの職務にあたるものを審判員と言うが，競技会前の準備に携わる役員と競技会当日の運営に携わる役員の両方を含めて広く解釈している。

競技が公平で信頼できるように，また競技者が快く競技することができるようにするためには，審判員の役割は重要である。そのためには信頼のおける審判員が不可欠であり，その資格が検討されなければならない。

日本陸上競技連盟では，1948年から公認審判員制度を設け，その制度のために定められた公認審判員規程の下で，資質の向上を目指して実践してきた。その規程は数回の修改正を経て，現在に至っている。現在の規程は2021年3月に改正されたものである。

公認審判員規程の要点

① 公認審判員の任務に関すること

② 資格に関すること

公認審判員は本連盟の登録会員でなければならない。

③ 公認審判員の級別に関すること

審判員を審判技術，審判態度，経験年数，年齢等の条件に応じて，S級，A級，B級，C級に分類した。

この級別によって審判員の努力目標が明示され，積極的な規則の研究，審判講習会や競技会の参加等によって審判員の養成や技術の向上，審判員組織の確立ができるようになった。

この級とは別に，競技規則や運営に関する知識の確かな審判員を選考しJTOs（Japan Technical Officials）として各種主催・共催・後援競技会に派遣し，審判長を補佐する制度を発足させた。

また，競歩競技における歩形判定技能や競技運営には，専門的な知識と経験が必要となることから，世界陸連（World

Athletics：以下 WA とする）の基準を満たした競歩審判員を JRWJs（Japan Race Walking Judges）として認定し，本連盟主催・共催・後援競技会に派遣している。

　JTO，JRWJ ともに（各地域，都道府県陸協から推薦された）A 級以上で 55 歳未満の審判員が本連盟実施の認定試験に臨むことができる。受験したすべての試験に対し，概ね 8 割以上得点した審判員を合格としている。

　2021 年オリンピック・パラリンピック開催に伴い，開催期間中の JTO が不足することが考えられるので JTO の定年延長（年齢が満 70 歳に達し，当該年度を全うしたときまでにすること）を決定した。

④　公認審判員の推薦，審査および委嘱に関すること。

⑤　公認審判員の解任および復権に関すること。

⑥　審判員手帳，公認審判員証（カード）およびバッジの制定に関すること。

⑦　記録が公認される競技会における公認審判員の関わりに関すること。

　競技会の権威と記録の信頼性を確保するために，公認競技会の競技役員は補助役員を除きすべて公認審判員で構成しなければならない。

⑧　登録審判員の処分に関すること。

以上 8 つの項目に付いて挙げたが，電子機器や情報技術の発達および開発によって，競技会の運営や審判技術は一層科学性を求められるようになっている。

　本連盟および加盟団体は，この要求に応じ得るようにあらゆる手段を講じて，優秀な審判員の確保と養成に努力することが大切である。

2　公認審判員資格取得の基準

(1)　公認審判員となる条件

①　陸上競技規則を熟知すること。

②　1 つの審判部署に関して深い経験をもち，かつ優れた技術ま

たは能力を有していること。

③　審判員として公平・公正であり，かつ人間関係が円満であること。

④　審判員として一定の経験年数に達していること（S級，A級が対象）。

⑤　現在審判員としての熱意を有し，委嘱があれば可能な限り出席していること。

以上5つの条件を基準として，4つの級に分けられている。

公認審判員として認定された者は，経験年数や審判技術により順次上級に進むことができる。

(2)　S級公認審判員資格取得の基準

現在A級公認審判員で満10年を経過し，55歳（4月1日を基準とする）に達する者のうち，審判員としての活動に精励し，熟練した審判技術と知識を有する者（公認審判員規程第4条）。

審判講習会出席回数については，原則として年1回とする。ただし，少なくとも5年間で3回以上の出席がなければならない。

(3)　A級公認審判員資格取得の基準

現在B級公認審判員で原則として満10年を経過した者のうち，数多くの審判員としての活動を通して，より高い審判技術と知識を身につけた者。

A級公認審判員の資格は，加盟団体で審査し，本連盟は当該級の審判員の資格を取得したものとして委嘱する。

(4)　B級公認審判員資格取得の基準

①　加盟団体の登録会員で18歳に達する者は，B級公認審判員となる資格を有する。加盟団体は，B級公認審判員の資格取得を希望する者に対して審判講習会を開催し，テスト等の結果，加盟団体の競技会の審判ができると認定された者に資格を与え，B級公認審判員に委嘱する。

②　日本学生陸上競技連合に登録する学生については，同連合からの申請に基づきB級公認審判員に委嘱する。

③　C級公認審判員でその年度内に18歳に達するものは，B級公認審判員になり得る資格を有する。加盟団体はB級公認審判員の資格取得を希望する者に対して審査し，B級公認審判員

に委嘱する。

(5) C級公認審判員資格取得の基準

　高体連の登録会員で16歳に達する者は，C級公認審判員となる資格を有する。加盟団体は，C級公認審判員の資格取得を希望する者に対して審判講習会を開催し，テスト等の結果，基礎的な技術と知識を身に付け，加盟団体の競技会の審判ができると認定された者に資格を与え，C級公認審判員に委嘱する。

3　公認審判員の推薦と承認

　公認審判員の推薦と承認は，公認審判員規程第4条によって行われる。S級公認審判員資格取得の事務処理は，後述8公認審判員「資格取得等の事務手順」を参照のこと。

　S級公認審判員は，加盟団体から推薦する。推薦書類は本連盟競技運営委員会指定の期日までに，本連盟に提出する。

　S級公認審判員は，本連盟競技運営委員会で審査し，理事会の承認を得て本連盟が委嘱する。

　提出に際しての留意点

(1) S級公認審判員推薦候補者は，A級公認審判員の昇格時からの審判員手帳を添付すること。添付されない場合は，対象者から除外するので留意のこと。

(2) 審判員手帳には，出席競技会名を一括整理してはならない。競技会の都度，記録するよう留意すること。

(3) 加盟団体が候補者を推薦する場合は，公認審判員の資格取得の基準の条件に適合する者のみ行うこと。

(4) A級，B級，C級公認審判員については，各加盟団体によって確認された審判員数を，毎年4月末日までに本連盟に報告すること。

4　公認審判員の解任と復権

　公認審判員規程第5条によって，次の(1)(2)に該当するときは，自動的にその任を解かれる。

(1) 登録会員でなくなったときは，解任される。

　ただし，特別の事情によって，一時的に登録会員でなくなっても，その特別な事情が解消し，再び登録会員となったときには，以前の資格を回復する。

(2) 競技会の審判員を委嘱されたにもかかわらず，1年以上特別な理由もなく，その任にあたらないとき。

(3) (1)(2)により解任された者で復権を希望する者に対しては申請に基づき，S級公認審判員は本連盟競技運営委員会によって審査し，本連盟がこれを委嘱する。またA級，B級およびC級公認審判員については，加盟団体で審査し，本連盟がこれを委嘱する。

5　公認審判員の心得

　公認審判員は，競技者のよき指導者として高い識見を有し，常に競技規則を研鑽するとともに正しい審判技術を身につけ，公正で適切な審判ができ，競技会の円滑な運営を図るために協力する心掛けが必要である。

　また公認審判員の資質の向上を図る心得として，次のことに留意する。

(1) 審判員として委嘱を受けたときは，可能な限り出席し，数多くの競技実例を体得し審判技術を磨くことに努める。

(2) 直接，審判員として任務する以外に，競技会を見学または視察などして競技会の運営や審判方法を身につけるように努める。その際は，審判員手帳を提示し，証明を受けるようにする。

(3) 毎年少なくとも1回の審判講習会に出席し，規則の理解と研究ならびに技術の向上に努める。

(4) 自己の専門領域外の審判技術に対しても精通することが大切であるので，各種の審判員を経験し，オールラウンドな審判技術を習得するように努める。

(5) 審判員はコンプライアンスを遵守し判定や運営にあたる。

6 公認審判員の服装と態度

(1) 服装について

審判員の服装は，スポーツの特性に応じて，それに相応しい服装が定められている。まず競技者と審判員の区別ができる服装でなければならない。また審判員によっては，その任務がはっきり識別できる服装も考えなければならない。本連盟では，審判員の服装について，概ね次のようなものを標準としている。

① 平常の競技会における服装

男性は白ワイシャツ，紺または黒のブレザー，グレーのズボン，女性は白ブラウス，紺または黒のブレザー，グレーのスカートまたはスラックスおよび加盟団体制定のネクタイ，スカーフ，帽子等の着用を標準とする。ブレザーは必ずボタンを止めるように心がける。

② 夏季における服装

男性は半袖白ポロシャツ，グレーのズボンまたはハーフパンツ，女性は半袖白ポロシャツ，グレーのスカートまたはスラックスまたはハーフパンツ，加盟団体制定の帽子を着用する。

主催者側の意向により，都道府県カラーや，大会のイメージカラーを用いたシャツを着用することも構わない。但し，競技役員全員が同じ服装で運営にあたることが必須である。

尚，審判長，スターター，リコーラーおよび各主任等は，よく目立つ色の帽子や腕章などで識別するとよい。紫外線から目を保護するために，サングラスの使用も可としている。

③ その他の着用物

公認審判員証（カード），バッジ，ADカード（必要なとき）を着用する。

(2) 態度について

① 競技場内での歩行

競技場内での出入りは，堅苦しくなく，自然体で歩くようにする。特に配置につくとき，また待機位置に戻るときの行動は，できるだけ団体行動をとり，歩調を合わせるようにすることが望ましい。

② 競技者に接するとき

　審判にあたるときの姿勢は，競技者が快く競技に参加できるように接し，不快の念を抱かせるような態度は慎むべきである。

③ 審判にあたっているとき

　規則に則り，適切に公正な態度で審判にあたり，私語または他人に無駄な話しかけをしないように心がける。

　また椅子に座っているときに，足組みまたは腕組みをして審判をするような行為や，首を傾げる様な動作は慎む。

7　その他の留意事項

(1) 競技規則の理解について

　本連盟の競技規則は，特別なものを除き WA の競技規則に準拠した内容になっている。特別なものというのは，国内の競技会において採用することが適切でない条項があるので，その条項は別扱いにしているということである。これらの条項は，直接的に理解できるように〔国際〕と記載している。これらの条項は国際大会のみ適用されるもので，国内の競技会には適用しないということである。

　この他ルールブックに掲載してある表記の中に，〔注意〕，〔国内〕，〔国際－注意〕，〔参照〕等が説明してあるので，理解しておくこと。WA では，大きな競技規則の修改正は 2 年ごとと決められているが，細かい修改正は毎年行っているので，本連盟の競技規則も修改正せざるを得ないのが現状である。従って常に研修を怠らない姿勢をもつ必要がある。

(2) 競技注意事項について

　競技会当日に受け取ったプログラムの中に，必ず競技注意事項が掲載されている。この注意事項には，競技運営に関する事項や競技規則に準ずる内容あるいは申合せ事項等が記載されている。これを読まずに審判にあたったため，大きな誤りをすることもある。競技開始前の習慣として精読し確認することを，ぜひ身につけておきたいものである。

(3) 審判員の連携

　競技会の運営を良くするには，審判員のチームワークが大切であ

る。陸上競技場が広く，しかも同時に数種目が競技をしていることも多く，連携がうまく取れないと大きなミスに繋がることもある。各人，各グループが責任をもって任務を果たすことは当然であるが，関連するグループとの連携プレーも重要である。また情報機器を有効に使用した競技運営の大切さを理解し，実践にあたってほしい。

(4) 豊富な経験

審判員の委嘱を受けたら出席し，経験を深める努力が必要である。また委嘱を受けなくても，競技会を見学して，研修する機会を多くもつことが大切である。その際には，「ルールブック」とともに「ハンドブック」も持参すれば，より深い研修ができる。

(5) 柔軟な競技会運営

競技会には，初心者の参加が多い競技会，経験者の多い競技会など競技会の内容の相違する競技会が数多くある。参加する競技者の質が相違するので，すべての競技会が同じ運営方法では，競技者にとって不満の残る競技会になってしまう。臨機応変な姿勢をもつことも大切である。

競技者に対する接し方は，公平で親切が基本でなければならないが，競技者の緊張状態や平常な心理状態を少しでも緩和する雰囲気を作り，審判員の言動や態度などに留意すれば，自己記録を出せるような競技会運営は必ずできるはずである。審判員の心がけひとつであることを忘れずに審判にあたってほしいものである。

(6) 観客に対する配慮

競技会の規模・性格にもよるが，観客の多い競技会では，競技者と審判員だけということではなく，観客に対するサービスも考えなければならない。

審判員の位置，記録表示の仕方，判定の明確化とスピード化など，審判員の創意工夫によって，観客に対するサービスが数多くできる。興味深く見られる競技会運営は，審判員の努力にかかっているということを常に頭に入れ，創意工夫に富んだ競技会運営に努めていただきたい。

8 公認審判員資格取得等の事務手順

(1) 公認審判員に関する書類

本連盟では次の種類を用意している。

① S級公認審判員候補者推薦名簿（書式第1号）

② S級公認審判員候補者審査資料理由書（書式第2号）

③ 転入・転出届（書式第4号）

④ 除籍届（書式第5号）

(2) S級公認審判員候補者推薦の申請

加盟団体では，S級公認審判員候補者推薦名簿（書式第1号），（必要申請者分の）理由書（書式第2号）および現在使用中（前昇格時の手帳も含めて）の審判員手帳をそろえて，指定期日までに本連盟競技運営委員会に申請する。併せて加盟団体が実施した過去5年分の審判講習会開催実績報告書を提出する。なお，2024年度（2024年12月提出の）申請分から審判講習会開催実績報告書の提出は1年分（当該年）のみとする。

(3) 審査

本連盟競技運営委員会ではS級公認審判員の審査を行い，理事会の承認を得た後，昇格決定者名を加盟団体に連絡し，審査済みの審判員手帳を返却する。返却された審判員手帳は，各加盟団体から各審判員に返却する。

(4) 審判員手帳作成上の注意

① 審判員登録番号は陸協ごとに通し番号とする。

② 委嘱年月日，取得年月日は同日とし，その年の4月1日付とする。

③ 写真には陸協の責任印（刻印）を押す。

(5) 転入・転出

転入・転出があるときには，加盟団体相互で連絡をとる。

日本学生陸上競技連合に登録している学生が，卒業後引き続いて審判員活動を行う場合には，学連から各都道府県陸協へ移籍手続きを行う。

(6) 2021年度からのC級審判員制度導入について

近年少子高齢化による審判員の減少，若い人材の確保を求める声

が多くあり，本連盟競技運営委員会で検討を進めた。全国からの声をもとに今後高体連陸上部員限定に C級審判員制度を導入することを 2019 年度全国競技運営責任者会議において報告した。2021 年度の導入に向け条件整備し，講習テキスト作成等基本的な枠組みは本連盟競技運営委員会で作成した。

公認競技会と公認記録

公認競技会

　陸上競技は，走る（歩く），跳ぶ，投げるといった人間の本源的な動作の速さ，高さ，長さを競う競技である。そしてこの走る，跳ぶ，投げるといった動作を競う場面は，全国の至る所で行われ，その速さ，高さ，長さといった記録についても至る所で計測されている。

　しかし，その記録がすべて陸上競技の公認記録として認められるわけではない。例えば，学校の校庭で行われる運動会で100mの記録が計測されたとしても，それが公認記録として認められることはない。

　陸上競技の公認記録は，陸上競技の公認競技会でマークされた記録でなければならない。

1　公認競技会の条件

　それでは，公認記録を出す前提となる公認競技会とは，どのような競技会であるのか。

　本連盟は，2014 年に「公認競技会規程」を制定した。その規程によれば，公認競技会の条件は，以下の8つである。

　①　主催者（主催団体）が本連盟，または本連盟が公認競技会を主催する権利を委譲した団体であること。

　②　原則として，参加競技者は本連盟登録会員規程に定める登録会員であること。

　③　本連盟競技規則に基づいて行われること。

　④　本連盟の公認に関する諸規程に合致した陸上競技場，室内陸上競技場，長距離競走路及び競歩路で行われること。

　⑤　審判員は，補助員を除きすべて公認審判員であること。

　⑥　管轄する加盟団体または協力団体の審査を経て，本連盟が定める方法により競技会開催前に本連盟に申請され，承認を受けた競技会であること。

　⑦　競技結果を本連盟が定める方法及び書式で競技会終了後定められた期日内に提出されていること。

　そして，2019年には「道路競走競技会」においては，以下の各号を順守することを条件に，公認競技会を主催する権利を委譲するこ

とができるとした。

　　⑧　道路競走競技会開催の条件とは
　　　・医師を含む医務員を複数任命する
　　　・緊急医療体制（AEDの配置を含む）を整備する
　　　・競技者，競技役員に対して傷害事故，疾病事故等の保険に
　　　　加入することである。

　　以下，これら①〜⑧のうち，必要なものについて解説を加える。

2　公認競技会の主催者

(1)　公認競技会を主催する権利

　　日本陸上競技連盟は定款第5条第1項において，「WAに日本の陸
上競技界を代表する唯一の団体として加盟する」と規定されている。
そしてそのWA競技規則CR1.7において，「加盟団体は自国の競
技会を認可することができる」としていることから，日本陸上競技
連盟が日本で開催される陸上競技会を認可することが読み取れる。
さらに定款第4条第7号に目的を達成するための事業として，「陸
上競技の国際競技大会，日本選手権大会及びその他の競技会の開催
に関すること」が規定されていることから，本連盟のみが日本にお
ける陸上競技会を開催すること，すなわち陸上競技の公認競技会を
主催することができると解釈される。

　　ただし，これは条文からの解釈または類推適用であることから，
今まで一般に理解しづらい側面があった。今回制定された「公認競
技会規程」においては，このような解釈に委ねられていた部分が，
条文で直接示されることとなっている。公認競技会規程第3条第1
項において「公認競技会の主催は，国内において本連盟のみがその
権利を有する」と規定された。

(2)　公認競技会を主催する権利の委譲

　　本連盟のみが陸上競技の公認競技会を主催する権利（以下「主催
権」という）を有している。しかし，国内には，さまざまな地区，年代，
レベルの競技会が数多くあり，それらすべてを本連盟が主催するの
は不可能である。そのため，主催権を他の団体に委譲し，その団体
が主催した競技会に限り，（他の条件を満たしていれば）公認競技会

として認可をし，国内において広く公認競技会が開催されるような仕組みとっている。ただ，この主催権をやみくもに委譲するわけにはいかない。主催権を委譲する団体及びその範囲は，特定する必要がある。

「公認競技会規程」において，主催権を委譲されているのは，以下の団体である。

① 加盟団体（都道府県陸協）
② 加入団体
③ 地域陸上競技協会
④ 日本実業団陸上競技連合及びその下部組織
⑤ 日本学生陸上競技連合及びその下部組織
⑥ 日本マスターズ陸上競技連合及びその下部組織
⑦ 本連盟が出資・設立した法人

加盟団体である47都道府県陸協には，都道府県の陸上競技選手権大会及びその地域内での公認競技会を主催する権利が委譲される。

また，加盟団体であるということから，都道府県陸協については，本連盟の承認のもとで，全国規模の大会を開催することもできる。

加入団体とは，加盟団体である都道府県陸協に登録している団体であり，郡市区町村陸協や，その他の一般クラブがこれに該当する。

「加入団体」以外の上記①，③〜⑦に対しては，本連盟が主催権を委譲しているのに対し，加入団体に対しては「加盟団体」が主催権を委譲している。このことは，加入団体の主催する公認競技会は，原則として，その対象は加入団体が登録している都道府県登録者に限られていることを意味する。また，このことから加入団体は全国規模の競技会を開催することはできない。

地域陸上競技協会とは，北海道，東北，関東，東京，北陸，東海，近畿，中国，四国，九州の10の陸上競技協会をいい，当該地域に所属する加盟団体をもって構成される（ただし，北海道陸協，東京陸協は加盟団体であると同時に地域陸協でもある）。地域陸協は，地域陸上競技選手権大会及び地域的競技会の公認競技会を主催する権利を委譲されている。

日本実業団陸上競技連合，日本学生陸上競技連合，日本マスター

ズ陸上競技連合は，下部組織とともに，それぞれ実業団，大学生，マスターズの公認競技会を主催する権利を委譲されている。

これら3つの団体は本連盟の協力団体であるが，協力団体としてはその他に全国高等学校体育連盟（以下「高体連」という），日本中学校体育連盟（以下「中体連」という）の2つの団体がある。しかし，この2つの団体に対して，本連盟は公認競技会を主催する権利を委譲していない。それは，高体連及び中体連は，総合体育団体であり，陸上競技のみを目的とする団体ではないからである。そこで，高体連及び中体連とその下部組織については，本連盟もしくは加盟団体（都道府県陸協）の主催のもとに公認競技会を開催することができるとしている。

公認競技会規程においては，本連盟が出資・設立した法人に対しても，公認競技会を主催する権利を委譲することが明確にされた。現在，それに該当する団体は，「東京マラソン」を主催する「東京マラソン財団」である。

(3) 公認競技会での主催の表記

公認競技会は，本連盟または主催権を委譲された団体が主催しなければ，開催できない。そのため，競技会要項やプログラム等の「主催」には，必ず本連盟もしくは主催権を委譲された団体が列挙されていなければならない。

＜全国規模の競技会の例＞

日本陸上競技選手権　　　　　主催：日本陸上競技連盟

全日本実業団対抗陸上競技選手権

　　　主催：日本実業団陸上競技連合

日本学生陸上競技対校選手権　主催：日本学生陸上競技連合

全国高等学校陸上競技選手権

　　　主催：日本陸上競技連盟，全国高等学校体育連盟

全日本中学校陸上競技選手権

　　　主催：日本陸上競技連盟，日本中学校体育連盟

(4) 公認競技会とはならない主催の表記

主催者の表記に関してしばしば問題となるのは，「共催」の扱いと，主催権を委譲された団体が加盟団体となっている体育協会や，構成団体となっている実行委員会等が主催のケースである。

「共催」に関しては，共に開催しているという意味で，主催者の一翼を担っているのではという解釈はあるけれども，本連盟としては，主催者あっての共催者という見解をとっているので，主催権を委譲された団体が「主催」ではなく，「共催」に列挙されていた場合は，公認競技会にはならない。

　次に，主催権を委譲された団体の上部団体が主催者となっている場合である。各自治体単位の陸上競技会の多くは，その自治体単位の体育協会の加盟団体となっている場合が多い。また，近年のマラソンブームで，道路競走の競技会が数多く開催されている。その場合は多方面の協力が必要なため，実行委員会等の組織が起ち上げられることが多く，各自治体単位の陸上競技協会は，その実行委員会等の構成団体となっている場合が多い。このようなとき，体育協会や実行委員会のみが主催になっていただけでは，公認競技会にはならない。体育協会や実行委員会等自体に主催権はなく，あくまで主催権を委譲された団体が，主催に列挙されていなければならない。

　ここで，公認競技会にならない場合，なりうる場合を例示する（○は公認競技会と認められる表記，×は公認競技会とは認められない表記）。

　　　×　　主催：　A市，A市体育協会
　　　　　　共催：　A市陸上競技協会
　　　○　　主催：　A市，A市体育協会，A市陸上競技協会
　　　×　　主催：　B県高体連
　　　　　　共催：　B陸上競技協会
　　　○　　主催：　B陸上競技協会，B県高体連
　　　×　　主催：　C市マラソン実行委員会
　　　×→○主催：　C市マラソン実行委員会
　　　　　　共催：　C市陸上競技協会

　前回の公認競技会規程の改定において3つの条件を遵守することを条件に主催権を委譲することが認められることとなった。

　　　×→○主催：　C市マラソン実行委員会（C市，C市教育委員会，C市体育協会，C市陸上競技協会）

3　参加競技者

(1)　日本陸上競技連盟登録会員

公認競技会規程第5条第1項には，参加競技者に関する規程がある。そこでは，「公認競技会には，本連盟登録会員規程に定める登録会員のみが競技者として参加できる」としている。

ここで登録に関して，簡単に説明しておく。「登録会員規程」第4条には登録の種類が規定されている。そこに記載されているのは，団体登録，個人登録，中学生登録，高校生登録，大学生登録，在外者登録である。ただし，小学生登録及びロードレース登録に関しては，まだ定められてはいない。それでは，登録の種類によって，どこの登録会員となるか，以下の表にまとめている。

	団体登録	個人登録	中学生登録	高校生登録	大学生登録
加入団体	◎				
中学			◎		
高校				◎	
大学					◎
都道府県陸協	○	○	○	○	○
都道府県中体連			○		
都道府県高体連				○	
地区及び日本学連					○
日本陸連	○	○	○	○	○

この表で○はその団体の登録会員であることを示し，◎は所属団体の登録会員であることを示す。例えば，東京都のX高校で東京都高体連を通じて登録すれば，東京都高体連，東京都陸協そして本連盟にその登録情報が送付されることから，所属名はX高校で，X高校の登録会員であると同時に，東京都高体連（陸上競技専門部），東京陸協，本連盟の登録会員となる。

上記のいずれについても，都道府県陸協と本連盟には登録情報がもたらされることから，登録をすることによって都道府県陸協及び本連盟の登録会員（登録競技者）となる。これらの登録による競技者のみが参加していれば，その競技会は公認競技会の要件を満たすことになる。逆に言えば，参加資格に登録競技者であることを明示しておけば，例えば，それが「東京陸協登録競技者」や「東京都高体連登録競技者」といったような記載であっても，「日本陸上競技連盟登録競技者」であり，公認競技会の要件は満たされる。

これ以外に，協力団体に関係する登録で，実業団登録とマスターズ登録というものがある。実業団登録をしている競技者については，一方で加入団体を通じた団体登録または個人登録をしている。そのため，実業団登録を参加資格としている実業団連合主催の競技会であっても公認競技会の要件は満たされることになる。

2020年度よりマスターズ連盟に登録した全員に本連盟登録を義務付けたため，本連盟で定めている種目および競技方法で実施されているものは公認競技会の要件を満たされることになった。

(2) 参加競技者に関する例外

原則として，公認競技会に参加できるのは本連盟登録会員であり，本連盟登録会員のみが参加競技者でなければ公認競技会の要件を満たすことにはならない。しかし，以下の競技者に関しては，登録会員ではなくても公認競技会に参加することはでき，公認競技会の要件は満たされることになる。

① 道路競技会に参加する競技者

ここでいう道路競技会とは，TR55.1の道路競走で規定されている競技会を指し，クロスカントリーとマウンテンレース，道路で行われる競歩競技，そして駅伝競走については含まない。公認の道路競技会を主催する団体は，非登録会員であっても参加をさせることは可能である。ただし，道路競走でマークされた非登録会員の記録は公認記録とならないことはいうまでもない。

② 小学生競技者

小学生に関しては今のところ本連盟として制度化した登録とはなっていない。ただし，いくつかの加盟団体（都道府県陸協）においては小学生登録を行っているところがある。普及の観点から非登録会員である小学生の参加を公認競技会に認めることとしている。

③ 主催者が認めた外国人競技者

外国人競技者は，一般的には，本連盟登録会員ではない。そのため，海外のトップアスリートを招待して競技会を行うような場合，そのような外国人競技者を例外としておかないと，その競技会は公認競技会の要件を満たさなくなってしまう。

ただし，外国人競技者（日本に継続して6カ月以上居住し，本連盟の登録会委員になっている者を除く）に関してはCR1.7において「外国人競技者の競技参加のすべての交渉は，本連盟を通じまたは承認を得ておかなければならない」となっており，本連盟の承認が必要である。その際には第6項「外国人競技者の出場資格」にあるように，「その者の属する国のWA加盟団体から競技者資格および参加許可に関する証明書」を本連盟に提出する必要がある。このような書類を提出し，本連盟の承認を得てはじめて，「本連盟が公認する競技会にその競技会の規程に基づき出場することができる」ことになる。

このような手続きがある理由は，日本国内のレースで外国人競技者がマークした記録を当該国の陸連に確実に伝達するためである。もし当該国の国内記録または世界大会（オリンピックや世界選手権）の参加標準記録を突破するような記録がマークされた場合，その重要性は非常に大きくなる。

当該国の陸連としても競技者資格及び参加許可に関する証明書を発行することを通じて，その競技者が日本のどの大会に参加しているかを把握できることになる。他方，本連盟としても日本国内のどの競技会に外国人競技者しているかを把握できる。また，当該国の国内記録等であれば，競技規則に基づく必要な資料（判定写真や各種の証明書等）の提供や，必要な措置（ドーピング検査の実施等）の実施が可能となる。

このような手続きを踏まえた上で，「主催者が認めた」外国人競技者は，登録会員でなくても公認競技会に参加できることとなる。

4　競技場及びコース

公認競技会規程第7条第1項では「公認競技会は，本連盟の公認に関する諸規程に合致した陸上競技場，室内陸上競技場，長距離競走路及び競歩路で行うものとする」とされる。

公認競技会規程で明確にされたのは，クロスカントリー競走，マウンテンレース，駅伝競走に関するコースに関してである。これらについてもそれぞれTR56，TR57，駅伝競走規準に合致したコー

スであれば，公認競技会を開催できると認めた点である（これらの
コースについては，公認競走路としての申請も必要としていない）。

　そのため，他の公認競技会の要件を満たしていれば，クロスカン
トリー競走，マウンテンレース，駅伝競走についても公認競技会と
して開催できる。

5　道路競走競技会の開催

　近年のマラソン・ジョギングブームを反映して，各地で様々な道
路競走競技会が開催されている。競技場内で行われる競技会と違い，
一度に多くの競技者がスタートすること。コースが本部から遠く離
れ，競技役員の目が十分に届かないこと。等が問題点として挙げら
れている。

　競技者の万一の安全を考慮して競技会を開催，運営する必要があ
り，そのためには，

- ・医師を含む医務員を複数任命し，要所要所に救護所を設けたり，
  医務員自身が移動しながら競技者の健康観察を行い，緊急時に
  は即対応できるようにすることが必要である。
- ・併せて，AED の配置を含めて緊急医療体制を整備し，医療機
  関と連携を取りながら，緊急時に備えることが必要である。加
  盟団体によっては，日本赤十字社，消防署の協力を得ながら，
  競技役員を対象に救急救命講習や AED の使用講習を実施し，
  競技役員の緊急時対応の意識や技能の向上に役立てられている
  ところもある。
- ・競技者や競技役員に傷病事故や疾病事故が発生した場合に備
  え，各種保険に加入しておくことも必要である。

6　公認競技会の要項

⑴　要項のひな型

　公認競技会を開催するにあたって，主催者は競技会の要項を作成し，参加競技者を募集する。それと同時に，要項には，その内容に基づいて競技会が運営されるという側面もある。そのため，要項の記載事項は，競技会にとって非常に重要な意味をもつ。

　ここで，本連盟主催競技会の要項について，そのひな型を示す。競技会の規模や内容によっては，特に記載する必要のない事項もある。しかし，どのような事項を考慮する必要があるのか，参考にしていただきたい。

《公認競技会の要項のひな型（日本陸連主催競技会）》

1.主　催	16.表　彰
2.共　催	17.個人情報取り扱いについて
3.後　援	18.その他
4.主　管	⑴正式な競技日程…
5.特別協賛	⑵競技中に発生した傷害…
6.協　賛	⑶ドーピングコントロール
7.特別協力	⑷ TUE申請
8.期　日	⑸未成年競技者
9.場　所（※ロードはコース）	親権者からのドーピング検査
10.種　目	に対する同意書の取得
11.参加資格	⑹…持ち込める物品の商標…
（※ロードは制限時間等）	⑺大会の映像…
12.競技規則	⑻宿舎等
13.参加料	⑼棒高跳用ポールの送付先
14.申込方法	について
15.欠場について	19.問合せ先

※　共催,特別協賛,協賛,特別協力等がない場合は,項番を繰り上げる。

《共通的な項目の記載例（日本陸連主催競技会）》

【ロードのコース】

○○コース このコースは○ km，・・・○ kmの記録が公認される。ただし，完走／完歩した競技者が対象。

【参加資格】

20xx年度日本陸上競技連盟登録者で，・・・日本国籍を有する競技者（日本で生まれ育った外国籍競技者を含む）

【競技規則】

20xx年度日本陸上競技連盟競技規則による。

【欠場について】

大会参加が認められた後に欠場する者は，本大会規程の欠場届（日本陸連ホームページ大会情報本大会要項）に必要事項を記入し大会前日までに本大会事務局へFAX（xx-xxxx-xxxx）すること。大会開催中は招集所に提出のこと。届けなく欠場した者は，本連盟及び加盟団体の主催・主管する競技会に出場を認めない処置を講ずることがある。

【個人情報取り扱いについて】

⑴ 主催者及び共催者は，個人情報の保護に関する法律及び関連法令等を順守し個人情報を取り扱う。なお，取得した個人情報は，大会の資格審査，プログラム編成及び作成，記録発表，公式ホームページその他競技運営及び陸上競技に必要な連絡等のみに利用する。

⑵ 本大会はテレビ放送及びインターネットで動画配信を行うことがある。

〈※ テレビ放映／インターネット配信を行う場合に入れる。〉

⑶ 大会の映像，写真，記事，個人記録等は，主催者，共催者及び主催者，共催者が承認した第三者が大会運営及び宣伝等の目的で，大会プログラム，ポスター等の宣伝材料，テレビ，ラジオ，新聞，雑誌，インターネット等の媒体に掲載することがある。

【正式な競技日程】

正式な競技日程及び競技注意事項等は，申込締切後に資格審査

を行い，xx 月 xx 日（x）以降，日本陸連ウェブサイトに掲載する。
https://www.jaaf.or.jp/

【競技中に発生した傷害・・・】
競技中に発生した傷害・疾病についての応急措置は主催者側にて行うが，以後の責任は負わない。

【ドーピングコントロール】
WA アンチ・ドーピング規程もしくは日本ドーピング防止規程に基づいて行われる。なお，本大会のドーピング検査では，尿又は血液（或いは両方）の採取が行われる。該当者は指示に従って検査を受けること。競技会時，ドーピング検査の対象となった場合，顔写真のついた学生証，社員証，運転免許証，顔写真が鮮明なパスポートコピーなどを持参すること。

【TUE申請】
禁止表国際基準で定められる禁止物質・禁止方法を病気の治療目的で使わざるを得ない競技者は"治療目的使用に係る除外措置 (TUE)"の申請を行わなければならない。詳細については，日本陸上競技連盟医事委員会のウェブサイト（http://www.jaaf.or.jp/medical/index.html），または日本アンチ・ドーピング機構ウェブサイト（http://www.playtruejapan.org/）を確認すること。

【・・・持ち込める物品の商標の大きさ・・・】
競技者の衣類及び競技者が競技場内（練習場を含む）に持ち込める物品の商標の大きさは，競技会における広告及び展示物に関する規程（国内）による。←※国際大会は（国内）を外す。

【大会の映像・・・】
大会の映像は主催者及び共催者の許可なく第三者がこれを使用すること（インターネット上において画像や動画を配信することを含む）を禁止する。

(2)　公認競技会を開催するにあたっての要項のチェックポイント

　公認競技会規程第9条には，「公認競技会を開催するには，管轄する加盟団体または協力団体の審査を経て，本連盟が定める方法により競技会開催前に本連盟に申請し承認を受けなければならない」と規定されている。

　各都道府県陸協の加入団体，または協力団体の傘下の団体が公認競技会の開催を申請した場合，各都道府県陸協及び協力団体は，その競技会が公認競技会として認められるかどうかの審査を行う。競技会の要項は，その際の最も重要な審査資料となっている。要項上，公認競技会として認められるための重要な点は以下のとおりである。

　①　「主催」に「日本陸上競技連盟」もしくは主催権を委譲された
　　　団体が列挙されているか。
　②　参加資格に「日本陸上競技連盟登録者」であることが明記さ
　　　れているか。
　③　競技規則が「日本陸上競技連盟競技規則」に則っているか。
　④　会場もしくはコースが，駅伝等を除き，公認陸上競技場，公
　　　認室内陸上競技場，公認長距離競走路及び競歩路となっている
　　　か。

　なお，②については，「3. 参加競技者(1)」で示したとおり，各都道府県陸協登録者，各都道府県高体連・中体連登録者，日本学連（または地区学連）登録者といったことの明記でもかまわない。

公認記録

　公認記録とは「本連盟が認めた記録をいう」と定義されている。

　ここでは，公認記録となるための条件，公認競技会と公認記録との関係について解説する。

1　公認記録の条件

「公認記録規程」で定められた公認記録の条件は以下の4つである。

①　公認競技会で樹立された記録であること。ただし，クロスカントリー競走，マウンテンレース及び駅伝競走を除く。

②　競技者が本連盟登録会員であること。

③　競技場で行われる種目は，事前に検定を受けている距離及び器具で実施されていること。

④　競技会終了後定められた期日内に指定された方法で，本連盟に結果が申請されること。

※風に関する規程に抵触している記録は資格記録や最高記録として認められない場合がある。しかし，追風参考記録であってもWAのワールドランキングポイント制度では，記録が点数化されランキングに反映される。

2　公認競技会でも公認記録とならない場合

　公認記録は，公認競技会でマークされた記録であるが，公認競技会でマークされた記録が，すべて公認記録となるわけではない。それを上記の公認記録の条件をもとに見ていくこととする。

(1)　公認競技会の種類に関して

　公認記録の条件①の部分で，クロスカントリー競走，マウンテンレース，駅伝競走に関しては，それらが公認競技会であっても，そこでマークされた記録は公認記録とはならない。その主たる理由は，それらの競技会が行われているコースが公認競走路ではないためである。公認の駅伝競技会の10㎞区間での記録は，その競技会での記録（大会記録等）としては認められるが，10㎞の公認記録とはならない。

(2)　公認競技会の参加者に関して

　公認競技会においても，本連盟登録会員以外の競技者が参加でき

る場合がある。これに関しては前述の「公認競技会 3.（2）参加競技者の例外」に記載されている。

そこに記載のあるもののうち、道路競走の公認競技会に参加した非登録競技者と、登録者であっても、非登録者の部に参加した競技者の記録は、公認記録とは認められない。

(3)　公認陸上競技場に関して

公認陸上競技場で開催される公認競技会においても、公認記録が認められない場合がある。

まず1つは、事前に検定を受けていない距離で実施された記録である。例えば、50m、60m、80mといった距離に関しては、陸上競技場の検定の際にスタート地点が計測されておらず、マークやポイントがうたれていない。このような距離で競技を行う場合、技術総務、公式計測員等が巻き尺で計測をしてスタート地点を定めてはいるが、検定された距離でない以上、そこでマークされた記録を公認記録とすることには問題がある。

もう1つは、事前に検定を受けていないレーンで実施された記録である。この主なものは、100mで向かい風が吹いている時に、逆走をしたり、バックストレートで競技を実施する場合である。ホームストレートの逆走やバックストレートの100mが事前に検定を受けている場合には問題はないが、もしこのような検定を受けていない陸上競技場で、そのような方法で競技を行った場合には、そこでマークされた記録は公認記録とは認められない。

(4)　競技規則に関して

公認競技会は本連盟競技規則に則って開催されなければならない。そのため、競技記規則に記載されていない規格の器具を用いて実施された種目の記録については公認記録と認定されない。

ジャベリックボール投やジャベリックスロー等、競技規則に規定されていない投てき物を用いての競技、小学生用のハードルといった、競技規則とは異なる規格で実施される競技の記録がこれにあたる。

3　公認記録が認められる種目・距離について

公認競技会においてマークされた記録については、前述の例外を除き、公認記録として認められる。それでは、どんな種目または距

離でも公認記録として認められるのだろうか。

　競技規則によれば，ハードル競走，障害物競走，リレー競走，道路競走については，それぞれ標準の距離が定められている（TR22.1，TR23.1，TR24.1，TR55）。また混成競技については TR39.1〜TR39.5，及び TR39〔国内〕で，構成される種目が明記されている。そしてフィールド種目については，走高跳，棒高跳，走幅跳，三段跳，砲丸投，円盤投，ハンマー投，やり投のみが明記されている。そのため，これらの競技に関しては，その種目以外については公認記録とは原則として認められない。

　問題になるのはトラック競技の距離と，競歩競技についてである。競歩競技のうち道路競歩については，公認競歩路で実施されるため，それぞれの公認競歩路で公認される距離が決まっていることから，これ以外の距離では記録は公認されない。

　しかし，トラック競技の競走競技と競歩競技については，競技規則の上で種目に関する規程は特にはない。そのため，公認陸上競技場においてスタート地点にマーカーやポイントがある競技については，記録としては公認される。例えば，4000m 競走の競技を実施したとしても記録は公認される。

　ただ，記録は公認されたとしても，その距離が一般的に実施され，認知されているのかという問題がある。実際，中学・高校の特有の種目を除いては，多くの公認競技会で実施されているのは，世界記録または日本記録が認められる種目についてである。それ以外の種目について競技を実施し，公認記録として認められたとしても，注目されることはほとんどないというのが実情である。

4　世界記録，日本記録が認められる種目

　それでは，世界記録または日本記録が認められる種目とはどの種目か。これについては CR32〜CR36に記載がある。それをまとめたものが下記の表である。

　なおエリア記録（アジア記録）が認められる種目は，世界記録が認められる種目と同じである。

＜世界記録，日本記録が認められる種目＞

トラック

種目	オリンピック	世界 男子(45種目)	世界 女子(46種目)	日本 男子(56種目)	日本 女子(53種目)	U20世界 男子(26種目)	U20世界 女子(27種目)	U20日本 男子(28種目)	U20日本 女子(30種目)	U18日本 男子(26種目)	U18日本 女子(26種目)	室内世界 男子(22種目)	室内世界 女子(22種目)	室内日本 男子(22種目)	室内日本 女子(22種目)	U20室内世界 男子(16種目)	U20室内世界 女子(16種目)	U20・U18室内日本 男子(16種目)	U20・U18室内日本 女子(16種目)
50 m	—	—	—	—	—	—	—	—	—	—	—	(写)	(写)	(写)	(写)	—	—	—	—
60 m	—	—	—	—	—	—	—	—	—	—	—	(写)	(写)	(写)	(写)	(写)	(写)	(写)	(写)
100 m	＊	(写)	(写)	(写)	(写)	(写)	(写)	(写)	(写)	(写)	(写)	—	—	—	—	—	—	—	—
200 m	＊	(写)	(写)	(写)	(写)	(写)	(写)	(写)	(写)	(写)	(写)	(写)	(写)	(写)	(写)	—	—	—	—
300 m	—	—	—	(写)	(写)	—	—	—	—	—	—	—	—	—	—	—	—	—	—
400 m	＊	(写)	(写)	(写)	(写)	(写)	(写)	(写)	(写)	(写)	(写)	(写)	(写)	(写)	(写)	—	—	—	—
800 m	＊	(写)	(写)	(写)	(写)	(写)	(写)	(写)	(写)	(写)	(写)	(写)	(写)	(写)	(写)	—	—	(写)	(写)
1000 m		○	○	○	○	○	○	○	○	○	○	○	○	○	○	○	○	○	○
1500 m	＊	○	○	○	○	○	○	○	○	○	○	○	○	○	○	○	○	○	○
1 マイル		○	○	○	○	○	○	○	○	○	○	○	○	○	○	○	○	○	○
2000 m		○	○	○	○	—	—	—	—	—	—	○	○	○	○	—	—	—	—
3000 m		○	○	○	○	○	○	○	○	○	○	○	○	○	○	○	○	○	○
5000 m	＊	○	○	○	○	○	○	○	○	○	○	○	○	○	○	—	—	—	—
10000 m	＊	○	○	○	○	○	○	○	○	○	○	—	—	—	—	—	—	—	—
15000 m		○	○	○	○	—	—	—	—	—	—	—	—	—	—	—	—	—	—
1 時間		○	○	○	○	—	—	—	—	—	—	—	—	—	—	—	—	—	—
50 mH	—	—	—	—	—	—	—	—	—	—	—	(写)	(写)	(写)	(写)	—	—	—	—
60 mH	—	—	—	—	—	—	—	—	—	—	—	(写)	(写)	(写)	(写)	(写)	(写)	(写)	(写)
110 mH	＊	(写)	—	(写)	—	(写)	—	(写)	—	(写)	—	—	—	—	—	—	—	—	—
100 mH	＊	—	(写)	—	(写)	—	(写)	—	(写)	—	(写)	—	—	—	—	—	—	—	—
300 mH	—	—	—	(写)	(写)	—	—	(写)	(写)	(写)	(写)	—	—	—	—	—	—	—	—
400 mH	＊	(写)	(写)	(写)	(写)	(写)	(写)	(写)	(写)	(写)	(写)	—	—	—	—	—	—	—	—
2000 mSC	—	—	—	—	—	—	—	○	○	○	○	—	—	—	—	—	—	—	—
3000 mSC	＊	○	○	○	○	○	○	○	○	—	—	—	—	—	—	—	—	—	—
4×100 mR	＊	(写)	(写)	(写)	(写)	(写)	(写)	(写)	(写)	(写)	(写)	—	—	—	—	—	—	—	—
4×200 mR		(写)	(写)	(写)	(写)	—	—	—	—	—	—	(写)	(写)	(写)	(写)	—	—	—	—
100＋200＋300＋400 m	—	—	—	—	—	—	—	—	—	—	—	—	—	—	—	—	—	—	—
4×400 mR	＊	(写)	(写)	(写)	(写)	(写)	(写)	(写)	(写)	(写)	(写)	(写)	(写)	(写)	(写)	—	—	—	—
4×800 mR		○	○	○	○	—	—	—	—	—	—	○	○	○	○	—	—	—	—
ディスタンスメドレーリレー		○	○	—	—	—	—	—	—	—	—	○	○	—	—	—	—	—	—
4×1500 mR		○	○	○	○	—	—	—	—	—	—	—	—	—	—	—	—	—	—
男女混合 4×400 mR	＊	(写)	—	(写)	—	—	—	—	—	—	—	—	—	—	—	—	—	—	—
3000 mW (トラック)	—	—	—	—	—	—	—	—	—	—	—	—	—	○	—	—	—	○	—
5000 mW (トラック)	—	—	—	—	—	—	—	○	—	○	—	—	—	—	—	—	—	—	—
10000 mW (トラック)	—	○	○	○	○	○	○	○	○	○	○	—	—	—	—	—	—	—	—
20000 mW (トラック)	—	○	○	○	○	—	—	—	—	—	—	—	—	—	—	—	—	—	—
30000 mW (トラック)	—	○	—	○	—	—	—	—	—	—	—	—	—	—	—	—	—	—	—
35000 mW (トラック)	—	○	—	○	—	—	—	—	—	—	—	—	—	—	—	—	—	—	—
50000 mW (トラック)	—	○	—	○	—	—	—	—	—	—	—	—	—	—	—	—	—	—	—
2 時間 W (トラック)	—	—	—	—	—	—	—	—	—	—	—	—	—	—	—	—	—	—	—

	種目	オリンピック	世界 男子(45種目)	世界 女子(46種目)	日本 男子(56種目)	日本 女子(53種目)	U20世界 男子(26種目)	U20世界 女子(27種目)	U20日本 男子(28種目)	U20日本 女子(30種目)	U18日本 男子(26種目)	U18日本 女子(26種目)	室内世界 男子(22種目)	室内世界 女子(22種目)	室内日本 男子(22種目)	室内日本 女子(22種目)	U20室内世界 男子(16種目)	U20室内世界 女子(16種目)	U20・U18室内日本 男子(16種目)	U20・U18室内日本 女子(16種目)
混成競技	五種競技	–	–	–	–	–	–	–	–	–	–	–	–	(写)	–	(写)	–	(写)	–	(写)
	七種競技	＊	–	(写)	–	(写)	–	(写)	–	(写)	–	(写)	(写)	–	(写)	–	(写)	–	(写)	–
	八種競技	–	–	–	–	–	–	–	–	–	(写)	–	–	–	–	–	–	–	–	–
	十種競技	＊	(写)	–	(写)	–	(写)	–	(写)	–	(写)	(写)※	–	–	–	–	–	–	–	–
道路競走	1マイル	–	●	●	●	●	–	–	–	–	–	–	–	–	–	–	–	–	–	–
	5 km	–	●	●	●	●	–	–	–	–	–	–	–	–	–	–	–	–	–	–
	10 km	–	●	●	●	●	–	–	–	–	–	–	–	–	–	–	–	–	–	–
	15 km	–	–	–	●	●	–	–	–	–	–	–	–	–	–	–	–	–	–	–
	10マイル	–	–	–	●	●	–	–	–	–	–	–	–	–	–	–	–	–	–	–
	20 km	–	–	–	●	●	–	–	–	–	–	–	–	–	–	–	–	–	–	–
	ハーフマラソン	–	●	●	●	●	–	–	–	–	–	–	–	–	–	–	–	–	–	–
	25 km	–	●	●	●	●	–	–	–	–	–	–	–	–	–	–	–	–	–	–
	30 km	–	●	●	●	●	–	–	–	–	–	–	–	–	–	–	–	–	–	–
	マラソン	＊	●	●	●	●	–	–	–	–	–	–	–	–	–	–	–	–	–	–
	50 km	–	–	–	●	●	–	–	–	–	–	–	–	–	–	–	–	–	–	–
	100 km	–	●	●	●	●	–	–	–	–	–	–	–	–	–	–	–	–	–	–
	ロードリレー（マラソンの距離のみ）	–	●	●	●	●	–	–	–	–	–	–	–	–	–	–	–	–	–	–
競歩（道路）	5 km	–	–	–	–	–	–	–	–	–	●	●	–	–	–	–	–	–	–	–
	10 km	–	–	–	–	●	●	●	–	–	–	–	–	–	–	–	–	–	–	–
	15 km	–	–	–	●	●	–	–	–	–	–	–	–	–	–	–	–	–	–	–
	20 km	＊	●	●	●	●	–	–	–	–	–	–	–	–	–	–	–	–	–	–
	30 km	–	–	–	●	●	–	–	–	–	–	–	–	–	–	–	–	–	–	–
	35 km	–	●	●	●	●	–	–	–	–	–	–	–	–	–	–	–	–	–	–
	50 km	＊	–	–	●	●	–	–	–	–	–	–	–	–	–	–	–	–	–	–
跳躍	走高跳	＊	○	○	○	○	○	○	○	○	○	○	○	○	○	○	○	○	○	○
	棒高跳	＊	○	○	○	○	○	○	○	○	○	○	○	○	○	○	○	○	○	○
	走幅跳	＊	○	○	○	○	○	○	○	○	○	○	○	○	○	○	○	○	○	○
	三段跳	＊	○	○	○	○	○	○	○	○	○	○	○	○	○	○	○	○	○	○
投てき	砲丸投	＊	○	○	○	○	○	○	○	○	○	○	○	○	○	○	○	○	○	○
	円盤投	＊	○	○	○	○	○	○	○	○	○	○	–	–	–	–	–	–	–	–
	ハンマー投	＊	○	○	○	○	○	○	○	○	○	○	–	–	–	–	–	–	–	–
	やり投	＊	○	○	○	○	○	○	○	○	○	○	–	–	–	–	–	–	–	–

写 ：写真判定のみ
○ ：写真判定あるいは手動計時
● ：写真判定・手動計時・トランスポンダー計時

【注意①】 競歩競技を除く女子道路競走について、WAは、男女混合レースで
　　　　　樹立された世界記録と女子単独レースで樹立された世界記録に分けて
　　　　　二つの世界記録を認定する。
【注 釈】 WAは男女別に時間差を置いてスタートするレースは「女子単独」
　　　　　に含めている。
【注意②】 競歩競技を除く女子道路競走について、男女混合レースで樹立された
　　　　　日本記録と女子単独レース（男女別時間差スタートを含む）で樹立された
　　　　　日本記録に分けて二つの日本記録を認定する。

※7300点を超える場合のみ認定
＊アジア記録は世界記録と同じもの

5 U20世界記録とU20日本記録，U18日本記録

　2016年度の競技規則の改正において，年齢区分の表記が変更となった。従来，「ジュニア」と呼ばれていたのがU20（アンダー20），「ユース」と呼ばれていたものがU18（アンダー18）と表記されるようになった。

　TR3によれば，U20は「競技会が行われる年の12月31日現在で18歳あるいは19歳の競技者」，U18は「競技会が行われる年の12月31日現在で16歳あるいは17歳の競技者」と定義づけられている。

　このことからU20世界記録の対象となるのは，競技会が行われた年に満18歳か満19歳の競技者ということになる。

　一方，U20日本記録に関しては，若干注意が必要である。競技会が行われた年に満18歳か満19歳かという点については同じであるが，TR3.1〔国内〕にあるように「国内のU18，U20競技会では年齢区分の下限は設けない」ことから，満18歳未満の競技者がマークした記録であってもU20日本記録として認められている。

　もうひとつU20日本記録に関して注意することがある。日本においては4月1日現在の年齢で学齢が定められているのが通常であるため，U20に相当するかどうかは学年のみでは判断できない（U18についても同様）。大学2年生でも，場合によってはU20に相当する競技者も存在する。そのため，記録が出そうな競技会では，競技者の生年月日のチェックも重要な主催者の職務となってくる。

　TR3においてU18の定義がされているが，CR31において「U18世界記録」というものは設定されていない。しかしWAのウェブサイト上では，U18世界最高記録（U18-World Best Performance）が紹介されている。

　日本においては，2017年度より「U18日本記録」が制定された。日本においてはU18陸上競技大会が開催されているためであり，過去に対象年齢の競技者がマークした記録を調べて設定したものである。

　U18陸上競技大会の種目の設定にあたっては，ハードルの規格，投てき物の規格等で「日本記録」や「U20日本記録」と異なるものがある。対象競技者の中には，U18日本記録で設定規格よりも厳しい規格（より高いハードルやより重い投てき物）で，よい記録を

マークしている場合がある。設定されている規格よりも条件の厳しい規格でマークされたものについては、それをU18日本記録として認定している。

6　世界記録，日本記録が認められるための要件

　公認競技会において，日本記録または世界記録を上回る記録がマークされたとする。公認競技会でマークされた公認記録であるから，直ちに日本記録または世界記録として公認されるかというと，そうではない。

　その記録が日本記録または世界記録として正式に認められるためには，日本記録または世界記録としての要件を満たす必要がある。それについてはCR31及びCR36に規定されており，これをまとめたのが次ページの表である。

　各種目に該当する要件をすべて満たしていることが認定されたときに，はじめて世界記録，日本記録として公認されるのである。

　逆に言えば，従前の世界記録または日本記録を上回り，公認記録として認められているにもかかわらず，世界記録もしくは日本記録とならない場合があるのは，これらの要件のうち１つでも満たされていないものがあるためだと，ご理解いただきたい。

　なおエリア記録（アジア記録）が認められるための要件は，世界記録が認められるための要件と同じである。

　（付録：世界記録，日本記録が認められるための要件参照）

＜世界記録・アジア記録・日本記録が公認されるための要件＞

※世界記録・アジア記録はワールドランキングコンペティションで達成された記録であること (TR11.1〔国際〕)

【トラック競技】

要件	根拠規則	世界記録	U20世界記録	室内世界記録
WA競技規則の適用	CR31.1	○	○	○
WA陸連（アジア陸連）への公式な記録申請	CR31.6	○	○	○
WAのクラス2以上の施設であること	CR31.12.1	○	○	TR41 TR43
判定写真とゼロコントロールテストの写真提出	CR31.7.3	○	○	○
ドーピングテストの実施	CR31.3.5	○	○	○
計時方法 （手動計時・写判システムで記録計時）	CR31.14.1	○	○	○
写真判定装置の使用（～800m（4×200mリレーおよび4×400mリレーを含む）まで）	CR31.14.2	○	○	○
スタート・インフォメーション・システム（～400m（4×200mリレーおよび4×400mリレーを含む）まで）	CR31.14.5	○	—	○
非機械的風速計の使用（～200mまで）	CR31.14.3	○	○	—
個人種目で3人以上、リレー種目で2チーム以上の出場	CR31.1	○	○	○
男女混合でないこと（TR9において適用外あり）	TR9 CR32〔注意〕i,ii	○	○	○
競歩種目：国際競歩審判が少なくとも3人以上	CR31.19	○	○	○

【フィールド競技】

要件	根拠規則	世界記録	U20世界記録	室内世界記録
WA競技規則の適用	CR31.1	○	○	○
WA（アジア陸連）への公式な記録申請	CR31.6	○	○	○
WAのクラス2以上の施設であること	CR31.12.1	○	○	TR41 TR43
ドーピングテストの実施	CR31.3.5	○	○	○
非機械的風速計の使用（走幅跳・三段跳）	CR31.17.2	○	○	—
個人種目で3人以上の出場	CR31.1	○	○	○
計測方法 （鋼鉄製巻尺、または高度計で計測し、3人の審判員が確認。又は、科学計測装置（EDM、VDM）で計測）	CR31.17.1	○	○	○
投てき物の再検査	CR31.17.4	○	○	○

U20室内 世界記録	アジア記録	U20 アジア記録	室内 アジア記録	U20室内 アジア記録	日本記録	U20-U18 日本記録	室内 日本記録	U20-U18室内 日本記録
○	○	○	○	○	*国内適用のルールもある			
○	○	○	○	○	*日本陸連へ申請必要			
TR41 TR43	○	○	TR41 TR43	TR41 TR43	*国内適用のルールもある			
○	○	○	○	○	○	○	○	○
○	○	○	○	○	○ (オリンピック種目のみ)	−	−	−
○	○	○	○	○	○	○	○	○
○	○	○	○	○	○	○	○	○
−	−	−	−	−	−	−	−	−
−	○	○	−	−	−	−	−	−
○	○	○	○	○	○	○	○	○
○	○	○	○	○	○	○	○	○
−	○	○	○	−	JRWJ1名	JRWJ1名	JRWJ1名	

○…**必須**／−はなくてもよい。

U20室内 世界記録	アジア記録	U20 アジア記録	室内 アジア記録	U20室内 アジア記録	日本記録	U20-U18 日本記録	室内 日本記録	U20-U18室内 日本記録
○	○	○	○	○	*国内適用のルールもある			
○	○	○	○	○	*日本陸連への申請必要			
TR41 TR43	○	○	TR41 TR43	TR41 TR43	*国内適用のルールもある			
○	○	○	○	○	○ (オリンピック種目のみ)	−	−	−
−	○	○	−	−				
○	○	○	○	○	−			
○	○	○	○	○	○	○	○	○
○	○	○	○	○	○	○	○	○

公認競技会と公認記録

【ロード競技】

要件	推奨規則	世界記録	U20 世界記録	
WA競技規則の適用	CR31.1	○	○	
WA（アジア陸連）への公式な記録申請	CR31.6	○	○	
ドーピングテストの実施	CR31.3.5	○	○	
個人種目で3人以上、リレー種目で2チーム以上の出場	CR31.3.5	○	○	
計時方法 （手動計時・写真判定・自動応答システムで記録計時）	CR31.14.1	○	○	
国際競歩審判が少なくとも3人	CR31.19	○	○	
コースの自転車計測（WA・AIMS計測員AまたはB級）	CR31.20.1 CR31.21.1	○	○	
コースの条件（セパレーション・エレベーション） ※道路競歩は1周が1km以上2km以下	CR31.21.2 CR31.21.3 CR31.20.2	○	○	
レース当日のコース確認 （WA・AIMS計測員により設営が正しくなされているか確認）	CR31.21.4 CR31.20.3	○	○	
コース再計測 （A級1名2名以上で計測され、当日、うち1名が設営確認を実施した場合は不要）	CR31.21.5 CR31.20.4	○	○	

※ロードレースの途中計時については、記録が認められることがあるので、CR31.20.5、CR31.21.6を確認のこと。

＊国外で日本記録「（U20・U18を含む）日本室内記録（U20・U18を含む）」を上回るか同等の成績を記録した場合には、陸連事務局に即時連絡すること。

＊国外に遠征する場合には、登録証明書海外用を事前に作成し遠征先に提出しておくと、記録証明などを入手し易い（記録用紙類参照）。

追風参考記録は公認記録か否か

　「200m以下のトラック競技、及び走幅跳、三段跳で2mを越える追風が吹いている場合、その記録は追風参考記録となる」というのは陸上競技において、かなり一般的なものと理解されている。

　では、その競技規則上の根拠条文はどこにあるのだろうか。これについては CR31.14.3、CR31.17.2 がそれに相当すると考えられている。

　CR31.14.3 では、「200m以下の屋外記録は、（中略）風速の報告が必要である。平均秒速2mを超える風力が走る方向へ吹いたと測定された場合、記録は認定されない」となっている。問題は、下線を引いた「記録」が何を指すかである。CR31 は「世界記録」を扱っている条文である。とすると、この記録は記録一般のことではなく、世界記録を上回った記録と解釈されるのではないだろうか。そのような記録は追風が2mを超える場合

○…必須／−はなくてもよい。

	アジア記録	U20 アジア記録			日本記録	U20・U18 日本記録	
	○	○			*国内適用のルールもあり		
	○	○			*日本陸連への申請必要		
	○	○			○（オリンピック種目のみ）	−	
	○	○			−		
	○	○			○	○	
	○	○			JRWJ1名	JRWJ1名	
	○	○			*国内適用のルールもあり		
	○	○			○	○	
	○	○			−	−	
	○	○			−	−	

公認競技会と公認記録

には世界記録としては認定されないのである。

　追風が2mを超えた場合，世界記録（〔国内〕CR37 日本記録）として認定されないことは条文上確認できたが，はたして公認記録としては扱われないのであろうか。

　世界記録や日本記録の延長線上で考えると，高校記録，中学記録，そして大会記録等としては認定できないし，追風参考記録をもって他の競技会の資格記録とすることもできないであろう。

　しかし，公認競技会でマークされた記録は原則として公認記録である。もし追風参考記録を非公認記録とすると，不都合な問題が生じる。

　記録で次のラウンドの進出者を決定する場合や，タイムレースで順位を決定する場合，風については考慮していない。追風参考記録であっても，タイムのよい者が次ラウンドに進出したり，上位の順位となる。追風参考記録が非公認記録とすると，公認記録と非公認記録が比較されるということになり，追風参

考記録の方が記録がよければ非公認記録の方が順位が上になるということで，公認競技会の中で矛盾が生じることになる。これは走幅跳の TOP8 の決定や，順位決定についても同様である。

このように考えていくと，2mを超える追風のもとでマークされた記録については，公認記録ではあるけれども，追風参考記録として，各種の歴代最高記録（世界記録，日本記録，大会記録等），ランキング記録，そして他の競技会参加のための資格記録とすることはできない。このような解釈をするのが妥当ではないだろうか。

道路競走競技会における留意点

公認記録の扱い

道路競走競技会においては，公認競技会で登録者と未登録者が混在して競技を行うことが認められている。しかしながら当然その中で本連盟登録会員の記録のみが公認記録となる。道路競走競技会においては，グロスタイム（スタートの号砲からフィニッシュまでの時間）とネットタイム（スタートラインを通過した時からフィニッシュまでの時間）が表示されることがよくあるが，公認記録となるのはグロスタイムのみである。一方で，大規模大会ではスタート位置によって大幅にタイムが異なることから，世界的には，エリートを除く一般ランナーに対してネットタイムを大会の正式タイムとして採用するレースが増えている状況である。

技術的にグロスタイムとネットタイムの両方計測することが可能であることから，公認記録としてはグロスタイムを適用するが，主催者の判断でネットタイムを各大会への参加資格記録として認めたり，エリートを除く一般ランナーの表彰に利用する等，有効活用しても構わない。

ウェーブスタートの実施

日本国内では一斉スタートが主流のスタート方式であるが，

大規模大会における一斉スタートの問題点として，特に速度の異なるランナーが一斉にスタートすることによる転倒事故の危険性や，スタート直後の混雑によるタイムロスを挽回する為に一般ランナーが無理なペースで走ることで，怪我や心肺停止等のリスクを高める等の問題が挙げられる。海外ではニューヨークシティマラソンやボストンマラソンは参加者を何組かに分け，時間をずらしながら出走させるスタート方式であるウェーブスタート（時差スタート）を採用しており，国内においても本方式による運営を認めている。また，記録については，ウェーブごとにグロスタイムとネットタイムを計測することとする。

記録公認申請の方法

国内で行われる各種競技会の記録公認は，原則として日本陸上競技連盟（以下，「本連盟」という。）が行う。また，本連盟はすべての記録を保管する義務を有するので，加盟団体，協力団体が主催する競技会の記録は，本連盟に対して公認申請をする必要がある。

本連盟が主催する競技会及び日本実業団陸上競技連合（以下，「日本実業団」という。）並びに日本学生陸上競技連合（以下，「日本学連」という。）が主催する競技会のように，即時公認記録となる場合でも，公認申請が必要となる。

主管となる加盟団体あるいは協力団体は，すべての記録を競技会終了後定められた期日内に本連盟へ提出しなくてはならない。

1 記録公認の申請

(1) 加盟団体，協力団体等が主催する場合

競技会終了後速やかに，競技会記録公認申請書及び正誤訂正済みのプログラム等を添えて本連盟競技運営委員会に申請する。

（紙媒体で申請する場合）

① 提出書類（トラック＆フィールド）

競技会で行った種目により(a)，(b)及び(c)〜(h)の必要な記録表を添付して申請する。なお，記録表等は本連盟システム及びパソコン等で印刷したものでも構わない。

(a) 競技会記録公認申請書（JAAF-28）

(b) プログラム（正誤修正済み）

(c) トラック競技（予選・準決勝・決勝）記録表（JAAF-11）

(d) リレー種目 （予選・準決勝・決勝）記録表（JAAF-12）

(e) 走高跳・棒高跳記録表（JAAF-13）

(f) 走幅跳・三段跳記録表（JAAF-14）

(g) 投てき種目記録表砲丸投・円盤投・ハンマー投・やり投（JAAF-16）

(h) 混成競技記録得点表（JAAF-15）

② 提出書類（道路競技）

マラソン・競歩競技など各種ロードレース等については，公

認コース等条件を満たしたもの。

　(a)　競技会記録公認申請書（JAAF-28）

　(b)　プログラム（正誤修正済み）

　(c)　道路競技成績記録表（JAAF-10）

　③　提出先

　　日本陸上競技連盟　競技運営委員会

　　（陸上競技マガジン編集部内）

（電子申請の場合）

　本連盟競技運営委員会より指示を受けたシステムで申請を行う。提出書類については，紙媒体の場合と変更はないが，競技会記録公認申請書（JAAF-28）の公印は省略して良いものとする。

　(2)　公認申請の際の留意点

　　1　記録用紙は本連盟が定めている様式を参考にする（CR25〔国内〕参照）。

　　2　出場した競技者の登録陸協が複数の都道府県にまたがる場合は，所属欄に登録陸協名を記入する。

　　3　大学生については，出身高校の所在する都道府県に登録していることが多いので，必ず記入すること。また，同じ所属名でありながら，登録陸協の異なる場合があるので注意する。

　　4　風の関係する種目の「風力」や2日以上に渡る競技会では各種目の実施日等の記入を忘れないこと。

　　5　ハードルの高さや投てき物の重さを必ず記入する。

　　6　外国で出された記録に関しては，本人またはその所属するチーム担当者が当該種目の記録表または写しを提出する。

2　日本新（タイ）記録の申請

（日本記録・室内日本記録・U20日本記録・U20室内日本記録・U18日本記録・U18室内日本記録）

　日本新（タイ）記録の申請は記録公認申請と同様，本連盟主催大会では，記録は即時公認される。加盟団体，協力団体等が主催する

大会で，日本記録と同じか上回る記録が出た場合は，トラック＆フィールド及び道路競技は日本記録・日本タイ記録申請書（JAAF-30）で申請する必要がある。

(1) 本連盟が主催する競技会，日本実業団並びに日本学連の主催する競技会の場合

① 記録は即時公認となる取扱いは次の通りとする。

(a) 同じラウンドでは，従来の日本記録を基準としてその記録と同じか上回るすべての記録が日本記録となる。

(b) 前のラウンドで新たに複数の日本記録が出た場合は，その記録の中で最高のものが日本記録となっているので，次のラウンドではその記録と同じか上回る記録のみが日本記録となる。

※ この場合のラウンドとはトラック，フィールド共に，予選・決勝などの各々をさす。

② 日本実業団，日本学連はその主催する競技会で日本記録が出た時は直ちに本連盟に通知し，その後速やかに必要書類（下記(2)と同じ）を提出する。

(2) 前記(1)以外の競技会の場合

① 競技会終了後当該加盟団体が速やかに下記の書類を添付して，本連盟に日本記録公認を申請する（〔国内〕CR37 日本記録参照）。

・日本記録・日本タイ記録申請書（JAAF-30）

・競技会プログラム（訂正済みのもの）

・当該種目の全記録表（予選から決勝までの全記録）

・トラック競技で写真判定装置が使用された場合は，その判定写真。

② 国外の競技会の場合は，本人またはその所属するチーム担当者が当該種目の記録表または写しと，主催者発行の記録証明書を提出する。

(3) 提出先

日本陸上競技連盟 競技運営委員会（本連盟事務局）

(4) 申請にあたっての留意点

1 競技会時の最新の日本記録を基準に，その記録と同じか上

　　　　回った記録のすべてを日本記録として申請する。
　2　同じ競技会で同一人が同一種目で複数回樹立した場合もラウンドが異なっていればすべて申請する。
　3　U20・U18日本新（タイ）記録申請については，競技者の生年月日を必ず記入すること（TR3.1,TR3.2参照）。
　4　800mまでの日本記録は本連盟承認の写真判定装置によって記録された時間だけが申請できる（CR31.14.2参照）。
　5　日本記録（オリンピック種目のみ，U20・U18・室内は含まない）が樹立された場合，ドーピング検査を24時間以内に受ける必要がある。主催者は本連盟事務局員にただちに電話連絡を行い，ドーピング検査の実施方法について確認する。
　　　（医師：「競技会ドーピング検査（ICT）の手順参照」）

3　申請の流れ

　記録公認申請・日本記録申請の方法は，以下(1)(2)のように大会主管団体により異なるので注意を要する。各々競技会終了後，速やかに送付すること。

(1)　47加盟団体，協力団体，加入団体（郡市町村陸協等）

　記録公認申請書は，大会を主管した団体が記録公認申請書を必要部数作成して，本連盟に1通と都道府県陸協に控え1通を残すこと。また，加入団体等が主管した場合は，本連盟と都道府県陸協に各1通を提出し，主管団体に控え1通を残すこと。

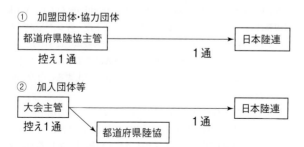

①　加盟団体・協力団体

都道府県陸協主管　──────────→　日本陸連
　控え1通　　　　　　　　　1通

②　加入団体等

大会主管　──────────→　日本陸連
　控え1通　　╲　　　　1通
　　　　　　都道府県陸協

(2) 日本学生陸上競技連合

　日本学生陸上競技連合加盟校競技者は，出身中学校所在地，出身高等学校所在地の 都道府県，大学所在地の都道府県または，居住地の都道府県のうち，いずれか1つに登録する3つの方法があることから各種大会を主管した大学は記録公認用申請書を必要部数作成し日本陸連，日本学連，地区学連に提出する。

　地区学連は，日本学連に2部提出する。また，学生が登録する都道府県陸協に登録競技者分を提出する。

　日本学連は申請書を確認し2部のうち1部を本連盟に提出する。

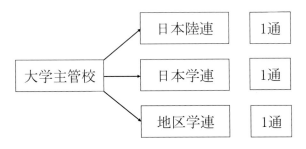

4　ワールドランキング対象競技会制度

　WAは東京2020大会より，世界選手権やオリンピックの出場枠は，参加標準記録に加え，ワールドランキングにもとづき出場資格を与えている。標準記録の設定は近年，著しく高くなっており，ワールドランキングで出場資格を得る競技者は全体の約半数を占めることが想定されている。

　2023年よりWAはWorld Ranking Competitions（以下，WRk対象競技会）制度を導入した。記録をワールドランキングや世界大会に向けた標準記録の対象とするには，国際競技規則に準じた競技会で，遅くとも大会開催60日前までにWAによるオンライン認証を受け，記録は競技終了24時間以内にWAに提出することが必要となった。

　U20世界選手権やユニバーシティゲームズの参加標準記録もWRk対象競技会の記録が必要。国内では地域，地区，ブロック大会以上をWRk対象競技会の申請必須と位置付けているが，都

道府県選手権や記録会等でも要件を満たしていれば申請は可能。世界大会を狙える競技者が出場を予定している，またはそのような競技者の出場を促したい主催者は WRk 対象競技会申請の検討をお願いしたい。

　競技会運営上や記録申請上の留意点，申請にかかる費用については今後も随時改訂が見込まれるため，詳細は本連盟ウェブサイトに掲載している。

競技会記録公認申請書(記載例)

公益財団法人　日本陸上競技連盟
　会長　○　○　○　○　　殿

申　　請　　者　　　　　　◇◇　◇◇印
申　請　者　住　所 東京都▲▲区□□ ×-×-×

　下記の通り競技会を開催いたしましたので、同封のトラック競技予選・準決勝・決勝記録表、リレー予選・準決勝・決勝記録表、走高跳・棒高跳記録表、走幅跳・三段跳記録表、砲丸投・円盤投・ハンマー投・やり投記録表、新記録申請書各1部及び正誤訂正済みのプログラム1部を添付の上、記録公認を申請いたします。

　（なお、記録表を印刷したもので、上記記録表に代えることができる）

記

1. 競技会の名称 ： ○○○○陸上競技大会

コード
×	×	○	○	□	□	▽	▽

2. 主　催　者 ： ▲▲ 陸上競技協会

3. 競　技　場 ： □□ 陸上競技場

コード
○	○	□	□	△	△

4. 開　催　日 ： ××××年 ○○月 ◇◇日（ 日 ）～　　　月　　　日（　）

5. ハードルと投てきの規格

ハ ー ド ル 競 技			投 て き 競 技			
男子110mH	男子100mH	男子80mH	男子砲丸投	男子円盤投	男子ハンマー投	男子やり投
✓ 106.7cm/9.14m	83.8cm/8.50m	70.0cm/7.0m ✓	7.260kg ✓	2.000kg ✓	7.260kg ✓	800g
99.1cm/9.14m			6.000kg	1.750kg	6.000kg	700g
91.4/9.14m			5.000kg	1.5000kg	5.000kg	
			4.000kg	1.000kg		
女子100mH		女子80mH	女子砲丸投	女子円盤投	女子ハンマー投	女子やり投
✓ 83.8cm/8.50m		70.0cm/7.0m	4.000kg	1.000kg	4.000kg	600g
76.2m/8.50m			2.720kg			
76.2m/8.00m						

＊実施した種目にチェック(✓)してください

(JAAF-28.2016/02)

日本記録・日本タイ記録申請書 A （トラック個人種目）

日本陸上競技連盟競技規則により、次の記録を申請する。

※ 該当するすべての項目の□にしるしをつける。日付は西暦。

□ 男子	☑ 女子		種目名	女子100mH	
☑ 日本記録		□ 日本タイ記録	□ U 20	□ U 18	□ 室内

1. 記録	12秒97		風向風力	＋ 1.2	m

フリガナ	シ	メイ	生年月日	登録都道府県
2. 氏名	氏	名	○○○○年△△月◇◇日	○○県

所属団体正式名	所属名	JAAF ID （確認できれば記入） 0000◇◇○○○△△

3. 競技会名	富士北麓ワールドトライアル2019	コード	1915025
4. 記録した日	2019年　　　　9月　　　　1日		
5. 競技場名	富士北麓公園陸上競技場	コード	152020

※ 以下の確認した項目・該当するすべての項目の□にしるしをつける

6. 競技場・施設用器具について、私は以下のことについて確認した。

☑ この競技場が日本陸上競技連盟の公認競技場である

☑ 競技場のすべての施設用器具が日本陸上競技連盟競技規則に則るものであり、正しく使用された

技術総務自署　　　　署　　　名　　　　JAAF ID 0000○○○◆◆▽▽

7. 競技会運営・実施について、私は以下のことについて確認した。

☑ (☑ 写真判定装置 □ 手動計時で使用したストップウオッチ) が正しく作動し、計測された

☑ 風向風力計が正しい位置に設置され、正しく作動し、計測された

☑ 競技が日本陸上競技連盟競技規則に則り、正しくおこなわれた

□ これは混成競技の中で記録されたものであるが、1回目の不正スタート後の2回目以降のスタートではない

トラック競技審判長自署	署　名	JAAF ID 000××× ◇◇○○
スタート審判長自署 （任命されている場合）	署　名	JAAF ID 000□□□△△× ×
総務自署	署　名	JAAF ID 000▽▽▽○○▲▲
混成競技審判長 （混成競技の場合）		JAAF ID

8. 私は上記すべてについて正しいことを確認し、以下の書類を添付して申請する。

☑ 大会プログラム　　　☑ 該当種目の全記録（風向風力・ハードルの規格を記入した ）

☑ 判定写真（トラック競技審判長・写真判定員主任・写真判定員の3名がサインをした）

☑ ゼロコントロールテスト写真
（トラック競技審判長・スターター・写真判定員主任・派遣されていればJTOがサインした。装置のメーカー名・品番が明記されている）

□ （手動計時の場合）計時順位判定表・計時記録判定表

☑ ドーピング検査の依頼をした（オリンピック種目のみ。U20/18・室内は不要）

依頼日	9月　　　　1日　　　/　　　実施日	9月　　　　1日
記録申請日	2019年　　　　9月　　　　1日	
加盟団体名/協力団体名	○○陸上競技協会	
代表者自署	署　　名	

(JAAF-30A. 2021/2)

55

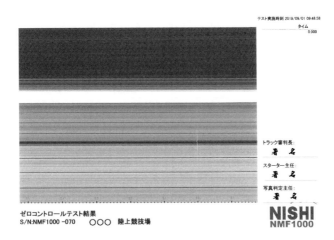

テスト実施時刻 2019/09/01 09:48:58

タイム 0.000

トラック審判長:
署名

スターター主任:
署名

写真判定主任:
署名

ゼロコントロールテスト結果
S/N:NMF1000 -070　　〇〇〇　陸上競技場

NISHI
NMF1000

一般　　　100H 女子 準決

風力　　スタート日時
+1.2m/s　2019/9/1 13:05

順位	レーン	No.	タイム
1	4	122	12.961
2	6		13.146
3	5		13.248
4	2		13.285
5	3		13.314
6	7		13.394
7	8		13.657

トラック審判長:
署名

写真判定員主任:
署名

写真判定員:
署名

競技会名　:

女子 ウォームアップ レース１００ｍH

世界記録 (WR)	12.20	ケンドラ・ハリソン (アメリカ合衆国)	2016. 7. 22	
日本記録 (NR)	13.00	金沢 イボンヌ (佐田建設)	2000. 7. 16	
日本記録 (NR)	13.00	寺田 明日香 (パソナグループ)	2019. 8. 17	9月1日 13:05 決 勝

決 勝

(風:+1.2)

順位	レーン	ナンバー	氏名	カナ	所属地 所属	記録 コメント
1	4	122			J P N	12.97 NR
2	6	125			J P N	13.15
3	5	124			J P N	13.25
4	2	126			J P N	13.29
5	3	123			J P N	13.32
6	7	127			J P N	13.40
7	8	121			J P N	13.66

凡例 NR:日本記録

WORLD ATHLETICS

Application for an Asian Record
ROAD RUNNING EVENT

This form must be completed and dispatched within 30 days of the World Record performance (cf. Technical Rule 31.6) to:	WORLD ATHLETICS 6-8 Quai Antoine 1er, BP 359, MC 98007 Monaco Cedex carlo.de-angeli@worldathletics.org

APPLICATION IS HEREBY MADE FOR THE RATIFICATION OF THE FOLLOWING RECORD, IN SUPPORT OF WHICH THE BELOW INFORMATION IS SUBMITTED: *(Please type or use block capitals, tick where appropriate.)*

APPLICATION DATA

Event (e.g. 10km, Marathon):	Marathon		☐ Men	☐ Women		☒ Women Only
Record Time Claimed (e.g. 41:13, 2:03:38):	2:20:29					
Full Name of Athlete:	ICHIYAMA Mao					
Country of Athlete:	Japan					
For Relay Events, the full names of all team members, in the order of running:						
Name of Competition:	Nagoya Women's Marathon 2020					
Date of Event:	08 March 2020	Time of Event:		9:10		
City / Course:	Nagoya					
Country:	Japan					

RESULTS OF COMPETITION

	Name	Country	Result
1st:	ICHIYAMA Mao	JPN	2:20:29
2nd:	ANDO Yuka	JPN	2:22:41
3rd:	RIONORIPO Purity Cherotichi	KEN	2:22:56

STARTER

I certify that the start of the race was in accordance with World Athletics Rules.

Starter:	Hideaki Ohmura
Signature:	署 名

FULLY AUTOMATIC TIMING (if applicable)

Make of Timing Device:	
Official Time Recorded:	
Chief Photo Finish Judge:	
Signature:	

TRANSPONDER TIMING (if applicable)

Type and Make of Transponder:	R-bies RT Tag
Official Time Recorded:	2:20:29
Chief Transponder Timing Judge:	Akihisa Itou
Signature:	署 名

HAND TIMING (if applicable)

I, the undersigned official timekeeper of the event mentioned on this form, do hereby certify that the time set opposite my signature was the exact time recorded by my watch and that the watch used by me has been certified and approved by my National Federation.

Time:		Name:		Signature:	
Time:		Name:		Signature:	
Time:		Name:		Signature:	

I confirm that the above Timekeepers exhibited their watches to me and that the times were as stated.

Chief Timekeeper or Referee:	
Signature:	

COURSE

I, an "A" or "B" grade WA/AIMS approved course measurer, hereby certify that I have measured the course over which this event was held.

Measured Race Distance:	42.195km		
The start and finish points of the course, measured along a theoretical straight line between them, are not further apart than 50% of the race distance.	☒ Yes	☐ No	
The decrease in elevation between the start and finish does not exceed one in a thousand, i.e. 1m per km.	☒ Yes	☐ No	
Measurer:	Hideaki Karikomi	Qualification:	
Signature:	署 名		

VALIDATION

I, an "A" or "B" grade WA/AIMS approved course measurer in possession of the complete measurement data and maps, certify that the course measured was the course run by the athlete.

Measurer:	Yoshitaka Kuwahara	Qualification:	B Grade
Signature:	署 名		

DOPING CONTROL

I, a member of the Doping Committee for the Competition, certify that a sample for a doping test was obtained in accordance with World Athletics Rules from the above-mentioned athlete in my presence and dispatched to the following accredited laboratory:

NOTE: For relays, samples must be obtained from ALL members of the team.

Date and Time of Doping Sample Collection:	08 March 2020 13:47
Testing Laboratory:	Tokyo
Doping Control Officer:	Hiroe Horinouchi
Signature:	署 名

GUARANTEE BY REFEREE

I hereby certify that all the information recorded on this form is accurate, that the officials conducting the Competition were duly qualified and that the appropriate World Athletics Competition Rules were complied with.

Referee:	Kazumi Sakurai
Signature:	署 名

THE FOLLOWING MUST BE ENCLOSED WITH THIS APPLICATION

The **printed programme** of the Competition, the **complete results** of the event including the **Photo Finish** and **Zero Test** image in the case of a record where Fully Automatic Timekeeping was in operation, **Judges' Score Sheet**, **Official Results, Measurement and Re-measurement Report, Doping Control Form.**

Additional Information for Historical Purposes

Weather Conditions:	Rainy , 8.7°C at Start	
Intermediate Times:	Indicated on the Results	
If available: ☐ Video of the Record	☐ Photograph of the Athlete	☐ Press Cuttings

RECOMMENDATION BY MEMBER FEDERATION

The undersigned Member Federation hereby certifies that it is satisfied with the accuracy of this application and recommends it for acceptance:

Member Federation:	Japan Association of Athletics Federations
President or CEO: (Name)	Hiroshi Yokokawa
Signature:	

WORLD ATHLETICS APPROVAL

President	Date	CEO

競技会役員

総　務

1　任務

　総務は競技実施場所で起こっているすべてのことについて責任を負い，その任務については CR15 に記載されている。

　競技会の規模に応じて総務員を置き，任務の一部を代行させることができる。

＜主な任務＞

(1)　競技会を準備・管理し，競技会を順調に進行させる責任を負う。

(2)　すべての役員の任務遂行の状況を監視し，競技規則に精通していなければ，その代わりを指名する。

(3)　新記録（日本・アジア・世界）が誕生した場合の記録公認要件の確認と，申請手続きに関して関係部署への連絡・指示を行う。

(4)　各会議で変更になった事項や新たな決定事項があれば，競技会開始前に関係全部署に連絡，周知徹底を図る。

(5)　マーシャルと連携し，許可・権限のある者以外は競技場内に入れないように競技場内を規制・整理する。

(6)　抗議・上訴がなされた場合に対応する（裁定は審判長，ジュリー）。

(7)　トラブルが発生した際の情報収集，関係部署も含めた対応策の検討を主導し，指示を行う。

(8)　式典表彰の管理を行う。

(9)　広告および展示物に関する規程が遵守されるよう，関係部署に指示を行う。

2　競技会準備段階での任務と留意点

　準備段階からすべてに関与し，主催者や関係役員に対して大会・競技運営に必要な準備の指示を行い，進捗状況を管理する。必要に応じて，総務自らが対応する。

(1)　競技施設・用器具関係

　①　公認競技場借用の申込内容の確認

　　　・日時，借用器具，夜間照明使用可否，サブトラック借用有

　　　　無，雨天練習場借用有無 等
　　　・競技場備付用器具，会議室，控室　等
　②　競技場との打合せ
　　　・開場・閉場時間，送付物の送付先，持込物品の搬入方法
　　　　等
　③　競技会運営サポート業者等との打合せ
　　　・用器具提供会社，情報機器提供会社，映像処理会社，広告
　　　　代理店 等
(2)　役員・補助員関係
　①　競技役員の出欠状況確認，補充指示
　　　・審判編成，審判員各人の経験・習熟度（場合によっては解
　　　　任し，別の者を指名する）
　　　・主要役員間での事前連絡指示，部署別準備状況の確認
　②　補助員の割振り確認，補充指示
　③　大規模大会では「審判員必携」の作成指示，監修
　④　服装
　　　　・大会個別の指定服がある場合は各役員への周知，配布指示
(3)　競技規則関係
　①　大会要項の決定，プログラムの作成指示
　　　・大会要項，出場資格，競技注意事項，申合せ事項の確認
　　　・申込状況（種目，組数，人数）の確認
　　　・ラウンド，進出条件などの決定
　　　・競技日程の決定
　②　特に注意を要する事項の確認
　　　・抗議対応
　　　　手順の確認と場所の確保
　　　・ドーピング検査有無と準備状況
　　　　関係役員（NFR，DCO，シャペロンなど）の手配と検査
　　　　場所の確保
　　　・国際大会の場合は国際ルールの確認，関係者との打合せ
(4)　競技運営関係
　①　主催者との各種打合せ。特に主催者が陸協以外の場合は，主
　　　催者の要望と競技運営の上での制約の調整が重要。

② 大会で使用する通信機器準備，審判部署間の通信網整備
③ 報道対応
　　・TV中継がある場合はTV局との打合せ（放映時間，競技
　　　時間の微調整必要時の対応，映像，PAの場内利用 等）
　　・報道関係者対応の準備（ビブス，ADカード，取材エリア，
　　　会見場所，作業部屋，待機場所，通信回線 等）
④ 諸会議
　　・監督会議，審判主任者会議等の実施計画
　　　開催日時，場所，議題，決定事項の反映・伝達方法 等
⑤ PC使用の場合はデータ，PC不使用の場合は流し用紙の準
　　備
⑥ 記録用紙関係の準備
　　本連盟ウェブサイト
　　「日本陸上競技連盟が定めている記録用紙などの様式」
　　＊ https://www.jaaf.or.jp/about/resist/athleticclub/form/
⑦ 各種計画書の作成・確認
　　・進行計画（進行表）
　　・式典表彰計画，プレゼンター一覧
　　・競技場整備用具搬入計画
　　・競技者係招集誘導計画表
　　・荒天，地震発生等緊急時対応計画 等
⑧ 医療・治療体制の確認
　　・医師の手配
　　・救急措置時の手順（消防, 病院, 競技場からの搬出方法 等）
⑨ 広告ボード，場内広告掲示物の設置場所確認
⑩ 道路競走・駅伝での各ポイント設置状況確認，実施に際して
　　の道路使用許可，交通規制等について警察その他関係者との折
　　衝状況確認
(5) 庶務事項
① 物品，消耗品，賞品等の準備，管理
② アスリートビブス準備，選手への配布方法
③ プログラム準備，関係者への配布方法
④ 競技会関係者昼食・飲料準備

⑤　来客・来賓，スポンサー対応検討

⑥　道路競走・駅伝での競技役員輸送方法，随行車輌配置，競技
役員間の連絡網整備，医師の手配，救急措置時の対応方法検討

3　競技会当日の任務と留意点

(1)　競技場施設・用器具の準備状況
　　主催者，技術総務と分担して必要事項のチェック

(2)　競技役員の集合状態の確認，補充措置

(3)　抗議・上訴への対応

　①　総務，抗議担当総務員，審判長，ジュリー，TIC の役割分
担の確認

　②　受付からの流れ，対応場所の確認

　③　結果発表時間の確認
　　　抗議に備えて，公式記録発表時刻の記録を指示しておく。ま
た，あらかじめ，基準時刻は何にするかを決めておく（アナ
ウンスか，大型映像表示か，掲示板への記録用紙の掲示か）。

(4)　競技場内の規制・整理状況のチェック，マーシャルへの指示

　①　事故防止の観点から，練習場も含めて事故予防対策の徹底

　②　トラック競技，フィールド競技ならびに競合する個所の規
制・整理，特に投てき競技の危険防止対策の徹底

　③　コーチ席の確保

(5)　掲示広告物のチェック

　①　広告ボードの位置，内容，スタンドでの展示物等のチェック

　②　広告および展示物に関する規程の違反物，競技運営の妨げに
なる物の移動，撤去指示

(6)　審判長裁量（判断）事項への対応
　　原則，判断自体は審判長だが，運営上，その内容を共有する必要
がある。

　①　競技時間・場所の決定・変更（再レースの時間設定等）

　②　警告・除外

　③　失格

　④　競技規則にない事項の審判長裁定

　⑤　混成競技の組み合わせ変更

(7) 新記録誕生時
① 記録の保全（ゼロコントロールテスト写真，フィニッシュ判定写真，投てき物の再検査指示　等）
② 記録申請に関する部署への連絡・指示
③ 関係者のサイン徴求
④ 記録原票の保管指示
(8) ドーピング検査
① 実施方法，検査場所の確認
② 関係者への連絡
(9) 進行状況確認
① 競技進行（進行担当総務員），式典表彰（表彰担当総務員）
② 招集状況
③ 遅れが出た場合の回復方法の検討・指示
④ 道路競走・駅伝では審判長，関門役員，移動審判員
(10) 記録・情報処理員からの記録原票の受領保管，主催者に対する記録申請指示
(11) 報道機関等への情報提供
① 記録，資料
② 記者会見等の設定
(12) その他
① 競技の判定に時間を必要とし，状況を説明した方がよいと思われるケースについての報道関係者，関係競技役員，チーム監督，競技者，観客への説明。説明方法，説明者，説明内容検討指示
② 競技会前に準備したその他事項の実施状況確認

〈国内・主要審判関係イメージ〉

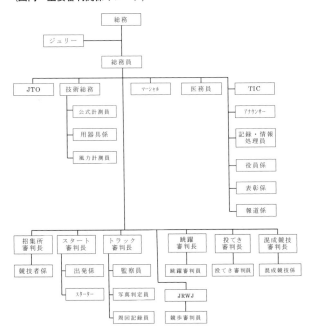

スタンドからの怪しげな撮影行為に対する対応

関係者以外の怪しげな撮影に対しては，以下のような対策が考えられる。

1. そのような撮影を可能にする場所は「撮影禁止区域」とし，張り紙などで周知する。

2. 仮に怪しい人物がいた場合，マーシャル，総務員などが撮影を遮るような位置で往復するなど，撮影が困難になる状況を作り出す。

3. 女子走高跳の着地場所はトラック側に設置し，直近のスタンド側からは背面しか写せないようにする。

４．フィニッシュしたランナーの腰ナンバー標識回収の際，できるだけ迅速にランナーをスタンドから見えない場所に誘導する。フィニッシュ後に倒れこんですぐに動けないような場合は，補助員（女性が好ましい）の協力を得ながら，できるだけ撮影を遮ることのできる位置取りをしてもらう。駅伝など道路競技の場合は，救護場所を幕で囲うなど外から見えないようにする。

５．以下のような場所も可能性があるので，マーシャルや総務員は注意が必要である。

① 走幅跳・三段跳の砂場の競技者と対面する延長線上

② ハードルの正面

③ 障害物競走の水濠付近

とはいえ，当然善意の撮影者の場合もあるので「熱心に撮影されていますね。選手のご家族の方ですか（選手の学校関係者の方ですか）？」などの声掛けも牽制効果がある。

それでも続く場合は，「昨今は疑われることがあるので」と説明し，少し場所を移動してもらうなどの対応をお願いする。いずれにしても落ち着いて丁寧に対応することが肝要であり，家族や競技関係者であればすぐに理解してくれるであろう。

体調に異常をきたした競技者への対応

先ほどから呼吸が荒く，大量の汗をかいて走行（歩行）していた競技者が，ふらつき，コースを逸脱し始めた……。転倒した競技者がそのままうずくまり，動けない状態が続いている……。

近くにいる競技役員の貴方はどのような行動をすべきであろうか？

TR6「助力」では，「主催者によって任命された医師は競技者の生命・身体保護の観点から，競技の中止を命じることができ，審判員や公式の医療スタッフが声掛けをしたり，介護のために身体に接触したり，競技者が立ち上がったり医療支援を受

けたりするための身体的な手助けをすることを助力とは見なさない」としている。

「下手に声掛けや身体に接触してしまい，それが原因で競技者が失格になったら……」と懸念する声もかつてはあったが，何より競技者の生命・安全を保護する姿勢を第一に持ち，勇気ある行動が望まれる。

競技場内で発生した場合，即座に審判長または医師の判断により，競技の中止が決定されるが，道路競技においては，必ずしも審判長や医師がそばにいるとは限らない。そういった場合，現場の審判員から審判長や医師に現況が報告され，対応の指示を受けて措置できる体制作り，連絡網の整備が必要である。

また，大会要項や競技注意事項，監督会議等を通じ，緊急事態発生の際には，審判長や医師の判断により，競技を中止させることがある旨を周知徹底しておく必要がある。

何より道路競技における監察員の仕事は，観客の整理やコースの整備だけでなく，選手の観察も重要な任務になっていることを認識していただきたい。

進行担当総務員

1 任務

　進行担当総務員の任務は，CR15〔国内〕に記載されている総務の任務の中で，競技会進行に関する部分について分担し，代行することである。

　競技日程に合わせたスムーズな運営が行われるよう，競技会進行に関するあらゆる情報を収集し（集約させ），関係部署間での連絡調整やトラブル発生時の対応を指示する等の役割を担う。

　進行担当総務員の任務分担や人数は，競技会の規模や性格，競技種目数，日程などを勘案して決める。特に大規模競技会においては，一つの種目を行うのにも複数部署の多くの競技役員が関与することから，関連する部署間の連携を密接なものにするために，進行担当総務員の配置が不可欠となる。

　大規模競技会では，以下のように複数の担当者で役割分担することがある。

- ・総括担当（全体進行担当）
- ・トラック進行担当
- ・フィールド進行担当（跳躍担当，投てき担当）
- ・式典表彰担当

2 任務分担と留意点

　無線やインカムなどの通信機器が備わり，関係部署へ瞬時に連絡できる手段が確保されている場合には，各進行担当総務員は，なるべく全体の流れが見渡せるスタンドの最上階に位置し，アナウンサーと同席した方がよい。

　以下，大規模競技会で進行総務員が複数配置され，任務を分担する場合を想定し，その任務ごとに留意点を述べるが，ほとんどの競技会ではこれを一人ないし二人体制で行っていることが多いため，任務内容の項目建てとして理解するとよい。

(1) 総括担当進行総務員の任務と留意点

　① 競技会の準備段階において，イベントプレゼンテーションマ

ネージャー（EPM）の役割も一部担いながら，主として競技日程の円滑な進行という観点から総務に各種進言を行い，了承と委任を受ける。

(a) タイムテーブルの検証と調整を行う

　　タイムテーブル設定の段階で調整ができればよいが，それができなかった場合，複数の種目で競技開始時刻が重なることが多い。その場合，どの順番で競技を開始するか現場との調整が必要となる。また，表彰式は観客の注目が特定の競技に集中している場合は避けるなど，タイミングにも配慮する

(b) 大型スクリーンを使用する場合の映像や文字情報の内容の確認，アナウンサーの役割の事前調整をする。

　　どのような映像を映し出せるのか，担当者に確認しておく。アナウンサー主任とアナウンスの方針，用語の統一，選手紹介はどのラウンドからか等のアナウンス内容の打合せをしておく。

(c) 進行計画表を作成し，総務の承認を得た上で，主要競技役員へ配布する

　　進行計画表は，トラック競技担当とフィールド競技担当と分担して作成することがあるが，必ず総括担当が全体の流れをチェックして確定する。

(d) 観衆・テレビ中継の対応をする

　　大型スクリーンにトラック競技の写真判定中の結果やフィールド競技の途中経過を表示する場合には，その運用方法などについて，関係部署と確認をしておく。競技役員アナウンサーによる場内インタビューが行われる場合はカメラ位置や音声の調整をしておく。テレビ中継が行われる場合，中継局ディレクターとの連絡調整も行う。

② 競技中に発生しうるすべての事項について状況を把握し，総務（担当総務員）と連携し，競技日程が順調に進行するように各部署との連絡調整を行う。

　　全体を見渡せる高い場所にいる場合は特にその利点を生かし，レース途中に選手が倒れてしまう等の突発的なことが起こった場合には，関係部署へ速やかに連絡するなどして，臨機

応変に対処する。そのために次のようなことを把握しておく。

(a) 競技役員，補助役員の配置状況

(b) マーシャル，場内整理の状況

(c) 競技者係，招集所の状況

(d) 記録・情報処理員の作業状況

(e) アナウンスならびにアナウンス方法

(f) 表彰方法，賞状・記念品の確認

(g) 医師，救急関係措置

(h) 報道係との連携をとりながら報道関係との折衝，インタビューなど報道に関する措置

(i) 雨天，荒天対策として選手紹介方法の変更等，出発係やフィールド競技役員との連携

(j) イベントプレゼンテーション的要素に関する各技術担当者への対応
　・ファンファーレ，BGM使用時の音響担当との連携
　・大型スクリーンへのライブリザルト，リプレイ（VTR）表示 の映像担当との連携

(k) システムトラブル（信号器，写真判定装置，光波距離計測装置，記録情報等）発生時の対応

(2) トラック競技・フィールド競技担当進行総務員の任務と留意点

① トラック競技・フィールド競技双方の競技の進行状況，競技役員の配置・活動状況，参加競技者の誘導ならびに練習状況，施設用器具の設置状況などを詳細にチェックし，競技会全体の流れを把握することが求められる。

② トラック競技の場合は1組毎の競技開始・終了・速報・記録発表時刻等を記録する。フィールド競技の場合は，入場・練習開始・競技開始・競技終了時刻，各ラウンドの所要時間，試技回数，記録発表時刻等を記録する（補助員に記録させてもよい）。とくに正式結果の発表時刻の記録は，抗議に備えて重要である。

計画通りに競技が進行しないことも多いが，その場合は計画

に縛られることなく，見せたい場面に観衆が注目できるよう配
慮する。

　フィールド競技の最終局面や大会新記録への挑戦などとト
ラック競技が重なる場合は，トラック競技のスタートを遅らせ
てフィールド競技に注目させる必要も出てくる。その際は早め
に出発係と連携を取り，トラック競技選手への的確な指示を出
せるようにする。日程通りに競技会を進めていくことだけにと
らわれ，見せたい場面をタイムリー見せられなければ，魅力あ
る競技会とは言えない。

トラック競技担当

① 　1組毎の競技開始・終了・速報・記録発表時刻等などを進行
計画表に記録しながら競技日程が計画通りに進んでいるかを確
認する。遅れが生じやすいトラック競技では，組ごとではなく
種目単位で考え，次の種目の開始時刻に遅れを出さないように，
あるいは最小限の遅れで済むように，レース間の無駄な時間を
省くよう指示を出し，少しずつ回復へ向けていく。

　タイムテーブルが決められているトラック競技に偏重しがち
だが，トラック競技の予選とフィールド競技の注目させたい場
面が重なった場合，迷わずフィールド競技を選んで観衆にア
ピールすることができる判断力が求められる。

　フィールド競技に注目を集めたい場合は，トラック選手のス
タート練習開始や，スタートライン整列のタイミングを遅らせ
るなど，出発係へ細かく連絡をして調整を図る。その際には，
試技時間の残りから予測を立て「〇分遅らせてほしい」という
ように具体的な時間を示す方が良い。

　今起こっていることを的確に捉えて，優先順位をつけて「魅
せる」競技会を意識する。

② 　競技日程の遅れなどから，スタート地点の待機場所に競技者
が多く停留しないよう，予定とは違った誘導をする場合がある。
基本的には競技者係と出発係との連携で対応するが，進行から
の指示が必要な場合は，状況を確認して指示を出す。

③ 　レース前後の情報がスクリーンに適切に表示されているかを

確認するとともに，全体を見渡せる高い場所にいる場合はブレイクラインマーカー・周回表示板・コーナートップ旗・スターティングブロックやレーンナンバー標識などの設置・撤去がタイムリーに行われているかなど関係部署の連携がスムーズに行われているかを確認し，必要であれば指示を出す。
④　レース終了から写真判定中の速報（ライブリザルト）・正式結果発表まで，タイムリーにできているかを確認する。

フィールド競技担当
①　種目毎の入場・練習開始・競技開始・終了・記録発表時刻等などを進行計画表に記録しながら競技日程が計画通りに進んでいるかを確認する。
②　同じピットで行われる種目で，前の種目が長引き競技場所に選手が多く残っている場合は，次の種目の入場を遅らせるなど，必要があれば競技者係やフィールド競技役員に指示を出す。
③　風向風速も含めた競技中の記録表示板の位置や表示時間は観客が情報を得やすいものかを確認しておく。TOP8の発表のタイミングや発表方法はフィールド競技役員と事前に打合せをしておく。
④　試技途中の経過発表や競技終了後の結果発表は，タイムリーにできているか確認する。

(3)　式典表彰担当進行総務員の任務と留意点
　式典表彰が計画通りに行われ，競技進行に支障をきたすことのないよう，勝者を称え厳かな表彰・式典となるよう，たえず細かい配慮をする。特に競技者及びプレゼンターの氏名・所属・肩書等については，読み間違いがないよう，十分に注意する。担当総務員は，事前に内容を確認したうえで，担当するアナウンサーと情報共有を行う。
　また，表彰進行計画表を作成，携帯し，競技開始，終了，結果発表，表彰開始，表彰終了時刻等を記録する。
①　表彰係と共有する表彰要項を作成する。
　(a)　表彰実施予定時刻・所要時間

(b) 表彰方法

- 表彰対象は何位までか
- 表彰の順序は上位からか下位からか
- 選手権章・賞状・メダル・優勝杯・花束・副賞等渡すものは何か
- 記録は読むのか，読むなら何位を読むのか
- 控え場所から入場，表彰台，退場の導線
- リレーの賞状等の授与は全員か代表者か

(c) 表彰者（プレゼンター）リスト

- 氏名，肩書，読み方
- 陸上競技経験者の場合のプロフィール

(d) 表彰の流れ

受賞者が揃った段階で「次の組がフィニッシュしたら」「5000mがスタートしたら」等と具体的に表彰のタイミングを指示する。プレゼンターには，アナウンスコメントに合わせて対象者へ渡してもらうよう表彰係を通して依頼する。表彰後にフォトセッションがある場合でも，他の競技が行われている際には表彰式の終了コメントをもって後の流れは表彰係に引き継ぐなど，表彰係との認識を合わせておく。音楽担当者がいれば，音出しの指示をする。

(e) 雨天時の表彰方法

表彰場所の変更がある場合は，観客や必要ならば報道係を通して報道関係者へも知らせる。また，表彰時に競技の模様の映像を流すこともあるので映像技術担当者に確認をしておく。

② アナウンサー主任に表彰アナウンス原稿の作成を依頼し，内容の確認をしておく。

3　競技日程の遅延原因

一つの種目を実施するにも，多数の審判員がそれぞれの分担した任務で行動するのが陸上競技会の特徴であり，競技会の円滑な運営には，審判員相互の連携が必要である。一か所でも任務が滞れば全体が遅延することとなり，競技者だけでなく，観衆にとっても集中

を欠いた盛り上がらない競技会となってしまう。

　以下は，過去の事例から競技日程の遅延の原因となった事柄である。原因を探り，遅れの回復の手立てを見つけ出すことに役立ててほしい。

① 　競技日程作成時の検証不足

② 　競技役員の集合時刻設定が遅いことから発するすべての部署の準備遅延

③ 　招集完了時刻の不適正や人手不足などによる招集業務の遅延。リレー種目では各コーナーへの誘導にも影響が出てくる。

④ 　番組編成用紙，スタートリスト配布の遅延

⑤ 　雨天荒天時

⑥ 　トラック競技
　　 ライン引き直し・スターティングブロック・バトン・ハードルの置き間違い等，写真判定システムの不具合や微妙な判定，スタート関連の連携の滞り等

⑦ 　フィールド競技
　　 誘導の遅延，練習方法の徹底不足，選手紹介や練習開始時の要領の共有不足，呼び出しのタイミングの悪さ，砂場ならしに時間がかかる，試技時間のカウントダウンを競技者に合わせている，TOP8選定の不手際，EDMや支柱の故障等。

競技の進行と総務系統競技役員間の連携

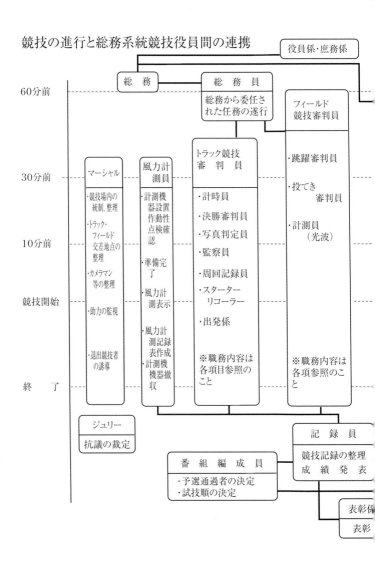

				役員係・庶務係
	総　務	総　務　員		
60分前		総務から委任された任務の遂行		フィールド競技審判員
	マーシャル	風力計測員	トラック競技審判員	・跳躍審判員
30分前	・競技場内の統制, 整理	・計測機器設置作動性点検確認	・計時員	・投てき審判員
	・トラック・フィールド交差地点の整理		・決勝審判員	
10分前		・準備完了	・写真判定員	・計測員（光波）
	・カメラマン等の整理		・監察員	
		・風力計測表示	・周回記録員	
競技開始	・助力の監視		・スターター リコーラー	
		・風力計測記録表作成	・出発係	
	・退出競技者の誘導	・計測機器撤収	※職務内容は各項目参照のこと	※職務内容は各項参照のこと
終　了				

ジュリー	
抗議の裁定	

番　組　編　成　員
・予選通過者の決定
・試技順の決定

記　録　員
競技記録の整理 成　績　発　表

表彰係

表彰

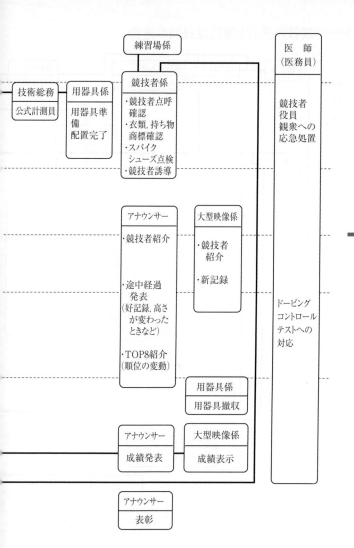

競技会役員

トラック競技の進行と競技役員間の連携

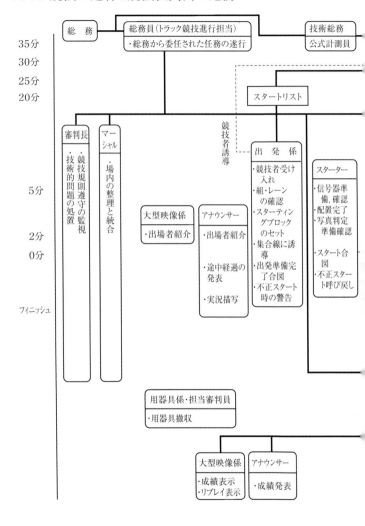

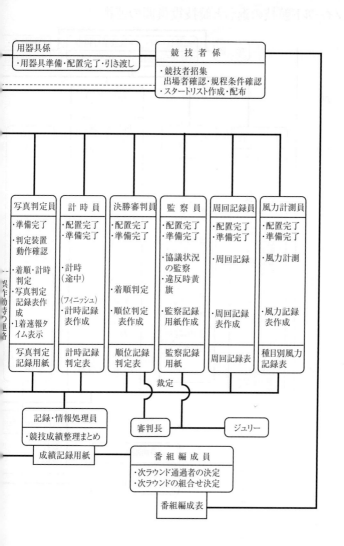

フィールド競技の進行と競技役員間の連携

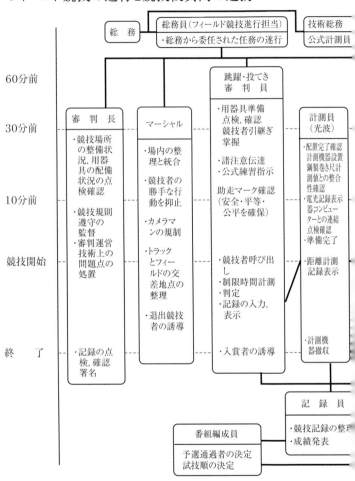

	総　務	総務員（フィールド競技進行担当）		技術総務		
		・総務から委任された任務の遂行		公式計測員		

	審　判　長	マーシャル	跳躍・投てき審判員	計測員（光波）

60分前

跳躍・投てき
審判員

30分前

審判長

・用器具準備
点検, 確認
競技者引継ぎ
掌握

計測員
（光波）

マーシャル

・競技場所
の整備状
況, 用器
具の配備
状況の点
検確認

・場内の整
理と統合

・諸注意伝達
・公式練習指示

・配置完了確認
計測機器設置
鋼製巻き尺計
測値との整合
性確認

助走マーク確認
（安全・平等・
公平を確保）

・電光記録表示
器コンピュー
ターとの連結
点検確認

・競技者の
勝手な行
動を抑止

10分前

・競技規則
遵守の
監督
・審判運営
技術上の
問題点の
処置

・カメラマ
ンの規制

・準備完了

・トラック
とフィー
ルドの交
差地点の
整理

・距離計測
記録表示

競技開始

・競技者呼び出
し
・制限時間計測
・判定
・記録の入力,
表示

・退出競技
者の誘導

終　　了

・記録の点
検, 確認
署名

・計測機
器撤収

・入賞者の誘導

	記　録　員
	・競技記録の整理
	・成績発表

番組編成員
予選通過者の決定
試技順の決定

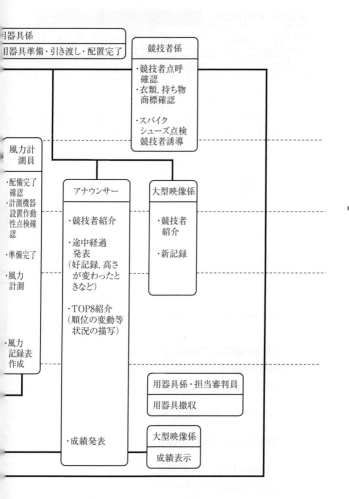

用器具係			
用器具準備・引き渡し・配置完了			

競技者係

・競技者点呼
　確認
・衣類, 持ち物
　商標確認

・スパイク
　シューズ点検
　競技者誘導

風力計測員

・配備完了
　確認
・計測機器
　設置作動
　性点検確
　認

・準備完了

・風力
　計測

・風力
　記録表
　作成

アナウンサー

・競技者紹介

・途中経過
　発表
　(好記録, 高さ
　が変わったと
　きなど)

・TOP8紹介
　(順位の変動等
　状況の描写)

・成績発表

大型映像係

・競技者
　紹介

・新記録

用器具係・担当審判員
用器具撤収

大型映像係
成績表示

競技会役員

総括進行表の例① （第94回日本陸上競技選手権大会進行表）

第2日目　6月11日(土)　　TV放映　NHK総合：16:00～18:00(予定)　Live

時刻	開始時刻	競技種目等	ラウンド	人数	トラック競技順序			S	映	速	R	S	R
					誘導時刻	競技紹介	スタンバイ	予定時刻				実行時刻	
	(担当役員)				招集	アナ	出発	アナウンス					
14:00	14:00	女 800m 予選 (3-2+2)	1組			13:57	13:58	58	14:03	14:03	14:04		
	14:07	女 800m 予選 (3-2+2)	2組		13:45		14:05	05	10	10	11		
	14:14	女 800m 予選 (3-2+2)	3組			—	14:12	12	17	17	18		
	14:19	プラス2　決勝リスト発表											
	14:25	男 800m 予選 (3-2+2)	1組			14:22	14:23	23	28	28	29		
14:30	14:32	男 800m 予選 (3-2+2)	2組		14:10	—	14:30	30	35	35	36		
	14:39	男 800m 予選 (3-2+2)	3組			—	14:37	37	42	42	43		
	14:44	プラス2　決勝リスト発表											
15:00	15:00	男 110mH 準決 (2-4)	1組	8		14:57	14:58	58	15:01	15:01	15:02		
	15:06	男 110mH 準決 (2-4)	2組	8	14:45	—	15:04	04	07	07	08		
	15:10	決勝リスト　発表											
	15:25	女 100m準決 (2-4)	1組	8		15:22	15:23	23	26	26	27		
15:30	15:31	女 100m準決 (2-4)	2組	8	15:10	—	15:29	29	32	32	33		
	15:35	決勝リスト　発表											
15:45	15:45	女 3000SC 決勝		16	15:30	15:41	15:42	42	57	57	59		
16:00													
16:05													
	16:15	男 3000SC 決勝		9	16:00	16:12	16:13	13	25	25	26		
16:30	16:35	女 1500m 決勝		12	16:20	16:32	16:33	33	40	40	41		
	16:45	男 1500m 決勝		12	16:30	16:42	16:43	43	50	50	51		
	16:55	女 400m 決勝		8	16:40	16:52	16:53	53	56	56	57		
17:00	17:10	男 400mH 決勝		8	16:55	17:07	17:08	08	11	11	12		
	17:25	男 110mH 決勝		8	17:10	17:22	17:23	23	26	26	27		
17:30	17:35	男 200m 決勝		8	17:20	17:32	17:33	33	36	36	37		
	17:50	女 100m 決勝		8	17:35	17:47	17:48	48	51	51	52		
18:00													
18:30													

S：スタートリスト紹介，映：リプレイ，速：記録速報，R：結果報告，Eは掲示終了，数字は発表時間

表彰	大型掲示			時刻	フィールド競技						表彰
	S	R	E		跳躍			投てき			
表彰	大型掲示板			人数	女三段跳 18	男棒高跳 11	男走幅跳 20	女砲丸投 15	女やり投 13	男ハンマー投 13	表彰
				14:00							
					19 表彰						19女：三段跳
	23	29		14:30	紹介 競技開始						
	30	36					招集完了				
	37	43		14:40			練習開始				
									44 表彰		44女：やり投
	58	15:02		15:00							
	04	08									
				15:15			紹介 競技開始				
										招集完了	
	23	27									
	29	33		15:30						練習開始	
16:58	42	59									
				16:00						紹介 競技開始	
				16:05	競技終了 結果発表						
17:04	13	26					TOP8				
				16:30							
17:17	33	41									
17:28	43	51								TOP8	
				16:50			競技終了 結果発表				
17:41	53	57									58女：3000SC
				17:00	01 表彰						01男：棒高跳 04男：3000SC
17:53	08	12									
											17女：1500m
18:00	23	27		17:30						競技終了 結果発表	28男：1500m
	33	37					38 表彰				38男：走幅跳 41女：400m
	48	52									
											53男：400mH
				18:00							00男：110mH
										03 表彰	03男：ハンマー投
											10男：200m
											20女：100m
				18:30							

総括進行表の例② （第94回日本陸上競技選手権大会進行表）

第3日目　6月12日（日）　TV放映　NHK総合：16：00〜18：00（予定）Live

時刻	開始時刻	競技種目等	ラウンド	人数	誘導時刻	競技紹介	スタンバイ	S	映	速	R
					トラック競技						
									予定時刻		
		(担当役員)			招集	アナ	出発		アナウンス		
14:30											
	14:45	女 100mH 準決 (2-4)	1組	8	14:30	14:42	14:43	43	46	46	47
	14:51	女 100mH 準決 (2-4)	2組	8		14:48	14:49	49	52	52	53
	14:55	女 100mH 決勝リスト発表									
15:00											
	15:15	男 100m 準決 (2-4)	1組	8	15:00	15:12	15:13	13	16	16	17
	15:21	男 100m 準決 (2-4)	2組	8		15:18	15:19	19	22	22	23
	15:25	男 100m 決勝リスト発表									
15:30	15:30	女 400m 決勝	1組	8	15:15	15:27	15:28	28	32	32	33
	15:45	女 800m 決勝	1組	8	15:30	15:42	15:43	43	48	48	49
16:00											
	16:05	男 800m 決勝	1組	8	15:50	16:02	16:03	03	08	08	09
	16:15	男 400m 決勝	1組	8	16:00	16:12	16:13	13	16	16	17
16:30	16:30	女 200m 決勝	1組	8	16:15	16:27	16:28	28	31	31	32
	16:45	女 100mH 決勝	1組	8	16:30	16:42	16:43	43	46	46	47
17:00	17:00	女 5000m 決勝	1組	21	16:45	16:55	16:57	57	17:18	17:18	17:20
		スタート後紹介				16:58	16:59	17:00	17:18	17:18	17:20
	17:25	男 5000m 決勝	1組	44	17:10	17:20	17:21	21	41	41	46
17:30		スタート後紹介				17:23	17:24	25	41	41	46
	17:50	男 100m 決勝	1組	8	17:35	17:47	17:48	48	51	51	52
18:00											
18:30											
19:00											

S：スタートリスト紹介，映：リプレイ，速：記録速報，R：結果報告，Eは掲示終了，数字は発表時間

S	R	表彰	大型掲示 S	R	E	時刻	男走高跳	女走幅跳	女円盤投	男砲丸投	男やり投	表彰
実行時刻		表彰	大型掲示板			人数	22	19	16	13	22	
						14:30	競技開始		30 表彰			30女：円盤投
								招集完了				
								練習開始				
						14:50				招集完了		
						15:00				00 表彰	練習開始	00男：砲丸投
								紹介				
			13	17		15:15		競技開始				
			19	23								
		16:18	28	33		15:30					紹介	
											競技開始	
		16:22	43	49								
						16:00						
		16:48	03	09								
		16:51	13	17								18女：400mH
								TOP8				22女：800m
		18:15	28	32		16:30	競技終了					
							結果発表					
		17:30	43	47								48男：800m
						16:50		競技終了			TOP8	51男：400m
								結果発表				
		17:43	57	17:20		17:00						
			17:00	17:20								
						17:20					競技終了	
											結果発表	
		18:11	21	46								
			25	46		17:30						30女：100mH
												43女：5000m
		18:25	48	52								
						18:00	00 表彰	03 表彰				00男：走高跳　03女：走幅跳
											06 表彰	06男：やり投
												11男：5000m
												15女：200m
						18:30						
												25男：100m
						19:00						

競技会役員

フィールド競技進行表の例① （第94回日本陸上競技選手権大会跳躍進行表）

第3日目　平成23年6月12日（日）　　TV放映　NHK総合　16:00 ～ 18:00（生中継）

競技順序		競技場所	参加人数	進行項目	準　　　　　備						競技開始	1回目開始
開始時刻	競技種目				諸準備完　了	審判員配置完了	招集完了	競技者到　着	練習開始	競技紹介選手紹介		
14:30	男走高跳	B	22	予定時刻	13:30	13:40	13:50	13:52	13:55	14:25	14:30	2m05
				実施時刻								
				見所有望選手	日本記録　2m33(2006:90回日本選手権) 醍醐直幸(富士通)			醍醐直幸 PB 2m33　3連覇を含み5回優勝 高張広海(日立ICT)PB 2m21　前年度優勝				
					大会記録:同上			戸邉　直人(筑波大)PB 2m24 土屋　光(ヒューロン・チロー)PB 2m25 92回大会優勝				
15:15	女走幅跳	メイン	19	予定時刻	14:15	14:25	14:35	14:40	14:45	15:10	15:15	15:15
				実施時刻								
				見所有望選手	日本記録　6m86(2006:国際GP大阪) 池田(井:井村久美子(スズキ))			桝見　咲智子(九電工)PB 6m65 山　沙英子(山口TFC)PB 6m56		同		
					大会記録7m01(3回目)R.ペレズナヤ(ソ連) 日本人最高:6m82(85回)花岡麻帆(office24)			井村(田:池田)久美子(DEAR) SB:6m54				

フィールド競技進行表の例② （第94回日本陸上競技選手権大会投てき進行表）

第3日目　平成23年6月12日（日）　　TV放映　NHK総合　16:00 ～ 18:00（生中継）

競技順序		競技場所	参加人数	進行項目	準　　　　　備						競技開始	1回目開始
開始時刻	競技種目				諸準備完　了	審判員配置完了	招集完了	競技者到　着	練習開始	競技紹介選手紹介		
12:30	女円盤投	A	16	予定時刻	11:30	11:40	11:50	11:55	12:00	12:25	12:30	12:30
				実施時刻								
				見所有望選手	日本記録　58m62(2007:中部実業団) 室伏由佳(ミズノ)			室伏由佳:9連覇中(全11回優勝)				
					大会記録59m94(75回)閔春燕(中国) 日本人最高 56m36(88回)室伏由佳(ミズノ)							
13:00	男砲丸投	B	13	予定時刻	12:10	12:10	12:20	12:23	12:25	12:55	13:00	13:0
				実施時刻								
				見所有望選手	日本記録　18m64(09:新潟国体) 山田壮太郎(法大)			山田壮太郎:JB 18m64 畑瀬　聡(群馬陸協ミ)PB 18m56				
					大会記録 18m56(90回) 畑瀬　聡(綜合ガード)			村川洋平(スズキ浜松AC)PB 18m43 大嶋　忠司(チームミズノアスレッチ)PB 17m94				
15:30	男やり投	A	22	予定時刻	14:30	14:40	14:50	14:55	15:00	15:25	15:30	15:3
				実施時刻								
				見所有望選手	日本記録　87m60(1989:国際GP) 溝口和洋(ゴールドウイン)			村上　幸史(スズキ浜松AC)PB 83m15 11連覇中				
					大会記録　81m70(73回) 溝口和洋(ゴールドウイン)			ディーン気児早大JPB 79m10 井　謙(七十七銀行)PB 78m86		荒		

競技									結果		備考
2回目開始	3回目開始	3回目終了	トップ8発表	4回目開始	5回目開始	6回目開始	競技終了	競技所要時間	結果発表	表彰開始	
2m10	2m15	2m19	2m22	2m25	2m28					18:00	
15:35	15:55	16:15	16:18	16:20	16:30	16:40	16:50	1°35	16:55	18:03	

競技									結果		備考
2回目開始	3回目開始	3回目終了	トップ8発表	4回目開始	5回目開始	6回目開始	競技終了	競技所要時間	結果発表	表彰開始	
12:45	13:00	13:15	13:18	13:20	13:30	13:40	13:50	1°20	13:55	14:30	
13:15	13:30	13:45	13:48	13:50	14:00	14:10	14:20	1°20	14:25	15:00	
15:55	16:20	16:45	16:48	16:50	17:00	17:10	17:20	1°50	17:25	18:06	

インカム配置の例（東京国体）

MMM		有線				有線・無線				トランシーバー	PHS
		1	2	3	4	5	6	7	8		
1	総務統括								SS-8		1
2	技術総務								SS-8		1
3	ジュリー（上訴）								SS-8		
4	トラック審判長					BR-5					
5	跳躍審判長									1ch	
6	投てき審判長									2ch	
7	進行統括								BP-8		
8	トラック進行			SS-3		SS-5		SS-7			
9	フィールド進行	SS-1	SS-2								
10	表彰進行				SS-4						
11	フィールド1・跳躍		BP-1							1ch	
12	フィールド2・跳躍		BP-1								
13	フィールド3・跳躍		BP-1								
14	フィールド4・投てき		BP-2							2ch	
15	フィールド5・投てき		BP-2								
16	写真判定					SS-5	BP-6				
17	スターター・リコーラー						BR-6				
18	スターター・リコーラー						BR-6				
19	監察主任					SS-5	BP-6				
20	監察1					BR-5				3ch×6	
21	監察2					BR-5					
22	監察3					BR-5					
23	監察4					BR-5					
24	出発1							BR-7			
25	出発2							BR-7			
26	競技者1（トラック）			BP-3							
27	競技者2（フィールド）			BP-3							
28	マーシャル（場内指令）									4ch×6	1
29	記録室					SS-5			SS-8		
30	周回記録					BP-6					
31	ミックスゾーン										1
32	用器具1								BP-8	5ch×3	
33	用器具2								BP-8		
34	表彰				BP-4						
35	ドーピング室										
36	練習所										2
37	駐車場										1

	使用数	残	合計
BP（ベルトパック）	14	1	15
SS（スピーカーステーション）	13	2	15
BR（ブレスト）・無線インカム	9	7	16
PHS	7	0	7
トランシーバー	19		

技術総務

1 任務

技術総務は，競技会ディレクターまたは総務の指揮の下で行動する。任務については，CR16 に記載されている。

国際競技会では，技術総務の下に複数の担当者をおき，チームで任務にあたっている。国内競技会では技術総務の任務の一部を公式計測員（〔国内〕CR39）に任せている競技会もある。公式計測員は，2018 年に WA の競技規則から削除され，日本独自の審判となっている。

(1) トラック，助走路，サークル，円弧，角度，フィールド競技の着地場所および用器具が競技規則に合致しているかを確認する（CR16.1.1）。

(2) 技術代表によって承認された競技会の技術的・組織的計画に従って用器具が準備され，設置・撤収することを確認する（CR16.1.2）。

(3) 競技場所の設備や用器具等が前述の計画に従っていることを確認する（CR16.1.3）。

(4) TR32.2 に従って，競技会に許可された個人の投てき物を検査し，マークを付ける（CR16.1.4）。技術総務の担当あるいは〔国内〕公式計測員が行い，報告をする。主催者が用意した投てき物リストに掲載されていないものであることも確認する。国内競技会では技術総務が特に決めない限り，2 個までの持ち込みが認められる。

(5) TR10.1 に従って，〔国内〕公式計測員〔国際〕有資格計測員から必要な証明書を受け取る（CR16.1.5）。本連盟で公認競技場及び WA 認証競技場の検定をしている。検定報告書を競技場に閲覧できるようにしておくとよい。国際競技会は WA 公認競技場で行われるので，その報告書を閲覧できるようにしておく。

〔国内〕

1. 国内競技会での公認競技場は，公認競技会を開催し得る十分

な精度のある適切な施設であることを確認した報告を受ける。公認競技場の検定報告書を競技場に閲覧できるようにしておくとよい。

2. 投てき用器具の確認は、副技術総務の担当あるいは公式計測員（CR39）が変わって行い、報告を受ける。

3. 技術総務の直接指揮下に、用器具係をおき、用器具係には各競技に必要な用器具を整備させ、開始前に配置、終了後に撤収させる。

4. マラソンコース、競歩コースが公認計測されたとおりに正しく整備されているか確認する。スタートライン、コース表示版、km表示版、中間点、折り返し点標識、関門の用具・機材、競技に支障となる箇所のコーン等の位置、給水・給食の設置等を確認する責任を負う。公式計測員が配置されているときには、連携して業務を行う。

2 競技会前の準備と留意点

(1) 使用される競技場が、公認競技会として開催されるのに十分であるかどうか事前に調査をする。競技の実施が可能であるかどうかを技術総務、副技術総務あるいは〔国内〕公式計測員が確認する。もし、不都合なものがあれば、競技場管理者と折衝して整備を依頼する。

(2) 競技場の機器、機材が使用するに可能な状態かどうか、用器具係に調査検討させ、不十分なものについて競技場管理者に整備を依頼する。

(3) 常備用器具については競技場管理者の了解を得て用器具係に検査させ、使用可能なものとその他のものを区別する。また競技会の規模に応じて、その使用個数を決定し、不足する場合には補充の計画をする。

(4) 競技実施種目および競技開始時刻が決定したら、競技場管理者にできる限り早く連絡し、用器具の借用と諸準備を依頼する。

(5) 出場する競技者の記録から投てきの距離ラインを決定する。

(6) 用器具係から、プログラムに基づく運営進行表を提出させて、競技の円滑な進行を図る。

(7) 主催者に許可された個人の投てき物の持ち込み方法，返却方法を総務，技術総務，副技術総務の担当あるいは公式計測員と決定する。TICで受付，返却する。返却間違いの可能性があるので，投てき場では返却しない。

(8) 道路競技では，距離ポイントを確認すると共に使用する用具の手配，確認をする。

3　競技開始前の準備と留意点

(1) 縁石，スタートライン，フィニッシュライン，テイクオーバーゾーン，助走路の状況，投てき場所の角度線，投てきの距離ライン等を確認する。

(2) 跳躍審判長と協議し，跳躍場所をあらかじめ決定する。

(3) 投てき審判長と協議し，投てき場所をあらかじめ決定する。

(4) 任命された競技役員に競技場の諸施設，用器具等の準備状況を説明する。そのためには現地の報告に頼らず準備段階で実査・確認しておくべきである。

(5) 用器具は，用器具係主任に引き渡す。

(6) 特に雨天時における準備態勢や危険防止の措置（ハンマー投の防護ネット，危険エリアへの立ち入り禁止措置）などの用意も必要である。走路，助走路の雨水除去方法も，用器具係を指揮して措置する。

(7) 副技術総務の担当あるいは公式計測員，用器具係から，それぞれの役割分担について報告を受け，正しい状態で競技が実施できることを確認し，その旨を各審判長と総務に連絡する。

(8) 道路競技では，競技開始前に技術総務車で出発して，競技に支障となる箇所のコーン等の位置，スタートライン，フィニッシュライン，折り返し点，中間点，5km毎のポイント，給水・給食の設置等のポイント，ラインがマークされていることなどを確認する。

4　競技中，競技終了後の留意点

(1) 競技進行中は全体を監察し，たえず審判長や総務と連携を取り合い競技の円滑な進行を図る。

(2) 競技実施場所を変更する場合は，審判長，総務，各総務員などと連携し対応する。ただし，風の強さや風向きの変化は競技実施場所を変更するのに十分な条件ではないことを認識しておく必要がある（TR25.20〔注意〕）。

(3) 投てき競技において，世界記録，エリア記録，日本記録，U20・U18日本記録，室内日本記録，室内U20・U18日本記録が達成された場合には，副技術総務の担当あるいは公式計測員が達成されたときに使用した投てき物の再検査を実施しなければならない（CR37.17.4）。競技者がどの投てき物を使用したか，担当投てき審判員は記録しておく必要がある。

(4) 使用した競技場の機器，機材，用器具が正しく返却されているか確認する。また，不具合や故障，破損などの報告を受け，競技場管理者に報告し，対応を協議する。

5 パラ陸上の留意点

パラ陸上の競技規則はWAの競技規則に基づくが，パラ陸上独特の競技についての競技規則はWPA（World Para Athletics）の競技規則で定められている。パラの競技役員と確認しながら，間違いのないようにするべきである。

特にパラ種目では，以下のことに特に留意する。

(1) WPA公認大会は国際競技規則を適用して行われる（国内適用は適用されない）。

(2) 車いすの競技者のリレー競走ではテイクオーバーゾーンが40mとなる。事前にテイクオーバーゾーンの入口のラインの設置が必要である（出口のラインは変わらない）。競技場には40mの位置はマーキングされていない。公式な種目として行う場合は，曲走路では，所定の角度から設置しないと正確な位置が設置できない。

(3) 視覚障害のクラス（T11およびT12）レーンのすべてまたは一部を走るトラック種目，車いすの競技者が含まれるリレー競走については，それぞれの競技者に2レーンを割り当てるために，スタートラインの延長を行う。奇数レーンを割り当てて実施する（例：第3レーンのスタートラインを第4レーンに延

長する。競技者には2レーン分が割り当てられる。第3レーン
としてレースが実施される)。また，ユニバーサルリレーにお
いても，それぞれの競技者に2レーンを割り当てるため，テイ
クオーバーゾーンのラインも延長する。このとき第4走の車い
すのテイクオーバーゾーンは40mとなる。

(4) WPA競技規則「最初の50mで競技者の衝突が起きた場合
にスターターが呼び戻しを行う権限を有する」とあるので，
800m以上の車いす競走においては，最初の50mで競技者の衝
突が起きた場合にスターターが呼び戻しを行う場合があるの
で，スタートから50mの位置をマークしておき，マークにコー
ンを置く。

(5) 車いす800m競走において，危険回避のために，ブレイクラ
インにコーンや角柱は置かない。その代わり，高さ1.5mの旗
をインフィールドとトラック外側に設置する。また，50mm×
50mmの色付きの平らなマーカー（ガムテープでもよい）をブ
レイクラインに置くことができる。

(6) 視覚障害のクラス（T11およびT12）の走幅跳は，1.00m
×1.22mの長方形のパウダーゾーンが踏切エリアとなる。また，
砂場の幅は安全確保のため，幅3.5mが強く推奨されている。
3.5mの確保が不可能な場合は技術代表が追加的な安全措置を
要請できる。

(7) 投てき種目ではパラ陸上独自の重さの設定がある。

(8) すべての座位投てき（F31〜34およびF51〜57の砲丸投・
円盤投・やり投・こん棒投）は直径2.135〜2.50mの円形の中
心角34.92度から投てきを行う。

ジュリー（Jury of Appeal: 上訴審判員）

1 任務

　ジュリーは TR8 に規定された抗議について裁定し，また競技会の進行中に生じた問題のうち，その決定を付託された事項について裁定することを基本的な任務とする。その決定は最終的なものである。しかしながら，新しい事実が提出され，それが規則に適合していれば，再審議してもよい（TR8.9）。

2 配置

　全国的な競技会および国内の大規模な競技会では，通常 3 人または 5 人からなるジュリー（主任 1 人を含む）を任命する。国内競技大会では，ジュリーの秘書は任命しない。

　オリンピック，世界選手権大会などでは，大会の規程で WA 評議員が毎日 5 人～7 人ずつ交代でつくことになっている。これにならって，本連盟が主催する国内大会では，主管団体選出のジュリーに加えて本連盟理事からも交代で選出され任務にあたることになっている。

　裁定にあたって，上訴している者に関係するジュリーは任にあたることができないので予め代理を決めておくことが望ましい。

3 実施要領（抗議と上訴の手続きと裁定について）

① 競技者の参加資格に関する抗議の手続きと裁定

　加盟団体（都道府県陸上競技協会）あるいは加入団体（クラブ，学校，職域）の責任者より，文書をもって，競技会の開始前に大会総務になされなければならない。

② 競技の結果または行為に関する質問・抗議の手続きと裁定

　注）国際競技大会では TR8.4.1 及び TR8.5 が適用され，競技中に審判長に対し，ただちに口頭で抗議することができる。日本では〔国際〕扱いである。

(a) 担当総務員は，競技者又は代理人による質問・口頭による抗議の受付時間やその内容を記録する。

　　　　・正式発表後30分以内，国内では「同一日に次のラウンド
　　　　　がある場合には15分以内まで受け付ける」というルール
　　　　　を適用している。

　(b)　審判長から判定理由等を当該者に伝える。
　　　　注）黄旗などの措置があった場合は，その内容を事前に把握
　　　　　しておくと迅速に対応できる。

　(c)　当該者が審判長の裁定に納得できない場合，競技者又は代理
　　　人，又はそのチームの責任ある代表者がさらにジュリーに「上
　　　訴」することができる。この場合，審判長裁定後30分以内（同
　　　一日に次のラウンドがある場合には15分以内）に，担当総務
　　　員に「上訴申立書」を提出し，現金10,000円を預託する。担
　　　当総務員は預託金預り証を発行する。担当総務員は審判長を経
　　　て，ジュリーに回付する。

　　　・担当総務員はそれまでの対応状況や説明を実施した時刻を
　　　　記録する。
　　　・担当総務員からジュリーに状況を連絡する。
　　　・抗議に部外者が介入すると，冷静な対応が阻害されるので，
　　　　関係者以外の入室ができない抗議者控室を必ず設置する。
　　　・上訴申立書を提出した抗議者は，裁定を待つ間，抗議者控
　　　　室で待機する。
　　　・上訴申立書のひな型は次ページおよび本連盟ウェブサイト
　　　　を参照のこと。

　(d)　ジュリーは，申立書に基づき関係役員より事情聴取を行い，
　　　必要に応じて録画されたビデオ，証拠物件や関係書類等を確認
　　　し，ジュリーで協議して，裁定書を作成する。担当総務員は裁
　　　定書の内容を抗議者に伝達する。

4　留意事項

　①　競技中のジュリーの席は競技場全体が見通せるような高い場
　　　所に設置すると共に，競技本部と連絡するための通信機器を準
　　　備する。
　②　抗議と上訴の手続きについては，競技注意事項に明記し，監
　　　督会議などで説明しておくとよい。

③　抗議者控室は，可能な限り個室を用意し，落ち着ける環境を
　　確保する。

④　抗議受付場所を TIC としている場合，抗議担当総務員は
　　TIC に常駐することが望ましい。

5 抗議提出から最終決定までの流れ

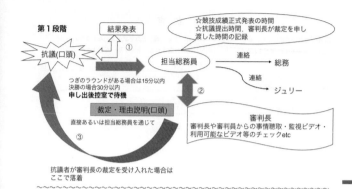

第1段階

結果発表 ①

抗議(口頭)

☆競技成績正式発表の時間
☆抗議提出時間，審判長が裁定を申し渡した時間の記録

担当総務員

連絡 ──→ 総務

連絡 ──→ ジュリー

つぎのラウンドがある場合は15分以内
決勝の場合は30分以内
申し出後控室で待機

②

裁定・理由説明(口頭)

直接あるいは担当総務員を通じて

③

審判長
審判長や審判員からの事情聴取・監視ビデオ・利用可能なビデオ等のチェックetc

抗議者が審判長の裁定を受け入れた場合はここで落着

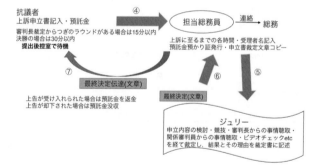

第2段階　抗議者が審判長の裁定を不服として上告が行われた場合

抗議者
上告申立書記入・預託金

審判長裁定からつぎのラウンドがある場合は15分以内
決勝の場合は30分以内
提出後控室で待機

④

担当総務員

連絡 ──→ 総務

上訴に至るまでの各時間・受理者名記入
預託金預かり証発行・申立書裁定文章コピー

⑦

最終決定伝達(文章)

上告が受け入れられた場合は預託金を返金
上告が却下された場合は預託金没収

最終決定(文章)

⑥

⑤

ジュリー
申立内容の検討・競技・審判長からの事情聴取・関係審判員からの事情聴取・ビデオチェックetc
を経て裁定し，結果とその理由を裁定書に記述

6　上訴申立書と記入例

上 訴 申 立 書　　No.＿＿＿＿＿

陸上競技規則 TR 8 により、金 10,000 円を預託して、下記の通り上訴申立てをいたします。

ただし、本申立てが却下された場合は、この預託金が没収されることを了承いたします。

西暦＿＿＿＿＿年＿＿＿月＿＿＿日

所属団体正式名または加盟団体名＿＿＿＿＿＿＿＿＿＿＿＿＿＿＿＿＿＿＿＿＿＿＿＿＿＿＿＿

申 立 人 自 署＿＿＿＿＿＿＿＿＿＿＿＿＿＿＿＿＿＿＿＿＿＿＿＿＿＿＿＿＿＿

記

競技会名＿＿＿＿＿＿＿＿＿＿＿＿＿＿＿＿＿＿＿＿＿　種目＿＿＿＿＿＿＿＿＿＿

競技者氏名（ビブスNo.　　　　）＿＿＿＿＿＿＿＿＿＿＿＿＿＿＿＿＿＿＿＿＿＿

上訴理由

※以下主催者による記入

競技結果正式発表時刻＿＿＿＿＿　時＿＿＿分

口頭による抗議申立て時刻＿＿＿＿＿　時＿＿＿分　　受理者自署＿＿＿＿＿＿＿＿＿＿

審判長裁定時刻＿＿＿＿＿　時＿＿＿分

上訴申立書受理時刻＿＿＿＿＿　時＿＿＿分　　受理者自署＿＿＿＿＿＿＿＿＿＿

裁 定

裁定結果および理由

ジュリー代表自署＿＿＿＿＿＿＿＿＿＿＿＿＿＿＿＿＿＿＿＿＿＿＿＿＿＿＿＿

(JAAF-34, 2020/12)

- きりとり -

領 収 書　　No.＿＿＿＿＿

＿＿＿＿＿＿＿＿＿＿＿殿

金 10,000 円　上訴預託金として領収いたしました。　西暦＿＿＿＿＿年＿＿＿月＿＿＿日

尚、上訴が受理された場合は、本書と引き換えに返金致します。本書を紛失した場合は返金できません。

競技会主催者名＿＿＿＿＿＿＿＿＿＿＿＿＿＿＿＿＿＿

領収者自署＿＿＿＿＿＿＿＿＿＿＿＿＿＿＿＿＿＿

上 訴 申 立 書　　　No.＿＿＿＿＿

陸上競技規則 TR 8 により、金 10,000 円を預託して、下記の通り上訴申立をいたします。

ただし、本申立てが却下された場合は、この預託金が没収されることを了承いたします。

西暦　２０２１年　　　×月　　　××日

所属団体正式名または加盟団体名　　○○　クラブ＿＿＿＿＿＿＿＿＿＿＿＿＿＿＿＿＿

申 立 人 自 署　　　署　名＿＿＿＿＿＿＿＿＿＿＿＿＿＿＿＿＿＿＿＿＿

記

競技会名＿＿＿＿＿○○　大会＿＿＿＿＿＿＿＿　種目　４×４００mR　準決勝第２組

競技者氏名（ビブスNo. １４７　　　）　　△△　○○＿＿＿＿＿＿＿＿＿＿＿

> 上訴理由
>
> 　４×４００mRの第２走者△△が、第２曲走路の出口から直走路付近を先頭で走行中、外側から追い抜こうとした××チームの競技者が、必要以上に肩や肘を入れてきたために、△△のバトンに当たって、バトンが手から落ちてしまった。

※以下主催者による記入

競技結果正式発表時刻　　　　１２時　　１３分

口頭による抗議申立て時刻　　１２時　　２５分　　受理者自署＿＿＿署　名＿＿＿＿

審判長裁定時刻　　　　　　　１２時　　３５分

上訴申立書受理時刻　　　　　１２時　　４０分　　受理者自署＿＿＿署　名＿＿＿＿

裁　定

> 裁定結果および理由
>
> 　監察員の報告やビデオ記録によると、追い抜いていった外側の競技者は、故意に肩や肘を入れて△△競技者の走行を妨害したとは認められない。
>
> 　よって審判長の裁定を支持する。

ジュリー代表自署＿＿＿＿＿署　名＿＿＿＿＿＿＿＿＿＿＿＿＿＿＿＿＿

(JAAF-34, 2020/12)

- - - - - - - - - - - - - - - き り と り - - - - - - - - - - - - - - -

領　収　書　　　No.＿＿＿＿＿

＿＿＿□□　□□＿＿＿＿＿殿

金 10,000 円　上訴預託金として領収いたしました。　西暦　２０２１年　　　×月　　　××日

尚、上訴が受理された場合は、本書と引き換えに返金致します。本書を紛失した場合は返金できません。

競技会主催者名＿＿＿＿＿○○陸上競技協会＿＿＿＿＿＿＿＿＿

領収者自署＿＿＿＿＿署　名＿＿＿＿＿＿＿＿＿＿＿

JTOs（Japan Technical Officials）
日本陸連技術委員

　WAでは，オリンピックや世界選手権などの主要競技会に於いて，技術代表（Technical Delegates：TD）および国際技術委員（International Technical Officials：ITOs）をおいている。このITOs は，可能な限り競技が進行する各種目にそれぞれ1人，ITO主任によって指名され担当することになる。

　2006年度から本連盟が主催・共催する競技会においては原則としてJTOs（Japan Technical Officials）をおいている。

1　任務（ITOs：CR8）

〔国際〕1.　技術代表はITOsが任命されている競技会で，事前に主催団体によってITO主任が任命されていなければ，ITOsの中から主任を任命しなければならない。ITO主任は技術代表と協力して可能な限り実施される各種目にそれぞれ1人のITOを任命しなければならない。ITOsは担当する各種目の審判長を務める。

　　　　2.　クロスカントリー競走・道路競技・マウンテンレース・トレイルランニングにおいてITOsが指名されたら，ITOsは主催者に必要な支援を行う。ITOsは自身に割り当てられた競技種目が行われている間はずっと競技場所にいなくてはならない。ITOsは競技が WA競技規則と競技注意事項等ならびに技術代表の最終決定に従って行われていることを確認する。ITOsは割り当てられた各種目の審判長となる。ITOsに関する情報はWAのウェブサイトから入手可能な The International Technical Officials Guidelines により提供される。

〔国内〕　本連盟が主催する競技会には原則として JTOs（Japan Technical Officials）をおく。JTOsは総務の直下に位置づけられて，WA の ITOs に準じた任務を行う。

　　JTOは，本連盟が承認した基準により選考試験を行い，理事

会が認定する。

　JTOはその種目の審判長に必要な支援を行わなければならない。JTOは，自身に割り当てられた競技種目実施中ずっと競技場所にいなくてはならない。JTOは競技が本連盟競技規則や競技注意事項等ならびに総務の最終的決定に従って行われていることを確認しなければならない。

　問題が起こった時や意見を述べる必要があると感じた場合は，最初の行動としては審判長に注意を促し，必要に応じて何をすべきかの助言をする。

〔国内〕　もし助言が受諾されず，このことが競技規則や競技注意事項あるいは総務の最終決定に明らかに違反している時はJTOが決定を下すことができる。それでも問題が解決しない場合は総務に付託する。

〔国内〕　JTOは関係書類署名しなければならない。

〔注意〕　JTOは審判長が不在の時は，当該審判員主任とやり取りをする。

　リレー競走（招待競技などではなく，正式プログラムとしての競技）が行われる場合には，JTOは各テイクオーバーゾーンの監察も行うこととしている。異常を監察した場合には各コーナー主任を通じて黄旗を揚げて審判長に連絡するか，JTOの専用無線を通じて審判長にビデオ記録を確認してもらうことがある。後者の場合，違反が確認されれば黄旗が揚がることなく審判長により失格の判定が下されることもある。

2　陣容

　2023年度は55人が有資格者と登録され，JTOsとして本連盟主催・共催大会，後援大会などで各種支援を行う。原則として Track and Field の競技会では，審判長の補佐であるため競技運営委員会委員を Leader として含む複数名で構成している。さらに複数日にわたって開催される競技会では，負担軽減のために走・跳・投の各種目に複数名を配置できるようにしている。ロードレース・駅伝の派遣は原則1名である。

JRWJs（Japan Race Walking Judges）
日本陸連競歩審判員

1 IRWJ と JRWJ

　国際競歩審判員（IRWJs：International Race Walking Judges）はWAが育成認証する競歩審判員資格で，WAレベル（レベルⅢ）とArea レベル（レベルⅡ）がある。WAレベルは，Area レベルを取得後1年以上経過したのち，WAが行う INTERNATIONAL RACE WALKING JUDGES EVALUATION SEMINAR（IRWJES）でWAが定める基準に合格したものに与えられる資格である。Area レベルの資格はWAが定める基準に合格した NTO 資格取得者が，本連盟の推薦を受けて，RDC（Regional Development Center で行われる IRWJES で WA が定める基準に合格したものに与えられる。WA レベル，Area レベル共に4年に一度更新試験が行われており，終身資格ではない。定年は70歳である。

　JRWJは本連盟が認証する資格で，本連盟の主催，共催競技会では必ず任命しなければならない（TR54.3.3〔国内〕）。JRWJ 育成セミナー（JRWJ規程第3条）では IRWJESに準じて試験を行い，合格者を JRWJ として認定しており，その判定技能は国際レベルである。JRWJ には上級資格として S級があり，RWJECS（Race Walking Judges Education and Certification System）と本連盟が定めた試験に合格したものに与えられる（JRWJ 制度施行細則第7条）。なお，JRWJは全国各地でその判定技能や競歩競技の運営方法について普及する役目も担っているので，競歩競技会ではこれらの JRWJを活用していただきたい。

2 JRWJの競技会での任務

　JRWJは，WAならびに本連盟が主催，共催，後援あるいは所管する競技会において TR54に基づき競歩審判員の任務を行う。JRWJは主管陸協の競技役員と共に協調して任務を遂行する（JRWJ 規程第1条）。

3　JRWJの派遣基準

　本連盟が主催共催する競技会への JRWJ の派遣は，開催される会場の地域性を勘案して競技運営委員長が決定し，委嘱する。それ以外の競技会への派遣は主催者が本連盟に派遣申請し，本連盟が審査したうえで派遣を決定する（JRWJ 制度施行細則第6条）。

4　S級　JRWJ

　JRWJ で，WA が行う RWJECS で Level II または Level III の資格を得た者及び JRWJ の有資格者で本連盟が行う試験で本連盟が定める基準に達した者に与えられる資格である（JRWJ 制度施行細則第7条）。

5　JRWJの報告義務

　本連盟より競技会に派遣された JRWJ は任務完了後，2週間以内に報告書を本連盟に提出しなければならない（JRWJ 制度施行細則第8条）。

競技会役員

テクニカルインフォメーション
センター（TIC）

テクニカルインフォメーションセンター（Technical Information Centre：TIC）は，主に大規模の国際競技大会（オリンピック，世界選手権，ユニバーシアード，アジア大会，アジア選手権など）において設置される部署である。競技者，チームとLOC，大会主催者，技術代表とのコミュニケーションをとる重要な役割を果たす。競技会に対する要望なども受け付け，競技会を安全に適切に運営することにも寄与している。

1 任務

TICは，競技会全体がWA規則に沿って円滑に運営されるように，各選手団（監督，コーチ，選手）と競技役員（組織委員会，WA技術代表等）の間に立って，必要な情報を関係者に提供することが主な任務となる。

日本国内で開催される全国レベルの競技会（例えば，日本選手権大会）では，TICは主催者と競技者のコミュニケーションの（受付）窓口として，2010年の日本陸上競技選手権大会で初めて設置された。競技場内の「競技案内所（TIC）」という名称で，「質問・抗議の受付」「欠場届の受付」「持込競技用具の受付」「賞状（4〜8位）の配布」「遺失物管理」「記録証明書受付」「棒高跳ポール（送付・受付）輸送の手配」などを業務として担当した。

TICは，大会期間中のサポートもさることながら，業務内容を整理し事前準備をしっかり行うことが業務を滞りなく遂行することにつながる。とはいえ，特に大規模国際競技大会（世界選手権等）のようにTIC業務を総合的に経験する機会は極めて限られるため，メンバーを早期に編成し，事前に準備に取り掛かることが肝要となる。

ここでは大規模国際大会での業務を想定して解説する。

2　配置

　一般的には選手村と競技場に配置される。選手村では SID（スポーツインフォメーションデスク）と呼ばれ，選手団の入村から競技開始までの様々な業務が行われる。競技場では TIC（テクニカルインフォメーションセンター）と呼ばれ，競技に関する多数の業務が行われる。よって，人員の配置には配慮が必要である。

3　業務内容

　両者の業務には多少の違いはあるが，主な業務内容は以下のとおり。

(1)　入村前準備資料

　　事前に準備しておくべき主な資料：エントリーリスト（チーム別，種目別），チーム別の選手村チェックイン・チェックアウト予定表，最終の競技日程，各種申請書類等（3.(9) 参照）。

(2)　入村手続き

　　入村時配布資料：テクニカルガイドブック（または，チームマニュアル），監督会議質問票（監督会議前に TIC にて受付，監督会議で回答できるよう技術代表に渡す），最終確認書（チーム，種目別），リレーオーダー用紙，上訴申立書，アスリートビブス，監督会議入場用パス（通常は各国代表者1 ～ 2 名），ピジョンボックスの鍵（ピジョンボックスがないこともある）等，必要な書類などを配布する。監督会議以降に入村するチーム（選手）もあるので，配布漏れ・連絡漏れを防ぐため，各選手団の入国（入村），帰国（退村）予定表をもとにチェックし（受領者のサインをもらっておくとよい），代表者・アタッシェの連絡先も同時に把握しておく。

(3)　監督会議（テクニカルミーティング）準備

　　会場内のレイアウトの確認（座席配置など），参加チームのチェック，監督会議質問票回答の準備（通常は技術代表が準備し会議の場で回答する），同時通訳者への情報提供等。

(4)　ユニフォーム撮影

　　競技会では撮影されたユニフォームだけが着用できる。入村時に各選手団の競技会用ユニフォームを撮影し，保存用メモリー（あ

るいはアルバム）に整理して技術代表，総務，表彰係，競技者係（招集所）に配布，TICでも保管する。撮影については以下の点を考慮する。

1　撮影漏れを防ぐため，入村受付からユニフォーム撮影までの導線の確保

2　撮影スペースの確保

3　デジタルカメラ，パソコン，カラープリンター，保存用メモリー（アルバム），撮影用背景，ハンガー，留め具，商標サイズ判定用定規など必要用具・備品の準備

4　ユニフォームの商標やチームロゴ等のチェック

5　一度に多くのチームが入村しても対応できるよう，入村手続係と密な連絡をとり，迅速な撮影を心がける。

6　ユニフォームは全く同型のものでなくても，ランニングとレオタードなどで同じデザイン・配色でも可となることが多い。複数種類でも可のことがあるので，必要に応じ技術代表と確認をする。

(5)　最終確認（ファイナルコンファメーション）の受付

　　最終出場者を確定させるため，当該種目の全エントリー競技者の最終確認書を受付，技術代表および番組編成担当業者に渡す。監督会議時および競技前日の指定時刻までに提出させる。

　　競技期間中は選手村・競技場のSID，TICで受け付けるので，受付完了分を確実に記録し，SID，TICで共有，必要に応じて欠場届も確認の上，未提出の場合は連絡をし，提出を求める。

　　特に監督会議終了時の提出は混雑を極めるため，余裕のあるスペースと，受付からチェック済コピーを返却するまでのスムーズな手順を確保したい。

(6)　情報提供

　　例：スタートリスト，リザルト（それぞれ，男女などで色分けすることがある），デイリープログラム，招集時刻，開会式・閉会式案内，練習場案内（開閉門時間等），チーム関係者・選手輸送バス（選手村〜競技場，選手村〜練習会場）時刻表，気象情報，総務や技術代表からの連絡事項および事務諸連絡まで必要な情報を掲示すると同時に，各選手団のピジョンボックスに投函するか

メールで連絡する。配布物が多いため，帰国した国のピジョンボックスを閉鎖する等の管理も必要。なお，最近はインターネットの活用で配布物が少なくなる傾向にある。

(7) 抗議・上訴の受付・対応（主に競技場 TIC）

競技に関する質問，抗議，上訴を受け付ける。受付時刻と公式記録発表時刻を確認・記録し，抗議・上訴として受付可能かを判断する。同時に，次の対応に備えて関係部署（総務，審判長，技術代表，必要に応じて写真判定，ビデオルーム等，また，上訴の場合はジュリーとも）と連絡を取る。たとえ口頭による簡単な質問や抗議であっても，規則上は，抗議の際の記録は必須とはなっていないものの，その内容を正確に記録しておく。

抗議受付の際は個別スペースを確保し，飲み物を準備する等できるだけ落ち着ける環境を整備し冷静に対応する。必要に応じ専門の通訳者を付け，回答者にはできるだけ文書で正確に内容を伝達する。ビデオ監察による判定を行っている場合は，証拠としてそのビデオを質問者や抗議者に見せることになっているので，必要に応じてビデオ監察審判長とも連絡を取る。

上訴の場合は預託金を受領し，預かり証を発行し，コピー，あるいは半券を保管する。ジュリーからの回答は掲示する。

(8) その他諸対応

上記以外に以下のような役割も担う。

1 各種視察等の受付

スタジアム視察，マラソン・競歩コース視察，Warm-up Meet，Starter's practice 等。

2 コーチ席の案内

フィールド種目にはコーチ席が準備されるので，その席へ案内する。チケットが必要な場合，必要枚数を確認し，各チームへ配布する。

3 リレーオーダー用紙の受付

受付時に，規則に則っているかを確認，チェックリストで管理し，技術代表，記録・情報処理員に回す。

4 アスリートビブス紛失時の再発行

ブランクのアスリートビブス，プリンターまたは各数字の

型・マジック（赤黒等），安全ピンをあらかじめ準備しておくとよい。リレーの国名が略称の時もある。

5 記録証明書申請／ナショナルレコード申請時の必要書類発行の受付

証明書類への署名，リザルト写し，フォトフィニッシュ等，必要書類はその時々（国々）で異なるので，何が必要かを本人またはチーム代表に確認する必要がある。また，ナショナルレコードの場合はドーピング検査が必要な場合もある。関係部署が多岐にわたる可能性があるので，整理の上，早めに連絡をとり準備する。

6 有償ドーピング検査の付添者への連絡・対応

国により，ナショナルレコードにドーピング検査が必要なことがある。その場合は DCO（Doping Control Officer）に連絡の上，対応を確認する。費用を TIC で受領することもあるので，その場合は，領収書発行なども担う。

7 各種パスの管理

混成控室，フィールド競技のコーチ席，ドーピング検査の付き添い，練習場への入場，競歩ドリンクテーブルへの入場，翌日表彰の場合の待機場所（例えば TIC 等）への入場パス等の管理と配布。パスごとに受付簿を作り，枚数制限がある場合は重複がないよう管理する。

8 借り上げ投てき物の受理・返却

用器具倉庫で行うこともあるが，TIC が受け持つこともある。借り上げ用の書類を準備し，必ず写し（半券）を保管する。実際の検査は技術総務が行い，合格の場合，附番した「合格シール」を投てき物に貼り（あるいは，直に投てき物に記載），どの投てき物が誰のものかを紐づけできるようにしておく。不合格になることもあるので，その際の本人への連絡方法も確立しておく。返却の際は，書類と半券を確認し，間違いのないように返却する。

9 競技場持込禁止物品（スマートフォン，その他の通信機能を備えた機器，CDプレーヤー等）の保管・返却

通常，持込禁止物品は招集所で預かり，競技場 TIC で返却

する。預かり品は封筒に入れるなど保管方法・場所を配慮の上，預かる際には受領書の写し（あるいは半券）を保管し，該当する選手に間違いなく返却する。

10 競技運営上の選手団要望書の取り次ぎ
関係部署と確認の上，回答を掲示する，あるいはピジョンボックスに入れる。

11 マラソン・競歩のスペシャルドリンク用容器の預かり，ラベル配布等
総務とも確認の上，受付時間を設定し保管用ボックス，ラベルの準備を行う。ラベルの記載，容器への貼付は，間違うと問題となることがあるので，選手（代理人）に直接行ってもらう方がよい。

12 競技場や練習会場への競技者やポールの輸送手段の案内

13 参加証（diploma）や記録証の配布
参加証は総務，記録証は記録・情報処理員など，関係部署とすり合わせの上，TIC業務かどうかを事前に確認し，必要に応じて担う。ただ，TICでは印刷は行わずあくまで配布窓口業務に留める。

(9) 主な申請用紙の一覧
欠場届，リレーオーダー用紙，投てき物預かり証（＋半券），個人持ち込み物預かり証（＋半券），抗議受付用紙，上訴申立書（＋上訴預託金預かり証），記録証明申請書，監督会議質問票，一般質問票，有償ドーピング依頼書（＋領収書）。
大会ロゴ入りで印刷できるとよい。

4 留意事項

(1) 内容が多岐にわたるため，競技規則に精通することはもちろんのこと，ウォームアップからドーピング検査までの競技者の一連の動きや，他部署との連絡体制など競技会運営全体の流れを把握する。

(2) 業務に漏れが出ないよう業務計画表（業務別，日程別チェックリストなど）を作成する。

(3) 日本陸連競技規則とWA競技規則の相違点（国際適用が基準）

を理解し，大会要項なども熟知する。

(4)　情報に相違が起きないよう，競技場 TIC と選手村 SID とのホットラインを確立し，常時情報を1か所に集約し連絡ミスを防ぐ。

(5)　各情報機器類（複合機，パソコンなど），および必要文具を整備する。また，選手村 SID と競技場 TIC，TIC と総務など必要部署とのやり取り等のための通信手段（トランシーバー，IP 電話，メール，インターネット環境など）や，チーム閲覧用の PC の確保も必要。

(6)　各 TIC に必要な言語の通訳者を確保する。また，通訳者は必ずしも陸上競技に精通しているわけではないので，その点にも配慮した運営が求められる。

(7)　各国チームとの緊急連絡などに備えて，チームアタッシェ（各国チームに付く語学ボランティアなどの随行員）の具体的な仕事内容やその活動時間，連絡先などを確認する。

イベントプレゼンテーション
マネージャー（EPM）

1　国内での運用

　現在EPMは〔国際〕扱いとされ，国内では本連盟が指定した競技会にのみ任命される位置づけにある。但し，その任務は進行担当総務員と重なる部分が多く，進行担当総務員とEPMが協力しながら競技会を進めていく。EPMが任命されていない競技会では進行担当総務員が本来の任務に加え，「EPM的な」業務を担うことがある。

2　イベントプレゼンテーションマネージャーの役割の具体例

　イベントプレゼンテーションマネージャー（EPM）は，大型スクリーンを活用したライブリザルト及びVTR再生（リプレイ）の表示や音楽の効果的な活用などの企画も含め，「見（魅）せる競技会」を実現するための広範囲かつ専門的な役割を担っている。

(1)　「イベントプレゼンテーション実施計画（以下EPプラン）」の策定

　　場内アナウンス，進行連携（放送，表彰，タイムテーブル管理），大型スクリーン，フィールドイベントボード，場内音楽，各種プロモーション，場内リスク管理等を織り込んだ「プレゼンテーション実施計画」(図表を含む)を作成し，主催者（組織代表，技術代表）の承認を得る。

(2)　EPプランに基づく関係部署との連携確認と，事前打合せの実施

　　EPプランに沿って関係各部署と連携についての確認を行い，それぞれの部署の準備状況について総務と協働して進捗管理を行う。

(3)　競技進行についての準備

　　事前に分刻みの進行表を作成し，競技会で起こり得る事象についてあらかじめ検討し，解決策を準備する。

(4)　競技会開催中の役割

競技会における進行・演出に関し総務から判断を委任され，EP プランと事前に策定した進行表に沿って競技会をコーディネートする。

(5)　EP ルームがスタンド高層に設置されている場合には，競技全体や審判員の動きを観察し，トラブル発生時には早期に対応ができるように心がける。

3　観客が満足する競技会演出

　　競技場へ足を運び観戦している観客やテレビを通じて観戦している人々が満足し，競技者がベストパフォーマンスを披露できる競技会にするために特に留意するべき点は以下のとおりである。

(1)　「常に何かが起こっている空間」の演出

　　競技会ではトラック・フィールドで複数の種目が同時に進行するが，競技進行の状況によってはごく稀に「何も行われていない」状況がある。その様な状況は事前に策定する進行表である程度予測されるが，競技場で何も見るものがなく観客が沈黙している事がないように，タイムテーブルを事前に調整し，各種イベントやプロモーションを計画することが必要である。また，事前の予想や計画に反してその様な状況になった場合には，臨機応変に対応することが求められる。

(2)　観客にとって分かりやすい競技会の演出

　　多種目が同時に展開する競技会において，観客が注目すべき場面は刻一刻と変化する。その様な状況下で，「今，注目の種目は何か」を的確に把握し，アナウンス等でガイドして注目させるという役割が求められる。注目種目がフィールド競技の場合にはトラック競技の進行を一時的に遅らせるという対応を選択してもよい。

(3)　テレビ中継との連携

　　テレビ中継が生放送で行われている場合には，中継局のディレクター等と連携し，中継が円滑に行えるように協働する。テレビ中継を通じて競技を見ている人々へのサービスにも配慮する。中継局とは事前に策定する進行表等であらかじめ打合せを行っておくことで，円滑な進行と連携が可能になる。

中継局側の意向を踏まえつつも，競技規則の遵守，全体のコントロールは EPM が行うという役割分担の明確化が重要である。

4　イベントプレゼンテーション実施計画で検討される事項

(1)　イベントプレゼンテーションの基本方針

①　アナウンスの方針，トラック競技とフィールド競技のバランス

②　アナウンサーの役割区分とその分担内容

③　大型映像装置への具体的な表示内容と活用方法

④　音楽と音響効果

⑤　役員相互の連携と連絡手段・方法

(2)　選手紹介のプレゼンテーション

①　プレゼンテーションの原則

　　プレゼンテーションのタイミング・方法，競技開始時間の定義（「On your marks」のコマンドか，ピストルを撃つタイミングか。旗上げのタイミングか，アナウンスの開始コメント時か）

②　トラック種目のプレゼンテーション

　　短距離種目，長距離種目，リレー種目それぞれの出場者紹介方法

　　ラウンド毎（予選，準決勝，決勝）の出場者紹介方法

③　フィールド種目のプレゼンテーション

　　出場者紹介方法（競技開始前に全員か，TOP8 時か）紹介時の選手の並び方

　　最近は，競技開始前に全員を一人ひとり映像・アナウンスで紹介し（ワンバイワン），TOP8 は大型映像装置に文字情報を表示し，アナウンスすることが多い。

(3)　競技描写のプレゼンテーション

①　タイミング・方法

　　アナウンスのみか大型映像装置を使用し，画像に合わせてアナウンスかフィールドイベントボードに何を出すか

②　内容の濃淡づけ

　　トラック：予選か決勝か

フィールド：高さの競技か長さの競技か前半3回の各ラウン
　　　　ド時かTOP8の試技か
(4)　場内インタビュー
　　　場内インタビューのタイミング，インタビューの実施場所，実
　施種目，TV中継局や報道係との連携方法，表彰係との連携確認，
　予定所要時間
(5)　表彰式
　　　表彰式の実施内容（入賞者数，タイミング，表彰方法等），想
　定所要時間，その他事項（プレゼンターの立ち位置，メダルプレ
　ゼンターとフラワープレゼンターを分けるか等）
　　　＊式典表彰マニュアルにて定められている場合はその内容も考慮
　する
(6)　オープニングイベント・エンディングイベント
　　　内容と所要時間の検討，アナウンス要領・原稿の監修，ハイ
　ライトシーン映像（前日，当日，全期間）の手配，スポンサー
　VTRの掲出等

5　イベントプレゼンテーションに関しての留意点

　プロスポーツやテレビ放映を意識し，あるいは真似をして，「音
楽を流す」「絶叫する」「競技者への過度な要求」等に向かいがちだ
が，それだけではイベントプレゼンテーションではないことを認識
する。
　競技会のコンセプト，出場者のレベル，関係者の役割・配置等を
考えた上での詳細な計画（EPプラン）が必要不可欠である。

アナウンサー

1　任務

　アナウンサーの任務は〔国内〕CR38に記載されているが，これらに加えて，「見（魅）せる競技会」実現への重要な役割を担っている。アナウンスのタイミングや言葉が選手や観客に大きな影響を与えるということを自覚して，事前準備を行い，マイクに向かう必要がある。

2　アナウンスする上での留意点

　競技会におけるアナウンサーは，選手や観客，競技役員へ伝えるべき情報を正確に伝えることが第一の任務であり，自身のパフォーマンスのためにマイクに向かうわけではない。競技会を盛り上げるためアナウンサーに求められることは，個性の強い喋りや絶叫することではなく，公正かつ冷静な姿勢で，その場にいる誰もが知りたい情報を的確に選び，タイムリーにコメントできる力量である。そのためには，関係部署とスムーズに連携できるよう，事前の打合せを行い，観客等にわかりやすく説明するためにも競技規則に精通し，出場選手の戦績の下調べ等の準備が重要になる。

⑴　アナウンスする時は，まず全体をよく見て，トラック競技のスタートやフィールド競技で今まさに助走を始めようとしている，投げようとしているタイミングでコメントすることは避ける。

⑵　成績発表は情報を入手したら，できるだけ早くわかりやすく発表する（大型スクリーンへの表示を含む）。また抗議があった場合に備え，発表時刻を記録する。

⑶　トラック競技の途中時間は，ポイント通過後，速やかにアナウンスする。また，1着の速報をどのような要領でアナウンスするかについても関係者間で事前に決めておく（フィニッシュタイマー（トラックタイマー）を用いる，ライブリザルトを活用する等，競技場設備により異なる）。

⑷　フィールド競技については，可能な限り一跳一投の描写ができるよう努める。そのためにフィールド競技審判員と連携して，記録表示器を活用する，無線等で情報を伝えてもらう，競技場所で

ワイヤレスマイクを用いてアナウンスする等の方法を検討する。

(5) 大型スクリーンがある競技場では，文字や映像の表示に合わせてアナウンスすることを心がける。

(6) PCを使用する競技会では，記録用紙などの紙媒体ではなくモニターを見ながらアナウンスできるようにする。

(7) 日本陸連公式ウェブサイト*掲載の「陸上競技アナウンサーのしおり」「陸上競技のアナウンサー〜初めてマイクに向かう人に〜」にアナウンサーとしての心構えや数字の読み方を含めた基本的な言い回し，状況別のアナウンス方法，具体例等，実務についてまとめてあるので参照のこと。

　　　＊日本陸上競技連盟ウェブサイト委員会情報＿＿競技運営委員会
　　　https://www.jaaf.or.jp/about/resist/technical/

3　場内の統制に関するアナウンス

(1) 競技開始前やウォームアップエリア開放時の注意（対競技者）
　　事故防止の注意喚起，使用レーンの制限，芝生への立ち入り制限や禁止，投てき練習についての注意，練習時間等。

(2) 競技上の注意（対競技者）
　　時刻規正，招集時刻や招集場所，持ち込み投てき物の取り扱い，不正スタートの取り扱い，トラック競技における予選通過条件やフィールド競技の予選通過標準記録等。

(3) 全般的注意（対観客）
　　熱中症対策，盗難防止対策，貴重品管理，迷惑撮影禁止，不審者警戒，応援マナー，場所取り禁止，緊急呼出（迷子）への対応，火災や地震の災害時における避難誘導等。
　　尚，競技に関係すること以外のアナウンスは，総務に確認をしてから行う。

4　選手紹介のアナウンス

　選手紹介のアナウンスは，トラック競技とフィールド競技で異なるが，事前にイベントプレゼンテーション実施計画（EPプラン）等でその方法を明確化，統一化しておく。EPプランを作成しない競技会では，競技会開始前の打合せでアナウンサーをはじめとする

関係者が同じ目線で共通認識を持つ。

(1) トラック競技

① レーンバイレーン（個別紹介）か，欠場レーン・人数のみ紹介か。

　出発係からの準備完了の連絡は，紹介方法によりタイミングが異なるので（「On your marks」のコマンドまで個別紹介で概ね1分前，人数のみなら15秒前），「予選は人数のみ」「準決勝・決勝から個別紹介」等の打合せをしておく。

② 「種目紹介（見どころ）→レーンバイレーン→スタート」の一連の流れを意識。

　予選の場合は全組数と次ラウンドへの進出条件にとどめ，準決勝・決勝から注目選手や予選の順位等を入れることが多い。その場合，選手がトラックに姿を現し，流しをしている間にアナウンスすると，観客の注目を集めやすい。状況にもよるが，決勝では種目紹介を始めたら，他の種目のコメントを挟むことは避けたい。

③ メリハリをつけた紹介。

　最近ではビブスナンバーを言わないことが多い。また，選手紹介は，予選では苗字だけ，準決勝・決勝からフルネームで紹介等，メリハリをつけるとよい。

　海外選手が出場する競技会やイベント性も重視した大会（GGP，日本選手権等）では，「くん・さん」をつけないことが多い。これは主催者の意向によるものであり，国内すべての競技会に通じるものではなく，それぞれの競技会の性質に合わせて方針を立てればよい。

④ 長距離種目の場合でも，選手紹介はスタート前が原則。

　人数が多く，スタート時間が遅れる場合はスタート後でもよいが，出発係，関係部署とは事前に打合せをしておく。

(2) フィールド競技

① ワンバイワン（個別紹介）か，欠場者・人数のみの紹介か。

予選は人数のみ，決勝はフルネームで紹介等，トラック競技と同じやり方で行うことが多い。

　選手をフィールドに並べて紹介する場合は，フィールド審判

119

員と要領を決めておく。競技場所に遠い方から試技順に並ばせ、紹介された選手から待機場所へ戻るというスタイルが多い（いずれもビブスナンバーは省いてよい）。

② 予選通過標準記録がある場合は、その記録を伝える。

予選で通過標準記録突破者が12名に満たなかった場合は、決勝ラウンドに進出した＋αの選手の記録も伝える。

③ 種目紹介と選手紹介のタイミングを意識する。

選手が入場し、練習を始めてから競技開始まで時間がかかるため、「種目紹介（見どころ）→ワンバイワン→競技開始」の一連の流れを作りにくい。練習がある程度進んだところで種目紹介を入れておき、競技開始直前に選手紹介をしてもよい。あらかじめ種目紹介をしておけば、席の移動が可能な競技会であればアナウンスを聞いて観客が競技場所近くに移動することもできる。

④ 競技開始の「旗上げ」とアナウンスの同期をとってもよい。

競技開始のコメントが適時にできない場合は、アナウンスを待つことなく競技開始時間に合わせて旗上げするよう、フィールド審判員に伝えておく。旗上げとアナウンス同期のために準備を終えている競技者を待たせる必要はない。

5　競技の描写

トラック競技を優先しがちだが、「トラック競技の予選よりはフィールド競技の決勝や最終局面、大会記録挑戦等が優先」「同じ決勝でも好記録挑戦時はフィールド競技優先」等の考え方で意識統一する。

「トラック競技の合間にフィールド競技を入れる」のではなく「フィールド競技の合間にトラック競技を挟み込む」といったイメージで描写を入れると、フィールド競技をより際立たせることができる。

どの種目を選んでコメントするかは、進行担当総務員やEPMがいなければアナウンサーが判断しなくてはならない。主任や可能ならばその時間に担当が外れているアナウンサーが進行役となり、どの種目に注目してコメントするかを的確に選択したい。進行役を中

心に連携がスムーズにできるよう，自分の担当する種目だけでなく，同時に行われている種目の進捗状況を把握する必要がある。自分の担当種目の状況など声を掛け合いながら進めていくとよい。

(1) トラック競技

① 見ればわかることをあえてコメントする必要はない。

　　不要なコメントの例：「100m競走がスタートしました」「接戦です！」「バトンは第2走者に渡りました」「最終コーナーを回り最後の直線です」「先頭は鐘がなりましてあと1周です。」

② 短距離種目ではコメントを入れず，「見せる」ことに徹してもよい。

　　決勝レースでは，声援でかき消されることが多い。沈黙がレースを引き立てることもある。

③ 中長距離種目では，途中の通過タイムからフィニッシュタイムを予想，大会記録等の更新可能性がある場合は強調する。

④ スタートのやり直しについての説明

　　スタートのやり直しは，最初の1〜2回にとどめ，状況に応じてコメントなしでも構わない。事前にその旨を出発係やスターターに伝えておく。

(2) フィールド競技

① トラック競技の進行状況にも留意し，可能な限り試技毎に描写を入れる。「助走を始めようとしている」「投げる動作に入っている」等のタイミングで話し始めると選手の集中力を逸らせてしまう場合があることを考慮しながら，適切なタイミングでのアナウンスを心がける。

② 記録に応じて日本新，大会新，歴代○位，自己ベスト，シーズンベスト等のコメントを随時挿入する。

③ 当該選手のそれまでに出した記録だけではなく現在の順位，トップや上位との記録の差等もあわせてコメントする。

④ 可能であれば大型スクリーンに，各ラウンド終了時点でのライブリザルトを表示してもらい，上位選手の紹介をする。TOP8選出前ならその時点での8位の記録（選手名は不要）を言うと，選手全員に対しても必要な情報提供となる。

⑤ 試技順変更の理由がパスなのか他種目への出場か，必要に応

じて説明する。

⑥　TOP8の記録と4回目以降の試技順については，すぐに確認し，可能な限り4回目の試技に入る前に発表する。PCを使用する競技会では，3回目終了時点で大型スクリーンにTOP8を表示することで，正式発表とすることもある。発表のタイミングと方法をフィールド競技役員とも事前に打合せておく。

⑦　2番目の記録や無効試技数等で同記録でも順位に差が付くこと，高さを競う種目での試技時間や，ジャンプオフのやり方等の競技規則を理解しておく。必要に応じてルールの説明をする。

⑧　複数のフィールド競技が同時に進行している時には，担当者間で優先順位を決めておく。6回目の試技，大会記録への挑戦等，佳境に入ってきた種目を重点的にアナウンスする。

　　観客の立場からすると，「走高跳は○○」「走幅跳は△△」「ヤリ投は□□」のように複数種目を間髪入れずに紹介することは，どの種目に注目したらよいか混乱し，かえって興味を削がれることになるので避ける）。

　　フィールド競技を続けて取り上げる際には，「A種目の状況（描写）＋続く3名程度の選手の紹介」「B種目の状況（描写）＋続く3名程度の選手の紹介」をパッケージ化する。

　　トラック競技（短距離）の組を挟んで「トラック1組→フィールドA→トラック2組→フィールドB」のように描写のパターンを作るとよい。

⑨　競技終了を伝えるときは，できるだけ1位の選手と記録を合わせて発表する。「旗下ろし」とアナウンスの同期をとってもよいが，「旗上げ」同様，アナウンスのために待たせる必要はない。

6　結果発表（リザルト）

(1)　何着（位・等）まで発表するか，フルネームか，苗字のみかを統一する。

　　大型スクリーンがない競技場や使用しない競技会では，プログラムに記入することを前提として，レーンナンバー・試技順等を伝えてもよい。

(2)　トラック競技では，ライブリザルト→リプレイ（VTR）→結果確定まで一連の流れで行うことを意識する。判定に時間がかり，タイムテーブルが過密な場合は，この限りではない。アナウンサーの人員不足や過密スケジュールの場合は，結果発表は掲示をもって行う（個別読み上げしない）ことも選択肢のひとつである。

(3)　日本新，大会新，可能であれば歴代○位，自己ベスト，シーズンベスト等のコメントを入れる。そのためには最新の日本記録等の情報収集が必要となる。

(4)　次の項目は，結果発表に説明を加える必要があり，競技規則の理解が不可欠となる。

・同着（位）の場合，同タイム着差ありの場合
・DQ，DNS，DNF等の略号の意味や，失格の理由について
・トラック種目で，時間で次ラウンド進出者がある場合
・トラック種目で，着順で次ラウンドに進む枠で同着が出た場合
・フィールド種目で予選通過標準記録突破者が12名を満たさず＋αがある場合 等。

　なお，抗議への対応のため，結果発表時刻は補助員等に進行表やプログラムに記入させるとよい。システムや大型スクリーンを使用する場合は，当該部署に時刻の記録を依頼してもよい。

　また，大規模大会では決勝の「フィニッシュ（優勝決定）→優勝者・記録発表→花束贈呈・フラッシュインタビュー→正式結果発表」まで一連の流れで行うことがある。

7　表彰アナウンス

　表彰係と表彰方法についての打合せをし，要領を決めておく。

(1)　各種目の表彰予定時刻を設定しておく。

(2)　表彰実施のタイミングをよく考える。競技進行の妨げにならず，また，表彰対象者を長時間待たせないようにする。競技日程や競技の進行状況にもよるが，トラック競技がスタート前の準備段階であればスタート前に，長距離種目が行われている場合には1000m毎のラップタイムをアナウンスした直後に表彰を行うことが多い。出発係，大型映像係，表彰係の各部署と無線等で連絡を取りながら，競技進行に支障が出ないように，また表彰関係者

の入場タイミングがずれないようにする。

(3) 表彰は成績発表後に行わなければならない。抗議があることを想定し、原則として成績発表後30分空ける。

(4) 表彰方法を確認する。
- 何位まで表彰するのか、順序は1位からか、3位からか
- プレゼンターの立ち位置・導線、賞状は読むのか、渡すだけか
- 何を渡すのか（賞状、メダル、選手権賞、花束、副賞等）
- 所要時間はどの位か
- リレーは、賞状、メダル等をどのように渡すか（全員か代表者か）

(5) 表彰係とアナウンサー間の連絡方法、表彰開始の指示方法を決めておく。

(6) 演出効果を高めるためにファンファーレや音楽（BGM）を使用することが多い。

(7) 決勝結果が紙（記録用紙）で配布される場合は別に整理しておく。PC利用の場合は、画面を確認しておく。

(8) 入賞者の氏名、所属の読み方、表彰者の氏名、役職、優勝杯等の寄贈者名等をあらかじめ確認しておく。表彰係や主催者に必要事項を記入した表彰カードや表彰者一覧を作成してもらう。

(9) 過去に何回優勝したか、他の種目とあわせての制覇か等についても事前に調べ、適宜挿入する。特に日本記録や大会記録等が出た種目では、勝者を讃え表彰を盛り上げるよう工夫する。

8 他の部署との連携

(1) 競技者係、記録・情報処理員

　　PCを使用し、ロールコールの状況、スタートリスト、フィールド競技の途中経過・成績、トラック競技の成績を入手し、必要事項をアナウンスする。

　　タイムリーな情報提供のためにも、印刷や書き写しをせず（書き損じの可能性もあり）モニターを見ながらアナウンスすることが望ましい。

(2) 出発係

　　無線等を使用し、次レースの出場人数、準備完了の合図を受け

てから紹介アナウンスを行う。

　PCを使用しない競技会では選手名や所属名等で難読なものがあれば，出発係に選手へ確認を依頼することもできる。

　スタートやり直しの時は，その理由をできるだけ早く連絡してもらい，必要であれば短いコメントでスタートに備える。

　長距離走の選手紹介タイミング（原則はスタート前だが，状況によってはスタート後の場合もあり）について，連絡を取りながら調整する。

　トラック競技のスタートとフィールド競技の試技が重なる際には，進行状況を予想し，フィールド競技を優先させる場合には事前にその旨を伝え，スタートラインへの整列タイミングを遅らせるよう依頼する。

(3)　大型映像係

　選手紹介，結果発表等，アナウンスと同じ内容が同タイミングで表示されるのが原則。

　EPMや進行担当総務員が配置されていれば，その指示に従うが，配置されていない場合には，アナウンサーがスクリーンに表示する内容やタイミングの調整を行う。

(4)　表彰係

　表彰係とアナウンサーが離れている場合，無線等で連絡を取りながら，準備状況，表彰者の確認，入場タイミング等を詳細に確認しながら行う。「次の1000mのラップを言ったら入場してください」等，具体的な指示がわかりやすい。

(5)　進行担当総務員

　競技の展開に応じ，次に何を紹介，発表すべきかを瞬時に判断して指示する必要があるので，アナウンサーと同室の配置が望ましい。進行担当総務員には様々な情報が入るので，アナウンサーはその指示を受けながら場内への説明等，迅速に対応する。

(6)　EP（イベントプレゼンテーション）チーム

　大規模競技会では，より「見（魅）せる競技会」を意識し，演出効果を意識した取組がなされている。

　EPMは，進行担当総務員的任務に加えて，各種演出もコントロールする。EPチームは，EPMを中心にアナウンサー，音響担

当・場内映像の専門家等で編成される。

　国際ルールではアナウンサーは審判員の位置づけにはなく，審判員資格のない専門のアナウンサーがマイクに向かうことを認めている。国内の大規模大会でも，アナウンサーをはじめ各種専門家が入って，EPMや進行担当総務員の指示を受けながら協働することが多い。その場合，審判員のアナウンサーもEPチームの一員として加わり，競技会運営の重要な役割を担うことになる。

9　アナウンサー間の連携

　少人数で一つの競技会を担当する場合，時間交代で競技を担当し，日程通りに進行させるのが精一杯というケースが多い。

　一方で，大人数の編成となる競技会では，役割分担も複雑化し，アナウンサー間のスムーズな連携が不可欠となる。

　進行担当総務員やEPMがいなければ，アナウンサーがどの種目を選んでコメントするかを判断する。アナウンサー主任や可能ならばその時間に担当が外れているアナウンサーが進行役となる。そのためには自分の担当する種目だけでなく，同時に行われている種目の進捗状況を把握する必要がある。「間もなく3回目の試技が終わる」「バーが上がり，残り二人となった」等自分の担当種目の状況を伝え合いながら進めていくとよい。

　どのような場面で，何を優先させるかの判断はマニュアル化できるものではなく，臨機応変に判断しなくてはならない。優先順位についての基本的な考え方やよくある事例については，関係者で意思統一を図っておくことが必要である。

　また，休憩時にはアナウンス席から離れて，スタンドや競技区域レベルで他のメンバーのアナウンスを聞き，観客や選手の位置でどのように聞こえるのか（内容，速さ，タイミング等）を評価，フィードバックすることで，メンバー全体で共通認識を持つことも必要になる。

アナウンスで盛り上げる

　好記録に沸くスタンド。その主役は競技者であることは間違いない。しかし観客に正確な情報を伝え共に喜ぶことを通じてアナウンサーも重要な役割を担っている。

　陸上競技の記録，順位はすべて「数字」で示されるが，時としてその重要な情報である「正確な数字」がアナウンサーに速やかに届かないということが起こる。

　一斉にスタートするトラック競技と異なり，フィールド競技では全競技者が試技を終えるまで順位が決まらないため，競技途中の正確な記録が重要な情報となる。

　フィールド競技の記録表示には記録表示器や「TOP8板」などが使用されることが多い。これら記録表示器の前に審判員や補助員，報道関係者などが立って数字が読み難くなることや，表示器の廻し方が早すぎて読みとれないということもよくある。

　また砲丸投などでは競技の展開が速く記録の表示，次の投てき者のナンバー表示が追いつかないことがおこりやすい。接戦の描写で競技者を奮い立たせようと思っていても，タイミングがずれてしまっては効果がない。競技者本人もアナウンスを期待し，観客の声援を望んでいるのであればなおのことである。

　「長さを競う競技」と「高さを競う競技」ではアナウンスすべきポイントが異なるが，アナウンスの内容やタイミングによって，競技の良いリズムを作ることは可能である。

　また，一選手の「開始の合図（試技時間のカウントダウン開始）〜試技〜判定〜記録表示」がひとつのパッケージであると考え，フィールド審判員に「記録表示を確認した上で，次の試技の合図を出す」よう依頼することも必要になる。

　さらには，アナウンサー自身がマイクから離れた場所（アナウンス席ではなく，スタンドやピット等）で他のアナウンサーのコメントを聞き，競技者や観客にどのように聞こえているか，聞き手側はどんな情報を欲しているか，話す内容やタイミングを工夫する余地はないか，他の審判部署と連携がうまくいっているか等を客観的に捉えることも必要なことである。

ライブリザルト

　陸上競技の面白さに，誰が勝ったのか？という「勝負」と，その記録はどうだったのか？という「記録」の二本柱が挙げられる。いかに早く，正確に情報を伝えることができるかは，「魅せる」競技会を運営する上で重要な課題である。

　最近では地域選手権規模の競技会でも，大型映像装置を用いてライブリザルトを速報として伝えることが一般化してきた。レース結果を迅速に伝えるために，写真判定中の途中経過を表示しているものだが，使用機器の性能向上や関係者の技術向上もあり，黄旗が挙った場合を除けば，ライブリザルトと正式結果がほぼ一致するようになっている。

　ライブリザルトに合わせてアナウンスする場合は，まず「判定中の記録である」ことの断りを入れ，ラウンドに応じた必要な順位までを発表し，表示が「確定」または「Official」に変わったところで結果が確定したことを伝える。

　黄旗が挙った場合には，その旨を伝え，（正式結果は後程と伝え）ライブリザルトでの発表を続ける。フィニッシュタイマーでの1着の速報記録のみを発表し，正式結果が確定した段階で他の順位も含めた結果を発表する。

　フィールド競技でもパソコンを使用し一跳一投のデータ入力が行われる場合には，途中経過をスクリーンに表示させ，アナウンスすることも可能である。長さを競う競技であれば，「現在の上位8名の競技者とその記録」「TOP8の試技順とそれまでの記録」「試技毎での記録・順位の変化」等を示すことができ，アナウンスしなくてもスクリーンに表示しておくだけで，ピットから離れた場所にいる観客にも興味を持たせ，当該競技へ関心を持たせることができる。

　また，最近では競技者も観客も記録発表の迅速性や途中経過の情報提供に対する期待は極めて高く，写真判定員やフィールド審判員の正確な判定が大前提ではあるが，イベントプレゼンテーションの観点からもスピード感のある対応が課題となっている。

ライブリザルトを導入する大会では，事前に審判長や写真判定員，フィールド競技審判員，記録・情報処理等の関係者と打合せを行い，各部署の協力を得ながら「正確・迅速・効果的」なライブリザルトの活用ができるよう，共通意識を持つことが必要である。

スタート時の警告内容説明アナウンス

　スタート時，何らかの理由によりスタートをやり直す際に，出発係が競技者に対してカードを示すが，観客や関係者にも「今，何が起こったのか」をアナウンスすることで，競技への関心を高め，審判行為に対する信頼性を得られる。

　状況説明を的確に行う為には，スタートチーム（出発係を含む）とアナウンサー間で，短時間で正確に状況共有する態勢をつくることが必要となる。「出発係からアナウンサーへの連絡内容」「アナウンサーのコメント内容」についてパターン化し，符号表カードを双方で持つ例を挙げる。

〈出発係〉例

カード	アナウンサーへの連絡内容
赤黒	「（　　　）レーン不正スタートで失格です」
黄黒(混成)	「（　　　）レーン不正スタート1回目です」
グリーン	「（①・②・③）です」 ①機械の不調（ピストル，スピーカー，写判） ②体が静止しなかった・スタート態勢に入るのが遅かった等で注意または指導があった ③周りの静寂が保てなかった（声援・手拍子・飛行機の通過等）
イエロー	「（　　　）レーンに警告です」

〈アナウンサー〉例

カード	コメント例
赤黒	「（　　　　）レーンが不正スタートと判定されました。」
黄黒	「（　　　　）レーンが不正スタートです。 この後の不正スタートはすべて失格となります。」
グリーン	「ただいまのは不正スタートではありません…
	…①機械の不具合があったのでスタートをやり直します。」
	…②体が静止しなかった／スタート態勢に入るのが遅かったのでスタートをやり直します。」
	…③声援／手拍子／飛行機の通過と重なったため、スタートをやり直します。」
イエロー	「（　　　　）レーンに警告が与えられました。」

※　③フィールド種目の手拍子や好記録が出て観客がわいているのを制することは不要だが、スタート付近で観客が競技とは無関係なことで騒がしい場合は、コメントが必要な場合もある。

　競技会開始直後は、上記のようなコメントでもよいが、度重なると耳障りとなり、場合によってはスタートまでの間が空きすぎてしまい競技者の集中に支障をきたすこともある。不正スタート・機械の不調以外は、状況に応じてコメントなしでも構わない。その場合は、スタートチームにその旨を伝えておく。なお、アナウンスのタイミングは、出発係が対象となる選手（行為）に対してカードを示すタイミングに合わせて行うことに注意する。また、出発係は選手だけでなく観客にもわかるようにカードを示す。

ポストイベント（PE）とは？　ミックスゾーンとは？

I　ポストイベント（PE）とは？

　記録会以外はトラック＆フィールド競技会、ロード競技とも表彰式がある。全国レベルの競技会や世界選手権・オリンピック等では入賞者は更衣もままならないほどにインタビューや記者会見、ドーピング検査等が待っている。これら競技終了から表彰（セレモニー）を終え競技場から退出するまでの一連の競技者に科せられる対応を総称してポストイベント（PE）という。

① 「国内全国レベル競技会」では，競技を終えミックスゾーンまで誘導された競技者が競技場を退場するまでのすべての範囲での案内・誘導を指す。競技を終えた直後のフラッシュインタビューと更衣・退場，入賞者のインタビュー室や表彰控室への案内・誘導等，一連の競技者対応すべてを意味する。途中にドーピング等の指名が行われることもある。

主に係わる役員：ミックスゾーン係，入賞者管理係，報道係

② 「世界選手権／オリンピック」では，ミックスゾーンの先に設置された部屋〔ポストイベント トコントロールエリア（PECA）〕から記者会見場（PRESS CONFERENCE ROOM）や表彰〔Victory Ceremony〕控室までの入賞者管理を指す。途中ドーピング等の指名や対応が求められる ことが必然である。ミックスゾーン内の競技者コントロールは別スタッフが担当する。

主に係わる競技会役員：PECA係

ポストイベントコントロールエリア（PECA）

① 「国内全国レベル競技会」では，
   ＊〔国内〕『競技終了後のイベント（ポストイベント）に関わる運営役員』参照

② 「世界選手権／オリンピック」では，後述の3つのミックスゾーンの先に設置されるエリア〔ポストイベントコントロールエリア（PECA）〕で，競技者の荷物やADカードが届けられる。

世界的に著名な競技者でメダルホルダーとなった競技者は3つのミックスゾーンでのインタビューを相当数こなし，この部屋にたどり着くと，更衣もままならず直ちに記者会見場に誘導されたり，ドーピング検査の指名を受けたりする。PECの出発地点である。

Ⅱ　ミックスゾーン（Mixed Zone）とは？

　同じミックスゾーンという呼称も全国レベル競技会〔国内〕は広義に，世界選手権・オリンピックなど〔国際〕では狭義で，メディアが競技者にフラッシュなインタビュー・取材を行うエリア（限定的）を指す。

① 「国内全国レベル競技会」では，フィニッシュ先のゲート付近に設けられる。400m競走出場の競技者などの待機所も併設され，この出発を待つ競技者と，競技が終わった競技者及びその競技者の声を拾いたい記者が混在する場をまとめてミックスゾーンと呼んでいる。出発競技者のエリア，更衣エリアまでの動線（一部取材エリア），更衣エリア（入賞者待機所），インタビュー室で構成される。主催者が報道員に取材の機会を保障する場所でもある。競技を終えたすべての競技者が競技場から退場するまでの動線上に取材活動を可能にする一定のスペースの確保が必要でありインタビュー室も含め機能的なつくりが求められる。

　＊〔国内〕『ミックスゾーン係』参照

② 「世界選手権／オリンピック」等の国際競技会では，ミックスゾーンはTV・記者等の報道員が競技を終えた競技者に対しフラッシュなインタビューを行う場だけを指し，報道員カテゴリー別に3つのエリアに分かれる。

　ⅰ　Dedicated Mixed Zone

　放映権（ライツフォルダー）を持つTV局がライブインタビューを行うエリア。権利を有していても最長2分までと制限がある。

ii　ENG/Radio Mixed Zone

インタビュー録画撮影を行うTV局やラジオ局がインタビューを行うエリア。

iii　Press Mixed Zone

新聞雑誌記者（リトンプレス）が取材活動を行うエリア。

〔国内〕競技終了後のイベント （ポストイベント）にかかわる運営役員

1 ポストイベントとは

　トラック＆フィールドで競技を終えた競技者がミックスゾーンに誘導され，最終的に競技場から退場するまでの各エリアで展開されるインタビューや，ドーピング検査，表彰式などをさす。

2 ポストイベントにかかわる運営役員

　　◇ 総務・総務員／EPM（イベントプレゼンテーションマネージャー）

　　◇ マーシャル

　　◇〔国内〕ミックスゾーン係

　　◇〔国内〕入賞者管理係＝ポストイベントコントロール（PEC）係／〔国際〕ポストイベントコントロールエリア（PECA）係

　　◇ シャペロン

　　◇〔国内〕報道係

　　◇〔国内〕式典表彰係

　　◇ 医師（医務員／メディカル）

　　＊その他 ◇記録・情報処理員 ◇衣類運搬係 ◇アナウンサー

3 〔国内〕 ポストイベントにかかわる運営役員関係図

総務員：進行または，EPM	〈トラック種目〉	〈フィールド種目〉	【トラック＆フィールド】
		マーシャル	
総務員：PEC報道または進行	（出発係）	入賞者管理係	記録・情報処理員	【ミックスゾーン】
	報道係（フラッシュインタビュー担当）	〈ポストイベントコントロール係〉	衣類運搬係	
			報道係（インタビュールーム／会見場担当）記者	
	医務員／医師	〔PECR〕	シャペロン	
総務員：表彰進行，EPM	（アナウンサー）	式典表彰係	【表彰会場】

134

4 〔国内〕 ポストイベントの流れと運営役員の連携例

【ミックスゾーン】		◎ミックスゾーン係	［連携部署］
競技前	→	（出発）控所管理	○出発係
競技中	→	競技終了者控所（PECA）管理	○入賞者管理（PEC）係
	→	スタートリスト確認	○記録・情報処理員
	→	競技者衣類搬入	○衣類運搬係
［ポストイベント開始］			
競技終了		競技者誘導 ⇒ ⇒ ⇒ ⇒	◎マーシャル
【ミックスゾーン】		◎ミックスゾーン係	［連携部署］
競技終了	→	結果確認	○記録・情報処理員
（競技者誘導）	→	競技終了者引継/確認	○マーシャル
			○入賞者管理（PEC）係
ミックスゾーン入場	→	フラッシュインタビュー	◎報道係〈フラッシュインタビュー担当〉
〈予選〉▽	→	競技終了者控所（PECA）誘導	
	⇒	退場口案内誘導	○入賞者管理（PEC）係
▽〈決勝及びフィールド種目〉	→	競技終了者控所（PECA）誘導	
	⇒	結果通告	○入賞者管理（PEC）係
	⇒	ドーピングチェック通告	○シャペロン
＊表彰対象者	→	順位札掛け	○入賞者管理（PEC）係
	⇒	インタビュールーム誘導	
＊表彰対象外	→	退場口案内誘導	
【インタビュールーム】	→	報道員・表彰対象者管理	◎報道係〈インタビュールーム担当〉
			○入賞者管理（PEC）係
			○シャペロン
（表彰者移動）	→	表彰控室誘導	○入賞者管理（PEC）係
【表彰会場】		◎表彰係	◎報道係〈撮影エリア担当〉
	→	表彰式	○シャペロン
	→	退場口案内誘導	◎入賞者管理（PEC）係

〔国内〕ミックスゾーン係

1 任務

競技を終えたすべての競技者が通過するミックスゾーンの管理を行う。ミックスゾーンには，トラック種目の一部の出発控所が含まれる。

(1) 競技者係，マーシャル，出発係，衣類運搬係，記録・情報処理員等と連携を図り，競技者や報道関係者の管理をする。

(2) 競技者係，記録・情報処理員からのリストを確認し，退場競技者のチェックをする。

(3) 衣類運搬係により運ばれた競技者の荷物を競技終了者控所（PECA）に搬入し，入賞者管理（PEC）係に配置の検討を依頼する。

(4) 入賞者管理（PEC）係と連携し，迎え入れる競技者数に応じた控所（PECA）のレイアウトを随時変更する。

(5) マーシャルが誘導してきた競技者を引き継ぎ，ミックスゾーン内フラッシュインタビューエリアを経て，控所（PECA）まで誘導する。

(6) フラッシュインタビューエリアでの報道員によるインタビューのコントロールは，報道係の担当者と連携して行う。

(7) 決勝種目については，控所（PECA）で，入賞者管理（PEC）係が入賞者を確定・通知するので，それをサポートする。

(8) 更衣等が終了した競技者を速やかに退場口まで案内誘導する。

(9) シャペロンの行うドーピング検査通告とサインの受領，対象競技者の管理をサポートする。

(10) 入賞者を，入賞者管理（PEC）係と連携のもと，インタビュールーム・記者会見場へ誘導する。

(11) 式典表彰係と連絡を密にして，スムーズな表彰運営に対し入賞者管理（PEC）係と共に協力する。

2 留意点

(1) マーシャル等に誘導された競技者の引継ぎと入場確認はミック

スゾーン入口で確実に行う（報道員からの問合せに備える）。また入場させる際は，ミックスゾーン内の各係・担当，報道員へ通告する。

(2) 競技者および報道員への対応が多い部署である。言葉遣いに気をつけ，協力を依頼する際は，穏やかな口調で接するとよい。また，親切・丁寧な対応を心がけ，高圧・威圧的な態度は避ける。

(3) ポストイベントの誘導に関して，直後に出場種目を控える競技者への対応が生ずることがある。事前に想定し，式典表彰係と対応方法を検討しておくとよい。

3 施設

ミックスゾーン

・ミックスゾーンは仮設される場合がほとんどである。テント，長椅子，プラスチック柵等でレイアウト変更が可能なつくりが望ましい。

・競技者，報道員用にモニターや記録・情報用 PC の設置は必須である。

・床面はスパイク保護のため人工芝等で養生されるべきである。

〔国内〕入賞者管理係／ポストイベントコントロール係〈PEC係〉

1 任務

　トラックとフィールドのすべての決勝種目終了ごとに競技終了者控所（PECA）にて，ミックスゾーン係と連携し入賞者を確定する。また，入賞者を管理し表彰控室まで誘導し，表彰係へ引き継ぐ。トラック種目の予選等については，競技終了者控所（PECA）にて荷物の受け取りをさせ場外へ退場させる。

(1) ミックスゾーン係，報道係，シャペロン，表彰係等と連携し，入賞者をスムーズに管理誘導する。

(2) 入賞者管理のため，順位カード（首掛け式など）を準備する。

2 任務の留意点

(1) 複数種目の入室が想定される場合やリレー種目では，ミックスゾーン係と連携し椅子等の配置を工夫するとよい。また，順位カードは複数組作成しておくとよい。

(2) 入賞者の体調に注意を払い（水分補給・氷等の準備），医師・医務員の協力を要請する。特に，競歩競技・長距離種目では確定まで時間がかかることがある。

(3) 入賞者が外部者と接触しないよう監督し，トイレ等の要望に対しては役員または補助員が付き添うことが重要である。

(4) インタビュールームや表彰控室への誘導の際は，種目ボード等を活用し，全員を確実に誘導する。絶えず表彰係と連絡を取り合い，オンタイムで表彰が実施できるよう入賞者の把握と，スムーズな誘導に努める。また，表彰時間の変更等の入賞者への通知も，表彰係と連携し競技終了者控所（PECA）または表彰控室で行う。

(5) ポストイベントへの誘導に関して，直後に他種目出場を控える競技者が含まれている可能性があることを想定する必要がある。事前に想定し，式典表彰係と対応方法を検討しておくとよい。

〔国内〕式典表彰係

1 任 務

各種目の決勝において入賞した競技者を，表彰進行計画に基づき表彰する。また，栄章授与式が行われる競技会ではその業務も担当する。

2 実施要領

(1) 種目表彰

① 表彰進行計画（台本）を作成し，総務の承認を得て決定する。

② 総務員（進行担当／式典表彰），アナウンサー，報道係，シャペロン等関係役員と打合せをしておく。

③ 表彰方法を競技注意事項等に記載し，競技者に周知する。

④ 入賞競技者について，マーシャル，入賞者管理係，ミックスゾーン係等に協力を求め，表彰控室までの誘導方法を事前に打合せをしておく。

⑤ ミックスゾーン係，入賞者管理係と連絡を密にする。

⑥ 表彰用物品を確認する。
種目ごとに寄贈者が異なる表彰用物品がある場合は特に注意する。

⑦ 種目ごとの授与者，表彰予定時刻をあらかじめ決定し，表彰場所およびミックスゾーン等に掲示し案内する。

⑧ アナウンサーに表彰一覧を示し，表彰原稿の作成を依頼する。
その際に以下のことに注意する。

　(a) 表彰者（プレゼンター）氏名，役職名

　(b) 競技者名，所属（決勝記録等により，アナウンサーに原稿を依頼）。

　(c) 成績（同上・新記録が出たときは披露する）

　(d) その種目に寄贈されている賞杯名，寄贈者名など

　(e) 役職名や氏名の読み方には細心の注意を払う。

⑨ 種目ごとに表彰者カードを作成し，あらかじめ表彰者に渡しておく。

          (a)　表彰種目

          (b)　表彰者（プレゼンター）氏名，役職名等

          (c)　表彰予定時間

          (d)　集合場所

　⑵　栄章授与式

　　①　受賞者への連絡方法を事前に確認し，出欠者の把握をする。

　　②　当日の受付場所・控室の確認，案内担当等の手配を行う。

　　③　表彰手順等について，受賞者にあらかじめ説明する。

　　④　授賞式の場所，手順を報道係，アナウンサー等の関係部署間で事前に協議し共有しておく。

　　⑤　授与式直前（30分程度）に出欠の最終確認を行う。

3　留意点

⑴　表彰式典マニュアルを作成する。それに基づく表彰計画で係分担を作成し，十分打合せておくこと。アナウンサーに表彰原稿の作成を依頼しておく。準備が整ったならば関係総務員（進行担当／表彰担当）の指示のもとに行動する。

⑵　フィールド内で行う表彰についてはリハーサルを必ず行いスムーズな進行ができるようにしておくこと。トラックを横切るようなケースは，特に注意が必要である。

⑶　表彰は競技成績の発表後，トラック競技の合間にできる限り行うとよい。また，トラック種目だけでなくフィールド競技の進行にも十分な配慮が必要である。フィールド種目の最終試技回には特に注意を払う。

⑷　報道関係者が多く取材に入る大規模競技会では，あらかじめ表彰予定時刻をミックスゾーンだけでなく，プレスルーム等に掲示して周知するなどの対応が求められる。

⑸　大規模競技会ではインタビューやドーピング検査などの対象となる競技者が数多く生ずる。関係部署（ミックスゾーン係，入賞者管理係，報道係，シャペロン等）との連携を密にし，表彰式を計画通りに実施できるようにする。

⑹　表彰計画では決勝種目終了後に他種目出場を控える競技者が含まれている可能性があることを想定する必要がある。

(7)　表彰時の競技者の服装は競技会ごとに定めるが，その際は競技会における広告規程に十分注意が必要である。服装等の決定をした場合は事前に関係者に周知しておく。

(8)　表彰控室は競技会の規模や実施種目数，決勝種目の集中度合いなどを考慮し，適切な広さを確保する。また，椅子などが不足することの無いよう，あらかじめ十分に用意する。

【コラム「フレンドリーな表彰式の実施」参照】

　日本選手権混成競技，国民体育大会（全国スポーツ大会），U20日本選手権，U18・U16陸上競技大会など3名ないし8名まで表彰される全国レベル競技会では，従来の全員が並んで入場するスタイルではなく，一人一人アナウンスで呼び入れられ，ハイタッチで入賞者相互が祝福し合うという形式で行われている。

フレンドリーな表彰式の実施

　本連盟が掲げている3つのフレンドリー（Athlete friendly, Spectator friendly, Official friendly）の考え方から，選手がお互いを称えあう表彰形態を実施している。実施に際しての注意点は以下の通りである。

1　表彰エリアを確保する。鉢植え等で区別し，観客に式典エリアを周知することが大切である。また，表彰台は可能であるならば，順位番号数字を大会名称等で覆うと臨場感が高まり，カメラ写りがよい。

2　表彰式に適した楽曲を選定する。歌詞があっても問題はない。この楽曲が競技場に流れると表彰式という概念を観客に与えることも重要である。

3　音楽のもと，プレゼンターは表彰台に向かって左側に立ち，表彰台の正面は観客のためにあけるように心がける。

4　式典アナウンサーによる選手紹介は，選手の呼び込み時（表彰控えエリアからの入場時）に行う。うまく進行できると8位までの表彰所用時間は，概ね2分30秒である。

5　選手の入場は8位から一人ずつ行う。選手紹介にあわせ小走りで表彰台に登壇し，プレゼンターの前まで移動し，賞状等を受け取る。その後，台の右端に台上を移動する。表彰台右側前方の補助員は拍手をし，観衆に拍手を促す。

6　7位以降の選手は，選手紹介により入場し，先に登壇している選手の横から登壇し，プレゼンターから賞状を受け取った後，台の右側に移動し下位の入賞者の横に並ぶ。その際，登壇している選手は，拍手で選手を迎えるようにする。

7　優勝者への贈呈が終わったら，プレゼンターは表彰台の左側に移動し，終了アナウンスで速やかに退場する。表彰エリアにいる表彰盆持ちの補助員は基本的に1名とし，常に入れ替わるようにする。

　リレーの表彰形態については，4名（もしくは走ったメンバー全員）が一度に表彰台に上がれる様式を試してみてはいかがだろうか。

　全国スポーツ大会（国体）をはじめ，U20日本選手権，高校総体，中学選手権等において実施をしている。競技会における「メダルセレモニー」は，ここ数年の間に重要視されるようになってきている。オリンピックや世界選手権では，競技時間に遅れが生じても，競技者や観客の求めに応じたセレモニーが実施されるようになっている。競技が終わればお互いの健闘を称えあうことこそが，真のスポーツマンシップではないであろうか。国際大会で，優勝者が下位の入賞選手を自分の台上に招き入れている姿は数多く見られる。競技者が主役で，お互いの健闘を称えあい，観衆も一緒に参加できる雰囲気の表彰式を，ぜひ実施していただきたい。

※現在 COVID-19 の影響で競技会運営に大きな影響が出ている。この状況下では感染拡大防止を十分留意した表彰式を心がける必要がある。

〔国内〕報道係

　報道係については国内外ともに特に規則によって定めはないが，国内の多くの報道関係者が参集する競技会では，運営役員として報道係を設置し，以下の任務を行っている。

　尚，国際競技会では，この分野はより分業化・専門化され，特にスチールカメラマンへの対応は，フォトコーディネーターが，放送（中継）対応は別の専門チームが役職としてそれぞれ独立しその任に当たっている。

1　任　務

　任務を一言で言えば，報道関係者へのサービスである。

(1)　競技運営に支障のない限りにおいて報道関係者が取材や撮影を行いやすいよう対応を行う。その際は，マーシャルやフィールド種目の競技役員やポストイベントを担当するミックスゾーン係，入賞者管理係，表彰係等と連携をとることが重要である。

(2)　競技会を取材する報道関係者が，正確かつ十分な報道ができるよう競技成績の記録や，必要な資料を配布する。また，競技運営が円滑に運営され，競技者が所期の目的を達成できるよう報道関係者に協力を求め，この任にあたる。

2　報道関係者

　日本新聞社協会，写真記者協会，日本雑誌協会，スポーツニュース協会（含系列局），日本スポーツプレス協会，日本外国特派員協会の各加盟社・協会員で「スポーツ報道」を目的とするメディアをさす。

(1)　記者：
　　通信社，新聞社（全国紙・地方紙），専門誌，写真記者協会員，日本雑誌記者協会員，日本スポーツ協会員，日本外国特派員協会員等の記者。

(2)　スチール（静止画）カメラマン：
　　通信社，新聞社（全国紙・地方紙），専門誌，写真記者協会員，

日本雑誌記者協会員，日本外国特派員協会員等のカメラマン。

(3) テレビ局（**ENG**/動画）カメラマン〔含むディレクター〕：

スポーツニュース協会［系列局を含む放送会社］加盟社のカメラマン。

(4) 中継放送局：

テレビ・ラジオ関係者

(5) その他：

(1)から(4)以外の団体で都道府県や市町村の広報，競技者所属企業・大学の広報等があげられる。これらからの取材申請については，下記書類の提出を求め事前に審査し，取材を許可する場合がある。

・社名／団体名・取材目的（発表媒体名）／方法・取材期間／人数

3 配置

競技会規模，想定される取材者数により，必要な要員を確保する。

(1) 主任・副主任

① 担当総務員とともに全体の任務を掌握し報道関係者が正確に報道できるよう関係諸施設も含め統括管理する。

② 関係する部署との連絡・調整に努め連携を図る。

(2) 受付担当

① 受付業務を行う。

ADカード，報道員ビブス，取材要項（報道のしおり）《別記》等を配付する。カテゴリー別に受付用紙を用意し，社名，氏名，連絡先電話番号の記入をお願いする。事前申請一覧と照合することが大切である。

② ［本連盟主催競技会］地方紙対象インフィールド立ち入り許可

ビブスの受付・抽選業務を行う。

③ 報道員への情報提供を行う。

(3) 記者席担当

① スタンド内記者席とミックスゾーンまでの動線を管理監督する。

② 記録・情報等の速やかな提供を行う。

(4) 報道員室 [プレスルーム / カメラマン控室] 担当

① 室内の管理全般を行うとともに，報道関係者の対応を行う。

② 記録・情報等を適切に提供する。レターケース等を活用するとよい。

③ ホワイトボード等を活用し，表彰時間やその他情報の提供を随時行う。

(5) インタビュールーム（記者会見場）担当

① 室内の管理全般を行う。複数種目の同時入室を想定し，椅子等の配置を工夫する。

② 取材活動時間を保障する。入賞者管理係，表彰係等と連携調整し，表彰後に実施する場合もある。

(6) フラッシュインタビューエリア担当（ミックスゾーン内）

① ミックスゾーン内の競技終了者控所（衣類受取所 / PECA）入場前エリアでの報道員による取材活動をサポートする。ミックスゾーンはフィールド種目も含め競技を終えたすべての競技者が通過し，報道員にとって第一声を取材できる重要な場である。

② 競技者の通過をミックスゾーン担当者と連携して確認・把握する。

注）ミックスゾーン係がこの任を担う場合もある。

(7) 撮影エリア管理担当 [フォトコーディネーター]

① 各撮影エリアを関係審判長，マーシャル等と協議し作成する。（アウトフィールド / インフィールド / 表彰会場 / スタンド他）

注）大型映像用カメラや中継放送用カメラ位置を考慮することが求められる。

② カメラマン，テレビクルーへの指導・監督を行う。特に，インインフィールドでの安全指導は重要である。

③ リモートカメラ設置エリアの作成管理を行う。

(8) その他必要に応じて

グラウンド内で行われる中継放送局によるインタビューのサポートなどの任が加わることがある。

4　関係施設・室

(1)　報道員受付所

(2)　（スタンド内）記者席

・スタンド内でフィニッシュライン延長上付近に一定程度のスペースで座席，机を確保する。電源が用意できるとよい。

・ミックスゾーンや報道員室へ素早く移動できる動線の確保が重要である。

(3)　報道員室［プレスルーム］

・国体やインターハイでは1日あたり150名を超える報道員の来場がある。机，椅子の他，人数分の電源が必要である。併せてインターネットに接続可能な環境の提供も必須である。

・資料や記録用紙（スタートリスト，リザルト等）を入れる棚（レターケース）を設置する。

注）報道員室の閉鎖は，競技（表彰）終了後2〜3時間程度を確保したい。閉室時刻については，あらかじめ報道員へ通知しておくこと（報道員室の管理）。

(4)　カメラマン控室

・グラウンドへの出入りが容易な場所への控室の設置が求められる。机や椅子，電源が必要なことは報道員室と同様で，機材の持ち込みも想定し，想定人数よりも十分なスペース，席数，電源等を準備したい。

・数日間にわたる競技会では機材置場として鍵のかかるロッカーや棚の用意が必須である。

(5)　インタビュールーム /（記者会見場）

・国内競技会では，競技者を報道員が囲み取材する形が一般的であるので，複数の種目の入賞者やリレー種目全走者と報道員が混在しても十分なスペースと備品（椅子，バックボード等）を準備する。

(6)　（ミックスゾーン内）フラッシュインタビューエリア

・ミックスゾーン内の競技終了者控所（衣類受取所 / PECA）までの競技者の動線上に設置する。競技を終えたすべての競技者への取材機会を保障するものである。取材活動を可能にする環境整備が必要である。

- 床面は競技者のスパイク保護のため人工芝等で養生したい。

  注）報道員受付所，報道員室，ミックスゾーン，インタビュー室はワンブロックに集中させた方が機能的であり，また，スタンド内記者席からの記者の動線はできる限り短くするように設置したい。ミックスゾーンの設置により，記者はスタンド内記者席，ミックスゾーン付近で競技を観戦し，ミックスゾーン内やインタビュールームで取材をして，また競技観戦に戻ることを繰り返す。したがってスタンド記者席，ミックスゾーン，インタビュールーム間の動線は特に短く確保したい。

(7) 撮影エリア（グラウンド内）【例示参照】
- 各撮影エリアはロープ，カラーコーン，養生テープ等でグラウンドに明示するとよい。低い姿勢で撮影するカメラマンに配慮し，コーン使用の場合はミニコーンにバーをかける形で設置するとよい。

＊取材要項（報道のしおり）

　大会当日の取材要領，撮影エリア図，撮影に関する注意事項等を記載した取材要項（報道のしおり）を作成し，報道員受付の際，関係者に配付し協力を求めるとともに指導監督の指針とする。

5　取材活動〈活動区分〉

(1)　記者
①　報道員席（スタンド内），ミックスゾーン内フラッシュインタビューエリア，インタビュールーム，報道員室[プレスルーム]での活動を認める。
②　競技本部，記録室，印刷室，ドーピングルーム，表彰控室等のテクニカルエリアへの立ち入りは認めない。

(2)　スチールカメラマン・テレビ局カメラマン・中継放送局カメラクルー

〈日本陸連主催競技会でのカメラマン活動区分〉

	アウトフィールド	インフィールド
スチールカメラ （含デジカメ）	オレンジ／グレー	グレー
テレビ局カメラ（含ビデオカメラ）	グリーン／グレー	グレー
中継放送局カメラ	ブルー	ブルー

① オレンジ色ビブス：

スチールカメラマンに貸与され，グラウンド内においては，アウトフィールドに作られた撮影エリアでの撮影活動に限定される。

② グリーン色ビブス：

テレビ局カメラマン及びディレクターを含むクルーに貸与され，グラウンド内においては，アウトフィールドに作られた撮影エリアでの撮影活動に限定される。

③ グレー色ビブス：

本連盟が以下を指名し最大32枚まで発行する。代表カメラとしてインフィールドでの撮影活動を認める。

　・写真記者協会15枚　　　・日本雑誌協会2枚
　・日本スポーツプレス協会2枚　・外国特派員協会1枚
　・専門誌陸上競技マガジン2枚　・専門誌月刊陸上競技2枚
　・テレビ局〈含系列局：6系列〉（スポーツニュース協会）6枚

・日本陸連オフィシャル2枚

注）上記以外にインフィールド種目限定地方新聞社枠数枚

④　ブルー色ビブス：

中継放送局カメラクルーに貸与される。グラウンド内アウトフィールド，インフィールドのいずれの撮影音声作業時に着用を義務付ける。

〈参考〉上記以外の主なビブス着用者

・大型映像カメラマンおよびクルー　　・医務（メディカル）

・本連盟科学委員会

6　取材要領

(1)　記者

①　競技者への取材は，ミックスゾーン内フラッシュインタビューエリアとインタビュールームとし，取材時間は競技者の協力のもと，各係の指示や案内に従い行うこととする（目安5〜10分程度）。但し，テレビの中継放送がある時は，希望選手のインタビューを最優先に実施するので協力すること。

②　表彰後の取材活動は競技者の競技場退場後，競技者及び関係者の同意のもとで行うこと。

(2)　スチールカメラマン・テレビ局カメラマン

①　グラウンド内では撮影エリアとし，その他（スタンド等）では撮影エリア他観客の視界の妨げにならない範囲で行うこと。

②　競技運営本部前からの撮影は認めない。また，移動のための通行も認めない。但し，表彰式撮影の際はこの限りではない。

③　グレービブス着用者によるインフィールドでの撮影は，特に危険が伴うため，素早く退避行動がとれる姿勢での撮影のみ許可する。移動の際も同様である。三脚の使用は認めない。インフィールドではカメラマンのみとし，クルーの補助は認めない。現場の競技審判員等からの指示・注意に従うこと。

④　競技審判員の視界を妨げる場所，記録表示板の前，写真判定関連装置の前後での撮影は認めない。

⑤　表彰の際の撮影はどの色のビブスでも表彰台周辺で撮影を認める。但し移動と撮影のタイミングについては表彰係・報道係

の指示に従うこと

⑥ リモートカメラ設置希望については，事前申請とする。

7　道路競技

(1)　競技場をスタート，フィニッシュする場合はトラック＆フィールド競技会に準じて諸施設と各担当を配置する。

(2)　競技場以外の場所がスタート，フィニッシュである場合は，報道員室（プレスルーム），撮影エリア等を臨時に設置する。

(3)　折り返し，中継所等は必要に応じて撮影エリアを設置指定する。

(4)　道路での取材については，道路交通法規則の範囲での取材を認める。

(5)　歩道橋上での取材は禁止とする。

　　注）上記(4)(5)は警察との道路使用許可条件による。

【報道係と他競技運営役員との連携】

担当	主な業務	連携部署
受付担当	◇取材要項作成〈報道のしおり〉	総務員（報道）
記者席担当	◇情報提供	記録・情報処理員
報道員室担当 ・プレスルーム ・カメラマン 　控室	◇報道員室管理 ◇情報提供 ◇機材管理	総務員（報道） 記録・情報処理員
インタビュー室 担当	◇取材活動時間の保障	ミックスゾーン係／入 賞者管理係／シャペロ ン
フラッシュイン タビューエリア 担当	〈ミックスゾーン内〉 ◇取材機会の保障	ミックスゾーン係
撮影エリア管理担当（フォトコーディネーター）		マーシャル
・フィニッシュ 　先撮影エリア	◇右記の各係と事前調整 ◇フィニッシュ時のクリーン 　な撮影環境の確保 　（スタプロ等の撤去）	総務員／トラック審判 長／監察主任／スター ター／出発係／写真判 定主任／大型映像係
・跳躍種目 　撮影エリア	◇エリア位置の調整 ◇無線カメラ（リモート）位置 ◇フォトセッション ＊本部前ピット（ビーム位置 　調整）	跳躍審判長／ 跳躍種目主任 大型映像係 写真判定主任
・投てき種目 　撮影エリア	◇エリア位置の調整 ◇無線カメラ（リモート）位置 ◇フォトセッション	投てき審判長／投てき 種目主任／用器具係／ 大型映像係
・表彰 　撮影エリア	◇エリア位置の調整 ◇フォトセッション	式典表彰係 大型映像係
・上記以外の 　撮影 〈外周〉 〈スタンド〉 〈トラック種目新 記録〉	◇境界確定・広告看板位置 ◇エリア位置の調整 ◇ゴールタイマー表示／ 　フォトセッション	総務員（報道） スターター主任／ 監察主任 総務員（報道） EP・写真判定主任
その他		
・中継放送局 　サービス	◇グラウンド内 　フラッシュインタビュー競技者 　誘導	中継放送局ディレク ター／マーシャル

フォトコーディネーターと撮影エリア

　フォトコーディネーターは国内では『報道係』の中に担当者が置かれ中継TV局・録画撮影TV局・スチール（新聞雑誌）の各カメラマンへのサービス対応とその撮影エリアの設置・管理を行っている。以下で全国レベル競技会（日本選手権／インターハイ／国民体育大会等）における主な撮影エリア設置管理のポイントを示す。

外周

・9レーン外側のラインから1m程の距離の確保／リコーラー等の配置明示／中継局及び大型映像用カメラ位置明示
・看板及び広告幕設置の際はその前での撮影を禁止する。

フィニッシュ先エリア

・最大限の広さを確保／中継TV局カメラを基準／大型映像用カメラ位置を考慮／監察員の配置位置を明示／競技者動線を確保／トラック審判長や監察主任の視界を妨げない／スチールカメラマンを最前列としENGとのすみ分けの明確化（長イスや台の活用）

・フィニッシュ時のトラック上のクリーン化に協力を依頼（具体的には誘導担当マーシャルのトラック上への立ち入りのタイミングやスターター台，レーンナンバー標識等の撤収などである）

跳躍（走幅跳・三段跳・棒高跳）エリア

・助走路先延長上（正面）からの撮影の禁止／中継 TV 局カメ
　ラ及び大型映像用カメラを基準／スチールカメラマンを最前
　列にする。

・跳躍の瞬間の他者の横切りに注意を払う。

インフィールド

・特別に入場が認められたカメラマンのみであり，ビブスの色
　でしっかりと識別する。

跳躍（走高跳）エリア

・着地マットからの距離の確保
・トラック側へマットが置かれる場合は外周の撮影エリアが兼ねられるので特に設けない。

投てき（円盤投・ハンマー投）エリア

・競技レベルを考慮 / 投てき物が多く落下する距離を避ける / サウスポーなど競技者情報考慮 / サイドネットに注意 / 素早く移動可能な態勢での撮影要請 / 撮影しない時の安全地帯への移動の要請 / 防護ネット等の活用から弧の先（正面）からの撮影保障
・当該投てき審判長，主任と連携する。

投てき（砲丸投・やり投）エリア

・素早く移動可能な態勢での撮影要請 / 撮影しない時の安全地帯への移動の要請 / 踏切線ジャッジ審判員や光波距離計測装置の配置考慮
・当該投てき審判長，主任と連携する。

その他

スタンド内

・スタンド内上部のフィニッシュライン付近など適当な場所へ設置する。
・観客の視界を妨げない。

リモートカメラエリア

・事前申請による設置希望種目の各台数と希望位置の把握／当該審判長，主任との位置の事前協議
・カメラ設置のタイミングをあらかじめしおり等で案内しておく。
・グラウンド周りのリモートカメラ設置許可範囲の把握をしておく。

スタート地点

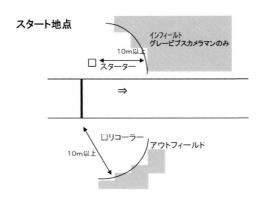

インフィールト
グレービブスカメラマンのみ

10m以上

□ スターター

⇒

□ リコーラー

アウトフィールド

10m以上

フィニッシュ地点

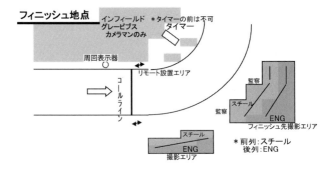

インフィールド
グレービブス
カメラマンのみ

＊タイマーの前は不可

タイマー

周回表示器

リモート設置エリア

コールライン

監察

スチール

監察

スチール

ENG

フィニッシュ先撮影エリア

スチール

ENG

撮影エリア

＊前列：スチール
後列：ENG

リレー/200m/400mエリア

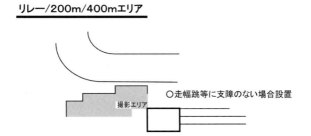

○走幅跳等に支障のない場合設置

撮影エリア

走高跳 (インフィールド側への跳躍時)

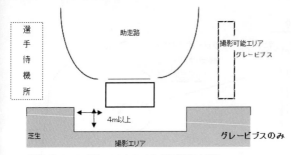

撮影可能エリアは，撮影エリアに加え，さらに競技運営上支障が
ないと判断した場合に，エリアとして撮影を許可する

棒高跳 (アウトフィールドピット)

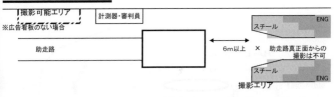

走幅跳／三段跳 (アウトフィールド)

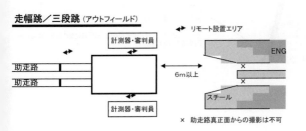

157

砲丸投

防球具（ネット）等を活用し
弧の外の撮影を可能にする

グレービブスのみ

撮影エリア

撮影エリア

競技者待機所

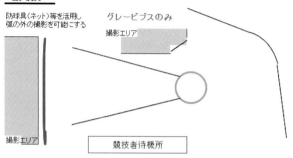

円盤投

グレービブスのみ

防護具（ネット等）を利用し
弧の外の撮影を可能にする

危険区域

右投,左投で危険区域が変わるので注意

撮影エリア

リモートカメラ設置
（シニア大会）

※ゲージの開き方で調整

サークルからのエリア設置距離は,出場競技者のレベルに合わせ,
円盤落下付近は避ける

撮影エリア

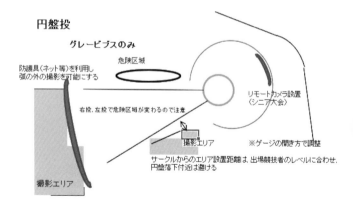

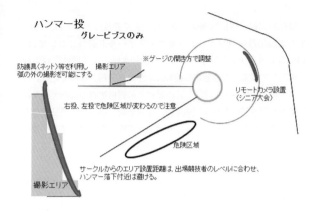

ハンマー投

グレービブスのみ

防護具〈ネット〉等を利用し
弧の外の撮影を可能にする

撮影エリア

※ゲージの開き方で調整

リモートカメラ設置
（シニア大会）

右投、左投で危険区域が変わるので注意

危険区域

撮影エリア

サークルからのエリア設置距離は、出場競技者のレベルに合わせ、
ハンマー落下付近は避ける。

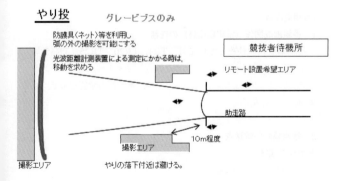

やり投

グレービブスのみ

防護具〈ネット〉等を利用し
弧の外の撮影を可能にする

光波距離計測装置による測定にかかる時は、
移動を求める

競技者待機所

リモート設置希望エリア

助走路

撮影エリア

10m程度

撮影エリア

やりの落下付近は避ける。

記録・情報処理員

　現在の記録・情報処理システムは，道路競技においては，1980年の福岡国際マラソン，トラック・フィールド競技においては，1984年の8か国対抗陸上からコンピューターによる競技記録処理を導入して以来，大会運営の根幹にかかわる業務となっている。日本選手権，国体などでは申し込み競技者の資格審査の補助データとしての利用やプログラム原稿作成，主放送局，通信社へのリアルタイムな情報提供，競技終了後の総合記録作成，ウェブサイトや携帯サイトへのアップ，本連盟への記録申請まで，一貫して行えるシステムとして定着してきた。

　また，大型映像が設置されている競技場では，システムを用いて競技終了後ただちに結果を発表できるようになった。

　しかし，記録・情報処理にコンピューターが活用されない競技会もまだあることから，コンピューターを利用するしないにかかわらず，記録・情報処理員は従来の番組編成，記録集計・配布，公認記録申請書作成等を行う。

《番組編成員》
1　番組編成関係（番組編成員）の任務
　番組編成員の任務については，TR4，TR20，TR25，TR45 等によりレーン，オーダー，試技順を決定し発表する（第1ラウンドの発表はプログラム掲載，その後は総務，審判長の承認を得て，招集所付近等に掲示）。

2　番組編成の留意点
トラック競技
　①　9レーンの競技場

　　　基本的に1レーンは空け，400mまでの競技は8人でレースを組むことが基本だが，予選の場合は，9レーン全部を使用してレースを行うことが効率的であるなら，1レーンも使用する。

　　　予選より後のラウンドでは，1レーンは救済レーンとして使

用したり，次のラウンドに進む際に同記録者がいた場合などに
使用したりする。

② 予選より後のラウンドの番組編成

　ルールに従って，予選は資格記録を見ながら，記録上位者が
次ラウンドに進出できるように組み，予選が終わった後はその
記録と次ラウンド進出条件を見ながら，番組編成する。通常の
競技会であれば，決勝進出者は8名，準決勝進出者は16名あ
るいは24名など8の倍数になるはずだが，競技会で起きたア
クシデントなどにより，そうならないケースもある。また，競
技場が6レーンしかない場合もある。

　どのような場合でも，ランク付けをして組を決定し
（TR20.3.2.a,b 及び TR20.3.3），3つのグループに分け，レー
ンを決定する（TR20.4 参照）。審判長救済等で追加のラウン
ド通過者がいる場合は1レーンに配置する。競技場が6レーン
しかない場合は，上位グループを2,3,4,5レーン，中位グルー
プを6レーン，下位グループを1レーンとするなど競技開始前
から決めておくとよい。

　1500m以上の競技に関しては，進出者を間違えないように
抽出し，ランダムに編成する。

　800mの番組編成に関しては，国内と国際で対応が違うので
留意する。

③ 欠場者が多数出た場合

　組数を変更したり，予選を中止して，決勝だけにしたりする
場合がある。招集状況を招集所審判長と共有し，レース前に確
認が取れ，変更可能であるなら臨機応変な対応をしたい。ただ
し，そうするかどうかはトラック審判長の判断による。

フィールド競技

① 予選が行われる場合，その人数により組数を決定する。予
選通過標準記録を突破した競技者は全員決勝ラウンドに進め
る。また，記録突破者が12人に満たない場合，予選の成績か
ら追加補充をする。12位の競技者が同記録で複数名のときに
は TR25.22，TR26.8 を適用する（TR25.15）。

② 決勝ラウンドの試技順は抽選でランダムに組み，発表すると

共に，決勝用のフィールド記録用紙を準備しておく。

混成競技

① 混成競技におけるトラック競技のレーン順，フィールド競技の試技順は最終種目（800m，1,500m）を除いてプログラムに掲載する。最終種目はそれまでの総得点の上位者が最終組に含まれるように編成し，混成審判長に確認を受ける（TR39.7）。

② 途中，棄権者等により，混成競技審判長から組編成を変更するよう指示があった場合は再編成する（TR39.7）。

③ 各組の人数は5人以上で編成することが望ましく，3人未満にしないようにする（TR39.7）。走高跳，棒高跳では競技運営面から2ピット（2組）編成にすることもある。

8レーンの競技場にて発生した番組編成上の問題点

近年では9レーンの競技場にて開催される大会が増えたため，予選においては9レーンをフルに活用することにより，予選の組数を減らす効果を生み出していた。

準決勝以降の番組編成において，9レーンの競技場では1レーンを救済レーンとして確保しておく考え方が一般的になってきていたために，次に発生したような事例について，競技規則に記載のない場合，解釈によって考え方が色々あることが判明した。

予選9組2着＋6で24名を選出し，3組2着＋2で決勝を行う予定だったが，予選において抗議による次ラウンド進出者が1名増えたために，レーンに空きが無くなり，組数を増やして，24名の有資格者＋1名の25名4組で準決勝を争うこととなった。

主管陸協で普段行っている番組編成の基本的な考え方として3グループに分けて，上位グループ4名，中位グループ1名，下位グループ1名とし，2レーンから割り当てた。

この時，抗議による進出者をどこの位置で扱うかが議論になった。番組編成の基本に習えば24番目と25番目が同じ組になる。抗議による次ラウンド進出者は当然25番目である，という考え方から1レーンに入れる，という案と2レーンから割り当てているから1レーンは必ず空けるという案があった。

1レーンを空けて2レーンから組んだ場合

組	下位		上位				中位	
レーン	1	2	3	4	5	6	7	8
1組		24	1	8	9	16	17	25
2組		23	2	7	10	15	18	
3組		22	3	6	11	14	19	
4組		21	4	5	12	13	20	

この場合, 25番目を8レーンに入れると中位グループとして扱う事になり, 21, 22, 23, 24の下位グループに割り当てられた者と不公平が生じる。
1レーンに入れる案もあるが, 8レーンが空いている状態になり, 内側のレーンを空けることが望ましいという規則に反することになる。

最終的には以下のように方針を決めて編成を行った。

　　○上位, 中位, 下位の3グループを作るという競技規則の最初の大前提を崩さずに編成する。

　　○救済者を順番として22番目として扱い, 21番目の有資格者と同じ組にする。

　　○蛇腹による組み分けは以下の通り。

組	下位		上位				中位	
レーン	1	2	3	4	5	6	7	8
1組		25	1	8	9	16	17	
2組		24	2	7	10	15	18	
3組		23	3	6	11	14	19	
4組		22	4	5	12	13	20	21

《記録・情報処理員》

1　記録・情報処理関係の編成

　　記録情報部署は班編成により任務の正確・迅速化を期す。

　〈班編成〉例

　・主任（副主任）

　・成績記録班（トラック／フィールド／混成の部, 得点計算）

　・記録整理班（記録の確認, 成績一覧表, 公認記録申請書作成）

　・印刷・送信班

　　各班員は各自が以下の任務を行うと同時に互いの連携を密にする。

2 記録・情報処理の任務

① 競技会前の情報処理

(a) 出場競技者の基礎データ

氏名,読み仮名,所属団体（学校）名,学年,生年,ナンバー,出場種目,参加資格記録等を整理し,番組編成員に渡す。

(b) 訂正,変更等の競技会開始前の諸連絡事項

監督会議における変更事項（予選通過標準記録の修正,高さの競技の高さの修正等）,その時の欠場等の情報を把握し,関係部署に連絡する。

(c) 競技会に必要な記録の把握

世界記録,日本記録（含む U20・U18）,学生記録,高校記録,中学記録,大会記録等その競技会に必要な記録を確認し,プログラム原稿とする。また新記録が誕生したとき,どこまでをコメントとして発表するのかあらかじめ主催者や総務と打合せをしておく。

② 競技会当日の記録・成績の集計

各審判長,計時員主任,決勝審判員主任,写真判定員主任,競技者係,風力計測員から提供される各種目の結果を集計する。

(a) トラック競技の集計は,記録用紙に写真判定の記録,もしくは決勝審判員主任からの着順および計時員主任からの計時値,風向風速が必要な種目については風力計測員からの風力値などを記入する。欠場（DNS）,途中棄権（DNF）,失格（DQ）が生じた場合,備考欄に記入する。失格の場合にはその理由も簡潔に記す（競技規則違反の場合はどの規則に違反したかを明記（CR25.4））。

(b) フィールド競技の集計は記録担当者・審判長によって整理されてくる記録表について,最高記録,順位,各種の新記録,風力の確認（走幅跳,三段跳）を行う。

(c) 得点集計は各決勝種目終了後,速やかに大会で定められた得点を発表する。

(d) 各種目の順位の決定は競技規則にあるが,対抗（校）戦の順位決定方法については,総務と確認する。

※ 記録の集計・確認が済んだら成績記録表を必要部数作成す

る（複写等）。

※　次のラウンドが行われる場合は，データを番組編成員に渡す。

③　成績の発表

各種目の結果（リザルト，スタートリスト等）をアナウンサー（含む大型映像係）に伝え，総務に渡し（審判長，表彰係，報道係等に配布する），掲示板に発表する。

④　記録証明・記録申請等について

公認記録の申請書作成のためにプログラムの変更点を訂正し，成績表を作成する（コンピューターを使用している場合は，データベースでよい）。

日本記録等の申請用紙及びドーピング検査（必要な場合）の準備をする。記録誕生時には申請書類の作成のために総務に協力する。

また，記録証明書発行の手順を確認しておく。

3　記録・情報処理の留意点

①　競技開始前

競技者係において，招集完了時刻後，出場者と欠場者が把握されたスタートリストが当部署に配布されてくる。このデータにより成績記録用紙のレーン順，ナンバーをチェックしておく。

また，トラック競技において欠場者が多く，前ラウンド実施の必要がない場合や組をまとめることが適当であると判断される場合には，総務や審判長に確認する。

②　競技中

競技の状況を観察し，競技中のトラブルをチェックしておく。

③　競技後

競技中にチェックしたトラブルが解決されているか確認する。トラック競技で黄旗が上がった場合には，必ず審判長より監察員記録用紙を受領し，裁定結果をリザルトに反映させる。記録を確定させる前に，未記入（DNSの記入漏れやDNFの把握）がないか，フィールド競技で記録がない場合に記録なし（NM）が記入されているか等の最終確認を行う。

④　リザルト，スタートリストの配布

　　リザルト（予選，準決勝，決勝），スタートリスト，番組編
　成の用紙は，色分けされていると分かりやすい。

コンピューターを利用する競技会運営

　全国大会や国際大会規模の大会処理は，ほとんど参加申込みから記録集印刷原稿作成までを行う場合が多い。大会によっては，プログラム作成と大会運営システムは，別々に依頼していることがあるので，各加盟団体主催競技会等を含めてコンピューター処理はどの段階までを行うのか後々の混乱を避けるために事前に確認する必要がある。

〈確認事項〉

・申込から資格審査の段階で利用するか，競技会処理だけを行うか。
・プログラムの印刷原稿を作成するか。
・インターネット上に記録等を発表するか。
・ペーパーレス大会運営をどこまで行うか。
・競技会終了後，デイリープログラム原稿を作成するか。
・記録集を発行するための原稿が必要か。
・参加した各加盟団体に電子データを提供するか。
・テレビ中継等オンラインによるリアルタイムのデータ提供が必要か。

1　記録センターの設置

　コンピューターを利用する競技会では，記録センターを設置する。記録センターでは総務または総務員（総括）の下で記録に関するすべての情報を管理把握するとともに，各部署で使用しているコンピューターが正常に作動しているかについても管理把握する。

　①　構成

　　　全国的大会における基本人数（大会期間，1日の競技時間，競技会の性格，種目数等によって増減する）

〈センターメンバー〉

記録センター長　　　　1人（総務員がなる場合が多い）

副センター長	1人（記録情報主任がなる場合が多い）
番組編成員	2〜3人（得点集計係を兼ねることもある）
記録担当	2〜4人
情報処理担当	6〜10人
システムエンジニア	2〜4人（公認審判員とは限定しない）
印刷係	8〜10人（必要な場合のみ割り当てる）

※どの担当にも補助員が必要な場合がある。

　競技者係，番組編成員，大型映像操作員（競技場に設置されている場合），アナウンサー，得点集計係（記録員や番組編成員が兼ねる場合もある），混成競技係，科学計測員，風力計測員，写真判定員，フィールド審判員，出発係，監察員など，それぞれの場所で機器を操作する部署との密接な連携が重要である。それらの部署の機器操作に記録センターから審判を派遣する場合は，任務に応じた増員が必要である。

② 任務

　　記録センターの大会での業務は，機器の設営から開始される。事前に競技開始時刻を周知徹底し，業務開始集合時刻を決定して準備に入る。

　　大会前日までに準備を開始することが可能であれば，可能な場所から設営しておくことが望ましい。

(a) 記録センター長

　　センター内におけるすべての業務を統括し把握する。

(b) 副センター長（記録情報主任）

　　センター長を補佐し，他部署との調整を行う。

(c) 番組編成員

　　予選以降のラウンドの番組編成を行う。競技会の性格によっては決勝後の得点集計係を兼ねる。申合せ事項等により規則に定める以外の編成を行う場合には，事前に主催者に編成基準を確認しておく。

(d) 記録担当

　　記録の点検を複数人で行う。新記録の管理，競技会記録・申請書類の作成も行う。

(e) 情報処理担当

コンピューターやインカムの管理，測定機器（写真判定装置，光波距離計測装置）や表示装置（大型映像表示盤，フィールド競技記録電光表示盤）との連動接続等を担当する。

競技会前に情報処理機器の操作方法を各担当部署の競技役員に講習し，操作間違いや機器のトラブルのときに対応する。

(f) システムエンジニア

ハード・ソフトウエアの専門技術を担当する。加盟団体内で機器・操作に熟知した審判員を割り当てることが前提だが，全国規模の大会等では，予期せぬ事態が発生することがあるため，専門職があたることもある。

特に競技規則以外で特別な申合せ事項を決めている場合には，ソフトウエアの機能追加・修正などが必要な場合もあるので，大会準備の段階から連携していることが望ましい。

(g) 印刷係

各種リストの印刷・配布を担当する。あらかじめ配布先，必要枚数を確認しておく。大規模な大会で印刷室が複数になる場合は人数を増やす（配布は補助員が行うこともある）。

2 留意点

① 情報処理の機器整備と位置付け

加盟団体内で情報処理を行うには，二つの大きな要素が整備される必要がある。まず，第一にコンピューターなどの情報機器の整備などインフラ整備である。情報機器は全国大会や国際大会を開催する第1種公認競技場の使用条件になっているが，実際に競技場に導入されたとしても，そこに出かけてデータ作りを行うわけにはいかない。

競技会のときだけ特別に業務が発生するのではなく，日常恒常的に業務が行われているのが実状なので，委員会や部を位置付けるとともに加盟団体で自由に使用できる機器を導入することも計画しなければならない。個人の好意で機器を使うことにもおのずから限界がある。十分に検討した上で，一部の人間だけに業務が集中しないように方向付けを行うことが望ましい。

第二に情報処理部門の位置付けである。コンピューターを取扱う情報処理部門については，加盟団体内での機構に組込み各種競技会や講習会で部門員を養成することが必要である。このことは浸透してきているが，より多くの競技会でのコンピューター導入のために継続的な養成をお願いしたい。

② 配電施設の配慮

競技場に情報機器等の弱電施設が整備されるようになってきている。

今後，競技場に弱電設備を導入または改修するときは，以下の点を考慮して計画することが望ましい。

〈弱電施設の導入・改修時の留意点〉

・競技場の規格に合致しているか。
・コンピューター室（記録室）やフィールドアリーナの弱電ハンドホールの電力容量は十分か。
・コピー機や内線，Faxが設置されているか。
・屋内および屋外のケーブル取り出し位置が適切か。
・コンピューターやインカム，タイミングシステムのケーブルが正しく敷設（埋設）されているか。
・コネクター盤のコネクターの取り付け方が統一されているか。
・インカム配線の端子台はチャンネルごとに分けられているか，混線はないか。
・コネクター取付のピンアサインは間違っていないか。
・ハンドホールおよび屋外のコネクター端子盤の防水加工は十分か。
・無線LANを使用する場合，利用台数を想定した負荷を考慮してアクセスポイントが設置されているか。
・停電時のバックアップバッテリーは確保されているか。
・その他加盟団体が特に要望する設備，規格等が満たされているか。
　など

---

③　個人情報の保護

　　コンピューターを利用することで情報を簡単に交換できるようになった。データをまとめ，メールでエントリーしたり，結果を簡単にブラウザ上で見たりすることができる。安易にそのようなことができるようになったが，だからこそ必要な人が必要な情報だけを見られるように制限をかける必要がある。個人情報保護の観点から是非，この問題に関してはじっくり考え，対応したい。

〔参　考〕
・現在，陸上運営システムとして，数社が開発運用しているが，すべて統一されているものではないので各加盟団体で競技場や使用条件等を検討する必要がある。
・競技場内のネットワーク（LAN）
　大別すると下記のネットワークが考えられる。今後，新設・改修する場合，LAN方式の単体使用より組み合わせて使用することが増えると考えられる。

名　称	伝送導体	規格・伝送速度	最大伝送距離
イーサネット （Ethernet）	ツイストペアケーブル 光ファイバー	IEEE802.3 10M/100M/1000Mbps 10Gbps	100m 100m～数十km
無線LAN （WirelessLAN）		IEEE802.11a/b/g/n 2/11/54Mbps	数m～数百m

　　ただし，組み合わせた場合は，最低の速度となる。
　　※無線LANを屋外で使用する場合には，他の無線設備や電子機器等との干渉を受けやすいためあらかじめ通信状態の確認が必要である。新しい規格も出現し，さらに複雑になってきているが，まずはその競技場にあったものを専門家と相談しながら導入することが望ましい。特に大規模大会では警備の関係上，他に無線を多く用いる部署もあることから注意が必要である。

3　記録の速報について

　コンピューターを利用することで迅速で正確な記録処理が可能になった。しかし，コンピューターも一つの道具に過ぎないので，使い方を間違えるとまったく機能しなくなるため，人間がきちんと管理しなければならない。

　そのことを踏まえ，コンピューターを利用した記録速報について検討したい。

　現在，大型映像表示装置が設置してある競技場では映像と記録発表を効果的に組み合わせて，競技会を盛り上げるとともに，競技を見る人がいろいろな意味で陸上競技に対して興味や関心を持てるように工夫をしている。その中で記録速報は，フィニッシュ付近に置かれたフィニッシュタイマー（トラックタイマー），フィールド各ピットに置かれた記録電光表示盤，また大型映像表示装置を利用して写真判定の結果をその場で見せるライブリザルトという手法が用いられている。すべて速報であるので，アナウンサーが「速報です。正式結果をお待ちください」などとアナウンスしたり，大型映像には「判定中」等の文字を表示したりするなどして，今，どのような結果が競技場内に知らされているのかを確認しながら，正式結果をできるだけ迅速に正確に示す必要がある。

　このような速報表示ができない競技場では，別の記録速報の出し方を検討する必要がある。フィニッシュタイマー（トラックタイマー）やフィールド記録掲示板などがあれば，それを有効に活用して正確で迅速な記録速報を発表する工夫をしたい。また，正式結果をいち早くたくさんの人に伝えるために，速報サイトに記録を掲載し，携帯電話（スマートフォン）から記録が確認できるようなサービスなども有効である。

　その競技会に合った記録速報の形を探り，迅速かつ正確な発表ができるよう心がけたい。

ラウンド通過と番組編成に関して

A：トラック競技

1. レースの全部か一部に各自のレーンを用いる種目

(1) ラウンド通過者に同着があるときは下記(2)の場合を除いて同着者全員を次のラウンドに進ませ，記録上位によるラウンド通過数を減じる。

(2) 複数組のラウンド通過者に同着があり，記録上位によるラウンド通過数をゼロにしてもなおレーンが不足する場合は次の手順で通過者を決定する。

　1) 各組内の同着者で抽選し組内の着順枠通過者を決定する。

　2) 残りの枠は，前のラウンドの記録に関係なく，上記1)での抽選に漏れた競技者全員で抽選し次ラウンド進出者を決定する。

〈例1〉 3組2着＋2の準決勝結果が以下の状況であった場合

　第1組　1着A君 2着B君 2着C君 4着以下省略

　第2組　1着D君 2着E君 2着F君 4着以下省略

　第3組　1着G君 2着H君 2着I君 2着J君 5着以下省略

　1) B，Cから1人，E，Fから1人，H，I，Jから1人を抽選によって選び着順枠の6人を決定する。

　2) 残りの枠（8レーン競技場では2，9レーン競技場では3）は，上記1)での抽選に漏れた4人全員で抽選して決定する。

〈例2〉 2組4着の準決勝の結果が以下の状況であった場合

　第1組　1着A君 2着B君 3着C君 4着D君 4着E君

　第2組　1着F君 2着G君 3着H君 3着I君 3着J君

　1) D，Eから1人，H，I，Jから2人を抽選によって選び，着順枠の8人を決定する。

　2) 9レーン競技場では，上記1)での抽選に漏れた2人で抽選して1人を決勝進出者に加える。

Q：第2組の落選者は3着同着なので，第1組の4着同着落選者よりも上位ではないか？

A：第1組の落選者の格付けは組内で5番目，第2組の落選者

173

も組内では5番目となるので同格とみなす。着順は組内で
独立しており，他の組の着順と比較はしない。
(3) 救済措置があり，ラウンド通過数が増えた時の番組編成
1) 9レーン競技場の場合
　　前のラウンドで救済があった場合は9レーン目を使用
し，救済者のレーンシードは下位グループに含める。救済
が無く，9レーン目が空いている場合は，前のラウンドの
通過最終枠同着者を次のラウンドに進ませるが，同着者が
複数ある場合は先に示した方法によって抽選して通過者を
決定する。
2) 8レーン競技場の場合
　　準決勝は組数を増やすなどして対応するが，決勝は前の
ラウンドの着順あるいは着順＋記録上位のみとし，前のラ
ウンドでの救済は原則として行わない。
2. レーンを用いない種目
ラウンド通過者に同着がある場合は，その全員を次のラウン
ドに進ませ，記録上位による通過数は変えない。

B：フィールド競技

1. 予選を行う場合は各組の競技力が均等になるように編成す
る。
2. 決勝だけを行う長さの跳躍種目において，最初の3回の試
技を2か所に分けて行う場合は両組の競技力が均等になるよ
うに編成する。

一つのレーンに 2 人を入れることができる 800 m

前ラウンド通過後の100mから800mまでのレーンシードの方法は TR20.4 に示されているが，同条項〔国内〕で800m競走ではそれぞれのレーンで2人の競技者が走ってもよいとしている。

つまり，次のラウンドにタイムで進出する最終枠に同記録者がいたり，妨害を受けた競技者を審判長が救済するときなどは，この〔注意〕を適用して1つのレーンに2人を配置して，レーン数を超える競技者数で実施することが可能となる。

そうした状況下でしばしば議論されるのは「どのレーンに複数の競技者を配置するべきか」という問題である。競技規則に従って考えると1，2レーンとなるが，接触等の安全面を考慮すると外側のレーンを使用すべきという意見がある。

ただし，近年の大規模競技会（例：日本選手権やゴールデングランプリ）では，外側レーンぎりぎりまで広告ボードがぐるりと配置され，SISに連結しているスターティングブロックも外側レーンのぎりぎりに置かざるを得ない状況がある。したがって，このような状況では8レーンの競技場の場合，一番外側の第8レーンを避け，一つ内側の第7レーンを使用することが適切であると言えよう。広告ボードやSISの機器がない場合は一番外側の第8レーンを使用することが適切である。

当日，混乱をきたさないようにするためには，競技注意事項の中に「800m以上の種目で最終枠に同タイムがあった場合は，その全員が次のラウンドに進出できることとし，800mについては中位の第8（7）レーンに2名の競技者を配置する」等のように明記しておくことを推奨する。

また10人で実施しなくてはならない場合は7，8レーンの混雑を避けるために第8（7）レーンの次には第2レーンに2人を入れるとよい。いずれの場合も外側レーンは中位グループで，内側レーンは下位グループで抽選する。

9レーンある競技場では通常，第1レーンは予備レーンとして空けておく。救済があり10名で実施しなければならない場

合の例を以下に2つ示す。

〈中位の8,9レーンに3名配置する場合〉

　救済された2名は1,2レーンに，ランキング8位の1名は第3レーンに配置される。ランキング中位（5〜7位）の3名は抽選で8,9レーンに配置される。この場合トラックの状況にもよるが第8レーンまたは第9レーンに2名の場合もある。

〈1〜3レーンに4名配置する場合〉

　救済された競技者2名は1,2レーンで抽選され，ランキング7,8位の競技者は2,3レーンで抽選され第2レーンに2名配置することが望ましいと言える。

医　師（医務員）

1　医師および医療チーム

(1)　国際競技会役員

CR3で，世界選手権，オリンピック大会，WAS大会，エリア大会，エリア選手権大会において，医事代表およびアンチ・ドーピング代表を置くとされている。医事代表は，医事関係の事項について最終的な権限を有し，競技場において医学的検査，治療，救急医療を行える適切な施設の提供，および選手村における医療の提供を確保する（CR6）。アンチ・ドーピング代表は，ドーピング検査を行う適切な施設を整え，ドーピングコントロールに関する事項について責任を負う（CR7）。

(2)　国内競技会

CR13で，主催者は競技会役員として医師（医務員）1人以上を任命することと規定している。規模の大きな競技会（都道府県選手権クラス以上）や道路競技会では医療活動を医師1人で行うのではなく，医師，保健師・看護師，トレーナー，救急救命士などで構成される医療チームで行うべきである。道路競技では審判員を医務係としてチームに加え，救護車および収容バスに同乗させる。

参加する医療スタッフ全員は，主催者から競技会役員としての委嘱を受ける。

競技規則では医師の権限や任務についての記載はないが，競技会運営上，医師の判断や指示が必要な事項が多いため，その役割は重要である。代表的な事例は，競技中の医療処置である。競技中の競技者に対する助力は厳しく禁止されているが，主催者が任命した医療スタッフ（医師，保健師・看護師，トレーナー，救急救命士など）による医療処置は，助力とはみなされない。TR6（競技者に対する助力）に「診察，治療，理学治療は，大会組織委員会に任命され，腕章，ベスト，その他識別可能な服装を着用した公式の医療スタッフが競技区域内で，または，この目的のために医事代表もしくは技術代表の承認を得たチーム付き医療スタッフが競技区域外の所定の治療エリアで行うことができる」と記載されている。

競技者は，主催者が任命した医療スタッフから競技の中止を命じられたときは，ただちに競技をやめなければならない（TR6.1）。現実的には，医療スタッフから競技者に対する競技中止の助言をもとに，主催者が競技者へ競技中断を指示することとなる。

2 資 格

競技会における医療スタッフ（医師，保健師・看護師，トレーナー，救急救命士など）には公認審判員の資格は不要である。しかしながら，医師については日本医師会による健康スポーツ医研修制度，日本スポーツ協会によるスポーツドクター研修制度，日本整形外科学会によるスポーツドクター研修制度が実施されているため，これらを修了したものであることが望ましい。また，陸上競技を行っていた，もしくは現在行っている医師は，競技規則にも精通しており，かつ陸上競技者の心身の変化を理解しやすいので適材であろう。スポーツ看護に関する研修制度はないが，スポーツ現場に精通している保健師・看護師がよい。保健師・看護師資格をもっている公認審判員も多く，このような審判員に医療チームに加わってもらう。トレーナーは本連盟が実施している陸上競技に特化したトレーナーセミナーを受講修了した者，または日本スポーツ協会公認アスレティックトレーナー資格を持つ者が望ましい。鍼師，灸師，あん摩・マッサージ・指圧師，柔道整復師，理学療法士の資格を持っているトレーナーは，その資格の範囲内で競技者への対応も自ら行える。医師，保健師・看護師，トレーナー，救急救命士は心肺蘇生術や自動体外式除細動器（AED）の取り扱いに習熟していることが求められる。

3 任 務

医療チームの任務は，競技者，サポートスタッフ，競技会役員，ボランティアスタッフ，報道関係者，本連盟関係者，観客およびVIPに対して医療サービスを提供することである。主催者は大会の規模により医事衛生委員会を組織し，事前の打合せと適切な準備を行うことが必要である。

国内競技会の場合，医療サービスを行う場所の範囲は主に競技場

とウォームアップ場であるが，国際競技会の場合には練習場，選手村，VIPホテルや報道関係者宿舎も含まれる。競技会の応急処置に対する医療サービス費用は主催者がまかなうのが原則である。しかし，応急処置のみでは対応できない事態に備え，主催者は参加者全員を対象とする疾病・傷害保険に加入するか，もしくは参加者・参加チームに疾病・傷害保険への加入を義務づける。また，主催者は後方協力医療機関を前もって指定し文書で依頼する。救急車を要請することもあるので，主催者は消防署救急隊へその旨を依頼しておく。競技会における医療サービスは応急処置を行うまでであることを競技会要項に明記する。

本連盟（医事委員会）はドーピング検査を実施する国内競技会に対して，医事およびドーピングコントロールに精通したナショナルフェデレーションリプリゼンタティブ（NFR）を派遣する。NFRは本連盟および主催者の立場で，競技会における検査，治療，救急処置についての設備を確保し，かつ日本アンチ・ドーピング機構（JADA）認定DCO（ドーピングコントロールオフィサー）と協同し，ドーピング検査が円滑に行われる設備を確保する。NFRが派遣される競技会では，主管都道府県陸協は医事確認書を本連盟に送付し，NFRに情報提供をして必要であれば指示を受ける。

国際競技会の場合には，医事代表とアンチ・ドーピング代表がWAもしくはアジア陸連より派遣されるので，連絡を密に取り，競技会運営が円滑に行われるようにする。

4 競技場における医務活動

主催者は医療スタッフを任命する。主要国内競技会および国際競技会において，医療チームはメディカルステーション（医務室，救護室），トレーナーステーション，スタジアム救護ステーションの3ステーション制を敷く。主催者は医療関係者を任命する。

メディカルステーションには医師，保健師・看護師が常駐する。主に競技場，ウォームアップ場において傷害を受けた者に対して応急処置を行うため，競技の進行や傷害の発症機転が把握でき，かつ傷害を受けた競技者の移送を考え，競技場フィニッシュ付近のトラックに面した場所が望ましい。トレーナーステーションは，ウォー

ムアップ場の中でメインスタジアムへの動線に近いところに設置，スタジアム救護ステーションはメインスタジアムのフィニッシュ付近と第二曲走路入口あるいは棒高跳のピット付近に設置し，トレーナーが待機する。大会の規模により2班から5班の編成で行うことがある。待機場所はトラック，フィールド両方の選手の競技が見える位置が望ましい。競技会役員が医療チームスタッフに必ず連絡がとれるようにするため，各ステーションには携帯電話（スマートフォン），トランシーバーなどを用意することが望ましい。また，医療チームスタッフは，それとわかる目印となるものを身につけるべきである。

　メディカルステーションに備えておくべき物品と備品（表1）や薬剤リスト（表2）を挙げる。運動中の競技者・審判員や観客の心臓突然死防止のため，AEDを配備する。AEDはメディカルステーションの他，フィニッシュ付近および観客席などに複数準備されることが望ましい。医療記録および活動記録の整備もきちんとしておかなければならない。主催者および主管陸協は医師と必要物品について事前に連絡しあう必要がある。

　5,000 m以上のトラック競技では，気象状況に応じて，競技者に水とスポンジを用意することができる。10,000 mを超えるトラック競技では，飲食物・水・スポンジ供給所を設けなくてはならない（TR17.15）。熱中症発症の危険性が高いと判断する際には，できる限りWBGT計を用いる。競歩，道路競技，クロスカントリー等においても，競技者がレース中に水分補給できるように，主催者に指示する（TR54.10，TR55.8，TR56.7）。

　競技中に雷が発生した場合には，落雷事故を防ぐため，競技会主催者より競技継続または中断，中止に関する情報をただちに知らされるものとする。

5　ドーピングコントロール

　競技会におけるドーピング検査（競技会検査）はWAから指示され実施するものと，JADAが本連盟と協同で行うものがある。

　ドーピングコントロールを実施する競技会は，その旨を競技会要項に記載する。また，WAおよびJADAは競技会外検査も実施する。

競技会外検査の対象となる競技者は主として，WAもしくはJADAの検査対象者登録リスト競技者である。

　主催者は競技会役員としてシャペロン役員，検査室役員を任命する。それぞれの役員の要件はJADAにより定められている。JADAは，リードDCOおよびその他のDCOを決定する。DCOはリードDCOの指揮のもと，ドーピングコントロールステーションの設営，採尿立ち会い，検査手続きなどを行う。採尿立ち会いDCOは競技者と同性でなければならない。本連盟（医事委員会）より派遣されるNFRは本連盟および主催者の立場で，DCOと協同し，ドーピング検査が円滑に行われるようにする。ドーピング検査の対象競技者は基本的にリードDCOの指示により定まる。

　シャペロン役員は18歳以上の成人とする。シャペロン役員は検査対象競技者と同性でなければならず，JADAから指定のあった男女それぞれの人数を手配する。シャペロン役員はJADAが指定した時間に集合する必要があり，シャペロン業務中に他の業務を兼務することはできない。シャペロン役員はドーピング検査の対象競技者に通告し，それ以降，競技者に付き添う。対象競技者は通告後，速やかに検査室に到着しなければならない。競技者が18歳未満の未成年の場合には，成人のサポートスタッフを通告時およびドーピングコントロールステーション入室時，検査時に付き添わせるように競技者に伝える。対象競技者から水分摂取の要求があれば，3本程度の中から対象競技者自身に選択してもらう。シャペロン役員から直接手渡してはならない。主催者はシャペロン役員数についてNFRに事前に報告しなければならない。検査室役員はドーピングコントロールステーションの設営，セキュリティーの確保，対象競技者などの受け入れ，他の競技会役員との連絡調整などを行う。

　ドーピングコントロールステーションは独立した区画で，対象競技者の競技終了後の動線と，関係者以外の出入りをコントロールできるセキュリティーを考えて配置する。検査室は，1.受付，2.待合室，3.検査手続き室，4.採尿室（トイレ）で構成される。実施する検査数の規模により広さや採尿室数は異なる。血液検査が実施される場合には，採血室を準備する。詳細については，当該競技会NFRおよびリードDCOに確認する。

ドーピングコントロールステーションにおいて必要な物品について挙げる（表3）。ドーピング検査を新たに実施する希望のある競技会は，事前に本連盟事務局まで相談すること。

　ドーピングコントロールについては本連盟発行「クリーンアスリートをめざして2021」，またはその最新版およびJADAホームページを参照のこと。

　国際競技会ではWAもしくはアジア陸連より派遣されるアンチ・ドーピング代表の指示に従う。同記録を含む世界記録，アジア記録，日本記録（日本記録はオリンピック種目のみとする）を樹立した競技者は，ドーピング検査を受けないと新記録（もしくは同記録）として認められないので，競技者は主催者もしくは審判長にドーピング検査を申し出なければならない。なお，同記録を含む世界記録とアジア記録は，U20およびU18のものを含むものとする。

　日本国籍を有する競技者が世界記録，エリア記録，日本記録（日本記録はオリンピック種目のみとする）を樹立した際の検査費用は，国内外の競技会を問わず本連盟が負担する。海外の競技会で，現地支払いを求められる場合は，競技者個人の立替え払いとし，帰国後本連盟が検査費用を弁済する。

　海外の競技会において，日本記録を樹立しドーピング検査が行われなかった場合は，日本に帰国後ただちにドーピング検査を受けなければならない。ドーピング検査を帰国後すぐに受けられるように競技者は本連盟事務局へ連絡しなければならない。対象者は，禁止薬物を摂取することがないよう注意しなければならない。国内の競技会において，同記録を含む日本記録（オリンピック種目のみとする）を樹立した場合は，ドーピング検査を記録確定後24時間以内に受ける必要がある。主催者は本連盟事務局員にただちに連絡し，ドーピング検査の実施方法について確認する。

　18歳未満の競技者については親権者からドーピング検査に関する同意書を得る。そのことも大会要項に記載されなければならない。18歳未満の競技者が検査対象となった場合には，リードDCOが本人から同意書を受け取る。万一検査時に同意書が取得できなかった場合には，速やかにJADAに直接郵送してもらう。DCOは同意書の取得に全く関与しないので，NFRが対象である18歳未満の競

技者に伝える。また，この同意書は1度提出されれば，それ以降の検査時に提出する必要はない。

6　トレーナー活動

　トレーナーはそれと明示されたビブス等を着用する。トレーナー活動は，トレーナーステーション班とスタジアム救護ステーション班で構成される。トレーナーは競技者の安全確保のため，トランシーバーなどを用い，メディカルステーションと緊密な連絡を行わなければならない。

　トレーナーステーション班は競技者のコンディショニング活動を行う。通常はウォームアップ場付近に設営される。トレーナーの人数に合わせてマッサージベッドが必要である。治療器を用いることも多いため，屋外に設営される場合でも AC電源の準備は必要である。設備について挙げる（表4）。応急処置に必要な氷（アイシング用）を十分量用意する。

　スタジアム救護ステーション班は，競技中に受傷した競技者に対して，現場にて緊急的処置を行い，または担架／ストレッチャーにてメディカルステーションに搬送する。通常は第一曲走路入口付近と第二曲走路入口付近に設営する。棒高跳の場合には，ピット付近へ移動する。応急処置に必要な氷を用意する。AED 配備も行う。

　救護ステーションは可能な限り，競技監察可能な日陰を確保することが望ましい。また，その交代要員を準備する必要がある。

7　道路競技における医務活動

　スタート，フィニッシュ地点には必ずメディカルステーションを設置する。また，走路上に救護テントを設置する。医師，保健師・看護師，救急救命士などを配置する。メディカルステーション，救護テントには AEDを配備する。

　熱中症発症の危険性が高いと判断する際には，できる限り WBGT計を用いる。道路競技，クロスカントリー等では，競技者がレース中に水分補給できるように，主催者に指示する（TR55.8, TR56.7）。

　競技者は，医師または主催者が任命した医療スタッフから競技の

中止を命ぜられたときは，ただちに競技をやめなければならない（TR6.1）。

TR6.2「助力」に関する規則では，主催者が任命した医療スタッフが行う理学療法や医療処置は助力とは見なさないとしているが，「上記（公式の医療スタッフが競技区域内で，または，この目的のために医事代表もしくは技術代表の承認を得たチーム付き医療スタッフが競技区域外の所定の治療エリアで，行う）以外の他者によるこのような介助や手助けは，競技者がひとたび招集所を出た後は，競技開始前であろうと競技中であろうと，助力である」と規定している。しかしながら，この条項は主として競技場内で実施される種目に関して規定されたものであり，競技が広域にわたって展開される道路競走では医療スタッフが直ちに現場に到着できないことが多いので，主催者は緊急事態が発生した場合に臨機応変に対応できるよう，医療スタッフが到着するまで，監察員や走路管理員に医療スタッフの権限の一部を付託しておく。

AEDを配備した移動救護車，収容バスを用意し，医療スタッフを同乗させる。十分な飲料，毛布などを準備する。競技者を収容したらただちに，大会本部へ競技者名とナンバー，収容地点を連絡する。

主催者は後方協力医療機関を前もって指定し，文書にて依頼する。医療機関に対しては，道路競技があることを事前に連絡しておくとよい。救急車を要請することもあるので，主催者は消防署救急隊へその旨を依頼しておく。

8 医師不在の場合

様々な理由で，主催者が医師を任命できない場合がある。主催者は審判のなかから，医療スタッフを任命し，後方協力医療機関や救急隊へ連絡がとれるようにしておく。公認審判員の中の保健師・看護師免許をもつ者，もしくは救急救命士で心肺蘇生術に習熟し，AEDを取り扱うことのできる者が望ましい。

主催者から任命された医療スタッフは，競技者に競技中断を命じることができる。

9　選手村，VIP ホテル，報道関係者などの宿舎における医務活動

　世界選手権などの国際競技会では，宿舎において医療サービスを提供する。宿舎には医務室を設け，医療チームスタッフが対応する。夜間はオンコール体制とし，24 時間対応できるように準備する。

　地元医師会へ医師，保健師・看護師の派遣を依頼し，後方協力医療機関を決めておく。

　トレーナーサービスも不可欠である。各国選手団が自由に使えるように，マッサージ台を備えたマッサージルームを確保する。

　細かな点については医事代表の指示に従う。

10　感染症対策

　新型コロナウイルス感染症の潜伏期間は最大で 14 日で，エアロゾル感染，飛沫感染，接触感染で人から人へ伝播する。感染力は発症の 2 ～ 3 日前から発症直後に最大となり，発症前や無症状の感染者（感染を受けたにもかかわらず無症状の者）から感染しやすい。新型コロナウイルスの感染，重症化，後遺症発症に予防効果のあるワクチン接種が公費で行われており，競技会参加の有無にかかわらず，ワクチン接種を受けることが勧められる。競技会において最大限の新型コロナウイルス感染拡大防止を図るため，本連盟は 2020 年 6 月 11 日に「陸上競技活動再開のガイダンス」を公開し，感染状況に応じて改定してきた。今般，2023 年 5 月 8 日より新型コロナウイルス感染症の感染療法の取り扱いが 2 類相当から 5 類へ変更されることとなる。本連盟ではこれまでのガイダンスを，「陸上競技活動開催のガイダンス」と刷新した。大会主催者は最新の「陸上競技活動開催のガイダンス」に基づいた感染症対策を講じるものとする。本連盟は「感染症対策本部」を設置し，各大会は「感染症対策本部」と連携の上，参加者，競技会役員の感染症予防，クラスター形成防止に積極的に関わる。競技会の開催可否，実施方法については，行政，保健衛生当局，本連盟，WA などによる情報をもとに検討する。

　ドーピング検査室は 3 つの密（密閉，密集，密接）になりやすい環境にあるため，それの防止に向けて大会主催者は本連盟および日本アンチ・ドーピング機構と事前協議を行う。

いかなる立場での競技会参加であっても，参加前後の健康状態を自身でモニターする習慣づけが重要である。大会医療スタッフは，大会主催者，行政，保健衛生当局と連携しながら感染症対策の検討，実施において重要な役割を持つ。

陸上競技大会・ロードレース大会医事確認書

この確認書は，大会医事運営を滞りなく行うために必要なチェックリストです。陸上競技審判ハンドブックを参照し，チェック項目を確認のうえ準備を進め，大会 2 週間前までに陸連事務局(Email: medical@jaaf.or.jp)へご提出下さい。

大会名	:	
開催会場	:	
競技会開催日	:	
総務ご担当者	:	携帯電話 :

1. 医師または医療チーム				
統括医事責任者(メディカルディレクター)	氏名		所属：	
医師総数 ____ 名	看護師 ____ 名	トレーナー ____ 名	救急救命士 ____ 名	

2. スタジアムでスリー・ステーション制を採用する	・はい ☐	・いいえ ☐	

3. スタジアムでのステーション設置場所
・メディカルステーション ：
・トレーナーステーション ：
・スタジアム救護ステーション ：

4. ロードレースでの救護所設置場所	

※別紙設置場所の図面をご提出いただく形で問題ございません

5. 物品等のチェック			
・医療品備品チェック	☐	確認済(✔をいれてください)	
・医薬品チェック	☐	確認済(✔をいれてください)	
・自動体外式除細動器(AED)配備	☐	確認済 台数	____ 台

6. 後方協力病院への連絡		☐	確認済(✔をいれてください)
・病院名		連絡先	

7. 日本陸連医事委員会へ連絡事項などがあればご記載ください

記入者	:	連絡先 ：	記入日	

表1 メディカルステーションの設備，備品

　下記の設備，備品は競技会規模やメディカルステーションの広さによって
異なる。原則として競技場設備として考える。

流し	1台（お湯も出る）	
診察用机	1台	
診察用椅子	2脚	
ベンチ	1台	
血圧計	2台	
診察用ベッド	1台 （トレーナー用ベッドのように硬めのもの）	
休養用ベッド	2台	
毛布	4枚	
シーツ	4枚	
まくら	3個	
まくらカバー	3枚	
バスタオル	5枚	
酸素ボンベ	1本（充填されているもの）	
携帯用酸素ボンベ	2本	
鼻カニュラ	2本（ディスポーザブル）	
洗面器	2個	
大型製氷機	1台	
小ビニール袋	20枚（アイシングのために必要）	
冷蔵庫	1台	
ロッカー	2台	
場内モニターテレビ	1台	
点滴架台	2台	
ストレッチャー	1台	
電話	1台	
ビニールゴミ袋	5枚（嘔吐用に黒い袋も準備するとよい）	
WBGT計	1台	

自動体外式除細動器（AED）複数台
車椅子の準備も検討すること。

表2　メディカルステーションの医薬品と医療用品・医療器具

I. 競技会医薬品（代表的薬剤名をあげる）

(A) 医療用医薬品

（＊：禁止物質であるため，取り扱いに注意を要する）

1．抗菌薬	
ケフラール，セフゾン，クラビット　のうち1もしくは2	
2．抗ヒスタミン剤	
タベジール，ニポラジン　のうち1もしくは2	
3．鎮痛解熱剤，抗炎症剤	
ロキソニン，ボルタレン，バファリン　のうち1もしくは2	
4．抗不安剤，鎮静剤	
セルシン	
5．電解質溶液	
0.9%生理食塩水　500ml(TUE必要)，20ml	
乳酸リンゲル液　500ml(TUE必要)	
5%ブドウ糖液　500ml(TUE必要)	
20%ブドウ糖液　20ml	
6．眼，耳，鼻	
タリビット点眼薬	
プリビナ鼻用	
7．気管支用	
メディコン，レスプレン，ノルプタン　のうち1もしくは2	
8．胃腸薬	
セルベックス	
ガスター	
ブスコパン	
9．局所麻酔剤，抗炎症剤	
リドカイン1%注（局所注射用）	
デカドロン注（＊：TUE）	
10．交感神経刺激剤	
（i）エピネフリン注（＊：TUE）	
（ii）サルタノール　エアゾル	
11．狭心症治療薬	
ニトロール舌下錠	

TUE：治療使用特例の申請が必要。
上記は医務室として保健所の認可を得た場合に準備，使用が可能である。
そうでない場合は下記(B)で代用する。

(B) 一般用医薬品（医師の処方箋なく，薬局で購入できる医薬品）

解熱鎮痛薬	バファリンA，イブ
鎮咳・去痰薬	新コンタックせき止めダブル持続性
胃腸薬	ガスター10，ブスコパンA錠
アレルギー用薬	アレルギール錠
点鼻薬	パブロン点鼻EX
目薬	新サンテドゥα
うがい薬	パブロンうがい薬AZ
皮膚外用薬	バンテリンコーワ

Ⅱ．競技会医療用品と医療器具

1．テープ	
40mm	
25mm	
25mmエラスティックテープ	
75mmエラスティックテープ	
アンダーラップ	
75mm弾力包帯	
150mm弾力包帯	
3Mテープ（翼状針用）	
2．消毒用	
滅菌ガーゼ　大，小	
アルコール消毒	
イソジン消毒	
ソフラチュール	
綿球	
7.5cm × 20cm粘着被覆材（adaptic dressings）	
ディスポ消毒セット（セッシ，ハサミ，ガーゼ，綿球入り）	
3．注射器／注射針	
5ml注射器 注射針つき	
10ml注射器 注射針つき	
20ml注射器	
注射針　18，21，23ゲージ	
点滴セット	
駆血帯	

4．診断用医療用具	
聴診器	
血圧計	
ペンライト	
パルスオキシメーター	
打腱器	
電子体温計　または　鼓膜体温計（測定部カバー付き）	
5．蘇生用機器	
自動体外式除細動器（AED）　複数台	
可能ならば　アンビューバッグ	
可能ならば　携帯用心電計	
6．その他	
XL バンドエイド	
25mm バンドエイド	
綿棒	
バラマイシン軟膏	
ディスポ舌圧子	
ディスポ外科用メス，＃11 と ＃15	
ディスポ検査用手袋　（M，L）	
ペアン	
ウエルパス　300ml　（手指消毒用）	
シップ剤	
7．非消耗品	
1リットルスクイズボトル　洗浄用（0.9％生食）	
頚椎カラー　ポリネック（M，L）	
ソフトシーネ　下肢用，上肢用	
ハサミ	
三角巾	

表3　ドーピングコントロールステーションの備品

DCOが準備する書類，器材以外に競技会主催者が用意するもの

競技会の規模により，備品の準備は異なる。

血液検査を実施する場合には，事前に別途相談を要する。

受け付け	机	1台	
	椅子	2脚	
検査手続 少なくとも 2室準備する	机	2台	
	椅子	6脚	
	ハサミ	2ケ	
	水洗トイレ	1式	
	（十分広くて，採尿の立ち会い役員も一緒に入ることができる。検査数によって複数あることが望ましい。検査手続き室付随）		
待合室	机	1台	
	椅子	10脚	
	ソファ	1台	
	毛布	5枚	
	冷蔵庫	2台	
	（1台は飲料保冷用で待合室に設置する。1台は検体保冷用で錠がかかり検査手続き室に設置する）		
	競技者用飲み物		
	ミネラルウォーター	適量（カン入りが望ましい）	
	スポーツドリンク	適量（カン入りが望ましい）	
	（適量とは500mlまでの大きさでドーピング検査数の3倍程度である。）なお，カン入り飲料入手困難ならば，ペットボトル可		
	テレビ	1台　　　　　待合室に設置	
	電話	1台	
	ごみ用ビニール袋	5枚	
	ガムテープ	1巻	
	ティッシュペーパー	3箱	
	ウェットティッシュ	1箱	
	ボールペン	10本	

表4　トレーナーステーション用設備

1. トレーナーステーションが屋外の場合（大会主催者が準備する）

　　規格は大会規模によって変動する場合がある。

（1）	テント：2張り～3張り（40～60㎡）	
（2）	横　幕：四方を完全に覆うもの	
（3）	床　板：パネルによって床全体を覆うもの（雨天に備えて高さ10cm程度が必要である）	
（4）	電　源：電源ドラム1～2基（治療機器に使用）	
（5）	照　明：電灯の設置（日没後に活動する場合）	
（6）	サインボード（日本陸連トレーナーステーション）	

2. 共通設備（大会主催者とトレーナーが事前に相談して決定する。

　　一部，陸連トレーナー部で所有するものがある。）

（1）	マッサージベッド：2～10台	
（2）	救急キット：1～3セット(スタジアム救護班2セットを含む)	
（3）	固定装具（リストA）1～3セット（スタジアム救護班用2セットを含む）	
（4）	テーピング用品（リストB）	
（5）	衛生材料（リストC）	
（6）	アイスボックス：大型1～3台	
（7）	トランシーバー：メディカルステーション1，トレーナーステーション1，スタジアム救護2	
（8）	治療機器：活動するトレーナーの所有資格による。ホットパック，低周波治療器，超音波治療器，その他の治療機器	
（9）	テーブル：折りたたみテーブル3～10台	
（10）	イ　ス：5脚～15脚	
（11）	担　架：1台	
（12）	パーテーション：4～8面	
（13）	ゴミ箱	
（14）	バスタオル　30枚/日，フェイスタオル30枚/日	
（15）	その他トレーナー活動に必要なもの	

3. スタジアム救護ステーション用設備（2セット）

（大会主催者とトレーナーが事前に相談して決定する）

（1）固定装具（リストA）	
（2）テーピング用品（リストB）	
（3）救急キット（リストC）	
（4）担架およびバックボード	
（5）トランシーバー	
（6）アイスボックス（携帯用）	

【リストA】　固定装具

副子（各部位，各サイズ）	
エアスプリントまたはバキュームスプリント	
頚部固定装具（各サイズ）	
三角巾	
その他の固定装具	

【リストB】　テーピング用品

非伸縮性テープ　12mm，25mm，38mm，50mm	
伸縮テープ（ハード）25mm，50mm，75mm	
伸縮テープ（ソフト）50mm，75mm	
伸縮テープ（キネシオソフト）25mm，50mm，75mm	
アンダーラップ	
ラバー（スポンジ）パッド（各種）	
粘着スプレー	
リムーバースプレー	
コールドスプレー	

【リストC】衛生材料：（救急キットの内容を含む）

滅菌ガーゼ（S，M，L）	
カット綿	
洗浄綿	
滅菌綿棒	
サージカルテープ（12mm，25mm）	
圧迫用伸縮包帯（75mm，100mm，150mm）	
医療用伸縮包帯（50mm，75mm）	
バンドエイド（各種）	
アイスバッグ	
テープシザース	
テープカッター	
ラテックスグローブ	
CPRマスク	
手指消毒液	
創傷用消毒液	
ワセリン	
ビニール袋（40cm以上）	
マッサージ用パウダー	
マッサージ用ローション	
マッサージ用オイル	
各種軟膏類	
スクイズボトル（洗浄用）	
その他衛生材料	

競技会役員

競技会ドーピング検査（ICT）の手順

1 ドーピング検査対象競技者の選び方

　特定の競技者を選ぶこともある（ターゲット検査）が，通常はJADAから対象種目と順位が事前に指定されていることが多い。学生選手権など複数の種目にエントリーしている選手が多いと考えられるケースなどで，JADAによる指定が競技運営上不適切と思われるようであればリードDCOと相談の上，変更を依頼することも考慮する。予選，決勝を問わず競技会参加者は誰でも検査対象となる可能性がある。

　同記録を含む世界記録，アジア記録，日本記録（日本記録はオリンピック記録のみ）を樹立した競技者は，ドーピング検査を受けないと新記録として認められないので，競技者は主催者もしくは審判長にドーピング検査を申し出ること。

(1)　日本国籍を有する競技者が世界記録，エリア記録，日本記録（日本記録はオリンピック種目のみ）を樹立した際の検査費用は，国内外の競技会を問わず本連盟が負担する。海外の競技会で，現地支払いを求められた場合は，競技者個人の立替え払いとし，帰国後本連盟が検査費用を弁済する。

(2)　海外の競技会において，日本記録を樹立しドーピング検査が行われなかった場合は，日本に帰国後ただちにドーピング検査を受けなければならない。ドーピング検査を帰国後すぐに受けられるように，競技者は本連盟事務局へ連絡しなければならない。

(3)　国内の競技会において，日本記録（オリンピック種目のみとする）を樹立した場合は，ドーピング検査を記録確定後24時間以内に受ける必要がある。主催者は本連盟事務局員にただちに連絡し，ドーピング検査の実施について確認する。DCOから直接主催者に連絡が入る場合もあるので，主催者は調整を図る。

　　連絡先：本連盟事務局

　　※該当が予想される大会の担当者は事前に詳細を本連盟事務局に問い合わせをすること。

2 対象競技者への通告とドーピングコントロールステーションへの来訪

シャペロン役員は競技終了後速やかに，対象競技者に対して「ドーピング検査の対象である」ことを伝える。その競技者は通告書に署名し，競技者は監視下におかれる。署名の拒否はドーピング検査拒否で，アンチ・ドーピング規則違反と判断される可能性がある。対象競技者が署名した時刻（24時間制）が通告書に書き込まれ，競技者は速やかにドーピングコントロールステーション（DCS）に到着しなければならない。競技者は，DCSに，監督，コーチ，ドクター，トレーナーなどの成人を一人だけ同伴することができる。国外の大会では通訳も一人同伴可能である。未成年者は同伴者がいる前で通告を受ける必要がある。ただし，18歳以上は成人であるため，18歳および19歳の対象者についてはこの限りではない。明確な理由がなく，DCSに速やかに到着しないと，ドーピング検査拒否で，アンチ・ドーピング規則違反と判断される可能性がある。通告後はシャワーを浴びたり，トイレを利用したりすることはできず，着替えもDCO監視下で行う。インタビューや表彰などの時は，シャペロンが付き添う。

3 ドーピングコントロールステーションでの作業

DCSは待合室，検査室，採尿室／採血室で構成される。DCOまたはシャペロンは，競技者を通告書とアスリートビブスで確認し，受付をする。ADカードがある国際競技会ではAD確認をする。DCOは本人確認のために写真付きAD呈示を要求するので，対象者はパスポート，運転免許証，学生証などを用意する。競技者は，十分な量の尿が出そうでないと思ったら，待合室に用意されているスポーツドリンクやミネラルウォーターを飲んでゆったりと待機する。飲み物は冷蔵庫などから自分でとり，きちんと封がなされていることを自分で確認する。ただし，尿検体の低比重化を避けるために飲み物を飲み過ぎないように注意する。開封後に一旦目を離した飲料は，何らかの異物が混入される可能性も考慮して絶対に口にしない。尿が出そうな時はDCOにその旨を告げて，同伴者と検査手続き室に入る。手順については，DCOの指示に従い，水で手を洗っ

た後，密封された採尿カップを1つ選び，競技者と同性のDCOと一緒に採尿室に入り90mℓ以上の尿を採尿する。同伴者は特別な場合以外は，採尿室には入らない。検査対象競技者が18歳未満の場合，同伴者（競技者と同性でなくとも可）はDCOを採尿室の外から監視できる。競技者は検査手続き室へ戻り，尿サンプルキットを1つ選ぶ。DCOの指示に従い，競技者自身がキットを開封する。A容器，B容器，検体番号ラベルを取り出し，すべての番号が同一で，かつ外箱の番号と同一であることを確認する。

競技者は容器のフタを開け，まずB容器に30mℓの尿を注ぎ，続いてA容器に残りの尿60mℓ以上を注ぎ，フタをしっかりと閉める（これをA検体，B検体と呼ぶ）。A，B検体をビニール袋に入れてキット内に戻し，蓋をする。ビニール袋に入れるのはDCOでも競技者，同伴者でもよい。DCOは採尿カップに残った尿の比重を測定し，各種物質の分析に適した尿検体であるかどうかを確認する。尿量が90mℓ以上150mℓ未満の場合，尿比重1.005以上，尿量が150mℓ以上の場合，尿比重1.003以上を適正な比重としている（2020年3月より）。尿比重が上記基準未満の場合には，JADAが結果管理する競技会では検査を繰り返すが，次の採尿までの時間間隔の規定はない。

競技者は使用した薬物やサプリメントに関して申告することができる。救急治療や急性病状の治療で禁止物質や禁止方法を使用した場合は，事後であっても遡及的にTUEを申請する必要がある。この場合，通常の申請条件に加え，「緊急性を証明する医療記録」が必要になる（予めTUEの提出が必要とされている大会以外で禁止物質が検出された場合には，遡及的にTUEの提出が求められることもある）。DCOがドーピング検査公式記録書に記入終了後，署名を行い，同伴者と競技者は記載内容を確認する。問題なければ同伴者が署名し，競技者が最後に署名する。競技者は競技者用のコピー（ピンク色）を受け取り，これで競技会ドーピング検査は終了する。尿検体は世界アンチ・ドーピング機構認定分析機関であるLSIメディエンスへチルドゆうパックで送られる。

一度の採尿で90mℓに足りない場合には，部分検体となる。部分検体を安全に保管するためDCOの指示に従い，競技者本人が採尿

カップを密封する。DCOは部分検体に記載された番号をドーピング検査公式記録書に記載する。部分検体の入った尿サンプルキットはDCOが保管する。競技者は待合室で水分補給をし、尿をためる。

同様の手順で再度、採尿カップを選び採尿を行い競技者本人が採尿カップを密封する。部分検体が正しく保管されていたことを、DCOと競技者が確認する。1度目と2度目の採尿が十分な量であれば、上記のように検査は進むが、足りなければ再度部分検体となる。

待合室で水、スポーツドリンクなどの飲み物は準備される（ビールなどのアルコール飲料は準備されない）が、食事の準備はない。

競技者は自己責任のもと、自分で準備した飲み物および食事を摂ることができる。

ひとたび検査室に入ると室外に出られないのが原則であるが、表彰、インタビュー、医師やトレーナーによる治療、もしくはクーリングダウンが必要な時はDCOに相談し、シャペロンが付き添いのもと、室外へ出ることができる。

DCS内では写真撮影、ビデオ撮影は禁止され、検査手続き室では携帯電話（スマートフォン）の使用も禁止される。

また、NFRは国内競技会ではDCSで検査に立ち会うことができる。

18歳未満の競技者については、親権者からドーピング検査に関する同意書を取る。そのことも大会要項に記載されなければならない。未成年の競技者が検査対象となった場合には、リードDCOが本人から同意書を受け取る。万一検査時に同意書が取得できなかった場合には、速やかにJADAへ直接郵送してもらう。この同意書を1度提出すれば、それ以降の検査時に提出する必要はない。

4　血液検査

ドーピング検査の一環として血液検査が行われる大会もある。昨今は競技会検査でも実施されている。特に指定がなければ運動終了後2時間以降に採血する。通告書にサインをした後、検査室で椅子に座り、両足が地面についた状態で10分間安静にする。もし途中で立ち上がるとその後座った時点から再度10分間の安静が必要と

なる。18歳未満の競技者は通告書にサインをする時点から成人の同伴者がいなければならない。

　検査に使用する器具を3つ以上の中から選択し，番号などを確認した後，BCO（Blood Collection Officer）が採血を行う。3回穿刺して必要な量の採血ができなければその時点で検査は終了する。この場合は検査未了とはみなされない。

　検査終了後の手順は尿検査と同じである。

〔国内〕公式計測員（副技術総務）

1 任務

公式計測員は，2018年のWAの競技規則から削除された。国内競技会では技術総務の任務の一部を公式計測員に任せている競技会が多く，公式計測員は，国内規程で定められた任務である。副技術総務が分担して任務にあたっている競技会もある。国際大会では技術総務の下に副技術総務として任務を分担している。技術総務の任務の一部を行うことは，副技術総務の任務の一部となる。

(1) 競技会前に公認陸上競技場のマーキングと競技施設の正確性を確認し，その旨を技術総務に報告する。これを確認するために，競技場の設計図，図面および最新の計測報告書を閲覧できるようにしなければならない（〔国内〕CR39）。

(2) 上記の任務のほか，用器具について技術総務に代わって確認する（CR16〔国内〕2）。また，公式計測員は技術総務が兼任するときもある。

2 留意点

競技会では，次の事項について点検，確認をし，技術総務に報告する。用器具係や担当部署が行う設置作業と連携して点検，確認を行う。また，検定報告書を閲覧できるようにする。

(1) 走路・各施設の確認

① トラック1周の距離の確認…検定時の計測結果を確認し，縁石が正しく設置されているか状況を確認する。

② 走路の確認…検定時の計測結果を確認し，走路の状態を確認する。

③ 走高跳躍場の確認…検定時の計測結果を確認し，着地場所と助走路の状態を確認する。

④ 棒高跳躍場の確認…検定時の計測結果を確認し，着地場所と助走路の状態及びボックスの設置状況を確認する。

⑤ 走幅跳，三段跳躍場の確認…検定時の計測結果を確認し，砂場，踏切板，助走路の状態を確認する。

⑥ 砲丸投てき場の確認…検定時の計測結果を確認し，サークル，着陸場所（落下域），足留材の設置状態を確認する。投てき角度，距離ラインを確認する。

⑦ 円盤投てき場の確認…検定時の計測結果を確認し，サークルの状態を確認する。投てき角度，距離ライン，囲いの設置を確認する。

⑧ ハンマー投てき場の確認…検定時の計測結果を確認し，サークル，兼用サークルの設置状態を確認する。投てき角度，距離ライン，囲いの設置を確認する。囲いの開口部までの距離，高さが円盤投と異なるので注意する。

⑨ やり投てき場の確認…検定時の計測結果を確認し，助走路の状態を確認する。投てき角度，距離ラインを確認する。

⑩ 障害物競走設備の確認…検定時の計測結果を確認し，水濠，固定障害物，移動障害物の位置・高さを確認する。スタートから第1障害まで70ｍを確保するため第1障害を移動する競技場があるので，注意する。

⑪ 各スタートライン，テイクオーバーゾーン，ブレイクライン，ハードルの位置の確認…検定時の計測結果を確認する。標識タイルからスタートライン，テイクオーバーゾーン，ハードルの位置を設置する時には，技術総務，用器具係主任と連携して，標識タイルから正確に設置する。2段式スタートの縁石の設置状態を確認する。

⑫ フィールド内のレベル確認…検定時の計測結果を確認する。

⑬ 計測器具の確認…鋼鉄製巻尺，走高跳用高度計，棒高跳用高度計，電気距離計測装置，跳躍距離透視計測器等を確認する。

(2) 器具の確認

① 公式用器具の確認

競技規則に規格のあるものは，競技開始前に検査をし，事前に番号を付けておく。

② 借り上げ公式用器具の検査 ※コラム「借り上げ用器具の検査方法」参照

本連盟が主催，共催する競技会において，主催者が用意した投てき用具としてリストに記載されていないものを競技注意事

項等で借上げを認めることができる。本連盟検定済みのもので競技前に主催者により検査を受け合格のマークが記したものでなければならない（**TR32.2**〔国内〕）。個人の投てき用具の借り上げを許可した競技会では，持ち込まれた本連盟検定済みの器具を検査する。検査に合格した投てき用具には検査シールを貼付するかマークをし，番号をつけておく。技術総務が特に決めない限り，個人の用具は2個まで持ち込みが認められる。国際大会では，世界記録，エリア記録が達成されたときに使用された用具を競技終了後に再検査する必要（**CR31.17.4**）がある。

検定印　焼き鏝・ポンチ　　　検定品シール　　　　WA認証シール

検査申請書例　　　　　　　　　　検査合格シール例

(3) マラソンコース，競歩コースの確認

　技術総務と連携して，競技会当日のコースが計測されたコースと合致しているか確認する。競技に支障となる箇所のコーン等の位置，スタートライン，フィニッシュライン，折り返し点，中間点，5 km毎等のポイントを確認する。

借り上げ用器具の検査方法

　国内競技会では，本連盟の検定品で規格に合った物だけが使用できる。規格に一致しているか，技術総務の担当あるいは公式計測員が以下の要領で検査を行い，合格したものには印またはシールを貼付する。

　競技場に備え付けの用器具の一覧を作成しておくとよい。

　WA主催等の国際大会ではWA認証した製品でなければ使用できないので，WA認証シールのみで借り上げ検査を行うことになるので注意する。技術総務が特に決めない限り，2個までの持ち込みが認められる。

(1) 砲　丸
　① 本連盟の検定印（刻印）または検定シールがあるか。
　② 完全な球形で滑らかであるか，変形がないか確認する。
　③ 振って音がしないか，ガタツキを確認する。
　④ 規格を調べる。…重量，直径を確認する。
　　◆検査に必要な器具…はかり，砲丸検定器（ない場合＝直径を計れるノギス・キャリバー）

(2) 円　盤
　① 本連盟の検定印（刻印）又は検定シールがあるか。
　② 外側の縁（枠）の表面は凹凸がなく，仕上がり全体は滑らかであるか，板の歪み，傷，変形を確認する。
　③ 振って音がしないか，ガタツキを確認する。
　④ 規格を調べる。…重量，直径，縁の外側の直径，金属製の平板の直径，中心部の厚さ，外縁の厚みを確認する。

◆検査に必要な器具…はかり，円盤検定器（ない場合＝厚
　　　みを計れるノギス・キャリバー）

(3)　ハンマー

①　本連盟の検定印（刻印）または検定シールがあるか。

②　頭部は完全な球形であるか，変形を確認する。

③　振って音がしないか，ガタツキを確認する。

④　ベアリングまたはボールベアリングが回転するか確認す
　　る。

⑤　接続線（ワイヤー）が屈折していないか，テープ等で補
　　修していなか，確認する。

⑥　規格を調べる。…重量，直径，ハンドルの内側よりの全
　　長の検査，重心の検査（ツルを外して検査）を確認する。

　　◆検査に必要な器具…はかり，ハンマー検定器（ない場合
　　　＝直径を計れるノギス・キャリバー，メジャー），重心
　　　検査器

(4)　や　り

①　本連盟の検定シールがあるか。

②　表面が滑らかであり，湾曲部分がないか確認する。

③　グリップの紐の緩み，ほころびがないか確認する。

④　規格を調べる。…重量，全長，先端から重心までの距離，
　　定められた位置とその直径，グリップの幅を確認する。

　　◆検査に必要な器具…はかり，ノギス，計算機，やり検定
　　　器（ない場合＝重心を計測する山型の部材，メジャー）

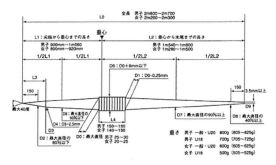

Lengths 長さ 単位:mm				Diameters 直径 単位:mm				
記号	説明	Range	Measurements 実測値	記号	説明	Maximum 最大	Minimum 最小	Measurements 実測値
L0	Overall 全長	2600～2700		D0	In front of grip グリップの直前の直径	30	25	
L1	Tip to to C of G 先端から重心までの長さ	900～1060		D1	At rear of grip グリップの直後の直径	D0	D0-0.25mm	
1/2・L1	Half L1 L1の1/2の長さ	–		D2	150mm from tip 先端から150mm	D0/D80%		
L2	Tail to C of G 末尾から重心までの長さ	1540～1800		D3	At rear of head 頭部の後部の直径	–		
1/2・L2	Half L2 L2の1/2の長さ	–		D4	Immediately behind head 頭部の直後の直径	–	D3-2.5mm	
L3	Head 頭部	–		D5	Half way to tip of G 全長の先端までの半分の直径	D0/D80%		
L4	Grip グリップ	150～160		D6	Over grip グリップの直径	D0+8mm		
C of G		Centre of Gravity		D7	Half way tail to C of G 末尾から重心までの半分の直径	D0/D80%		
重さ Weight		重さ Weight 単位:g		D8	150mm from tail 末尾から150mm	D0/D40%		
重さ Weight		805～825		D9	At tail 末尾の部分	–	3.5mm	

やりの検査表

【パラ陸上】こん棒

　パラ陸上の種目にこん棒がある。以下のような形である。

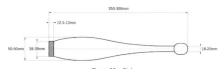

Figure 22 – Club

① 　構構造を確認する。

・先端部（ヘッド），首部（ネック），胴体部（ボディ），
　底部（エンド）の4つの部分からなる。

・先端部，首部，胴体部は木製で，全体として固定され，
　一体化した頑丈なものであること。

・胴体部は金属製で刻み目や突起や鋭い縁のない円筒状の
　底部に固定されていること。

206

- ・先端部は球状または円筒状で，首部に向けてすぐに細くなる形状であること。
- ・首部に向けて均等に細くなり，金属製底部に向けて少しだけ細くなっていること。
② 表面にくぼみ，でこぼこ，溝，畝，穴，ざらつきがなく，滑らかであるか確認する。
③ 規格を調べる。…重量，全長，首部の直径，胴体部の最も太い部分の直径，金属製底部の末端の直径，金属製底部の厚み
※湿度によって重さが左右される木製であることを考慮し，400gのこん棒は，検査の際に397g以上であれば構わない。
- ◆検査に必要な器具…はかり，厚みを計れるノギス・キャリバー

用器具係

1 任　務

　技術総務のもとに用器具係をおく。用器具係は，各競技に必要な用器具を整備し，その競技開始前にこれを配置し，競技終了後にこれを撤収する（CR16〔国内〕3）。用器具係は，国内規程で定められた任務である。

　技術総務の指示により，競技者が満足な競技ができるように競技日程に従って整備計画をつくり，不備がないようにする。

　競技会に必要な用器具を詳細に点検整備する。各競技の用器具は配置あるいは各担当審判員に引き渡し，その担当審判員が設置・撤収を行う（用器具配置分担表参照）。競技実施中における競技場，道路競技におけるコースの状況管理を行う。

　トラックを整備するために置かれていた競技場整備係は，全天候舗装の競技場が普及し，最近では用器具係が行っている。

　用器具係の任務は都道府県陸協に違いがあるが，基本的な任務は以下のことになる。

2　準備・引き渡し・配置

(1)　トラック

　　取り外し式縁石のチェック，障害物用代用縁石の設置，水濠の注水，審判台およびフィニッシュポストの設置，ラップ用旗，コーナートップ用旗，ブレイクラインマーカー，レーンナンバー標識，スターティングブロックの配置，ハードル・障害物の設置。

　　手旗等審判用具一式を準備し担当審判員に引き渡す。

(2)　各跳躍場

　　助走路の確認，砂場の砂の量と湿り具合の確認，棒高跳ボックスの設置，マットおよび支柱の配置に競技者用長椅子の搬送，踏切板等審判用具一式を準備し担当審判員に引き渡す。

　　ディスタンスマーカーの確認，雨天時の競技者用テントの設置。

(3)　各投てき場

足留材の取り付け，兼用サークル，やり投の助走路の確認。円盤投・ハンマー投の囲いを投てき審判員と共同で設置・移動。

　　サークル両側の750㎜のラインの確認。

　　白色等テープ・距離標識，投てき器具および審判用具一式を準備し担当審判員に引き渡す（投てき角度線は状況により投てき審判員と共同で設置する場合もある）。天候に応じて競技者用テントの設置。

3　留意点

(1)　技術総務の指示によりプログラムに基づく競技進行計画表と施設配置図をつくる。

(2)　電気機器関係では，各種目の電源確保と情報機器の設置場所の確認をする。特に写真判定装置，情報処理端末器，電気距離計測器，デジタル式風力計の管理状況について，技術総務と連携して競技場管理者と十分な話し合いを行い，保管，整備の配慮をしてもらう。

(3)　5,000m，10,000m でグループスタートを行う場合，外側の走路では，スタートラインの約5〜10m先より代用縁石を置くようにする。走る距離は縁石があることを前提に計算されているので，代用縁石は全部置く。競技場により代用縁石が不足する場合は，やむを得ず1本おきとする。

(4)　ハードルの種目毎の高さ，位置を確認し配置をする。担当の場所だけでなく，前後のハードルも確認する。競技中の修正は，監察員の任務となる。

(5)　障害物競走の代用縁石の設置と水濠の注水時間の確認。

　　水濠への代用縁石は全部置く。競技場により代用縁石が不足する場合は，やむを得ず1本おきとする。スタートから第1障害まで70ｍを確保するため，第1障害を移動する競技場がある。

(6)　跳躍競技では風向きにより助走の方向が変わる場合があるので，跳躍審判長，技術総務と砂場，マットの位置を協議して決める（設置は担当競技審判員）。

(7)　走幅跳・三段跳ではビデオカメラ（TR29.5），踏切板・粘土板，計測機器を担当審判員に引き渡す。粘土は油性のものを用意

する。三段跳では助走路が短い場合，補助マットを用意する。国際大会では投眼式メジャーは使用しない。

(8) 高度計，投てき用公式用器具（投てき物）は天候などの影響を受けないよう競技練習に合わせて引き渡すようにする。

(9) 電光掲示板，フィニッシュタイマー（トラックタイマー），テント等大型の機器，器材については観客席より競技中に死角にならないよう配慮して配置する。

(10) 配置，設置した各機器等の撤収について，競技の邪魔にならないようにタイミングを考慮する。

(11) 雨天時における走路，助走路の雨水処理について担当主任審判員と打合せをする。

(12) 走路，助走路が土質の場合は，レベルの調整，適切な硬さを維持するため，撒水のうえローラー仕上げをし，各スタートライン，テイクオーバーゾーン等のライン引きを行う。棒高跳の助走路は，ボックスの入口が助走路と同じレベルになるようにする。

(13) 用器具が故障又は破損したときには使用部所の主任が故障，破損報告書で技術総務に報告し，総務，技術総務と競技場所有者と協議する。

4 パラ陸上の留意点

技術総務のページも参照されたい。

(1) 座位投てきの固定器具の設置撤去が必要な場合，設置撤去を行う。

(2) 車いすの競技者のリレー競走ではテイクオーバーゾーンが40mであり，テイクオーバーゾーンの入の設置を行う（出は変わらない）。

(3) 視覚障害のクラス（T11 および T12）レーンのすべてまたは一部を走るトラック種目，車いすの競技者が含まれるリレー競走については，それぞれの競技者に2レーンを割り当てるために，スタートラインの延長を行う。また，ユニバーサルリレーにおいては，それぞれの競技者に2レーンを割り当てるため，テイクオーバーゾーンのラインの延長を行う。

(4) 800m以上の車いす競走において，スタートから50mの位置を

マークする。

(5) 車いす800m競走において，危険回避のために，ブレイクラインにコーンや角柱は置かない。その代わり，高さ1.5mの旗をインフィールド側とトラック外側に設置する。また，50mm×50mmの色付きの平らなマーカーをブレイクラインに置くことができる。

☆用器具係1日の動き（ある陸協の例）☆

各都道府県陸協で異なるので，それぞれの役割を確認されたい。

～競技開始前～

○ 集合，準備分担の確認

　技術総務と連携してその日の種目等を確認し，誰が何をどこにどのくらい設置するかを分担する。

○ フィールド関係の準備

・円盤投・ハンマー投囲いの設置

　投てき審判員と協力し移動，設置する。間口の寸法などは技術総務，公式計測員が確認する。

・マットの運搬

　棒高跳・走高跳のマットを運搬する。ピットの方向，細かい位置は，技術総務，跳躍審判長が確認する。

○ トラック関係の準備

　スターティングブロック，レーン表示板，ラップ旗，ブレイクラインマーカーの運搬

　行われる競技に必要なものを運搬する。設置はそれぞれの審判員が行う。

・ハードルの運搬

・移動障害物の運搬

・水濠への注水

○ 競技者用のテント・椅子の運搬，設置

　参加人数を確認し，必要な数をそれぞれの競技場所に運搬し，設置する。

○ 全てのセッティングの確認

技術総務，公式計測員，用器具係主任でその日行われる競技が行えるかを最終確認する。

～競技中～

○ ハードルの設置・撤去

行われる種目のインターバル，高さを確認し間違いのないように設置する。練習を含む競技中の修正は監察員が行う。設置の確認は，技術総務，公式計測員，用器具係主任が行う。

○ 移動障害物の設置・撤去

○ 代用縁石の設置・撤去

障害物走，グループスタートが行われる場合の設置・撤去を行う。

○ 競技者用テント・椅子の増設・移動

天候により，競技者用のテント・椅子の増設・移動を行う。

～競技終了後～

○ フィールド関係の撤収

・円盤投・ハンマー投げ用囲いの移動

翌日にも競技がある場合，どこまで移動（撤収）するかを競技場管理者に確認しておく。

・マットの撤去

翌日にも競技が行われる場合，雨天用シートを被せて置いておく場合もある。

○ トラック関係の撤収

それぞれの種目終了後，適宜撤収する。

○ 競技者用テント・椅子の撤去

翌日にも競技がある場合，脚を畳んで置いておく場合もある。

○ 完全撤収の確認

競技場を一回りして，撤収が済んでいないものがないか確認する。

主な用器具と分担表（参考例）

担当審判員		用器具係にて配置する用器具	当該主任審判員渡しの用器具	共同で設置の用器具
	総務・総務員		机，椅子，旗	本部席
	審判長		椅子，審判用警告カード（赤・黄）	
	番組編成員		机，椅子，抽選器	大会役員席（番組編成員）
	アナウンサー		時計・双眼鏡，通信放送一式（競技場施設）	大会役員席（アナウンサー）
	報道係		報道関係者制限ロープ，椅子，コーン，コーンバー	記録配布箱，報道に関するものすべて（庶務）
	記録・情報処理員		机，椅子，雨天用覆い	事務用品等記録に関するものすべて，事務用品（庶務）
審判長	マーシャル		報道関係者制限ロープ，椅子，安全ロープまたはコーン，コーンバー	
	医師		机，椅子，担架	救急箱（庶務）
	競技者係	競技者用長椅子	机，椅子，掲示板，スパイク検査用ノギス・ケージ，はさみ【パラ陸上】身長計	テント（監察員，周回記録員），リレー用色テープ（庶務）
	役員係		机，椅子	テント，湯茶（庶務，用器具係）
	庶務係		机，椅子	事務用品（庶務）
	表彰係		机，椅子，表彰台	お盆（庶務）
	印刷係		印刷機器一式（競技場施設）	
	風力計測員		机，椅子，風力速報表示器，風速計，温湿度計，パラソル，吹流し，風力計測用曲走路標識（コーン），時計	通信機器，事務用品（庶務）

審判長	公式計測員		ノギス，10kgはかり，鋼鉄製巻尺，砲丸検査器，円盤検査器，やり検査器，ハンマー検定器，メジャー，検査合格シール	通信機器，事務用品（庶務）
	用器具係	ハードル（100mH，110mH，300mH，400mH），障害物，障害物競走・グループスタート代用縁石，競技者用長椅子，スターティングブロック，レーンナンバー標識，コーナートップ用旗，ラップ用旗	ノギス，10kgはかり，鋼鉄製巻尺，やり検定器，ハンマー検定器，メジャー，検査合格シール	
トラック関係	写真判定員		椅子，望遠鏡，写真判定に関わるものすべて（競技場施設）	
	決勝審判員	フィニッシュポスト	机，椅子（ビデオ関係），トラック競技速報表示器，フィニッシュタイマー（トラックタイマー），折りたたみ椅子	通信機（インカムなど），テント（計時員，記録・情報処理員，アナウンサー），事務用品（庶務）
	計時員		机，椅子，時計（主任が一括），折りたたみ椅子	テント（決勝審判員，記録・情報処理員，アナウンサー），事務用品（庶務）
	監察員	コーナートップ旗，ラップ用旗，ブレイクラインマーカー	折りたたみ椅子，監察マーカー，黄手旗，（ラップ用旗，ブレイクラインマーカーの競技中の設置，撤去）	通信機器（インカム）（庶務）
	スターターリコーラー		折りたたみ椅子，信号器，スタート黒板，拡声器，スターター台	記録板，通信機器（インカム等），雷管（庶務）
	出発係		スターティングブロック，バトン，スタート用警告カード（赤／黒，黄／黒，緑），レーンナンバー標識，脱衣籠	リレー用テープ（庶務）

214

トラック関係	周回記録員		机, 椅子, 周回表示器 (鐘付)	画板, 記録用紙, その他 (庶務)
	競歩審判員		競歩警告用円盤, 失格用円盤, 警告掲示板	
フィールド関係	跳躍審判員	跳躍マット, 走高跳用支柱, 棒高跳用支柱 (設置は担当審判員), 電光掲示板, テント, ポール置台, 競技者用長椅子	机, 椅子, 高度計 (走高跳, 棒高跳), 炭酸マグネシウム入台, 距離測定装置, 鋼鉄製巻尺, 距離標識, 成績表示器, 順位表示器, 位置表示器, 制限時間表示器, 踏切版, ビデオカメラまたは粘土板, 計測ピン, バー, バー上げ器, 距離表示マーカー, 手旗, ハンドマイク, 粘土, チョーク, ほうき, レーキ, スコップ, ビーチパラソル, 吹流し, 白色テープ, リボンロッド, 止め金具, 雨天用プラスチックカバー, 位置表示板 (A・B)	囲い, ガード (公式計測員, 用器具係)
	投てき審判員	電光掲示板, 砲丸返却台, 用具置き台, テント, 競技者用長椅子	机, 椅子, 炭酸マグネシウム入台, 距離測定装置, 鋼鉄製巻尺, 距離標識, 成績表示器, 順位表示器, 制限時間告知器, 足留材, 兼用サークル, 距離表示マーカー, 競技者表示用ペグ, 計測ピン, 足拭きマット, 手旗, ハンドマイク, チョーク, ほうき, レーキ, コーン, 防護網, ビーチパラソル, 吹流し, 白・黄等テープ, リボンロッド, 止め金具, 投てき用器具 (置台含む), 雨天用プラスチックカバー, 位置表示板 (A・B)	囲い (投てき審判員, 用器具係)

215

スタートラインを延長する場合の注意点

　参加人数の多い中長距離種目では，スタート直後の接触・転倒を防ぐために，3000ｍ競走（歩）以上の種目ではグループスタートを行うことを推奨している。1500ｍ競走においては，1レーンから競技者を並ばせてしまうと，3，4レーン辺りからスタートする競技者と接触する可能性が高まるので特に注意が必要である。この問題を回避するためには，腰ナンバー標識の大きい競技者から順に外側から並べるようにすると良い。特に走路と同じ全天候舗装（素材・厚さ）であることを条件として，曲走路の外にスタートラインをはみ出して引くことが認められており，本連盟の検定のもと，スタートラインが延長されている競技場においては，有効に活用していただきたい。

障害物競走等，グループスタートにおける
代用縁石の置き方について

　国内の競技場では代用縁石を置くことから，代用縁石を縁石とみなして，トラックの計測は縁石の外側から300mmの所で計測している。そのために，国内の競技場の10000ｍにおけるグループスタートのスタートラインは直線の長さにも関係するが，800ｍのスタートラインの前方に引かれている（図1参照）。
　一方，海外の競技場のグループスタートのスタートラインは（5レーンの）800ｍのスタートラインと重なっ

国内競技場におけるグループスタートのスタートライン（図1）

ている所から引かれてい
る。これは内側のライン
外側から 200mm の所で
トラックの計測を行って
いるためである（図2 参
照）。

**海外競技場におけるグループ
スタートのスタートライン（図2）**

　厳格に言えば国内競技会において代用縁石を設置する際は，
競技規則に則れば全線に置く必要がある（図3参照）。しかしな
がら，競技場保有の代用縁石の数が足りなければ，1本おきに
置かざるを得ない。また，国内で実施する国際大会においては
全線設置を基本としてレースがスタートした後は速やかにすべ
ての代用縁石を撤去することとなる。グループスタートのレー
スが複数組ある場合もレースごとに並べることが望ましい。

　グループスタートする際に第2グループのスタートラインか
らすぐに縁石を設置すると，第1グループの外側の競技者が縁
石につまずくことがある。そのため，第2グループのスタート
ラインから（約5～10m程度）縁石を設置せず，第1グループ
の競技者の安全性を考慮
しながら2個または3個の
コーンを置くことが望ま
しい。

　縁石に代わりコーンを
設置していることを競技
者に伝えるとよい。

全線に設置した代用縁石（図3）

招集所審判長

1 任務

招集所審判長は必要に応じて1名以上任命され（CR18.1），以下の任務を負う。

本連盟の指定した競技会には招集所審判長をおく。

(1) 監視責任

招集が競技規則，競技注意事項によって正しく行われているかどうか（遵守）を監視し，その結果について責任を負う（CR18.2）。

(2) 技術的な問題の処理

招集所で起こったすべての技術的問題（規則に違反したかどうかの問題を含めて）について，適切に処理し決定する。また，競技運営に関する異議もしくは抗議を裁定する（CR18.2, CR18.4）。

(3) 規則にない事項

競技規則や競技注意事項に明らかに規定されていない事項についても，的確に処理し決定する（CR18.2, CR18.4）。

(4) 本連盟が主催・共催・後援する競技会や広告協賛を付した競技会におけるスポンサー広告保護について

競技者が着用する衣類やバック等についても，的確に対応する。（競技会における広告・商標，競技会における広告および展示物に関する規程）

2 権限

招集所審判長は，CR18により以下の権限を有する。

(1) 欠場の裁定，および失格

つぎの競技者を，欠場したものと裁定し処理し，また規則に違反した競技者を失格させる権限を持つ。

① 招集完了時刻に遅れた場合。

② リレーのオーダー用紙提出時刻に遅れた場合。

③ リレーのオーダーを不正に編成して提出した場合。

④ その他，規則や競技注意事項に違反した場合。

(2) 警告と除外

① 不適切な行為をした競技者に警告を与えたり，当該競技から除外したりする権限を持つ。警告はイエローカード，除外はレッドカードを示すことによって競技者に知らせる。警告や除外の事実は記録用紙に記入する（CR18.5）。

② 競技場所，ウォームアップエリア，召集所，コーチ席も含めた競技に関連する場所で競技者以外の者がふさわしくない行為や不適切な行為をしたり，競技規則に違反したり助力を行ったりした場合，（競技ディレクターがいる場合は相談の上）警告を与え，除外することができる（CR18.5）。

3　実施要領

(1) 競技開始前

① 競技注意事項等の確認

プログラムに記載されている競技注意事項および申合せ事項（監督会議があった場合はそのときの決定事項）を確認し，競技運営が円滑に行われるように準備する。

② 競技者係主任の任務を確認させるとともに，競技者係の役割分担を徹底させる。

③ 招集場所とそこで使用する機器・器具の準備状況を点検し，落ち度のないように整えさせる。もし準備に支障をきたすようなことがあったら，ただちに総務，技術総務と連絡をとり，競技開始前に処理させる。

④ 混成競技が行われる競技会においては，事前に混成競技審判長と役割について十分打合せをしておくことが望ましい。

(2) 競技中

① 招集が競技規則，競技注意事項によって正しく行われているかどうか（遵守）を監視する。〔競技種目，組別，招集開始時刻，アスリートビブス（ビブス），ユニフォーム，スパイク，商標（バッグ，シャツ），持ち込み禁止品の有無などの点検・確認，招集完了，誘導等〕

② 規則に違反する行為があった場合について，適切に処理し決定する。また，競技運営に関する異議もしくは抗議を裁定する。

リレーメンバーの登録と交代

リレーメンバーの登録と交代に関する規則が変更になってから久しいが、未だにメンバーの組み方の可否に関する問い合わせがあるばかりでなく、規則違反による失格事例も少なくない。

提出されたオーダー用紙のチェックに関わる審判部署（競技者係や TIC）においては、規則違反のオーダーが提出された場合には瞬時に指摘して再提出をさせるなど、大きなトラブルに発展しない確認・指導システムを設定しておくべきである。

1. 最初のラウンドからリレーメンバーに登録していない競技者が出場できる。

最初のラウンドに出場できるのはリレーに登録した競技者以外に、その競技会の他種目にエントリーしている競技者であれば出場できる（ただし、後述の 4.遵守）。

2. 予選に出場した4人からすべての作戦が始まる。

交代とは「一度出場した競技者が他の競技者と代わること」であるので、リレーに登録していない競技者が最初のラウンドに出場する場合は交代ではない。従って、最初のラウンドで出場した4人が基本となり、以後すべてのラウンドを通して2人以内の交代が可能である（ただし、後述の 4.遵守）。

3. 一度出場した後で交代した競技者でも再びメンバーに戻ることができる。

以前は、一度出場した後で交代した競技者はチームに戻ることができなかったが、現規則では可能であり、しかも復帰は新たな交代数に加算されない。

例えば、予選を通過した後、メンバーを2人交代して準決勝も通過したが、決勝までの間に何らかのアクシデントが発生して走れない競技者が出てしまった場合、以前の規則では新たな交代は許されないので決勝を棄権するしかなかったが、現規則では、予選の時に走った競技者であれば新たな交代数には加算されないので、再びメンバーに戻して決勝に臨むことができる。

4. 全ラウンドとも，リレー登録者が2人以上含まれていなければならない。

　上記の如く，メンバーの組み方は多様化したが，どのラウンドにおいても出場する競技者4人のうち少なくとも2人はリレーに登録している競技者でなければならないことに十分留意しなければならない。

5. 一度提出したオーダーは差し替えできない。

　オーダーの提出は，各ラウンドの第1組の招集完了時刻の1時間前までである。一度提出されたオーダーはまだ締切時刻前だとしても，差し替えることはできない。ただし，他の種目に出場して怪我をしたり，熱中症等で体調を崩した場合，その組の招集完了時刻までに医師（医務員）の診断があれば変更が可能である。その場合，出場選手の変更のみ認められ，編成（走る順番）の変更は認められない。

同一所属団体が複数のリレーチームを
エントリーしたときのメンバー変更

　各陸協が主催する競技会のリレー種目では，同一所属団体が複数のチームをエントリーすることを認めている場合が多いが，「同一所属団体であればチーム間にまたがるメンバー変更は認められるか？」との議論があり，本連盟への問い合わせも多い。

　これに対する本連盟競技運営委員会の見解は「リレーのチームはそれぞれが独立しており，たとえ所属団体が同じであっても，チーム間にまたがるメンバー変更は認められない」と統一している。

　しかしながら記録会等の小規模競技会では，できるだけ多くの者に競技会出場の機会を与えてやりたいという配慮から，4人ぎりぎりのメンバー構成で多くのチームをエントリーする団体もあり，チーム間にまたがるメンバー変更を一切認めないとすると，当日何かの事情で誰かが出場できなくなった場合はそ

のチームの全員が出場の機会を失うので，何とかしてやりたいという要望もある。

　そうした競技会での最終判断は主催者側の決定であり，上記の本連盟見解を基本としながらも主催者があらかじめリレーのメンバー変更に関するローカルルールを設定して，申し込み時に周知徹底しておけば問題はない。

　ただし，最初のラウンドでチームが組めなくなったメンバーがどこかのチームに加わることを認めたとしても，前のラウンドに出場して敗退したチームのメンバーを勝ち上がった他のチームに加えることは認めるべきではない。

競技者係

1 任務

(1) 競技注意事項に定められた競技者招集の規程に基づき，出場者の出欠および競技にさしつかえない準備の状況を点検し，速やかに競技場所に誘導し定刻に競技できるように配慮する（CR29）。

(2) 参加確認が終了した競技者名を，コンピューター処理を行う競技会ではコンピューター端末に入力し完了する。コンピューター処理を行わない競技会では，流し記録用紙に記入して，手早く関係役員に配布する。

(3) 参加確認が終了した競技者を適切な時刻に競技場所まで誘導する。

(4) 解決の問題が発生している場合は，問題を招集所審判長あるいは競技者係主任に委ねる。

2 実施要領

(1) 競技会の規模に応じて以下の項目について，招集方法を決めておく。

① 招集場所

② 招集完了時刻

③ 招集方法（複数組の場合は，1組単位の招集が望ましい）

④ 2種目以上兼ねている時の招集方法

⑤ 各種申請用紙の提出および確認の方法（リレーオーダー用紙，2種目同時出場届，欠場届など）

⑥ 点検・確認事項

⑦ 混成競技の招集方法（次の種目への間隔は最小限30分を確保する）

(2) 招集進行計画（確認事項）

① 競技種目

② 組別（組数が多い場合は数組に分けて実施）

③ 競技時刻

④ 招集開始

⑤ アスリートビブス（ビブス），ユニフォーム，スパイク，商

標（バッグ，シャツ）などの点検，確認

⑥ 助力に係る所持品の有無の点検，確認

⑦ 招集完了

⑧ 誘導経路〜待機場所，ピット

⑨ 誘導出発，到着時刻

⑩ 流し記録用紙（コンピューター入力）

⑪ 担当班

〈進行計画表作成例〉

・招集開始　　　　　　　　　　　　　トラック　　　30分前

　　　　　　　　　　　　　　　　　フィールド　　40分前

　　　　　　　　　　　　　　　　　（棒高跳70分前）

・集合・点検 トラック，フィールド招集完了　　4〜5分前

・招集完了時刻　　　　　　　　　　　トラック　　　20分前

　　　　　　　　　　　　　　　　　フィールド　　30分前

　　　　　　　　（棒高跳　60分前　　砲丸投　20分前）

(3) 混成競技の招集

混成競技では競技が継続して進行するので，両日の第1種目，十種競技では第1日目100m，第2日目110mハードル，七種競技では第1日目100mハードル，第2日目走幅跳だけは一般の種目の招集方法と同様に行う。

混成競技係は，各日第2種目以降は，競技注意事項の定めにより混成競技者控え室または現地で招集に準ずる手続きを行い，スタートリストを配布する。

3　留意点

(1) 誘導は迅速に行う。

(2) 誘導経路は，バックストレート外側を通り（極力ホームストレート側の通路を避けて），最後にトラック，フィールドを横切って競技場所に到着させる。

(3) 競技会の規模によりトラック競技においては，役員に余裕がある場合，1組ごとに誘導する。

(4) スタートリスト

コンピューターで処理する場合は，出場者・欠場者を入力し，

各部署が確認できるようにする。以下は，コンピューター入力を実施しない競技会の例である。

① トラック競技

スタートリストは，予選においては競技開始10分前までに配布を完了する。

配布先（例）

競技者係控／総務／担当総務員／トラック審判長／アナウンサー／出発係（リレー4枚）／決勝審判員主任／計時員主任／写真判定員／大型映像係（施設がある場合）／本部記録／情報処理員／監察員主任（リレー4枚）／報道係／周回記録員（800m以上）

② フィールド競技

スタートリストは，招集完了後速やかに配布を完了する。

配布先（例）

競技者係控／総務／担当総務員／アナウンサー／フィールド審判長／フィールド審判員主任／フィールド審判員記録担当（2枚）／風力計測員／本部記録／情報処理員／報道係

③ 決勝（参加競技者が24人を超え予選を行った場合）

番組編成員から編成用紙を受け，速やかに配布を完了する。

④ 欠場，追加，2種目以上出場している場合

欠場の印は，赤線で明瞭に抹消する。また，追加の際は，ナンバー・氏名・所属を記入する。他の種目に出場している時は，○○出場中と明記する。「2種目同時出場届」がある場合は配布，受領を行う。

⑤ リレーのオーダー用紙の提出時刻は，各ラウンドの第1組目の招集完了時刻の1時間前までに提出（TR24.11）。

また，用紙は招集所に用意する。競技注意事項に明記しておく。

(5) アスリートビブス（ビブス），ウエア，スパイクシューズ，バッグなどの点検

競技者の点呼と同時にアスリートビブス（ビブス）が胸・背・腰に確実にかつ，脱落しないように付けられているか，スパイクシューズ，ユニフォーム，および持ち込む荷物についてルールに

抵触していないかを確認する（TR5，TR6，競技会における広告および展示物に関する規程）。

① 服装

　　全国的な競技会でのリレー競走においては，チームの出場者は，ランナーの誤認をなくすために，同一のユニフォームを着用する（短パン・スパッツ，ランニング・長袖・レオタード・セパレートの違い等は許容範囲）。

② 商標の取り扱い

　　特に，Tシャツやトレーナー，ベンチコート，バックなどには規程に抵触する大きさ，数量のものがあるので，持ち込む場合にはテープで隠すなどの処置をする（競技会における広告および展示物に関する規程）。

--大会のロゴマーク等の入った
　ステッカーを使用した例

③ 競技用靴

　(a) 競技用靴は競技者にどんな補助をも与えるようにつくられたものであってはならず，バネやその他の仕掛けが靴に組込まれてはならない（TR5）。

　(b) 靴底および踵は11本以内のスパイクを取り付けられる構造とする。11本以内であれば，スパイクは何本でもよい（TR5.3）。

　(c) 全天候舗装競技場で行う競技会においては，スパイクの長さは9mm（走高跳，やり投は12mm）を超えてはならない。またスパイクの直径は先端近く（少なくとも長さの

半分）で4mm四方の定規に適合するように作られていなければならない（TR5.4）。

(d) 靴底または踵にはうね，ぎざぎざ，突起物などがあってもよいが，これらは靴底本体と同一もしくは類似の材料で作られている場合に限る（TR5.5）。

(e) 靴底の最大の厚さについて以下の表のように規定する（TR5.5）。

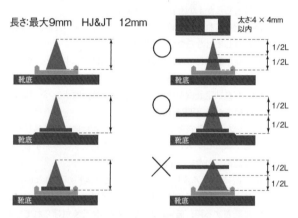

【2024年10月31日まで】

800m未満のトラック種目	20mm
800m以上のトラック種目	25mm
クロスカントリー	25mm（スパイクシューズ） 40mm（ノンスパイクシューズ）
ロード種目（競走・競歩）と競技場内で行う競歩種目	40mm
三段跳を除くすべてのフィールド種目	20mm
三段跳	25mm

【2024年11月1日から】

トラック種目（ハードル種目, 障害物競走, リレー種目を含む）	20mm スパイクシューズまたは ノンスパイクシューズ
フィールド種目	20mm スパイクシューズまたは ノンスパイクシューズ

クロスカントリー	25mm（スパイクシューズ） 40mm（ノンスパイクシューズ）
ロード種目（競走・競歩）と競技場内で行う競歩種目	40mm

④ アスリートビブス（ビブス）

(a) 競技中，胸と背にはっきり見えるように2枚のアスリートビブス（ビブス）を付ける。ただし，跳躍競技の競技者はどちらか1か所でよい（TR5.7）。

(b) 配布された形で着用する。切ったり，折ったり，たたんだりしてはならない（TR5.9）。

(c) 長距離種目では，風通しの穴をあけてもよいが，数字や文字の部分に穴を開けてはならない（TR5.9）。

(d) 写真判定装置を使用する競技会では，腰ナンバー標識を付けさせる（TR5.10）。

(e) いかなる競技会であろうと，競技者は自分のアスリートビブス（ビブス）その他の標識を着用せずに参加することは認められない（TR5.8）。

(f) 競技中にアスリートビブス（ビブス）が外れないように，競技者がアスリートビブス（ビブス）をユニフォームに結着する際，確実にかつ，脱落しにくく付けられているか，アスリートビブス（ビブス）の4隅のそれぞれ2ヶ所に安全ピンを通し競技中にアスリートビブス（ビブス）が外れないよう注意する。

また，競技中上着で腰ナンバー標識が隠れることのないように注意する。

⑤ 助力に係る所持品について（TR6）

携帯電話（スマートフォン），トランシーバーなどの通信機器やビデオ装置，携帯音楽プレイヤーも競技場内に持ち込むことが禁止されているので注意を促すこと。申合せ事項によって一時預かる場合もあるので注意する。

(6) 招集所以降は，競技場所という扱いとなるので，競技開始前であろうと競技者以外の者は進入することは許されないので注意すること。

(7) 「第1招集」「第2招集」と区別する必要はない。完了時刻に招集所に来ていれば問題ない。

(8) 招集完了時刻に遅刻した競技者の扱い

　　必ず複数の者，ウォームアップ場係の協力を仰いで呼び出しを行い，遅刻を出さない努力をすること。定刻になっても招集に来ない場合は欠場扱いとしてスタートリストを流す。招集完了時刻以降に招集所に来た場合は招集所審判長の判断を仰ぐこと。招集所審判長をおかない場合は，総務の判断を仰ぐこと。

持ち込み禁止品の取り扱い

　　TR6「競技者に対する助力」の中で，ビデオ装置，カセットレコーダー，ラジオ，CD，トランシーバー，携帯電話（スマートフォン）やその他通信機能を備えた機器もしくは類似の機器を競技場内で所持または使用することを禁止している。特にフィールド内で着替えたり練習を繰返すフィールド種目出場者に対する格段の配慮・注意が必要となる。

　　持ち込みを防ぐためにはいくつかの方策があるが，招集所付近にポスターを用意し，注意を促すのが効果的である。外国人競技者が出場する競技会ではイラストや写真で禁止品目を表示するとわかりやすい。

　　また，カバンの中の持ち物まで検査する必要はないが，全員が揃ったところで今一度注意を喚起しておく必要もある。学生が参加する競技会では，招集所付近まで同僚が付き添って来るのが常であるから，その人に預かってもらうように指示すべきである。

　　預ける関係者がいない場合は招集所で預かることになるが，その場合には保管場所の設置や預かり証の発行が必要となる。

　　また，携帯電話（スマートフォン）などではプライバシー保

護のために本人にロックをかけて貰ったり，封筒を用意して競技者本人の手により厳封してもらう必要もでてくる。

　万が一競技場内で発見された場合には，その場で回収して競技終了後に返却すべきであり，仮に使用していたとなれば，審判長により警告され，守らない場合には失格になることを勧告する。

　お互いが気持ちよく競技に臨めるよう，マナーある参加を強く呼びかけたいものである。

役員係

1 任務

大会総務の直轄下で，以下の任務を担当する。

(1) 競技役員，補助員の把握とその連絡

(2) 競技役員の出欠整理，報告処理，公認審判員手帳の記入

(3) 競技役員，補助員の食事，その他給与物の支給，休憩室の管理

(4) 競技役員の集合解散の処置

(5) 競技役員の服装のチェック

2 実施要領

(1) 競技役員の受付場所において，競技運営要領，プログラム等を配布し，審判員手帳を提出させ，出欠を確認し，役員原簿に記入する。

(2) 総務に競技役員の出欠状況を報告する。

(3) 欠席した競技役員の補充については，総務，各係主任と協議する。

(4) 競技役員の服装をチェックし，異装の者に対して注意を喚起する。

(5) 競技役員の駐車場利用については，総務，総務員，駐車場係と連絡を取り，協力する。

(6) 競技役員に食事，日当等を支給する。弁当については，空き箱，残飯等の回収・廃棄についても連絡し徹底する。

(7) 競技役員の控室を確保し，管理する。

(8) 補助員の扱いについて各係に依頼，協力を求める。

(9) 雨天，荒天に備えて，競技役員用の貸し出し雨具を準備する。

3 留意点

(1) あらかじめ競技役員に控室，任務につくときの出入経路を知らせる。

(2) 競技終了後の措置について，あらかじめ連絡する。

(3) 日当，雑費を交付するときは，交付要領を伝達しておく。

庶務係

1 任務

　大会総務の直轄下で以下の任務を担当する。総務の片腕とも言える部署である。

(1) 大会本部の開設運営をする。

(2) 来賓，大会役員の接待をする。

(3) 総務の担当する競技場施設の管理についての協力，および申込み文書，印鑑等の管理を行う。

(4) 競技会収支を取り扱う。

(5) 競技会に必要な物品，記録用紙，プログラム，消耗品等の保管管理。

(6) 役員係と協力して競技役員，その他の役員の弁当，支給物の受け渡しを行う。

(7) 表彰資材の受け渡しを行う。

(8) 参加競技者の受付，監督・コーチとの折衝を行う。

庶務係の支給物受け渡し風景

(9) 対外関係者との交渉を行う。

(10) 会議会場の設営をする。

(11) 他の係に属さない事項を取り扱う。

　　特に規模の大きな競技会の場合は，会議場の手配，部屋や門の開閉，ADカードによる入場規制，警備，場内整備について会場管理係を設置し独立して任にあたらせることもある。

2 配置

　担当別に班編成をする。

(1) 来賓，大会役員の接待を担当（プロトコールが置かれる場合は，プロトコールと協力して）。

(2) 競技役員，その他役員等の弁当，支給物の受け渡しを担当。

(3) 参加競技者の受付，監督・コーチとの折衝を担当。

(4) 競技会の収支を取り扱う担当。

(5)　競技会に必要な物品，記録用紙，プログラム，消耗品等の担当。

3　実施要領

(1)　競技会申込原簿ならびに，関係書類を整理しておく。

(2)　競技会に必要な物品，消耗品等はあらかじめ各係主任と連絡を
とっておく。

(3)　抗議申立書，用器具借り上げ（持ち込み）申請書，同時出場届
け等，諸書式をあらかじめ用意する。

(4)　競技場管理者と連絡をとり，ゴミの回収について確認し各係に
徹底を図る。

競技会に必要な物品貸し出し

マーシャル（Marshal：場内司令）

1 任務

(1)　総務と協同して許可された者以外は競技場内（ウォームアップ場係と連携してウォームアップ場も）に立ち入らないように整理する（CR15）。

(2)　場内の完全な統制権をもち，役員とその競技に出場する競技者あるいは入場が正式に許可されている者の他は，誰も場内に出入りさせない（CR26）。

(3)　主催者と報道機関が予め打合せた撮影のエリアを守らせる。このほかラジオ，テレビ中継のためにアナウンサーや記者を場内に入れることもあるので，主催者側が発行するマーク（ビブス，ADカード等）を付け，一般役員と区別する必要がある。

(4)　好記録が出たときなど，取材のために無制限に記者がトラック，フィールドに入る事態を予測して，あらかじめ打合せをしたエリアを守らせる。

(5)　観客，その競技に関係ない者，競技役員，大会役員で直接競技の審判をしていない者などは，場内に入れない。

(6)　競技が終了した競技者をミックスゾーン（退場口）へ速やかに誘導する。

(7)　マーシャルの担当するエリアはトラック，フィールド，借用している競技場内施設であって，観客席は直接関係ない。また，腕章を付けて任務を明瞭にする。

(8)　良好な競技環境の確保。

　①　スタートライン付近では，待機競技者のスタート練習の規制

　②　スタート時の集団応援等の自粛要請

　③　フィールド競技では，助力となる行為への注意のコントロールおよび助走路がトラックと交差する個所の安全確保

　④　許可なく競技場内に入ってくるコーチなどの規制

　⑤　許可なく競技場所を離れる者の規制

　⑥　報道関係者の規制

2　配置

トラック種目	全国大会	地区大会	県大会	対抗競技会
スタートライン後方（待機競技者の混雑防止）	2	2	1	1
途中（競技実施重複度や傷害防止を考慮して）	1	1	1	
フィニッシュライン後方（退場経路の指示）	1	1	1	1
小　計	4	4	3	2
フィールド種目	全国大会	地区大会	県大会	対抗競技会
跳躍助走路スタート地点付近，着地場所付近	4	4	2	
投てき各種目サークル付近，やり投スターティングライン付近，各種目角度線外（特にハンマー投）	1	1	1	
小　計	8	4	2	2
合　計	主任 1 12	主任 1 8	主任 1 5	主任 1 4

〔注〕フィールド種目においては競技実施重複度合いがはっきりしていないので，おおよその見当で人員を出してある。

3　実施要領

(1)　マーシャルの人数は競技会の規模の大きさ，競技実施重複度（特にフィールド競技）によって，増減をはからなければならない。軽快に動き，ルールや競技運営に熟知し，各方面に配慮できる人材をあてることが望ましい。全国的規模の大会では，13人程度は必要である。

(2)　場内の統制方法は，あくまでも競技実施場所重点主義である。

(3)　マーシャルの役割分担

　①　トラック，フィールド分割方式

　②　競技場をいくつかのエリアに分けるゲートを中心とする方式

　③　競技の行われている場所とゲートを対象とする方式などがあるが，競技の行われている場所（区域）を重点的に統制すべきである。

(4)　統制区域

　トラック競技

　①　各スタートライン付近

　②　フィニッシュラインおよび同延長線付近

③　競技前スタートライン待機場所中心

④　競技終了後の競技場外への退出経路（フィールドと共通）

⑤　障害物競走が行われている時の水濠付近

フィールド競技

①　各競技実施場所付近

②　棒高跳の助走路，着地場所

③　競走種目と重複のおそれのある区域（やり投，走高跳と競走種目の関係）競技の進行を確認しながら任務にあたる。競技日程では重なる予定はなくても，進行の遅れ等によっては重なる場合もある。

④　投てき競技の投てき物落下区域

4　留意点

(1)　一般的な対応方法（相手の立場を思いやり丁寧な対応をする）

マーシャルが注意しなければならない事項としてあげられるのは，対象が競技者，役員，監督，コーチ，観衆，報道関係者といった人であることから，親切丁寧に対応することである。過去の競技会において報道関係者と思わぬトラブルが起こったのも，そのほとんどが不適切な言行によるものである点に留意しなければならない。報道関係者もよりよい報道をするために仕事として取材しているので，運営側も競技運営に支障のない範囲で取材には協力することが必要である。したがって，行動を規制するときにはルールに従うこととお互いの立場を尊重して（してもらって），話し合うようにしなければならない。

(2)　競技場所を離脱する選手への対応

フィールド競技において，トラックを横切りトイレ，コーチとのコミュニケーションのため競技場所から離脱することについて，フィールド審判員と協力して試技順に影響が出ないよう注意したい（TR6）。

また，審判員の許可を得ることなく，かつ伴わないで離脱した場合は警告の対象となり，悪質な場合は失格となるので注意する（TR25.19）。

助力に対しては，速やかにできるだけ穏便な方法で処置する。

(3)　取材協定方法

詳細については，報道係の項も参照されたい。また規制をするにあたっては，競技場の構造，競技会の規模，競技者のレベルに応じて，報道係，報道関係者および現場の審判員と協議のうえ，立入取材禁止区域（あるいは取材エリア）を設定するとよい。

（一般事項）

①　トラック上からの撮影はしない。

②　夜間のフラッシュ使用の撮影は禁止する。

③　トラック種目の撮影は，第1レーン内側および第8（9）レーンの外側で，トラックの縁石からフィールド内は1m以上離れる。スタート地点の前後10m以上離れる。

④　フィニッシュラインは，取材エリア以外の場所は禁止する。

⑤　特に競技役員から要請のあった場所（例：曲走路などスターター，リコーラーの立つ位置，監察員が監察するのに支障をきたす個所など）は禁止。

⑥　競技場内練習時の注意喚起（フィールド審判員と協力して）。フィールド競技者と競技役員，報道関係者，トラック競技者との衝突防止。

⑦　フィールド競技は，正面からの撮影は競技運営上および危険予防のため禁止。競技の撮影は取材エリアから内側に入らない。

⑧　投てき競技で風の影響で投てき物が流れる危険がある場所は，エリアを多少ずらす。砲丸投以外の競技のエリアは非常に広範囲であるので投てき物の行方には特に注意する。また，トラックから助走するやり投競技者（特に走者とやりの接触）について注意。

⑨　競技者更衣室，シャワー室，および記録室や競技役員控室での取材は禁止する。

ウォームアップ場係

1 任務

(1) すべての競技者が競技に臨む前に，安全に秩序ある練習が十分できるように場所を確保する。

(2) 競技者係と連携し，競技者が招集場所にスムーズに移動できるようにする。

2 実施要領

(1) ウォームアップ場のコンディションの保持・管理。

(2) 秩序ある練習法，ならびに危険防止。

(3) 練習に必要な器具，器材を確保する。

3 留意点

(1) ウォームアップ場に出入りできる者について，競技注意事項に明記する。競技会の規模によっては，報道関係者，AD を持たないチームメイトも規制を受けることがある。

(2) 定められた練習日程やトラックのレーン割り当てを守らせる。

(3) 雨天，荒天時の対策と対応。

(4) 競走路，助走路，投てき場の使用方法について，危険防止について周知徹底する。

審判員（ウォームアップ場係）

インフィールド内への横断を調整する役員

曲走路と直走路の交差付近に立ち，競技者同士の接触を注意している

(5) 本部との連絡手段,競技者への招集時刻の連絡手段を確保する。

(6) 競技者係と協力して,競技者の招集時刻厳守を呼びかける。

ウォームアップ場掲示板と係控室

また,ウォームアップ場でも準決勝,決勝進出者の掲示を行うことに協力する。

ウォームアップ場における レーン割り当ての例

(直走路8レーン,曲走路6レーン)

〈曲走路〉

　　1～2レーン：周回,タイムトライアル用

　　3～4レーン：流し,バトンパス用

　　5～6レーン：400mH用

〈直走路〉

　　1～2レーン：周回,タイムトライアル用

　　3～5レーン：流し,スタートダッシュ用

　　6～8レーン：ハードル用

レーンの割り当て

＊競技日程に応じ,特にハードル種目,リレー競技等が行われる場合に出場する選手がウォームアップを行う時間帯には集中するので,ハードルやバトンパスの練習に使用できるレーンをその時間帯に限って増やすなどして対応する方法もある。

ハードルのレーン
を増設した例

風力計測員

1 任務

(1) TR17，TR29 の規程に基づいて風向風速計を設置する。

(2) 当該競技における風向および風速を測定し，それを記録する。その結果に署名した後，記録・情報処理員に報告する。

(3) 競技進行中の気象状況についても観測する。

2 配置

(1) トラック競技の場合，風向風速計は直走路の第1レーンに隣接して，フィニッシュラインから50mの地点で，第1レーンから2m以内に設置する。

(2) 走幅跳，三段跳において風向風速計は踏切板から20m，助走路から2m以内の位置に設置する。

(3) 風向風速計を設置する高さは，地上から1m220とする。

(4) 計測員の配置は，当該競技の運営に支障のない位置で，かつ風向風速計に影響を与えない位置とする。風向風速の表示板は，当該競技の記録速報板と並んで見やすいところに配置することが望ましい。

(5) 競技者がおおよその風向と風速を知ることができるように，すべての跳躍競技と円盤投・やり投においては，適切な場所に1つ以上の吹流し状のものを置く。砲丸投，ハンマー投では不要である。

吹流しを置いた例

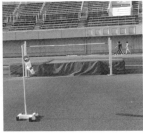

3　実施要領

(1)　観測，計測の結果は次の各係に連絡する。

　①　トラック競技　　　記録・情報処理員
　②　フィールド競技　　跳躍審判員記録担当
　③　定時観測　　　　　記録・情報処理員，アナウンサー

(2)　新記録が出た場合，気象状況，風向風速の確認と証明を行う。

(3)　風向風速の計測時間

トラック競技

　200mまでの種目を計測する。

　200mを除く種目では，スタートと同時に計測するが，200mにおいては，先頭の走者が直走路に入った時から10秒間計測する。

60m	5秒間
100m，200m	10秒間
100mH，110mH	13秒間

フィールド競技

　走幅跳では踏切板から40m，三段跳では踏切板から35m離れた地点にマーカーを設置し，競技者がそのマーカーを通過したときから計測するが，これよりも助走距離が短い場合，助走を開始した時から計る。

　走幅跳・三段跳　　　　　5秒間

4　留意点

(1)　主任は，計測器が正確に設置されているか，作動するかどうか

を点検する。

(2) 記録の公認という観点から，風力速報表示器を利用して風力の記録を表示する。

(3) 機械式の風速計の場合は追い風（＋），向かい風（－）の方向に注意する。

デジタル風力計

トラック内側ホームストレートフィニッシュラインから50m地点に配置したところ

(4) アナログ式（中浅式）の場合は，メーターの目盛りの移動と同時に，測定時間内に振れた角度も同時に観測し，風速換算表で走路（助走路）方向の分速になおす。

中浅式風向風速計

・方位磁石で東西南北を合わせる
・矢羽根の下，中央が風力計
・両側のひもは風力計のメーターのロックスイッチ

(5) 定時気象状況の観測は，通常，正時（00分）に行う。慣例として競技開始時の気象状況も測定し発表している。

(6) 定時気象状況の観測場所は競技場中央部ホームストレート側で第1レーンから2m以内に設置する。トラック競技の風力測定場所と違うので注意する。

また，風力の測定は気象学的には10分間の空気の移動量と定義されているが，陸上競技場では簡略化して，3分20秒（200秒）間測定し，秒速に換算するのを標準とする。

(7) 乾湿計は地上から1m500の高さに設置する。競技場の気温湿度を代表すると思われる場所（ホームストレート中央付近のスタンド下など日陰の部分が望ましい）で観測する。

　　測定値の有効数字については，使用する機器の精度に応じて読み取る単位を決める（0.1度単位でも0.5度単位でもかまわない）。

A，Bピット並行して設置されている例

超音波風向風速計

風速計の故障

　多人数が参加する走幅跳や三段跳では2つのピットを用いて同時に予選を行うケースがあり，最近の国内競技会では2ピット同時進行で決勝を行う例も少なくない。当然跳躍審判員と風力計測員も2班編成にする必要がある。そんなとき風向風速計が故障して，予備の計器もないとなったらどうすべきであろうか？

　当然2ピットを交互に跳躍させ，それぞれの風力を計測すべきなのだが，問題はその計器の設置場所である。たとえばトラック側が故障した場合，スタンド側においてある計器からトラック側の助走路まで2m以上離れてしまうため公認記録とならなくなってしまうのである。TR29.11で助走路から2m以内に設置することになっているので，2つの助走路の中間に置く必要がある。

　ただし，電源からコードをどのように引いてくるかは工夫が必要である。延長コードが十分にあれば助走路の後方から回してくることも可能であろうが，それができない場合，走高跳のスタンドを利用して助走路の上を通して2ピットの間で計測したという報告もある。

トラック競技

トラック競技審判長

1　任務

　規則や競技注意事項（競技会申合せ事項）等に規定されていないことについて判断し，決定を下す。

　規則に規定されていることは，その規定通りに適用すればよいが，そうでない事案に対しては

　①　過去の事例から類推し，判断し決定する。

　②　規則の解釈で判断し決定する。

という運用が必要になる。

　そのためには競技規則の精神（競技者の公平で平等な競走条件の確保，記録の信頼性の確保）を理解し，審判員としての経験が豊富なことが重要になる。

　そしてその判断・決定事項が競技者や競技にとって公平・平等であることが必要である。

2　スタート審判長

　2013年度より，CR13競技会役員にスタート審判長（1名以上）が追加された。

　スタート判定に対して問題が発生した時に，最終判定をするのがスタート審判長の役目であり，抗議が発生した場合もスタート審判長からの説明が必要になる。

　スターターメンバーがスタート審判長同等の任務を兼任すべきではなく，スタート運営と切り離すことで，客観的な判定ができるようにする。

　スタートの運営（スタートに関わる審判員を対象）が適切に行われているか，問題が発生しそうな状況にある場合は，適時に修正させることも重要な役割である。スタートの判定に対しては，スタート動作のみを見るのではなく，どのような環境の中でスタート合図が行われているのかも把握した上で対応する事が必要である。

3 権 限

トラック審判長は，CR18の規則により，以下の権限を有する。

(1) 順位の判定

レースの順位決定について，決勝審判員（写真判定員）が順位に疑義があり，順位を決定し得ない場合に限り判定する権限がある（CR18.3）。

特に写真判定装置を使用しない競技会の場合，決勝審判員の意見が一致しないか，多数決で決められない事態が起こることもあるので，その際は審判長の判定をもって最終決定とする。

(2) 競技者の失格

規則に違反した競技者または妨害行為を行った競技者を失格させる権限をもつ。

① スタート審判長（スタート審判長が任命されていなければトラック競技審判長）はスタート関連の判定に同意しなかった場合には，当該スタートに関するどんな事実についても決定する権限をもつ（CR18.3）。

② ほかの競技者を肘でついたり，走路をふさいだりしてじゃまする行為をしたと監察員から報告があった場合，その競技者（またはチーム）を失格させ，失格させた競技者を除いて再レースをさせる権限をもつ（TR17.2）。

再レースが不可能で，レーンに余裕がある場合には，審判長の権限で，不利益を被った競技者（またはチーム）を次のラウンドに進めることができる。

③ レーンで行うレースで，自分に割り当てられたレーンを走らなかったと監察員から報告があった場合，その競技者を失格させる権限をもつ（CR18.2，TR17.3，TR17.4，TR17.5）。

(3) 警告と除外

不適切な行為をした競技者に警告を与えたり，当該競技会から除外したりする権限をもつ。また，競技に関連する場所で競技者以外の者が不適切な行為をしたり，規則違反した助力を行ったりした場合には，警告を与え除外することもできる。

警告はイエローカード，除外はレッドカードを示すことによって競技者に知らせる。

警告や除外は記録用紙に記入する（CR18.5）。

　例　「2003年パリ世界陸上の100mの2次予選での対応」不正スタートによる失格に対してトラック上に仰向けに寝て抗議をしたため，レッドカードが出され除外させられた競技者がいた。

(4)　レースの無効（再レース・救済）

　　WAでは比較的余裕をもって競技日程を組んでいる。何らかのアクシデントがあった場合，一人または複数の競技者で再レースを行い次ラウンドへの進出の機会を与えている。つまり参加する競技者（チーム）が，みな走り次のラウンドへ進むということである。原則として，全員が走るということで公平・公正性が担保されている。

　例①　「スターターのミスによる再レース（第23回アジア選手権）」男子4×100mRで，「Set」の声が聞こえず，モルジブチームの第1走者が腰を上げていなかったにもかかわらず，スターターがピストルを撃ってしまった。これは「Fair Start（公正なスタート）」を保証できなかった審判側のミスであり，審判長はモルジブチーム単独の再レースを決定した。

　例②　「妨害による再レース（2016年リオデジャネイロオリンピック）」女子4×100mR予選で，アメリカチームがバトンを落とし決勝進出できなかった。映像でアメリカチームの第2走者がブラジルチームの選手に接触されたことが原因で体勢を崩したことが判明した。アメリカチームの抗議を受けて審判長は，ブラジルチームを失格とし，アメリカチーム単独の再レースを決定した。単独で再レースを行ったアメリカチームが41秒77を記録し決勝に進出した。この結果，ランキング8番目だった中国チームは決勝進出を逃した。中国チームも抗議をしたが受け入れられなかった。

　　しかし国内の大会によっては日程的な制約があり再レースをすることで公平・公正性が保証されないこともある。上記のようなアクシデントがあった場合，審判長は可能な限り再レースを実施することを検討するべきである（TR17.2.2〔注意〕）。

(5)　主催者，審判員の不手際

主催者や審判員に不手際があり，再レースをしなければならない場合は，審判長の権限によって，再レースを行うことができる（CR18.2，CR18.7，TR8.4，TR17.2，TR20.7）。

① スターターまたはリコーラーが信号器を撃ち直したにもかかわらず，号砲が鳴らず，競技者はそのまま走りフィニッシュした場合。

② 競技者がフィニッシュしたにもかかわらず，順位の判定が正しく行えなかった場合。

③ ハードルが正しく配置されず，その確認を怠ったまま走らせたため，レースが不成立になってしまった場合。

④ 組の編成が適切ではなく，変更した方が適当だと考えた場合。

(6) 競技の中止命令（CR18.7〔国内〕，TR6.1，TR55.7，駅伝競走規準5条）

競技者の生命・身体保護の観点から，競技の中止を命じることができる（レフリーストップ）。競技の中止を命じることができるのは審判長または主催者によって任命された医師のみであり，中止を命じられた競技者は，直ちに競技を中止しなければならない。

4 実施要領

(1) 競技開始前

① プログラムに記載されている競技注意事項および申合せ事項（監督会議があった場合はそのときの決定事項）を確認し，競技運営が円滑に行われるように準備する。

② トラック競技に関係する審判員の出席状況を確認する。

③ 各審判員主任の任務を確認させるとともに，審判員の役割分担を徹底させる。

④ 競技場所と使用機器・器具の準備状況を点検し，落ち度のないように整えさせる。もし準備に支障をきたすようなことがあったら，ただちに総務，技術総務と連絡をとり，競技開始前に対応させる。

⑤ 混成競技が行われる競技会においては，事前に混成競技審判長と役割について十分打合せをしておくことが望ましい。競歩

競技についても同様である。

(2) 競技中

① 審判長の位置

フィニッシュラインの外側で，そこから第1曲走路へ5mから10m程の地点に位置し，できれば監察員主任と机を並べるようにした方がよい。トラブルがあった場合は，適宜その場所を離れ，適切に処置した後，定位置に戻るようにする。

② 順位・記録の処理

・200m以下の種目については，風力の確認をする。

・監察員の黄旗が挙がった場合は，写真判定員に連絡し，順位・記録の決定を一時停止させる。監察員の報告を受け決定した後，すぐにその結果を連絡し処理させる。連絡方法は迅速に行うため，通信機器（インカム，トランシーバー等）を使用する。

・失格にした競技者がいた場合は，失格にした理由の資料を整えておく。口頭抗議もあり得るので，いつでも説明できるよう準備も必要である。またビデオ監察を設置したときは，その映像を参考にする。

・黄旗が挙がらない場合は，順位と記録の決定を写真判定員主任に委任する。

③ 中・長距離競走，競歩競技の着順

1,500m以上の種目の場合は，周回記録員とともに順位の確認を徹底させる。特に5,000m，10,000mの種目については，出場している競技者の各周におけるラップタイムの記入を確認し，周回遅れの競技者が出たときは，競技者にわかるように指示させる。

④ 新記録が生まれた場合

世界記録・日本記録が生まれた場合は，CR31（日本記録は〔国内〕CR37）に則り，作成された申請書に署名する。日本記録（オリンピック種目のみとする）が樹立された場合，ドーピング検査を24時間以内に受けさせる必要がある（医師：「競技会ドーピング検査（ICT）の手順」参照）。

5　その他の留意点

　写真判定装置を使用する競技会が主流になっているので，それに対応した競技会運営が求められる。そのためには情報機器の活用が不可欠である。

　審判長と関係部署間では

1　写真判定員との順位・記録の確認（失格者が出た場合の処理）
2　監察員からのレース中の情報
3　トラブルがあった時の総務（進行担当総務員）との連絡といった連携が考えられるので，情報機器を最大限活用する方法を検討し，スムーズな競技会運営に役立てることを考えておく

内側の線を踏んだ際の対応

〈TR17.4.3〉

　レーン割当のある曲走路で縁石や内側の線に触れた（踏んだ）場合，1回（1歩）だけでは失格とならないが，2回（2歩）以上触れた（踏んだ）場合は失格となる。

〈個人種目で失格となる例〉

　同一のレースで別の場所で1回ずつ2回（計2回）

　同一種目の異なるラウンドで1回ずつ2回（計2回）

〈リレー種目で失格となる例〉

　同一選手が同一のレースで別の場所で1回ずつ2回（計2回）

　別々の選手が同一のレースで別の場所で1回ずつ2回（計2回）

　同一種目の異なるラウンドで1回ずつ2回（計2回）

・内側の線を越えて完全に隣のレーンに入ったら，1回であっても失格となる。

・内側の線を踏みながら隣のレーンに入った場合は「線に触れている」と考え，1回だけなら失格とはならない。

・内側の線を踏んだのは1回だけだが，他の選手（チーム）を妨害した場合は失格となる（TR17.2.2）。

〈TR17.4.4〉

レーン割当のない曲走路で縁石（縁石下の白線）に触れたり縁石（縁石下の白線）の中に入った場合，1回（1歩）だけでは失格とならないが，2回（2歩）以上触れた（入った）場合は失格となる。

〈共通事項〉

- レーン侵害があった場合，記録と次のラウンドのスタートリストには「レーン侵害・1回目」の情報として，「L」を記載する（L：レーン侵害（TR17.4.3，TR17.4.4））。
- レーン侵害の繰越しルール（1回目は失格としないが，次に侵害したら失格）は，同一種目の次のラウンドに繰越すが，他の種目には繰越さない。例えば200m予選で1回目のレーン侵害をした競技者が，200mの準決勝で再度，レーン侵害をした場合は失格となる。また200m予選で1回目のレーン侵害をした競技者が，400m予選でもう一度レーン侵害をしても失格とならない。
- 混成競技は同一種目で複数回，違反があれば失格となるが，他の種目には繰越さない。

男女混合レースの実施条件

　5,000m以上の長距離レースや競歩で，男女を合計した参加申し込み者が少ない場合，競技実施時間の短縮を図って男女混合でレースを実施する場合がある。

　これはあくまでも少人数（男女のいずれかが8名以内で男女の合計が30名以内の場合のみ）による男女別のレースを統合して，レース数を少なくする競技運営上の時間短縮策であり，男女共多数の出場者があって，それぞれを複数組に分けて実施する長距離記録会や男女別に分けたレースを別途設けている競技会では男女混合組を編成してはならない。

　もしこれを犯して実施した場合はペースメイクを意図した助力違反とみなしてレース自体を無効とし，女子の記録のみならず男子の記録も公認しない。

写真判定員

1 システム

(1) 写真判定システムは，本連盟承認のものでなければならない。

(2) スターターの信号器によって自動的に計時装置が作動するまでの時間を0.001秒以下とする。

(3) 写真判定システムは，フィニッシュラインの延長上に設置した垂直のスリットカメラを通してフィニッシュを連続的な画像とし記録しなければならない。

2 写真判定による時間

(1) 10,000m（を含む）以下のレース時間は，0.01秒単位とし写真判定により計時する。最小単位が0でない場合は繰り上げる。

(2) 10,000mを越えるトラックのレースでは0.1秒単位に繰り上る。

3 CR31 世界記録と〔国内〕CR37 日本記録

写真判定システムで記録されるトラック競技の判定写真とゼロコントロールテストは，証拠資料として WA，本連盟に提出しなければならない。

4 フィニッシュライン上のマーク

レーンラインとフィニッシュラインの交差部分のマーク（黒色）は，フィニッシュラインのスタートラインに近い方の端から20mm以内の大きさとする。

5 判定時の注意

- トルソー判定が正確であること

    競技者の胴体（トルソー：頭，首，腕，脚，手，足を含まない部分）がフィニッシュラインのスタートラインに近い方の端の垂直面に到達した瞬間をとらえなければならない。

「判定写真例」

「トルソー判定・インサイドカメラの活用」

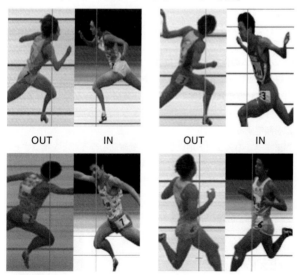

OUT　　　　　IN　　　　　　　　OUT　　　　　IN

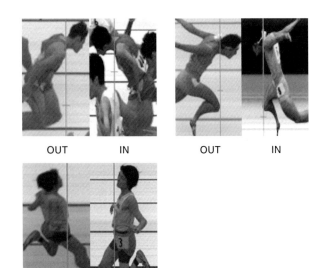

OUT　　　IN　　　　　OUT　　　IN

　トルソーをよく理解し，判定線（カーソルライン）は胴体に重ねること。接しているのは到達ではない。また，身に着けている衣服が明らかに身体より離れている部分はトルソーではない。

6　システムの作動確認（ゼロコントロールテスト）TR19.19

　フィニッシュライン上にスタート信号器（ピストル）を置き，スタート信号器を発射（閃光を写真判定装置で捉える）したときの閃光と計時システムが信号器の合図によって自動的に動作した時間の差を測定する。

　※すべてのスタート地点からの作動確認を行うことを推奨する。

　この結果はプリントし，写真判定主任，スターター主任，トラック審判長，JTO（派遣されている場合）がそれぞれ確認のサインをして総務に提出する。

【確認方法】

(1)　フィニッシュラインにスタート信号器（ピストル）を置く。

(2) 写真判定装置を手動モードで撮影スタートさせる。

(3) スタート信号器を発射する。

スタート信号により計時装置が0.000から開始される。

(4) 写真に撮影された閃光またはフラッシュの光の部分をトルソーと同じように判定する。

判定点は，光り始めた位置にカーソルを合わせたときの時間表示を読みとる。時間表示が0.000秒から0.001秒の値であれば作動するまでの時間は規程どおりと確認できる。

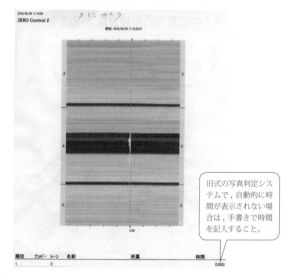

旧式の写真判定システムで，自動的に時間が表示されない場合は，手書きで時間を記入すること。

順位	ナンバー	レーン	名前	所属	時間
1	3				0.000

(5) 0.001秒を超える誤差が生じている場合，要因の一つとして，スタート信号器の発光遅れが考えられる。

対応策として，

① スタート信号器の親機本体の紙雷管挿入部分をフィニッシュライン上に設置し，発煙と発光の両方を撮影し確認する。

② スタート信号器接続のピストルは使わず，直結の全自動ピストルを使用する。この対応でも0.001秒を超える誤差がある場合には，写真判定の記録は規則に違反しており公認されないことになる。

7 TR21 同成績

タイムにより次のラウンドの出場者を決める場合，同記録者があるときは，写真判定員主任が0.001秒で記録された競技者の実時間を考慮しなければならない。

＊0.001秒の判定でも同着が発生した場合，次ラウンドに進めるのはランキング8位までのため，必要により＋αを減じる。

すべての出発地点の妥当性を確認

従来のゼロコンは400m出発地点の確認であった。

100m，200m，1500m，3000mSC各スタート地点の妥当性についても確認し記録の信頼性を確保する（各スタート地点までA，B2回線の配線がされていること。接続盤A，Bのジャンパ配線が必要となる）。

「**方法**」

400mスタート地点以外の確認はピストルをグランド配線Bに接続し「写真判定装置は配線Aに接続したまま変更しない」状態で行う。

スタート地点の接続盤のスタート配線AとBをジャンパ配線（コネクタ接続）しゼロコントロールテストを行う。

「**内容**」

フィニッシュ地点のスタート信号配線Bに入力されたスタート信号は，当該スタート位置でジャンパ接続されたスタート信号配線 B→Aを経由し，写真判定装置に入力される。この方法でスタート（発光）と写真判定装置に入る信号との時間差（妥当性）が確認できる。

写真判定を見やすくする工夫

TR19.14 カメラが正しく設置されていることを確認するために，また，写真判定画像が読み取りやすいようにするために，レーンラインとフィニッシュラインの交差部分は適切なデザインで黒く塗る。そのようなデザインは当該交差部分のみに施し，フィニッシュラインのスタートラインに近い方の端から向こう側に20mm以内にとどめ，手前にはみ出してはならない。記録をより読み取りやすくするため，レーンラインとフィニッシュラインの交差部分の両側に同様の黒マークを置いてもよい。

●判定画像の明瞭化

写真判定は，レンズに入る光量により画像鮮明度が変わるため，フィニッシュラインとレーンとの交点の状態は常に良好にして，判定に支障をきたさないようにしておく。

レーンとの交点に反射の少ない黒色のテープを図のように貼り付けると判定しやすい画像を得られる。

逆光時には，フィニッシュラインすべてが反射しフィニッシュラインとレーンの境目が見づらいことがあるので，交点には，T字のテープを貼り付けるとよい。

Finish line preparation

▶ Glossy marks will reflect light and can be difficult to see.

▶ An inverted "T" will help stop reflections.

以下は東京2020OLYMPIC時のフィニッシュラインの様子
と実際の判定写真

T字状に黒色テープが貼られていることがわかる

WOMEN'S 3000M STEEPLECHASE ROUND 1 - HEAT 1

OMEGA Ω OMEGA Ω OMEGA (ΩA Ω OMEGA Ω OMEGA

　光の反射を抑え，ラインが画像上にくっきり浮かび上がる。
　4レーンと5レーンの間は交差部分にテープを貼らずに分け
て2本貼ることで内側のレーンと外側のレーンが明確に区別で
き，長距離レースで周回遅れなどもしっかり区別できる。

図のように黒のテープを
T字が逆になるように貼
り付けるとよい。

8 主任と判定員の任務配置

(1) 任務

① 主任の任務

(a) 計時装置の機能について責任を負う。

(b) 競技会の開始前に，主任は関係技術者と打合せ，装置について習熟する。また設置場所とテストについても監督する。
※インサイドカメラや補助カメラを使用する場合，タイムに誤差が発生しないように設置すること。

(c) 信号器の合図か承認されたスタート装置によって写真判定装置が正しく作動するかを，各レースの開始前に監督しなければならない。

(d) 判定員と協業して競技者の順位と記録を決定する。

② 判定員の任務

(a) スターターからのスタート信号が正常に送られてくるか事前確認を行う。

(b) 各スタート前に，スターターに写真判定システム準備完了を知らせる。

(c) ピストルが鳴ってスタートしたときには必ず時計が動いたことを確認し，その結果を速やかにスターターに連絡する。

(d) 時間，着順の判定，ナンバーの確認。

(e) 情報処理機器とオンラインで運用している場合，準備ができているか，判定データと入力されたデータが正しいかどうか確認を行う。

(f) 着順と時間で次ラウンド進出者を決める場合，0.001秒の時間を考慮しなければならない。事前に入力データを記録・情報処理員と確認しておく。

(g) 競技から目を離さず，途中棄権，周回遅れ，不正スタート，レッドカードによる失格などを把握しておく。

(h) フィニッシュタイマー（トラックタイマー）を使用する場合，途中経過時間の表示，ラップタイム表示，記録速報を行う。

(2) 審判員の配置

① 小規模大会 主任含め5人程度

トラック競技

② 大規模大会 主任含め6～7人（補助カメラを導入する）

③ フィニッシュタイマー（トラックタイマー）を使用する場合は事前に人数を考慮する。

9　問題事例

(1)　スタート信号が入らないときの連絡・対応遅れによりレースが終了（再レース）。連絡が少し遅れると100mではすぐに半分過ぎる。

(2)　黄旗協議中に記録発表がされてしまった。黄旗が挙がった場合には，伝達する前に正式発表しないよう注意を促す。

(3)　正式判定確定前に速報で1位を発表した。判定確定後1，2位が逆転し，上訴される問題となった。

(4)　長距離（オープンレーン）では周回間違いによるフィニッシュ映像なし（撮影忘れ）が発生する場合がある。

　　周回記録員との連携を密にして，フィニッシュの競技者を確実に把握する必要がある。方法として，周回記録員のところに連絡員を配置し，通信機器などを利用して間違いのない運営をする。

　　フィニッシュするかどうか確証が取れない場合，迷わず録画するべきである。

(5)　1つのレーンに2人が写っており判定ミス（黄旗が上がらず）。

(6)　スタートリストと競技者のナンバーが違うため判定に支障（競技者係，出発係のミス）。

(7)　フィニッシュ前の競り合いに見入ってしまい，シャッターを押し忘れてしまった。

(8)　スタート時の競技者数を把握しておらず途中棄権者の確認ができず進行に支障がでた。

監察員

1　任務

　監察員は，審判長の補佐として指示された地点に配置し，競技を厳正に監察する。競技中に競技者あるいは他の者によって TR54.2 以外の競技規則の不履行や違反を発見した時は，直ちに審判長にその出来事を書面で報告しなければならない（**CR20**）。

(1)　主任

　① 　主任は，トラック審判長に代わってトラック競技の進行等に関して監察員に指示を与える。

　② 　監察員の監察地点を種目別に指示する。

　③ 　各監察地点の監察員と連絡をとり準備完了の合図と，規則違反の有無をトラック審判長に連絡する。

　④ 　監察員をとりまとめるとともに，トラック審判長より指示された事項等を周知徹底させる。

(2)　班長

　　主任を補佐する。種目によっては監察区域を主任と区分して，その地域の監察員の指揮，指導にあたる。

(3)　監察員

　① 　監察員は審判長の補佐で，最終の判定をする権限はもたない。

　② 　いかなる規則違反も黄旗を挙げて，あるいは主催者が許可した信頼性のある方法で示す。

　③ 　リレー競走のテイクオーバーゾーンを監察する。

　④ 　競技者が自分のレーン以外のところを走る，リレー競走でオーバーゾーンやテイクオーバーゾーンの外からの出発などを確認したときは，ただちにその違反が確認された走路の場所にマーカーを置く（マーカーが置けるときのみ）。また特別に，リレー競走における各ゾーンで出発係の任務の一部を委託されることもある。

　⑤ 　スタートでは，リコーラーの補助的役割を担えるよう協力態勢をとる。具体的には，不正スタートがあった場合，黄旗を用いて競技者を制止する（ストッパー）。

　⑥ 　800m，4×200mR，4×400mRなどでは第1曲走路の終わ

りでブレイクラインの通過を監察する。また，ブレイクライン
マーカーの設置，撤去作業を行う。

⑦ 用器具係がハードルを配置後，当該ハードル種目のハードル
の高さ，ハードル間の距離間隔を点検・確認する。競技が開始
されたら，規則違反行為を監察するとともに，競技者が倒した
ハードルをフィニッシュ後に元の位置に正確に戻す。

⑧ ラップ旗，コーナートップ旗の設置・撤去を行う。

2　配置

(1) 配置についての心構え

監察員の競技場内の行動は，原則的に競技の違反確認，競技の
進行等に関することの任務以外は，次のように行動する。

① 2人以上で行動するときは団体行動をとる。特に入退場は同
じ歩調と正しい姿勢をとり歩行する。

② 行進から配置完了までの時間を適当にとる。トラックの全地
点に配置される場合の行進時間はあまり長くならないようにす
る。

③ 主任は種目によって集合場所を指定し，監察員が競技開始5
分前までに配置完了できるよう競技日程を見ながらあらかじめ
計画する。

④ 監察員の行進時は椅子と黄旗（布地を丸めて）を右手に持
ち，歩調を合せる。

⑤ 配置地点にいるときは原則として携帯椅子を用い，できるだ
け観衆の目障りにならないよう十分な配慮が必要である。また，
広告ボードのある大会では，そのことも十分に配慮する。しか
し，競技中は臨機応変に監察に必要な地点に立って行動する心
構えを忘れてはならない。なお退場のときは，すべて主任（ま
たはあらかじめ指定された監察員）の合図を得て行動に移るよ
うにする。

⑥ 行動はすべて遠い地点の監察員が先頭になって行う。ホーム
ストレートに配置するときはフィールド側を行進する。曲走路
およびバックストレート側での行進の経路はトラック外側とす
る。また退場時の行進は遠い配置地点の監察員から行動を起こ

して集合場所に戻る。

⑦　不正スタートがあった場合に競技者の制止を担当する監察員（ストッパー）が，全競技者を安全かつ確実に制止ができるように，適切な距離を確保する（競技者を制止させるためトラック内に入ることは競技者と衝突する事があるので絶対に行わない）。

(2)　配置の要領

監察員は，それぞれの種目に応じて，監察主任より指示された地点で競技を監察する。以下に示す配置図は1つの例であり，大会規模や監察員の体制などを考慮して検討すればよい。

・監察本部

フィニッシュライン付近の外側で，トラック審判長席と同じ場所に設置し，監察主任（1名），監察記録作成担当者（1名），本部黄旗担当者（1名）を基本構成とする（編成人数が少ない場合は人数を調整して構わない）。

各監察員からの報告の確認と取りまとめを行い，監察員記録用紙を作成し，トラック審判長に迅速に報告し，裁定を求める。

規則違反懸念のある動きを発見した監察員が発生場所で黄旗を挙げた際には，監察本部前で同時に黄旗を挙げる（発生場所と監察本部前で旗を挙げ，違反懸念行為が発生したことを明示する）。

・ストッパー

➤スタートラインよりおおよそ30m付近に配置する。なお，リコーラーの妨げとならないよう配置する。100mにおいては，70m付近のインフィールドに第2ストッパーを配置する場合がある。

また，100mH及び110mHは，3台目の監察員がストッパーとなる。

・100mの配置

➤スタート側：スタートラインより後方10m付近における1-2

（2-3）レーンと5-6（6-7）レーンの間

➤フィニッシュ側：3-4（4-5）レーンの間の延長線上における
トラックの外側及び7-8（8-9）レーンの間の延長線上における
トラックの外側

・200m及び400m（4×100mR含む）

➤曲走路中間地点：400mや4×100mRのスタート側につい
ては，ストッパーが兼ねる

➤曲走路出口付近：出口手前4レーンと5レーンの間および曲
走路出口

・800m及び4×400mRにおけるブレイクライン

➤ブレイクライン後方10m付近の内側と外側
また，ブレイクラインマーカーを撤去した際は，ブレイクラ
インの延長線上の内側もしくは外側に置く

・800m以上のオープン種目

➤ホームストレートとバックストレートそれぞれの内側の縁石
の延長線上のトラックの外側（第1〜第4コーナーのそれぞれ
に配置する）なお，第1〜第3コーナーに配置する監察員は，
1500m，3000m・5000m，10000mにおいてストッパーを兼
ねる場合が多い

➤ブロックスタート時の合流地点：合流地点前方10m付近に
配置（前方から監察することで，違反者のビブスを確認しやす
い）

・100mH及び110mH

➤スタート側：スタートラインより後方10m付近における1
レーンと2レーンの間及び5レーンと6レーンの間

➤フィニッシュ側：3レーンと4レーンの間の延長線上におけ
るトラックの外側及び7レーンと8（9）レーンの間の延長線上
におけるトラックの外側

➤各ハードル：それぞれのハード毎に監察員を配置

偶数の台数：トラックの内側

奇数の台数：トラックの外側

➤練習時のストッパー：6台目と7台目に配置する監察員は，6台目で黄旗を水平に持ち選手を止める。

・400mH

➤ストッパー：スタートラインから30m付近

➤フィニッシュ側：3レーンと4レーンの間の延長線上におけるトラックの外側及び7レーンと8（9）レーンの間の延長線上におけるトラックの外側

➤各ハードル：それぞれのハード毎に監察員を配置

なお，監察員の人員に十分な余剰がある場合，1台目から7台目あたりまでは，1レーンから8（9）レーンまでに設置されたハードルの距離が遠いため，内側に監察員を配置する場合がある。

・3000mSC

➤ホームストレートとバックストレートそれぞれの内側の縁石の延長線上のトラックの外側（第1～第4コーナーのそれぞれに配置）

➤障害物：障害物の前方10m付近におけるトラックの外側に配置

➤水濠：水濠の前後5m～10m付近の内側

➤ラップ旗：1000mおよび2000m地点（外水濠と内水濠で場所が異なるため注意が必要）。なお，周回のカウントを誤らぬよう，専属で配置することが望ましい。

・4×100mR

➤テイクオーバーゾーンの入口付近：内側外側のそれぞれ1名もしくは外側1名

➤テイクオーバーゾーンの出口付近：内側と外側それぞれ1名

・4×400mR

➤400mと800m以上の配置図の混合

　1走及び2走のセパレートまでは400ｍと同じ配置場所

　2走がブレイクライン通過した後はオープン種目と同じ配置場所

➤ブレイクライン

　2走におけるブレイクライン通過時に配置（800mのブレイクラインと同様）

　（1走が通過後にブレイクラインマーカーを設置し，2走が通過後撤去）

➤テイクオーバーゾーン

　入口の内側と外側にそれぞれ1名

　注1）・1走から2走はセパレートに配置

　注2）・2走から3走及び3走から4走はオープンの配置

◆100m

班	人数
A	3
B	3
計	6

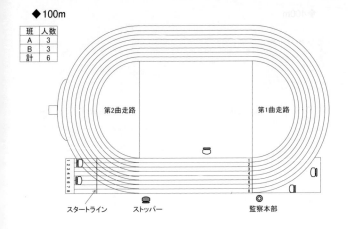

第2曲走路

第1曲走路

スタートライン　ストッパー　監察本部

◆200m

班	人数
A	3
B	4
計	7

スタートライン

ストッパー

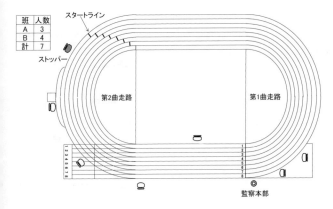

第2曲走路

第1曲走路

監察本部

◆400m

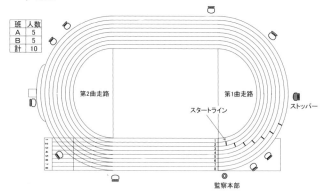

班	人数
A	5
B	5
計	10

第2曲走路　　　　　第1曲走路

スタートライン

ストッパー

監察本部

◆800m

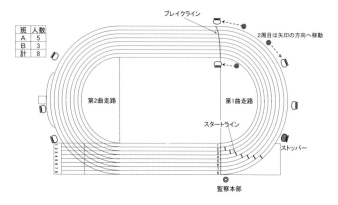

班	人数
A	5
B	3
計	8

ブレイクライン

2周目は矢印の方向へ移動

第2曲走路　　　　　第1曲走路

スタートライン

ストッパー

監察本部

◆1500m

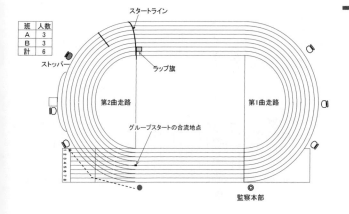

班	人数
A	3
B	3
計	6

ストッパー　　スタートライン

ラップ旗

第2曲走路

第1曲走路

1 2 3 4 5 6 7 8

1
2
3
4
5
6
7
8

監察本部

◆5000m

スタートライン

班	人数
A	3
B	3
計	6

ストッパー

ラップ旗

第2曲走路

第1曲走路

グループスタートの合流地点

1 2 3 4 5 6 7 8

監察本部

◆10000m

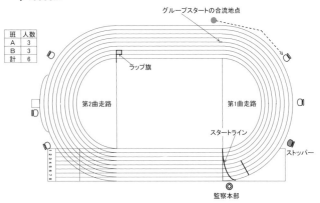

班	人数
A	3
B	3
計	6

グループスタートの合流地点

ラップ旗

第2曲走路

第1曲走路

スタートライン

ストッパー

監察本部

◆110mH（100mH）

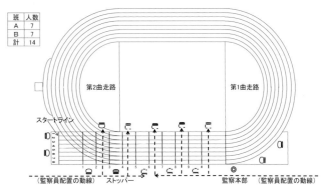

班	人数
A	7
B	7
計	14

第2曲走路

第1曲走路

スタートライン

（監察員配置の動線）　ストッパー　　　　　　　　　　監察本部　（監察員配置の動線）

274

◆400mH

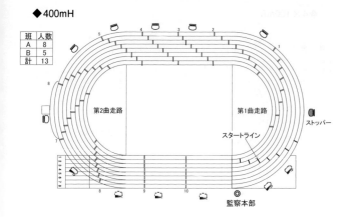

班	人数
A	8
B	5
計	13

◆3000mSC

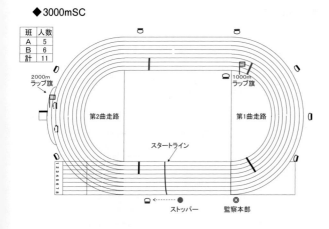

班	人数
A	5
B	6
計	11

◆4×100mR

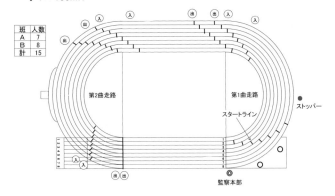

班	人数
A	7
B	8
計	15

◆4×400mR

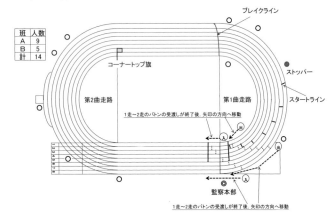

班	人数
A	9
B	5
計	14

3 実施要領

　監察員の連絡は主として競技進行中，あるいは開始直前直後等に行われるのが通常である。監察員はその任務の必然性からトラックの整備等に関して，また規則違反等の緊急事態に際して報告，連絡する。以下にその例を示す。

(1)　通信機器を使用する場合

　審判長，監察主任，各曲走路の副主任の間で，通信機器を利用しながら進行することを推奨する。通信機器を利用する際は，その使用方法を熟知しておく（早口は厳禁。起こったことを正確にかつ迅速に伝える）。また，通信機器不具合が生じた場合の対応方法も競技開始前に使用者全員に周知しておく。

▼競技開始前

5分前	・配置完了，各地点の点検確認。
3分前	・通信機器を持つ監察員は，担当する場所の準備が完了したことを監察本部に報告する。
	・主任は，準備が完了したことを審判長に報告する。
2分30秒前	・審判長の了解を得て，主任は出発係に近い位置にいる監察員に準備完了を連絡する。
	・それを受けて出発係に連絡。
	・出発係は，スターターとアナウンサーに準備完了を連絡する。
1分前	・出場者紹介アナウンス終了とともにスターターはスタート合図をする。

▼競技終了後

①　配置された監察員は各レース終了後，規則違反が監察された場合のみ黄旗を挙げる。違反の事実（内容）を通信機器で報告する。違反がなかったときは異常なしの報告をする。

②　主任は異常の有無の報告を受け，最初に口頭で審判長に報告する。

③　規則違反があったときは，監察員記録用紙を作成し審判長に報告する。

(2)　通信機器を使用しない場合

▼競技開始前

① トラックの不整備，用器具の配置の不正がある場合には，黄旗を挙げて表示する。

② 監察本部の黄旗担当者（主任等）は，黄旗が挙がっていないことを確認した後，審判長に引きつぐ。

▼競技終了後

① 各所に配置されている監察員は，規則違反等があった場合のみ速やかに黄旗を挙げる。

② 監察本部の黄旗担当者（主任等）は，競技のスタート地点から各所の旗を1つ1つ確認しながら，フィニッシュライン地点の旗まで確認する。旗が挙がっていなければ，規則違反がなかったことを審判長に報告し，1カ所でも黄旗が挙がっている場合は，自身の黄旗を挙げて規則違反があったことを監察主任と審判長に報告する。

(3) 規則違反が発生したときの連絡，報告

① 違反行為を発見した監察員は違反発生場所をマークした上で，違反者のレーンナンバー及びビブスの報告を行う。レーンを使用する競走では，隣のレーンと見誤ってしまうことがあるので特に注意する。

② 報告を受けたら，監察記録作成担当者は，監察員記録用紙を作成し，審判長に報告する。

③ 違反後の処置は，その後の競技の流れに影響するので，迅速に行う。

④ 同じ規則違反を複数の監察員で発見することは，審判長の判断の資料として重要なことである。この場合は，規則違反を発見した監察員はそれぞれが監察本部に報告し，監察員記録用紙等を作成し，審判長に報告する。

(4) 監察記録用紙の記入

監察員記録用紙に必要個所の監察員位置（▲），違反場所（×）を示す。競走種目以下の欄は詳細に記入し班長，主任がサインをして審判長に提出する。

(5) 発生しやすい規則違反の着眼点

① レーンを用いない競走の場合でのスタート時の身体接触。故

意に手を左右に大きく振って，前に出ようとする他の競技者を妨害する行為（TR17.2）。

② 抜かれないようにトラックの外側に斜行する行為（TR17.2）。

③ レーンを用いる競走の場合，レーンの侵害をする行為（TR17.3）。

④ ハードルを越えるとき，足または脚がハードルの外側にはみ出して通った行為（バーの高さより低い位置を通過した場合は失格となる）（TR22.6.1）。

⑤ 手や体で，いずれかのハードルを倒すか移動させる行為（TR22.6.2）。

⑥ 直接間接を問わず，他の競技者に影響を与えたり，妨害するような行為や，他のレーンのハードルを倒したり移動させる行為（TR22.6.3）。

⑦ 障害物競走では特に水濠の着地状況を監察する。競技経験が未熟な場合，インフィールドによるける競技者を見かける。また，足または脚が障害物の外側にはみ出して通った行為（バーの高さより低い位置を通過した場合は，失格となる）。特設走路の入口，出口も厳重に監察する（TR23.7）。

⑧ リレー競走のテイクオーバーゾーンの入口のラインの幅は含まれるが，出口のラインの幅はその中に含まれない。すべてのバトンパスにおいて，テイクオーバーゾーンの外から走り出してはならない（TR24.19）。

⑨ バトンパスはテイクオーバーゾーン内で受け取る走者にバトンが触れた時点に始まり，受け取る走者の手の中に完全に渡り，唯一のバトン保持となった瞬間に成立する。あくまでもバトンの位置により判定する。競技者の身体や手足の位置ではない（TR24.7）。

⑩ バトンパスが始まってからバトンを落とした場合は前走者（渡し手が）バトンを拾わなくてはならない。隣のレーンにバトンを落とした場合は，拾うために自分のレーンから離れてもよい。拾った後はただちに自分のレーンのテイクオーバーゾーン内のバトンを落とした位置に戻り継続する。ただし，他の競

技者を妨害したときは失格となる（TR24.6）。

⑪ バトンパスが開始されたがバトンが渡らず，次走者がゾーンの先に出てしまった場合は，バトンがテイクオーバーゾーン内に留まっていれば，次走者がゾーン内に戻ってバトンパスを完了させれば違反行為にはならない。

バトンパスが開始されたがバトンが渡らず，バトンがテイクオーバーゾーンの先に出てしまった場合は（バトンが次走者の手に触れたが完全に渡り切らないままテイクオーバーゾーンの先にバトンが出てしまった場合は），前走者がバトンを持ったまま次走者と共にゾーン内に戻ってバトンパスを完了させたとしても），違反行為となる。

バトンパスが開始されないままバトンがテイクオーバーゾーンの先に出てしまった場合は（バトンが次走者の手に触れない状態でテイクオーバーゾーンの先にバトンが出てしまった場合は），前走者がバトンを持ったまま次走者と共にゾーン内に戻ってバトンパスを完了させれば，違反行為とはならない。

⑫ バトンの受け渡しの時に前走者が次走者を押すかたちになっても，必ずしも有利になるとは考えられず，その行為は助力とは見なされない。

⑬ バトンが破損したときは，その一片をもって受け渡しをしてもよい。いずれにしても留意点は，違反者の一連の行為とそれに伴って起こる他の競技者への影響を把握することである。

⑭ 800mおよび4×400mR（第2走者），4×200mR（第3走者）でのブレイクライン通過前のインコースへの侵入行為。

⑮ 4×400mRの第3走者および第4走者がバトンパスで走り出す際に，進行方向と逆方向への踏込み（テイクオーバーゾーン外からのスタート）。

⑯ 長距離種目のグループスタートにおいて，合流地点手前でのインコースへの侵入行為。

競技会名		日時	/	:

種目			男 ・ 女	予選 ・ 準決 ・ （ ）組 ・ 決勝

規則違反 / 途中棄権 ○をつける	レーンNo.	ビブスNo.	リレー　　走 → 　　走

× 発生場所　　　▲ 監察員位置

該当する項目に✓
- ☐ 妨害した　　☐ 妨害された
- ☐ 妨害はなかった

該当項目に○、必要事項を記入

〔　　　〕周回	〔　　　〕m	〔　　　〕台目	直走路	曲走路	内側(レーン左側)
〔　　　〕歩	〔　　　〕カ所	〔　　　〕回	ライン	縁石	外側(レーン右側)

踏んだ　完全に内側に入った(ラインや縁石に足がかかっていない)　　倒した　移動させた　出た

監察員所見　　※詳細：(ユニフォームの色なども記載しておくとよい)

当該競技者の履歴　〔　Y C 　/　 L 　〕〔 種目・ラウンド　　　　　　　　　　〕

	規則違反内容 (JAAF-19A②を参照のこと)	規則 No.
共通	「On your marks」または「Set」の	
	合図の後で、正当な理由もなく手を挙げた、立ち上がった	TR 16.5.1
	合図に従わない、速やかに位置につかない	TR 16.5.2
	合図の後、音声・動作などで他の競技者を妨害した	TR 16.5.3
	不正スタート〔　単独種目 / 混成競技 (TR39.8.3)　〕	TR 16.8
	レーンで行うレースで、割り当てられたレーン以外を走った。または TR17.4.3 を適用した後の2回目の違反	TR 17.3.1
	レーンで行わないレースで、曲走路区間の縁石・ライン上やその内側を踏んだ、走った、歩いた。 または TR17.4.4 を適用した後の2回目の違反	TR 17.3.2
	他者に押されて妨害されて、自分のレーンの外、縁石・ライン上や内側に入った	TR 17.4.1
	レーンで行うレースの直走路で自分のレーンの外を　踏んだ、走った、歩いた	TR 17.4.2
	レーンで行うレースの曲走路で、レーン左側の白線や　走路の外側を　踏んだ、走った、歩いた	TR 17.4.3
	レーンで行うレースの曲走路で、レーン左側の白線に　走路の境界を示す縁石または白線を1回（1歩）だけ踏んだ、完全に越えた(内側に入った)	TR 17.4.3
	レーンで行わないレースの曲走路で、走路の境界を示す縁石または白線を1回（1歩）だけ踏んだ、完全に越えた（内側に入った）	TR 17.4.4
	ブレイクライン手前でレーンを離れ内側レーンに入った	TR 17.5.3
ハードル障害物	足・脚がハードルをはみ出すかバーの高さより低い位置を通った	TR 22.6.1
	手や体、振り上げ脚の前側でハードルを〔　倒した　/　移動させた　〕	TR 22.6.2
	自分や他のレーンのハードルを〔　倒して　/　移動させて　〕他の競技者に影響を与えた・妨害した	TR 22.6.3
	水濠のある場所で、水濠以外の地面を踏んだ(水濠の右側・左側を問わず)	TR 23.7.1
	足・脚が障害物をはみ出して障害物の高さより低い位置を通った	TR 23.7.2
リレー種目	バトンパスがテイクオーバーゾーン内で完了しなかった(オーバーゾーン)	TR 24.7
	テイク・オーバーゾーンの外からスタートした	TR 24.19
	ブレイクライン手前でレーンを離れ内側レーンに入った	TR 24.17
	コーナートップの順に並んだあと入れ替わった	TR 24.20

上記以外の該当する規則 (JAAF-19A②参照)　〔　TR　/　CR　　　　　〕

報告者氏名		記入者自署	

※以下、審判長記入欄
その他の判定資料(ビデオ映像(カメラNo.を明記)、SISなど)上記以外の判定の根拠となる規則No.など

裁定/結果	ビブスNo.	失格	失格としない	途中棄権	救済
		Y C （警告）		YRC　/　RC (除外)	

審判長自署	

※ Y C ＝イエローカード　YRC＝2度目のイエローカード　RC＝レッドカード　L＝TR17.4.3またはTR17.4.4の適用

おもて面以外の違反事項例			規則 No.
共通	競技者にあるまじき行為、下品な行為などがあった		CR18.5
	他の競技者を妨害して前進を妨げた（詳細は所見欄に記入）		TR17.2.2
	競技者が自らの意思でトラックから離脱した		TR17.6
	リレー以外で走路上や走路脇にマークをつけた、または マークの代わりに物を置いた。指導したが取り除かなかった		TR17.7
	助力	同一レースに参加していない者によってペースを得た 周回遅れか周回遅れになりそうな競技者が ペースメーカーとして競技をした	TR6.3.1
		転倒後、他の競技者から立ち上がることを 助けてもらう以外に、前に進むための助けを得た	TR6.3.6
		審判長の承諾なしに、競技区域内で途中時間を知らされた	TR17.14
		主催者が設置した供給所以外で飲食物や水を受け取った 他の競技者に飲食物・水の受け渡しを繰り返した	TR17.15.4
ハードル			
	割り当てられたレーン以外を走った		TR22.6
	すべてのハードルを越えなかった		TR22.6
障害物			
	すべての障害物と水濠を越えなかった		TR23.7
リレー種目			
	許可されている以外のマーカーを剥がすよう指導したが 従わなかった		TR24.4
	バトンを手でもち運ばなかった		TR24.5
	手袋をはめた、何かを手に付けた		TR24.5
	バトンパスの〔　完了前に後走者 ／ 完了後に前走者 〕 が落としたバトンを拾った		TR 24.6
	バトンを拾い上げた後、落とした地点に戻らずにレースを再開した		TR 24.6
	バトンを落とした際、または落としたバトンを拾う際、他のチームを妨害した		TR24.6
	バトンを渡し終えた競技者が他のチームを妨害した		TR24.8
	他のチームのバトンを使った、拾い上げた		TR24.9
	落としたバトンを他のチームが拾い上げたことで、落としたチームが 有利になった		TR24.9
	コーナートップ順に並んだ次走者が、内側に移動する際に 他の走者を妨害した、押しのけた		TR 24.21

(JAAF-19A②.2022/3)

(6) 監察のポイント（直走路，曲走路共通）

① 侵害の起点と距離（歩数）。

② レーンの内側か外側か。特に曲走路では内側の線を踏んだ際の，内側のレーンに入った（縁石の内側に入った）際の歩数（TR17.4.3，TR17.4.4）。

③ 侵害するに至った状況（走路の不備，自分から他の競技者に押されて，他の侵害から避けようとしてなど）。

④ もとのレーンに迅速に戻る努力が見られたか（マナーの問題）。

4 留意事項

(1) フィールド競技との関連

① トラック競技もフィールド競技もプログラムに定められた時間通り実施する。自分の周りでどんな競技が行われ，どんな状況かを見極めると同時に進行係やマーシャルと連携し，競技進行に協力する。

② トラック競技の運営上支障があると予想されるやり投，走高跳等の競技については，トラックを横切って助走する競技者に注意を喚起しながら，競技を中断することなく継続して行うよう努力する。しかし，監察員が直接これらの競技者に指示することは好ましくない。競技者への指導は，マーシャルおよびフィールド競技審判員と事前に十分連携をとって行う。

(2) 競技中の心構え

① 競技者の動作をよく監察するために，1地点を2人の監察員で監察できるよう，あらかじめ連携をしておくべきである。

② 競技を見ないで競技者の行動を監察する。

③ 競技者のレーンナンバーやビブスを確認しながら，いつ，どこで，どうしたかについて，速やかに報告できるようにメモを取る。

④ レーンの侵害等は，できるだけ早くその地点をチェックする。競技が継続しているときは，邪魔にならないようにする。

⑤ 違反行為を確認したときは，レース終了後，違反を発見した監察員が，黄旗を挙げる。

⑥　監察員間では私語をかわさない。

⑦　配置直後には監察地点のトラック状況，器具の配置等を確認しておく。

⑧　競技中は基本的に立って監察する。ただし，競技時間や天候の関係で座って監察することも構わない。

⑨　椅子を用いるときは，黄旗はまるめておく。

⑩　計測用に1m程度の巻尺を携行することをすすめる。

⑪　監察員は合議してはいけない。ある1つの規則違反に対して，複数が確認した場合は，個別にその事実をありのままに報告する。

100mH，110mH のスタート練習時の留意点
（ハードルの倒し方）

　100mHや110mHの競技者がスターティングブロックを調整した後，スタート練習と共に何台かのハードルを跳び越えていく。この時の練習は3台までとし，4台目と5台目は倒しておくことを推奨する。国際大会では，競技者がリクエストして，1台（2台）のみ跳ぶこともある。

　4台目だけ倒せばよいと考えがちだが，勢いのついた競技者はすぐには止まれないので5台目も倒しておくべきである。

　また，ストッパー役の監察員が6台目のハードルの前に出て黄旗を提示したり，手を広げて制止するのは接触事故を引き起こす原因ともなるので，トラックの外側（あるいは内側との両方）で黄旗を示すだけに留める。

　練習が終了したと思って，急いでハードルを起こし直そうとするのも，接触事故を招く原因の一つである。遅れてスタート練習をしている競技者がいないか，よく状況を確認しなければならない。

　練習終了時にはスタート地点にいる出発係と連携を図り，ハードルを起こす合図を出してもらうようにするとよい。

監察員の特殊な任務

　監察員の任務の一つとして，不正スタート（不適切行為）があった際にリコーラーの補助的役割を担い，ストッパー役を務めることになっている。これはレースのみならず，練習の段階から任務にあたる必要がある。トラック内に入って競技者を制止しようとすることは接触事故を引き起こす一番の要因であるのでトラックの外側（内側）で黄旗を示すだけに留める。

　次に800mや4×400mRにおいては，ブレイクラインマーカーを設置・撤去する作業もある。その際注意したいことは，競技者の通過後直ちに作業に取り掛かるのではなく，直線部分でのレース状況を最後まで監察し，競技者が第二曲走路に入るのを見届けてから作業を開始する。それでも時間的には十分余裕がある。

　さらに不正スタートが発生した場合，TR16.8の違反により当該競技者は失格となる。この事実を（配置されていれば）スタート審判長から無線でトラック審判長や記録・情報処理員に連絡するとともにスタート地点の監察員は監察主任へその旨を報告し，監察本部でもその事実を監察員記録用紙に記入し，トラック競技審判長を経由して記録・情報処理員に提出するのが迅速で確実な方法として実施している。

立てる旗とその意義

　競技場内にはさまざまな場所に旗が立っている。いわゆるラップ旗（1,000mスプリット旗）や200m競走時に風力を計測するために先頭走者が直走路に入ったことを確認する旗，あるいは4×400mRの際に次走者の待機順を判断するために200mの第1レーンスタート地点内側に立てる（コーナートップ）旗等がある。

　1,500m，3,000m，5,000mのスタート地点に立てる旗，あるいは3,000mSCの1,000m，2,000m地点に立てる旗は基本的にアナウンサーに向けて通過タイムを報知してもらうための旗である。決して競技者に知らせるためではないのでアナウンス席から見やすい角度に設置することが大切である。

　同様に，200mの風力計測を開始するタイミングをとるための旗（第4コーナーから直走路に入る地点のトラック内側）は風力計測員が，4×400mRの際に次走者の待機順を指示するための（コーナートップ）旗は出発係または監察員が，いずれもはっきり認識できるように置くことが必要である。

　旗の有無は即，競技の有効・無効に関わってくるものではないが，その存在意義をきちんと把握して活用しなくてはいけない。

　なお，それぞれの旗はそれを必要とするレースの際にのみ立てることとし，使用しない時間帯は邪魔にならない場所に撤去する。

落としたバトンの扱い方

　リレー競技において，競技者がバトンを落としてしまった場合どのようにすればよいだろうか？

　従来は，「バトンパスが開始され，渡し手と受け手の両方に触れられている状態ならばどちらが拾ってもかまわない」としていたが，2019年にWAに確認したところ，「バトンパスが終わるまでは，渡し手がバトンを拾わなくてはならない」ことがわかった。そして他のチームを妨害しないことや距離を利得することがないことを条件に，自分のレーンを離れてバトンを取りに行くことが許される。縁石の内側に転がった場合でも同じである。渡し手，受け手のいずれかにあるときに落とした場合は，もちろんその本人が取らなくてはならない。フィニッシュ直前に足がもつれて転倒し，バトンを離してしまった。バトンは転がりフィニッシュラインを通過したが，身体はまだフィニッシュラインに到達していない。このような場合，その競技者がフィニッシュラインを通過しただけではフィニッシュしたことにはならない。「バトンを持ち運んでいない」からである。転がったバトンを拾い上げ，転倒して離してしまった場所まで戻り，再度フィニッシュし直す必要がある。

ビデオ監察審判長とビデオ記録

ビデオ監察審判長

　ビデオ記録は審判長やジュリーの判断をサポートする証拠を提供するためのものとして，2015年のIAAF総会において，ビデオ画像を競技中の判定に採用するという競技規則修改正が行われ，あわせてビデオ監察審判長等の必要な役員も任命されることになった（CR13，CR18.1）。ビデオ監察審判長は国内大会では任命されないので，ビデオ記録を採用した判定を行う際には，その役割はトラック審判長が担う。

　現在，国内におけるビデオ記録は監察員の目を補うものとして，あくまで監察員の目が「主」，ビデオは「従」の位置づけにある。黄旗が挙がったり抗議があって審判長の要請があったとき，上訴があってジュリーが要請したとき等に映像を確認しているが，WA主催の競技会においては，ビデオ監察審判長のもと，ビデオ画像を「主」とした判定が行われている（WAウェブサイト「VIDEO RECORDING AND VIDEO REFEREE GUIDELINES」参照）。

ビデオ記録

　監察においてビデオ記録を判定に用いることは，大規模な国際大会に加え，可能な限りその他の競技会でも求められていることから（TR12ビデオ記録〔国際〕），国内大会でも採用することを推奨する。

　国内大会では以下のように対応する。

(1)　録画と再生

　　複数のビデオカメラを用いて異なるアングルからレース全体を撮影することが必要で，「カメラ台数」「カメラ設置場所」「再生機能」がポイントになる。

- カメラ台数　　　　　　多いほどよい
- カメラ設置場所　　　　スタンド中段や上段
- 再生機能　　　　　　　大画面ディスプレイ，スロー再生，画面拡大　等

(2)　カメラのネットワーク接続有無

ホームビデオカメラ等を使用して各カメラ単独で撮影する場合（スタンドアロン型）と，カメラがネットワークに接続され1か所で操作できるシステムを使用する場合（ネットワーク型）がある。

　　現時点では国内でのネットワーク型の利用は限定的で，一部の競技場には設備が整っているが，大規模大会でシステムを借りて使用することがほとんどである。

(3)　ビデオ再生室・ビデオ監視室

　　撮影した映像を再生（確認）するための部屋を設ける。

①　スタンドアロン型の場合

　　レース終了後に撮影した記録媒体（SDカード等）をビデオ再生室に持込んで映像を確認する。

②　ネットワーク型の場合

　　各カメラの映像がリアルタイムでビデオ監視室に集約されているので，レース中でも映像の確認ができる。操作はシステム提供会社のオペレーターが行うことが多い。

(4)　判定に使用できるタイミング

①　スタンドアロン型の場合

　　違反有無の発見は監察員の「目視」が優先されるので，抗議や上訴があり，審判長や総務員（ジュリー）からの確認要請がなければ，ビデオ映像を判定（確認）することはない。

②　ネットワーク型の場合

　　ビデオ監視室に監察員を配置し，レース途中で違反を発見した場合は，他の監察員と同じようにレース直後までに違反発生の事実を監察本部に報告する。監察本部はその報告をもとに黄旗を挙げ，監察員記録用紙を作成する。

　　抗議や上訴があり，審判長や総務員（ジュリー）からの確認要請があった場合は，他の監察員が発見したところやリアルタイムでチェックできなかったところも含めて，再生して判定（確認）を行う。

(5)　その他の映像

　　抗議や上訴の際には利用可能なあらゆる映像を考慮して判定を行うことから（TR8.3，TR8.8），競技場の監視カメラ映像や大

トラック競技

規模大会でテレビ局の中継がある場合には，その映像も利用する
とよい。また，違反行為がフィニッシュライン付近で発生した場
合には，写真判定装置の映像も利用する。

(6) 注意すべき点

　　ビデオによる判定は万能ではない。複数のカメラで撮影しても
死角は存在し，ネットワーク型でリアルタイムにチェックしても，
長距離種目では先頭グループの動きに力点が置かれ，後方で発生
した違反まで目が届かない（見逃す）ことがある。

　　監察員の「目視」情報とビデオの情報の両方をもとに判定を行
うことが重要である。

(7) カメラ設置ポイント・撮影編成・留意点　等

　　スタンドアロン型で撮影例は以下の通り。

以下，「カメラ設置ポイント」「撮影編成」「留意点」等の例を示
す。

カメラ設置ポイント例

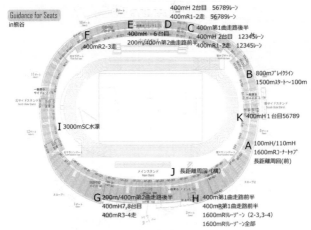

撮影班編成例

9月2日（金）1日目

開始時刻	種目		ラウンド	人数	組一着+α	1班	2班	3班	4班	5班	6班
9:30	十種	100m		31	4						不正スタート
9:55	女子	10000mW		24	1	A周回（前方）					J周回（側方）
11:05	女子	4×100m	予選	37	5-1+3	H 400mR 全	C 1-2走 12345	F 2-3走 全	G 3-4走 全	D 1-2走 56789	
11:30	女子	4×100m	予選	54	6-1+2	H 400mR 全	C 1-2走 12345	F 2-3走 全	G 3-4走 全	D 1-2走 56789	
12:00	女子	1500m	予選	45	3-3+3					B スタート〜100m	
12:25	男子	1500m	予選	43	3-3+3					B スタート〜100m	
12:45	女子	400m	予選	33	4-1+4	H 1入	C 1後半	E 2前半	G 2後半		
13:05	男子	400m	予選	53	6-1+2	H 1入	C 1後半	E 2前半	G 2後半		
13:40	女子	100m	決勝	55	7-3+3						不正スタート
14:20	男子	100m	決勝	57	7-3+3						不正スタート
15:35	女子	1500m	決勝	12	1					B スタート〜100m	
15:45	男子	1500m	決勝	12	1					B スタート〜100m	
15:55	女子	100m	決勝	24	3-2+2						不正スタート
16:15	男子	100m	決勝	24	3-2+2						不正スタート
16:35	女子	400m	決勝	8	1	H 1入	C 1後半	E 2前半	G 2後半		
16:45	男子	400m		8	1	H 1入	C 1後半	E 2前半	G 2後半		
16:50	十種	400m		31	4	H 1入	C 1後半	E 2前半	G 2後半		
17:10	女子	10000m	予選	41	1	A周回（前方）					J周回（側方）
18:00	男子	10000m	予選	34	1	A周回（前方）					J周回（側方）

撮影ポイント・留意点の例

地点	場所(意察)	種目	撮影ポイント	カメラ	留意点
A		100mH/110mH	スタート~フィニッシュ	zwp	スタート地点にズームで合わせ徐々に引いてフィニッシュまで撮る
		4×400mR	コーナートップ・リレーゾーン	zwp	コーナートップにズームで合わせ徐々に引いてリレーゾーンまで撮る
		長距離	周回(前)	固定	周回板・タイマー・競技者(胸ビブス)が入るように撮る
B		800m/4×400m	ブレイクライン	固定	ブレイクライン前後 30m 位を固定して撮る
		1500m	スタート~ 100m	固定	スタート地点後方から、フィニッシュまで追いかけて撮る
C		400m	第1曲走路後半	固定	ライン上を走っていないか
		400m	2台目 1~5レーン	固定	振り上げ脚・抜き足がハードルの外(下)から出ていないか、ラインを踏んでいないか
		4×100m	1~2走リレーゾーン出口 1~5レーン	固定	テイクオーバーゾーン
D		400mH	2台目 5~9レーン	固定	振り上げ脚・抜き足がハードルの外(下)から出ていないか、ラインを踏んでいないか
		4×100m	1~2走リレーゾーン出口 5~9レーン	固定	テイクオーバーゾーンなど
E		400mH	6台目(後方から)	固定	振り上げ脚・抜き足がハードルの外(下)から出ていないか、ラインを踏んでいないか
		200m/400m	第2曲走路前半	固定	ライン上を走っていないか
F		4×100m	2~3走リレーゾーン出口	固定	テイクオーバーゾーンなど
G		200m/400m	第2曲走路後半	固定	ライン上を走っていないか
		400mH	7台目(8台目)	固定	振り上げ脚・抜き足がハードルの外(下)から出ていないか、ラインを踏んでいないか
		4×100m	3~4走リレーゾーン出口	固定	テイクオーバーゾーンなど
H		400m/4×100m	第1曲走路前半	固定	ライン上を走っていないか
		4×100m	レース全部	zwp	スタートからフィニッシュまで撮影する
		4×400m	リレーゾーン(2·3·3·4)	固定	リレーゾーンの押し合いなどを撮る(2~3走以降)
		4×400m	レース全部	zwp	少し引き気味でレースを全部撮影する(離れて来たらトップ集団を中心に)
		400mH	1台目1~5レーン	固定	振り上げ脚・抜き足がハードルの外(下)から出ていないか、ラインを踏んでいないか
I		3000mSC	水濠	固定	水濠を越えた後にラインの内側に入っていないか
J		長距離	周回(側)	固定	周回板・タイマー・競技者(背ビブス)が入るように撮る
K		400mH	1台目5~9レーン(グラウンドレベル)	固定	振り上げ脚・抜き足がハードルの外(下)から出ていないか、ラインを踏んでいないか

ビデオ監察オペレーションルーム例

スタートチーム

2016年度より，すべての公認競技会においては混成競技を除き「不正スタート」は1回で失格になった。

また，2020年度の修改正でスタートの判定基準がより明確になった。以下の4項「スタートの確認」と共にルールブックの確認をお願いする。

スターター，リコーラー

1　スターターとしての認識

(1)　スターターと他審判員と違う点。

競技者を失格させる権限を持っている。

その権限は，審判長，競歩審判員主任とスターターである。

(2)　スタート合図をすることだけがスターターの役目ではない。

競技者がベストコンディションでスタートができる環境作りを心がける。

(3)　競技者にとって，スタートは1回1回が真剣勝負。

フィールド競技は，それぞれの試技時間の中で競技者が開始するが，トラックのスタートは1回のみでスタートの合図はスターターにより行われる。

(4)　主観による間違った判定の防止。

スターターメンバー内での判定基準の共通認識による統一された，ぶれない判定をする。

2　スタートルールの変更点

(1)　すべての競技会で混成競技を除き，1回の不正スタートで失格となる（2016年）。

(2)　黄／黒カードは，混成競技での1回目の不正スタート時のみ使用となる（2016年）。

(3)　TR16.7について，判定基準をより明確に（注釈を追加）した（2017年）。

(4)　注意として対処されていた号砲前の局所的な動きは，TR16.5

に基づいた不適切行為として警告の対象になることがあるとされた（2018年）。

3　不適切行為（TR16.5）の明確化

WAは TR16.5.1，TR16.5.2，TR16.5.3に見られるように，競技進行を遅らせる行為や他の競技者に迷惑をかける行為について，特に重大な違反行為と考えている。

⑴　腰，大腿，膝等が一瞬動いた動作は警告対象とすることがある。スターターの判断によってなされるものであり，必ずイエローカードが出されるものではない。

⑵　最終的にイエローカードを出すか出さないかは，スターターの意見を聞いた上で審判長が判断する。

4　スタートの確認（TR16.7）

⑴　不正スタートの定義

不正スタートとは以下のように定義される。

　⒜　クラウチングスタートの場合，結果的にスターティングブロックのフットプレートから片足または両足が離れようとしている，あるいは地面から片手または両手が離れようとしているあらゆる動作

　⒝　スタンディングスタートの場合，片足または両足が地面から離れようとする結果になるあらゆる動作。

　もしスターターが信号器の発射音の前に，ある競技者が動き始めて止まらずにスタートの開始に結び付く動きを開始したと判断した場合も不正スタートと判断しなくてはならない。

　［注釈］Setの後，最終のスタートの姿勢になってから号砲までの間に次のi) または ii) の動きを確認した場合，不正スタートとする。

　i) 静止する事なく動いたままスタートをした場合。

　ii) 手が地面から，あるいは足がスターティングブロックのフットプレートから離れた場合。

　この注釈は，号砲前に体が動きだし，そのまま止まること

294

なくスタートに移行してしまった場合，号砲の瞬間まで手が
グラウンドに足がスターティングブロックのフットプレート
に触れていれば不正スタートではないという誤った解釈をし
ていたケースがあったことからの追記である。

　「号砲前に体が動き出し，そのまま止まることなくスター
トに移行」は即ち号砲よりも早く反応してスタートしている
ということであるので，不正スタートということになる。

(2)　スタンディングポジションでのスタート〔注意〕(ⅱ)

　立位でスタートする競技者の方がバランスを崩しやすい。偶発
的に動いてしまったと考えられる場合，「ふらつき」と見なされ不正
スタートの対象として扱われるべきではない。この場合，TR16.2.3
に従い注意で対処する。同じ組で繰り返されるようであれば，不正
スタートまたは懲戒手続きの適用を考慮することもできる。

　スタート前に突いたり押されたりしてスタートラインの前に出て
しまった競技者は，不正スタートとして罰せられるべきではない。
そのような妨害を引き起こした競技者は，TR16.5の警告または失
格処分の対象になる場合がある。

(3)　混成競技でのスタート

　混成競技においては，各レースでの不正スタートは1回のみと
し，その後に不正スタートした競技者は，すべて失格とする。

5　スタート運営に関した注意事項

(1)　「Set」後の静止の確認は確実に行う。特に予選での合図は確実
に行うこと。

(2)　立たせて注意するときは，当該競技者に対し出発係を通して確
実に伝達する。

(3)　不正スタートの告知は，スターターが直接スターターマイクを
通じて「○レーン，不正スタートで失格です」と告知をする。そ
れに合わせて出発係が当該競技者の前に立ち赤黒のカードを提示
する（2019年変更）。

(4)　不正スタート後の再スタートで，「Set」〜「号砲」の合図が早
くなる傾向があるので注意する。

(5)　「On your marks」から「Set」までが長く，「Set」から「号砲」

が早くなる傾向があるので注意すること。特に，中学生の競技会では，待ちきれずに動きだそうとしたときに「Set」がかかるので，腰があがっても体の安定がとれない状態での早撃ちにより不正スタートとなる場合がある。

(6) スタート時（特に「Set」の瞬間）にフィールド競技での声援や競技者の掛け声などが入ることがあるので，状況に応じてスタートを中止してやり直す事も考慮しておく。

(7) スターター，リコーラーが位置に着くタイミングは，スタート練習が終わってレーンナンバー標識の前に競技者が揃ったとき。スターターは，残り2人目の紹介が始まった時に台の上に立つ。

(8) 直線種目での内側リコーラーの待機位置は，スターターの横に座る。

(9) 信号器は適正な位置に設置すること。特に400mでの設置に注意する。

(10) 信号器設置後，ピストル接続コネクタは無造作にグラウンド上に放置しない。同様に，ピストルも接続したままで，長時間放置しない。

(11) 使用しないスタート台の保管位置に注意を払う。特に400m用のスタート台は，ダッグアウト下などに移動し管理すること。

(12) 400mでのスターターの立つ位置は，7レーンの位置にすること。8レーンの外側では1レーンが視角に入らない。

(13) 猛暑日や雨の日にむやみにパラソルを立てないこと。突風によりパラソルが飛ばされると大変危険である。

(14) スターターメンバー内で，事前に不正スタートや注意または警告を与える動作の判定基準について共通認識を行い，統一された判定を心掛ける。

6 スピーカーの管理について

(1) トラック競技での進行遅れの原因の多くはスピーカーの障害である事を認識し，管理の徹底と障害発生時の対応策について検討しておくことも必要である。

(2) 使用しないときはスタート位置より撤去し，雨があたらない日陰の適切な場所に保管しておく。

(3) 電池は毎日交換する（マイク，ピストルも含む）。

(4) 設置位置について（特に400m），主要大会では3，4台目の位置にカメラエリアが設定される。このため，400mスタート時に通信障害等で不調となる可能性があるので，スタート前のテストの徹底とともに設置位置の調整をすること。特に4×400mRの場合はきちんと確認すること。

(5) スピーカーが不調時の対処

① スピーカーの付近に人がたくさんいないか確認する。

② マイク・スピーカーの電池残量を確認し，交換する。
5時間の連続使用で電波受発信能力が20％〜30％低下する。

③ スピーカーのアンテナが立っていることを確認する。

④ 電波状態の悪いスピーカーは，できる限りマイクに近い位置に設置する。

⑤ スピーカーをなるべく高い位置に設置する。

⑥ マイク発信器をスピーカーの方向に向ける。

⑦ 風が強い場合は，マイクを襟の内側に付けるなど工夫をする。

7　スタート合図のチェックポイント

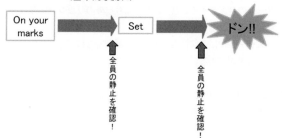

合図のタイミング

スターター＆リコーラーの為のチェックポイント
（基本的な流れ）

On your marks → Set → ドン!!

全員の静止を確認！

全員の静止を確認！

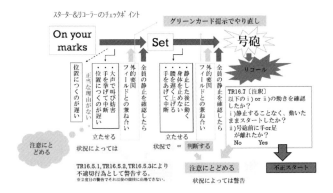

8 合図のタイミング

(1) 競技者が静止して正しいスタートの状態（上げた腰の静止）を確認してから撃つ。

(2) 早く撃つと静止を確認できず，遅すぎれば待ちきれずにとび出してしまう。

(3) 早く位置についた競技者との公平性を考慮して，準備が遅くなると思われる競技者がいた場合は，立たせてスタートのやり直しをする。この場合，当該競技者には注意または警告が与えられる。

(4) 「Set」の後，腰を遅く上げる競技者に対しても，同様に立たせてスタートのやり直しをする。当該競技者には注意または警告が与えられる。

(5) 予選でのスタートは，特に競技者の動きをしっかり確認してスタートの合図をすること。これにより以降のラウンドで競技者の掌握が確実にできるようになる。

(6) スタート前に各競技者のスタート練習時の様子を観察しておくことも大切である。

9 リコールについて

(1) 不正スタートを確認しても，リコールを撃たなければレースは開始される。

(2) スターターがリコールを撃たなくても，リコーラーが不正と判

断したらリコールを撃つこと。

(3) リコーラーによるリコールのタイミングが早すぎるときがある。スターターが見逃したときにリコールをすること。1発目で止まらない時に2発目を，それでも止まらないときに3発目を。むやみにリコールを撃たないように注意する。

10　腕の動き

(1) 写真判定装置利用が主流となり，手動計時に対応した腕の動きについて，特に意識する必要がなくなってきている。

(2) 1回失格の適用により，競技者のスタート動作に変化が現れている。

(3) 特に「Set」の後，腰が上がって静止するまでの動きが早く，すぐに静止して号砲を待つようになっている。

(4) スターターもこの早い動きへの対応が必要である。競技者の静止を確認し，スターターは上方に向けて構えた信号器で号砲を鳴らすこと。

11　分担割当での留意点

(1) 経験の浅い者は，中・長距離種目のスターターから担当させるとよい。このときは，経験豊富な者をリコーラーに配置すること。

(2) 経験豊富な者がスターターの時は，リコーラーに未経験者を配置する（経験豊富な者のタイミングの取りかたなどを観察）。

(3) スターターを割当てる時は，その前の種目には配置しない（最良のコンディションで任務にあたらせる）。

(4) 1人のスターターに同種目（予選～決勝）を担当させる。

12　スタートインフォメーションシステム（以降 SIS とする）使用時の注意点

(1) SISで感知できない動きがある。緩やかな上下の動きや，小さな動きなど。

(2) SISの機種により，信号器の動作時の振動などにて影響が出る場合も有るので，信号器の設置位置には注意が必要。

(3) スターターが SISの波形をすぐに見て判定できるように，SIS

の本体またはサブモニターはスターターのすぐ横に設置するのが
望ましい。

13　スターターの立つ位置

WAでは下記の基本的な考え方に基づいて位置を決めている。

> 「スターターとリコーラーは同じ目線で全競技者を監察する。
> 何か起こった際には，この2人のコミュニケーションが重要に
> なる」
> 「スターターは狭い視野で全競技者を監察できる位置で撃つ」
> 「スタート審判長は全競技者とスターター，リコーラーの動き
> を見守る」

【凡例】

Ⓢ …スターター　Ⓡ1 …リコーラー1（2・3も同様）　Ⓘ …インカム　Ⓡef …スタート審判長

　推奨位置として，WAのものを参考にしたものを示す。物理的環
境（トラックのコーナーの半径やサークルなどの設置状況，フィー
ルド競技との兼ね合い，ケーブル等の設置状況，スターターの身体
的差異等）によって，より良い位置は変わってくる。この数値が独
り歩きしないよう，それぞれの場面に応じて「狭い視野で全競技者
をしっかりと監察できる位置」を検討し，適切な運用をお願いした
い。

100mのスターター・リコーラーの位置

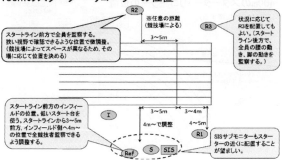

R2

スタートライン前方で全員を監察する。狭い視野で確認できるような位置で微調整。（競技場によってスペースが異なるため、その場に応じて位置を決める）

※任意の距離（競技場による）

3〜5m

R3

状況に応じてR3を配置してもよい。（スタートライン後方で、全員の腰の動き、脚の動きを監察する。）

I

スタートライン前方のインフィールドの位置。低いスタート台を使う。スタートラインから3〜5m前方、インフィールド側へ4m〜の位置で全競技者監察できるよう調整する。

4m〜で調整

3〜5m   3〜4m

4m〜5m

R1

SISサブモニターもスターターの近くに配置することが望ましい。

Ref **S** **SIS**

100mのスターター・リコーラーの位置 (WA)

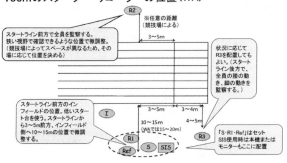

R2

スタートライン前方で全員を監察する。狭い視野で確認できるような位置で微調整。（競技場によってスペースが異なるため、その場に応じて位置を決める）

※任意の距離（競技場による）

3〜5m

状況に応じてR3を配置してもよい。（スタートライン後方で、全員の腰の動き、脚の動きを監察する。）

I

スタートライン前方のインフィールドの位置。低いスタート台を使う。スタートラインから3〜5m前方、インフィールド側へ10〜15mの位置で微調整する。

3〜5m   3〜4m

10〜15m
(WAでは15〜20m)

4m〜5m

R3

「S・R1・Ref」はセットSIS使用時は本機またはモニターもここに配置

R1

Ref **S** **SIS**

200mのスターター・リコーラーの位置

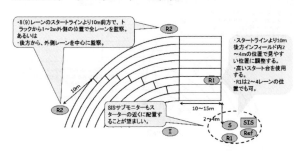

R2

・8(9)レーンのスタートラインより10m前方で、トラックから1〜2m外側の位置で全レーンを監察。あるいは・後方から、外側レーンを中心に監察。

R1

・スタートラインより10m後方インフィールド内2〜4mの位置に見やすい位置に調整する。・高いスタート台を使用する。・R1は2〜4レーンの位置でも可。

10m

R2

SISサブモニターもスターターの近くに配置することが望ましい。

I

10〜15m

2〜4m

S **SIS**

R1 **Ref**

400mのスターター・リコーラーの位置

（800mはこれに準ずる）

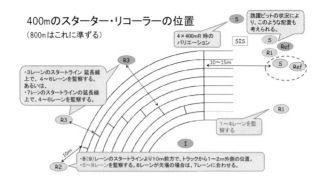

- ·3レーンのスタートライン 延長線上で、4〜6レーンを監察する。あるいは、
- ·7レーンのスタートラインの延長線上で、4〜6レーンを監察する。

4×400mR時のバリエーション

SIS

跳躍ピットの状況により、このような配置も考えられる。

10〜15m

1〜4レーンを監察する

·8(9)レーンのスタートラインより10m前方で、トラックから1〜2m外側の位置。
·5〜8レーンを監察する。8レーンが欠場の場合は、7レーンに合わせる。

中長距離種目のスターター・リコーラーの位置

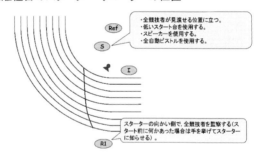

- ·全競技者が見渡せる位置に立つ。
- ·低いスタート台を使用する。
- ·スピーカーを使用する。
- ·全自動ピストルを使用する。

スターターの向かい側で、全競技者を監察する（スタート前に何かあった場合は手を挙げてスターターに知らせる）。

グループスタート時のスターター・リコーラーの位置

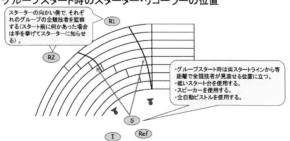

スターターの向かい側で、それぞれのグループの全競技者を監察する（スタート前に何かあった場合は手を挙げてスターターに知らせる）。

- ·グループスタート時は両スタートラインから等距離で全競技者が見渡せる位置に立つ。
- ·低いスタート台を使用する。
- ·スピーカーを使用する。
- ·全自動ピストルを使用する。

14 信号器を設置する理由

(1) 信号器は，スタート合図の号砲が時間差なく同時に聞こえるように研究開発された。

(2) 推奨している400mでのスターターの立つ位置でピストルのみの場合，時間差が最大約0.2秒生じる。

(3) フィニッシュラインでの写真判定による着順判定は，1/1000秒まで行われ，スタートの遅れは順位と記録にも大きく影響する。

(4) 200mでは，2台設置を必須とし，本連盟主催競技会では，100mは2台，400mでは4台の信号器を設置すること。その他の競技会においても，この設置台数を推奨とする。

号砲の到達時間　　（秒）

レーン	400m	4×400mリレー
1	0.0285	0.0285
2	0.0481	0.0560
3	0.0677	0.0845
4	0.0873	0.1130
5	0.1069	0.1415
6	0.1265	0.1700
7	0.1461	0.1985
8	0.1657	0.2270

スターターの位置からスタートラインまでの距離は次のようになった。

1）400m
1レーン：12m20
8レーン：59m58 ｝差＝47m38

2）4×400mリレー
1レーン：12m20
8レーン：78m00 ｝差＝65m80

トラック競技

303

100mでの信号器の設置位置
（1台設置の場合）

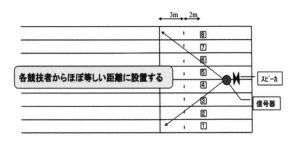

各競技者からほぼ等しい距離に設置する

3m　2m

⑧
⑦
⑥
⑤
④
③
②
①

スピーカ

信号器

100m
（9レーントラック・2台設置の場合）

3m　2m

⑨
⑧
⑦
⑥
⑤
④
③
②
①

2台が各スタートラインからほぼ同じ距離となる位置に設置し公平性を保つこと

200mでの信号器の設置位置

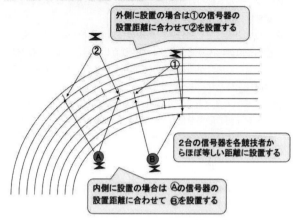

外側に設置の場合は①の信号器の設置距離に合わせて②を設置する

2台の信号器を各競技者からほぼ等しい距離に設置する

内側に設置の場合は④の信号器の設置距離に合わせて⑧を設置する

400mでの信号器の設置位置

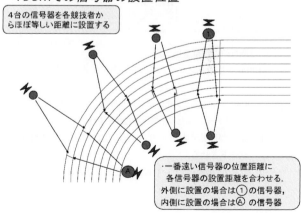

4台の信号器を各競技者からほぼ等しい距離に設置する

・一番遠い信号器の位置距離に
各信号器の設置距離を合わせる。
外側に設置の場合は①の信号器,
内側に設置の場合は④の信号器

15　フィールドと同時進行時の注意

(1)　フィールド審判員と連携し試技とスタートが重ならないように調整する。

(2)　投てき競技での掛け声，跳躍競技での手拍子などが「Set」の直前や直後に入り，スタートのやり直し（場合によっては撃ち戻し）となる場合がある。状況を判断し，スタートを待つ，あるいは試技を待たせるようにする。

(3)　メインスタンド前で走幅跳，三段跳が同時進行しておりフィニッシュ側の砂場を使っている場合，100mスタートライン側の砂場で助走練習をしてスタートライン脇を走り抜ける競技者がいる。マーシャルと連携し，これらの競技者を確実に静止させるようにする。

(4)　フィールド競技の試技時間と，スタートにかかる時間を以下の表に示す。

フィールド競技			スタートにかかる時間			
残っている競技者数	走高跳	投てき走幅跳・三段跳	予選（紹介なし）ファンファーレ⇒ Set	準決・決勝紹介⇒ On your marks	On your marks ⇒ Set	不正スタート等による再スタート
4人以上	1分	1分	約20〜30秒	約1分	約20〜30秒	約1分〜1分30秒
2〜3人	1分30秒	1分				
1人	3分	-				
連続試技※	2分	2分				

(5)　同時進行時の調整事例

　　　（100mとBゾーンホームストレート側での砲丸投が同時進行時）

　①　100mの予選で，ファンファーレが鳴った場合。

　　　（ファンファーレ⇒セットまで約20〜30秒）

　　i　試技が開始されていなければ，試技を中断し100mをスタートさせる。

　　ii　試技が開始されていれば，投てきが終わるまで100mのスタートを待つ。

　②　100mの準決勝または決勝で，ファンファーレが鳴った場合。

　　　（出場者紹介 ⇒ On your marks まで約1分⇒ Set まで約20〜30秒）

    ⅰ　試技を開始させ，終了したら一時中断し，100mをスタートさせる。

    ⅱ　100mの出場者紹介が5レーン以内であれば，次の試技を開始させる。終了したら一時中断し，100mをスタートさせる。

③　リコールでスタートのやり直しが発生したとき。

    中断している試技を直ちに開始。試技終了後100mをスタートさせる。

スタートインフォメーションシステム（SIS）について

1. 構造：左右のフットプレートが後方に加える力の変化量を，フットプレートをセットした中央の支柱を介して，支柱後端に取り付けたセンサーによって検出する。

2. 装置からの出力データ：スタート信号を基準にした時間軸上でセンサーが感知する力の変化量を継続的に測定し，ある大きさ以上の力（加速度）の変化が観察された時点をスタート動作の開始点（反応時間）とみなす。測定値は基本的には時系列数値であるが，図解析ソフトを連結させれば力曲線（波形図）を描くことができる。

3. オートリコール：測定した反応時間が0.100 秒未満の場合は号砲前に体が動いたと判断して自動的にリコール信号を発生させ，さらにスターターとリコーラーにヘッドフォーンを介して信号を送りリコールさせる。

   スタート動作の開始点がスタート信号よりも早かった場合（信号器が鳴る前にフットプレートを蹴った場合）も上記と同様のリコール措置を行うが，この時は－（マイナス記号）を付けてスタート信号時までの時間を表示する。

4. 測定値の評価と不正スタートの裁定：測定された反応時間が0.100秒未満でリコール信号が発信されても，即不正スタートとは限らない。リアクションタイムとともに，波形図の確認をすること。以下の波形図を用いて不正スタートと不適切行為の例を示す。

①不正スタートの例

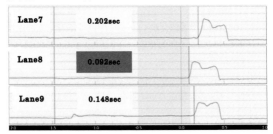

　第7, 9レーンはリアクションタイム，波形ともに正常なスタートを示している。一方，第8レーンの波形もスタートしたことを示しているが，リアクションタイムが0.100秒未満であるので不正スタートと判定される。目視で確認できなくても不正スタートと判定する。

②不適切行為の例

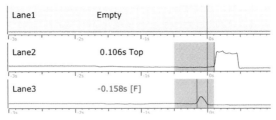

　第2レーンはリアクション，波形ともに正常なスタートを示している。一方，第3レーンはスタートに至らなかった波形でリアクションタイムは0.100秒未満である。号砲前に局所的な動きが確認され上記の波形を示している。この場合は不正スタートではなく，イエローカード（不適切行為）による警告として判定する。

※イエローカードによる警告とするか注意に留めるかどうかは，競技会や出場競技者のレベルに応じて一貫した判定をすること。

出発係

1 任務

① スターターが任務を十分に果たすことができるように，トラック競技の進行を円滑に進める進行役の任務を行う。

② 競技者を競技者係から引きつぎ，特にスターターとの連携を重視しアナウンサー，マーシャル，監察員との連携を取りながら競技の円滑な進行に努める。

③ 競技者が最良のコンディションでスタートできるように，競技者を定められた時間に，定められたレーンあるいはスタートラインに誘導する。

④ 定時にスタートできるように，スタートの準備やスタートラインに並ばせる方法，出場者の紹介の方法を競技会前に十分打合わせをして確認しておくこと。また，雨天時の対応についても確認をしておくこと。

(1) 主任

① 主任は，出発係を統括しCR23に定められた任務の分担を決める。

② スタートさせるために必要な用器具が準備されているかどうかを点検する（スターティングブロックやレーンナンバー標識，バトンなど）。

(2) 出発係

① 主任によって決められた任務を責任もって遂行する。

② アスリートビブスを点検する。

③ 競技者をスタートライン後方約3m（800mを超える種目ではスタートライン後方約1m）の所に並べる。

④ リレー競走の第1走者にバトンを用意する。

⑤ スタートの構えが正しいかを点検する。

⑥ スターターの指示により「注意」を伝えたり，不正スタートによる「赤／黒」（混成競技で1回目の不正スタートの場合は「黄／黒」）のカードを示したりする。

⑦ リレー競走の第2，3，4走者を正しいレーンや順番に並べる。

出発係の動き

集合線に競技者を並べる。

→

On your marks

→

選手紹介

スタート前のチェック
1）アスリートビブスを点検する。
2）空きレーンのレーン標識を撤去する。
3）スタブロはレーン内にセットされているか。
4）競技者のレース前のウエアの商標にも気をつける。
5）競技者を決められた集合線（1500m以上の種目ではスタートライン）に並べる。
6）リレー競走の第1走者にバトンを用意する。
7）リレー競走の第2, 3, 4走者を正しいレーンや順番に並べる。
8）スターターインカムより写真判定の準備完了を確認する。
9）スタート準備完了をアナウンサーに連絡。

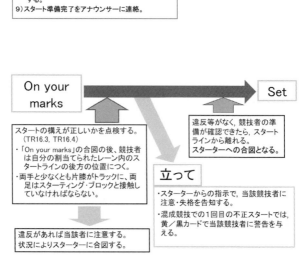

On your marks

→

Set

スタートの構えが正しいかを点検する。
（TR16.3, TR16.4）
・「On your marks」の合図の後、競技者は自分の割当てられたレーン内のスタートラインの後方の位置につく。
・両手と少なくとも片膝がトラックに、両足はスターティング・ブロックと接触していなければならない。

違反等がなく、競技者の準備が確認できたら、スタートラインから離れる。
スターターへの合図となる。

立って

・スターターからの指示で、当該競技者に注意・失格を告知する。
・混成競技での1回目の不正スタートでは、黄／黒カードで当該競技者に警告を与える。

違反があれば当該者に注意する。
状況によりスターターに合図する。

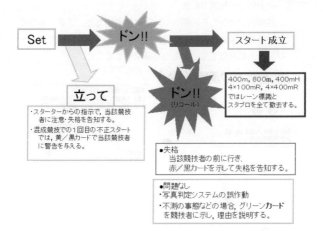

| Set | → | ドン!! | → | スタート成立 |

→ 400m, 800m, 400mH
4×100mR, 4×400mR
ではレーン標識と
スタブロを全て撤去する。

立って

ドン!!
(リコール)

・スターターからの指示で、当該競技
 者に注意・失格を告げる。
・混成競技での1回目の不正スタート
 では、黄／黒カードで当該競技者
 に警告を与える。

●失格
 当該競技者の前に行き、
 赤／黒カードを示して失格を告知する。

●問題なし
・写真判定システムの誤作動
・不測の事態などの場合、グリーンカード
 を競技者に示し、理由を説明する。

3 配置

出発係の配置は、原則としてつぎの図のようにするとよい。ただ
し、出発係の人数や競技会の性格によっては、適宜変えてもよい。
いずれの場合でも、必要な人員以上を配置することはない。

① 直走路での配置と動き

足がフットプレートに確実に接触しているかを確認するため
に、後方から確認する手順が追加された。

直走路の配置と動き

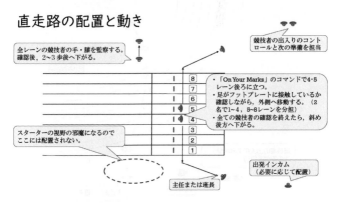

競技者の出入りのコント
ロールと次の準備を担当

全レーンの競技者の手・膝を監察する。
確認後、2~3歩後へ下がる。

	8
	7
	6
	5
	4
	3
	2
	1

・「On Your Marks」のコマンドで4・5
 レーン後ろに立つ。
・足がフットプレートに接触しているか
 確認しながら、外側へ移動する。（2
 名で1~4、5~8レーンを分担）
・全ての競技者の確認を終えたら、斜め
 後方へ下がる。

スターターの視野の邪魔になるので
ここには配置されない。

主任または班長

出発インカム
（必要に応じて配置）

311

② 曲走路での配置と動き

　　外側のレーンから内側のレーンに移動すると，スタートの姿勢の確認がより短時間でできる。手だけではなく，足がフットプレートに接触していることも確認をすること。

曲走路での配置と動き

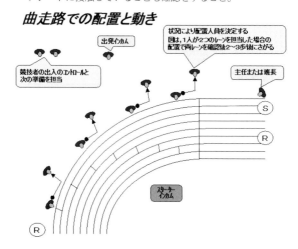

出発インカム

競技者の出入のコントロールと次の準備を担当

状況により配置人員を決定する
図は，1人が2つのレーンを担当した場合の配置で両レーンを確認後2〜3歩後にさがる

主任または班長

Ⓢ

Ⓡ

スターターインカム

Ⓡ

③1,500mでの配置と動き

1500mでの配置と動き

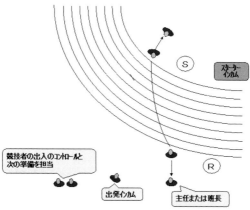

Ⓢ

スターターインカム

競技者の出入のコントロールと次の準備を担当

Ⓡ

出発インカム

主任または班長

④ 3000mSCでの配置と動き

3000mSCでの配置と動き

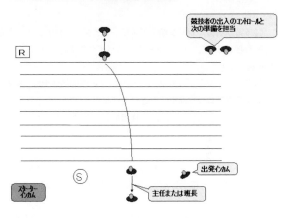

⑤ 長距離種目での配置と動き

長距離種目での配置と動き

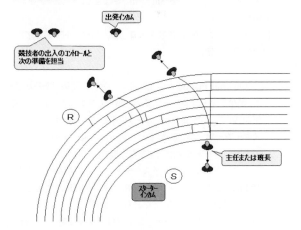

4 実施要領

(1) 時間の流れと任務

① 競技開始前

15分前

　競技者到着後，レーン順，アスリートビブス（腰ナンバー標識も含む），氏名，ユニフォーム，スパイクを確認。

5分前

　スターティングブロック，レーンナンバー標識を設置。スターティングブロックをセットさせて試走（回数，ハードルでは台数を明確に指示する），棄権者のレーンナンバー標識撤去。バトン，第2，3，4走者用のリレー用マーカーの配布（1カ所のみ使用可）。
　トラックを使用して行われるマラソン，競歩では，スタート5分前に脱衣を指示し3分前にスタートラインに並ばせる。

3分前

　1,500m～10,000mの競走（競歩）では，3分前に脱衣を指示，2分前にスタートラインに並ばせる。

2分前

　レーンを使用する競走の場合，2分前に脱衣を指示し，ただちにスタートライン後方約3mの所に並ばせる。

1分30秒前

　レーン順，ナンバー，氏名を再確認後，スタート準備完了をアナウンサーに連絡。

② スタート時

(a)　「On your marks」の正しい手のつき方，姿勢であるかどうか，足がフットプレートに確実に接触しているかを確認する。確認後，うしろに大きく2～3歩下がる。この行為により，スターターは「確認の終了」と判断し，「Set」の声をかける。

(b)　手のつき方・姿勢が適切でない場合。
　　スタートの構えで手がスタートラインにかかった場合。400mまでの競走（4×100mR，4×400mRの第1走者を含む）では，両手と少なくとも片膝がトラックに接地していない，両足がスターティングブロックと接触していない，

800mを超える競走では手がトラックに接触している場合にはスターターに合図する。

不正スタートでの失格時(赤／黒カード)の対応

		8
	'	7
	'	6
	'	5
		4
	'	3
	'	2
		1

・失格となる競技者の前に立ち,赤／黒カードにより失格を宣言する。レーンナンバー標識上に赤カードをたてる。
・混成競技での2回目以降の不正スタートによる失格も同様の手順とする。

混成競技1回目の不正スタートでの(黄／黒カード)の対応

		8
	'	7
		6
	'	5
		4
	'	3
	'	2
		1

・混成競技での1回目の不正スタートでは,黄／黒カードにより当該競技者に告知し,レーンナンバー標識上にも黄カードをたてる。
・当該競技者への告知後,中央に立ち全競技者へ黄／黒カードにより告知する。

混成競技1回目の不正スタートでの
全競技者への（黄／黒カード）の対応

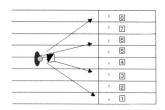

注意や不正スタート以外でのやり直しがあった場合
（外的要因，スピーカー，写真判定装置の不具合等）

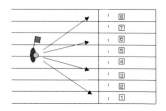

中央に立ち全競技者へグリーンカードにより再スタート
を伝達する。

曲走路での例

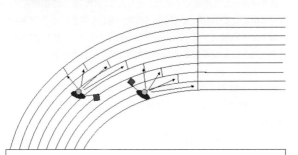

2名(場合によっては3名)が全競技者へグリーンカード
により伝達する。

③ スタート後

400m, 800m, 400mH, 4×100mR, 4×400mRにおいては，
監察員の任務に支障をきたさないように注意し，スターティン
グブロック，レーンナンバー標識を速やかに撤去する。

(2) 進行担当総務員・アナウンサーとの連絡方法

スタートラインに並ばせた後，出発係の1人は，スターターに
準備完了の合図をすると同時に，トランシーバー，インカムを使っ
て進行担当総務員・アナウンサーに準備完了の連絡をする。

(3) グループスタート時の並ばせ方

1,000m以上の種目で1回のレースに12人を超える競技者がい
る場合，主催者または審判長から指示を受け，競技者の2/3 を
第1グループに，残りを第2グループに分けてスタートさせても
よい（TR17.5.2）。

第1グループは通常のスタートラインに並び，第2グループは
二つに分けられた外側のスタートラインに並ぶ。

5 「注意」や「警告」「不正スタート」が宣告された場合の対処行動

　スターターが立たせて「注意」を与える場合，その理由をスターターに確認してから当該競技者（複数の場合もある）にその理由を口頭で伝えた後（グリーンカードは使用しない），全競技者に対して不正スタートや警告ではないことを，グリーンカードを表示して伝達する。

　スタート審判長からイエローカードが出され，競技者へ警告が与えられた場合には，出発係はグリーンカードを提示しない（TR16.5）。

　不正スタートの場合は，スターターにその理由を確認し，スターターから当該競技者（複数の場合もある）への告知に合わせて，出発係は赤／黒カードを示す。その後，レーンナンバー標識に赤を表示する。

　混成競技において，1回目の不正スタートの責任を有する競技者には黄／黒カードを示す。レーンナンバー標識に黄を表示する。全競技者に対しその後に不正スタートした競技者はすべて失格になる趣旨で黄／黒カードを示す。

6 留意事項

(1) 競技者に対する確認

① 服装，靴などの点検

　商標規制のある競技会では，競技者が着用するランニングシャツやパンツは TR5 に示されている通りであるが，それ以外に衣類についている商標マークには，「競技会における広告および展示物に関する規程」があるので，それ以上の大きなマークをつけている競技者がいた場合にはテープ等を貼る。

② アスリートビブスの確認

　競技者のつけるアスリートビブスについては，TR5.7, TR5.8, TR5.9, TR5.10 に示されているが，胸と背にはっきり見えるようにつけられているかを確認する。さらにアスリートビブスを切ったり，曲げたり，文字を隠したりしていないかを点検する。

　①②については競技者係で最初に点検，確認しているが出発係においても再度行うようにする。

(2) レーンナンバー標識の並べ方

　レーンを使用する競走においては，次のような方法で並べる。

① 　レーンナンバー標識は，内側のレーンが1番になっているので順次2～8（9）レーンの順に並べる。

② 　スタートライン後方4～5mの地点に並べる。

③ 　曲走路において，スターターがスタートラインの後方で合図するときは，並べ方に注意をする（②の位置の中央では競技者の足が見えない場合がある）。

④ 　欠場者のレーンナンバー標識は撤去する。

⑤ 　400mおよび800m競走またはリレー競走の場合はスタートした後，スターティングブロックとともにトラックの外側に撤去する。

(3) スターティングブロックの扱い方

　スターティングブロックは，400m（4×100mR，4×400mRを含む）までの競走において使用する（TR16.3）。

① 　レーンナンバー標識を並べるときに，一緒にスタートラインに置くようにする。

② 　スターティングブロックの取付けは，競技者の責任で行うようにする。スターティングブロックのいかなる部分もスタートラインに重ねてはならないが，フレーム後部は他の競技者を妨害しない限り，外側レーンラインからはみ出しても良い（TR15.1）。

③ 　全天候舗装競技場の場合は，スターティングブロックの前後をよく押さえつけないとずれてしまうことがあるので，必ず点検をすること。

④ 　スターティングブロックは主催者で準備することになっている（TR15）ので，個人のもち込みは許されていない。ただし，全天候舗装路でない競技場における競技会では，競技者は本連盟の規格に合ったものでかつ許可された場合，自分のスターティングブロックを使ってもよい（TR15.4〔国内〕）。

(4) バトンの管理

① 　出発係がバトンを準備することになっているので，スタート地点に運び，リレーの第1走者がレーンに並んだときに配布す

る。

　　　競技終了後，第4走者から受け取る。

②　バトンは，2組用意し，交代して使用するようにする。

③　バトンは，容易に認識できるような色とする。

④　バトンの規格については，TR24.5を参照。

7　その他

①　スタート地点で必要な用器具（スターティングブロックや
　　レーンナンバー標識など）は，用器具係が準備するが，出発係
　　は競技開始前に点検する義務がある。

②　全天候舗装競技場で行うリレー競走で使用するマーカー
　　（テープなど）は「本連盟が主催，共催する競技会では，マー
　　カーは主催者が用意する」（TR24.4〔国内〕）と記載されてい
　　が，競技者に直接手渡すのは出発係であるので，準備を忘れな
　　いようにする。

　　参考 | WAの考え方
　　WAでは出発係の任務はスタートに関することのみに限定され，
　スターターとともに活動するスタートチームの一員として定めら
　れている。リレー競走における第2走者以降の管理やリレー競走で
　使用するマーカーの配布は監察員の任務とされている。

共通認識事項

　号砲前の局所的な動き等に対する口頭による注意は，2018年よ
り警告の対象となる場合もある，となった。

1 「注意」や「警告」「不正スタート」（赤／黒カード）が与えられる場合の対処行動実際例

単独種目での注意・警告・失格の手順例

注意や警告時には、アナウンサーと連携してその理由を観衆に知らせる事も必要。

レーン									失格			摘要
1	2	3	4	5	6	7	8	9	レーン	理由	時間	
				1○								1C:ビクッ 2F:号砲直前に飛び出す 3C:号砲直前に動く。（同じ）行為を繰り返したということで審判長判断でイエローカードで警告。No.203の競技者
							2F		8	2F	10:16	
		3YC										

・1C＝5レーンの競技者に注意
状況によってはイエローカードによる警告もあり得る。　⇒　全競技者へ（グリーン）

・2F＝8レーンが不正スタートで失格　⇒　（赤／黒） 8

・3YC＝同じ行為を繰り返したということで審判長判断にて警告を宣告
局員（及び他の審判長）へ203に警告を与えたことを連絡。　⇒　（イエロー）【重要】この後グリーンカードは提示しない

混成競技での注意・失格の手順例

レーン									失格			摘要
1	2	3	4	5	6	7	8	9	レーン	理由	時間	
							1F					1F:号砲直前に飛び出す(10:16) ※setの合図と歓声が重なる 全競技者にグリーンカード提示 2F:号砲直前に飛び出す(10:18)
※												
						2F			7	2F	10:18	

・1F＝8レーンが1回目の不正スタートで警告
1回目の不正スタートとして全員に警告　⇒　（黒／赤） 8

・※＝set合図と歓声が重なったのでやり直し。　⇒　全競技者へ（グリーン）

・2F＝7レーンが2回目の不正スタートで失格　⇒　（赤／黒） 7

注意：以下の状況の場合はグリーンカードで，不正スタートではないことを競技者に告知する。
・注意が与えられたり，不正スタート以外の理由（写真判定装置が作動しなかった等）による再スタートのとき。
・場内の歓声や，スピーカーの不具合等で立たせてスタートをやり直すとき。
・多くの競技者が同じ様な行為を行ったときや，やり直しの原因を作った競技者が特定できないとき。

トラック競技

2 スタートで警告（イエローカード）が与えられる場合の対処

スタート時における不適切行為（TR16.5）が発生した場合，1回目は警告（イエローカード）が，2回目の警告による失格（除外：レッドカード）がスタート審判長または権限を委譲された審判員から示される。これは単独種目のみならず，混成競技における個々の種目おいても適用される。また，失格の対象はそのレースだけに止まらず，その競技会における以後の他のエントリーしているすべての種目から除外されることを意味する。

3 アナウンサーチームとの連携（分かりやすい競技会を目指して）

スタートをやり直す時，その理由が観衆に分かる言葉で伝えることが重要である。そのためには，タイミングよくスタートチームとアナウンサーが連絡・連携する体制づくりが必要である。

4 スタート記録表の作成について

不正スタートの判定に対し状況説明を必要とする場合や，度重なる「注意」に対応する「警告」も視野に入れ，不正スタートや注意の発生状況を記録しておくことが必要である。不正スタートによる失格や注意，不適切行為（TR16.5）による警告（イエローカード）を与えた場合，スタート記録用紙を使用し記録しておくことが必要である。これは，従来使用していたスタート記録用紙に，失格になった理由，時刻を記入できるように改訂したものである（一部表示省略）。該当する競技者に注意を与えたり，不正スタートや警告に値する行為を行った場合，各レーン番号の下に注意であれば（C：Caution），不正スタートであれば「F：False Start」，不適切行為（警告）であれば1回目「YC」2回目「YRC」のように略号で記録していく。そして失格が宣告された時には，失格の項に，そのレーンナンバーと失格した際の理由，発生時刻を記入していく。そのレース全体を通して，注意や警告，不正スタートが発生した順番を明らかにするために，CやYC，Fの記号の前に，1C，2YC，3F，4Cのように発生順に番号を振っていくと全体の流れが容易に把握できる。

競技会名							

男・女 種目	予準決	レーン ・不正スタートはF, 注意=C, 警告:1回目=YC, 2回目がYRC YC, YRC発生時は総則に競技者ナンバーを審査し,摘要欄に記載 ・警告なしの失格=RC ・警告なしによる不参加=RICN 失格の理由欄に記載									失格			摘要
		1	2	3	4	5	6	7	8	9	レーン	理由	時間	
(男)・女	(予)準決	1	2	3	4	5	6	7	8	9	6	F3	10:05	1C=ピクッ
100	2組		1C		2C		3F					:		2C=動く 3F=号砲前に飛出す
(男)・女	(予)準決	1	2	3	4	5	6	7	8	9		:		1YC=113なかなか位置につかず
100	4組			1YC		2C						:		2C=動く
(男)・女	(予)準決	1	2	3	4	5	6	7	8	9	8	RC	10:17	RC=264大声で呼ぶ
110mH	1組							1YRC				:		

不正スタートや警告時の出発係の対処行動

混成競技を除いて,一度の不正スタートでもその責任を有する競技者は失格させられる。混成競技では各レースでの不正スタートは1度までで,その後に不正スタートした競技者はすべて失格となる。それぞれ出発係の対処行動は以下のようになる。

―単独種目:不正スタート1回で失格―

(1) Aが不正スタート → Aに対し赤/黒カードを示して失格を宣言。レーンナンバー標識に赤を立てる。

(2) 不正スタートではないが,

① 「Set」の合図できちんと静止しない。

② 「信号器発射」前に(膝や腰など)体の一部が動く。

③ 「スタートの態勢」に入るのが遅い。

等の理由により,あるいは

④ 機器の不具合のため。

⑤ 場内が静かにならなかったため。に,スタートをやり直す場合がある。

この内,①から③については,審判長が該当競技者に警告を与えイエローカードを提示する場合がある。その際に出発係はグリーンカードを示さない。

④⑤については全競技者に対しグリーンカードを示すこと

トラック競技

となる。

　この時，観客に対して場内のアナウンスを通して説明することが重要で，事前に①～⑤の内容を記したカードを持ち合い，「○レーン②番」と連絡を入れたり，不正スタートがあった場合は「○レーン不正スタート」と連絡すると良い。アナウンサーはそれを受け「○レーン不正スタートと判定されました」とコメントを入れることが必要である。

―混成種目：不正スタート2回目以降誰でも失格―

(3)　Bが不正スタート→全員に対し黄／黒カードを示す。Bのレーンナンバー標識に黄を立てる。

　その後，Cが不正スタート→Cに対し赤／黒カードを示して失格を宣言。レーンナンバー標識に赤を立てる。

(参考　コラム「スタート時の警告内容アナウンス」)

雨天時におけるリレー用マーカーの工夫

　通常リレー用のマーカーとして主催者が用意するのはテーピングに使用するホワイトテープが多いが，雨天の場合にはトラック面に糊がつかないうえにトラック面にも吸着しにくいといったことが起こる。

　このような場合には更紙やちり紙など吸水性に富んだ紙を利用するとよい。これらの紙がすぐに用意できない場合にはコピー用紙などを規則に沿った大きさ（最大50mm×400mm）に切り，配布することで風雨が強い場合でも，水分の重みで飛びにくく，好評を得ているのでお薦めである。

　また，ある陸協ではフィールド競技に使用する区画線（ビニール製のテープ）を400mm以内の長さに切って利用している。これも重さがあるため風で飛ぶことも無くお薦めできる方法である。

周回記録員

1 任務

① 800m以上の競走では最終回に鐘を鳴らし，1,500mを超える競走では各走者の走り終った回数を複数の周回記録員が記録する。

② 周回記録員主任および若干名の専任者が必要である。

③ トラック競技審判長および決勝審判員，計時員，写真判定員との相互連携が重要である。

(1) 主任

① 各審判員の任務分担を決め，正確に任務を遂行できるように総合的に管理する。

② 記録結果を掌握するとともに，競技者に的確な指示ができる体制をつくる。

③ 審判長を補佐する。

(2) 周回記録員

① 各競技者の走り終った回数を記録する。

② 5,000m以上の競走および競歩競技では，割り当てられた競技者の各周回の時間を記録する。

③ 先頭競技者の残り周回を表示する。

④ 最終回は鐘を鳴らして各競技者に合図する。

2 配置

(1) 編成

① 800m，1,500m
　周回掲示板係（周回板操作，最終の鐘を鳴らす）1人

② 3,000m，3,000mSC
　周回掲示板係 1人
　周回記録係（各競技者の通過を競技者のナンバーで記録する）2人

③ 5,000m，10,000m
　周回掲示板係 1人
　周回記録係 8人〜10人

トラック競技

325

周回記録係のうち，2人は各周回の通過競技者のナンバーを記入する。他の周回記録係は，それぞれ競走では4人，競歩では6人以内の競技者があらかじめ割り当てられ，その競技者の通過時間を秒単位で記録する。

　　計時員（各競技者の通過時間を周回記録員に報告する）1人
　　計時員は，競技者のフィニッシュライン通過の時間を秒単位で読みあげる。

④　トラックを使用する道路競技

　　1周以上トラックを回ってから場外に出る道路競技（駅伝，マラソン，競歩など）は周回掲示板係1人

　　周回記録員が少ない場合の処置については，トラック競技審判長の指示により，トラック競技審判員の中から周回記録員を行うときには周回記録員主任の指揮下に入る。

　　この周回記録では，ICチップなどを使用したコンピューター化したシステムを使用してもよい。

(2)　配置

　各種目別に図のように配置する。

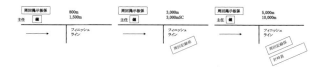

3　実施要領

(1)　周回掲示板操作の要領

①　周回掲示板の位置は，競技場の規模，設計等によって多少の差はあるが，原則としてフィニッシュラインの手前3〜4m，トラックから1mぐらいのフィールド内に位置する。

②　スタートする前に掲示する周回掲示板の回数（1周400mの場合）

800m　…**2**	1,500m　…**4**	3,000m　…**8**
5,000m　…**13**	10,000m　…**25**	

3,000mSC…**8**（1周400mトラックで水濠が外にある場合）

③　トラックからスタートする道路競技（駅伝，マラソン，競歩

など）についても，スタート後トラックを1周以上回る場合には，これに準じて回数を掲示する。

④ 各種目とも先頭の競技者が第2曲走路の出口からホームストレートに入ったとき「あと何回」と，主任に報告を兼ねて復唱しながら周回板の回数を変える。

(2) 鐘の鳴らし方

① 最後の1周を知らせる鐘は，先頭の競技者がフィニッシュラインの手前10mぐらいに近づいたときから約3秒間鳴らす。

② 先頭以外の競技者には，最後の1周を知らせる鐘は2〜3回鳴らす。出場者が多い場合には先頭のみでもよい（CR24.2〔国内〕）。

(3) 周回数を記録する場合

① 2人1組となり1人が競技者の先頭から順次ナンバーを読み，他の1人が周回記録用紙に記入する。

② 多数の競技者が一団となって通過するときは，その集団の少なくとも先頭と後尾の競技者のナンバーを確実に記録するとともに，何人通過したかを確認して記録し次の周回に備える。

(4) 周回時間を記録する場合

① 5,000m以上の競走・競歩競技では，すべての周回と時間を記録する。

② 周回の時間を記録する周回記録係は，計時員の読みあげた時間のうちあらかじめ割り当てられた競技者がフィニッシュラインを通過するときのみ時間を記録する。

(5) 時計の読み方

① 計時員は周回記録員の後部中央に位置し，各競技者がフィニッシュラインを通過する15mぐらい手前から秒単位で時計を読む。

② 時計の分針が次の分に変わるときは，競技者の通過の有無にかかわらずその都度「何分」と読み上げる。

(6) 周回遅れの競技者が出た場合の処置

① 主任からその競技者に周回ポイントを通過したとき告知する。

② 決勝審判員，計時員，写真判定員と密接な連絡をとり，フィ

ニッシュ時の判定に誤りのないように連携する。写真判定員との連絡方法（誰が周回遅れなのか，フィニッシュする競技者と周回遅れの競技者が重なったときなど）を決めておく。

(7) 終了後の処理

① 競技終了後，記録した時間は割り当てられた競技者ごとに各周回の時間を整理し，速やかに主任に渡す。

② 1周以上遅れた競技者が出た場合には，前の周と混同しないように記録用紙への記入にあたっては特に注意する。

③ 各周回記録係の周回記録は，主任が各競技者の周回と時間に矛盾がないかなどを確認し，さらに決勝順位判定前に決勝審判員主任と確認しあう。

④ 主任は，集められた周回記録の時間を特に任命した周回記録係によって一覧表を作成させ，参考資料として公表する。

(8) ICチップによる周回記録

長距離トラック種目を対象にICチップを活用した周回を確認するシステムが開発されているので，確実な周回記録を行うための一手段として活用してもよい。

周回記録係と周回掲示板係との連携事例
周回チェック表により，残り1周とフィニッシュを知らせる。
残り1周の鐘⇒黄カードにて知らせる。
フィニッシュ⇒白カードで知らせる。

2 組 周回チェック表（ナンバー／タイム） 審判長　　審判員

走った距離(m)	走った回数	残りの回数	1	2	3	4	5			
400	1	24	1'12	1'15	1'15	1'15	1'15			
800	2	23	2'24	2'26	2'25	2'24				
1200	3	22	3'37	3'38	3'39	3'37	3'37			
1600	4	21	4'50	4'51	4'53	4'52	4'51			
2000	5	20	6'03	6'04	6'05	6'04	6'04			
2400	6	19	7'18	7'20	7'20	7'19	7'18			
2800	7	18	8'32	8'34	8'34	8'32	8'32			
3200	8	17	9'47	9'49	9'49	9'47	9'47			
3600	9	16	11'02	11'04	11'03	11'02	11'02			
4000	10	15	12'19	12'19	12'18	12'18	12'16			
4400	11	14	13'35	13'34	13'36	13'31	13'31			
4800	12	13	14'49	14'50	14'48	14'47	14'49			
5200	13	12	16'08	16'05	16'03	16'02	16'02			
5600	14	11	17'29	17'19	17'19	17'19	17'19			
6000	15	10	18'49	18'58	18'31	18'30	18'39			
6400	16	9	20'08	19'55	19'49	19'44	19'43			
6800	17	8	21'29	21'14	20'59	21'01	20'59			
7200	18	7	22'49	22'34	22'14	22'13	22'12			
7600	19	6	24'08	23'54	23'30	23'36	23'24			
8000	20	5	26'29	25'18	26'48	24'54	24'36			
8400	21	4	26'50	26'32	26'03	26'11	25'51			
8800	22	3	28'11	27'52	27'24	27'27	27'06			
9200	23	2	29'32	29'11	28'43	28'22	28'22			
9600	24	1	30'49	30'27	29'57	30'03	29'37			
10000	25	0	31'59	31'40	31'04	31'14	30'46			

周回表示板の置く位置

　周回掲示板をフィニッシュラインの後方に置くと，走っている競技者や正面スタンドで観戦する観衆からは，フィニッシュタイマーと重なり通過タイムが見にくいという意見が寄せられている。

　そこで，フィニッシュライン手前3〜4mのところに周回掲示板を置いている。この位置だと，表示機器の視界の重なりを防ぐだけでなく，フィニッシュする競技者や，もう一周回する競技者への指示が出しやすいという利点がある。

　ただし，競技場によっては，芝生へ機材を置かないよう制限される場合もあり，どこに置けばよいか，競技者，観客，競技運営それぞれから満足が得られるよう，検討を重ね柔軟に対応していただきたい。

トラック競技

トラックでの長距離周回に
トランスポンダー使用の試み

　トラック競技での5000 m以上の長距離競走，競歩競技では周回遅れが発生すると周回記録の誤りにより一周多く回すことになったり，写真判定ではだれがフィニッシュか見誤り，撮影抜けによる記録なしになったりするなどのトラブルが各地の大会で散見されている。この間違いを防止し大会運営を円滑にする目的で，マラソンなどに使用されているトランスポンダーを腰ナンバー標識に装着し周回を記録する方法が試みられている。周回記録員および写真判定員はこのモニターで誰が何周か判別できる。また周回遅れは色で表示されるためわかり易く審判員の負担が減り，大会運営も円滑に進む。

受信機 フィニッシュ手前
50mのフィールド内に設置

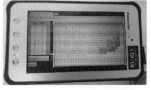

モニター周回の No. と周回
遅れは色で表示される。

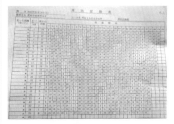

周回記録表　記録表として印刷

フィールド競技

フィールド競技審判員

1 審判長，主任の任務と権限 （CR18, CR19）

競技開始前の準備

審　判　長	主　任
① プログラムの競技注意事項および監督会議での申合せ事項等を確認し，競技運営が円滑に行われるようにする。 ② 審判員の出席状況ならびに班編成を確認し任務，権限の徹底を図る。 ③ 競技会当日の風向きを考慮し，助走方向やピット位置を決定する。 ④ 競技者が同時に2種目以上の競技に出場する場合，その許される範囲，許されない範囲を確認しておく。	① 審判長と連携をとり，審判員主任の役割を確認する。 ② あらかじめ，審判長からその権限の一部の委任を受けておく。 ③ 主任会議に出席し，関係役員との連携をとるとともに，申合せ事項を各審判員に徹底させる。 ④ 審判員および補助員を掌握し，それぞれの任務分担を明確にして指示する。問題があるときは審判長に報告して解決を図る。

⑤ 大会前にカメラマンのエリアを確認しておく。

⑥ 器具類等，物品のチェック。

⑦ インカム，端末機，科学計測装置の事前チェック。

⑧ 観客席（メインスタンド）から見やすい器材の設置と整理。

⑨ トラブル発生時の伝達方法確認。

2 審判員の行動

すべてのフィールド種目

① 審判員は競技場内において周囲（他人）を委縮させたり不快にさせる言動には特に注意する。

　また配置につくまでの歩行，旗の挙げおろし，測定時の態度，椅子の坐り方，着地判定員の立っている姿勢など，その1つ1つが観客から見られていることを念頭において審判にあたる。

② 任務中，他の競技に気をとられないこと。大きな歓声があがると思わずその方向に目を向けてしまいがちであるが，もしその瞬間に踏切ったり投げた投てき物が落下した場合は，踏切り足の痕跡や落下物の痕跡判定などに，絶対の確信を持つことができなくなる。

③ 首をかしげながらの判定は絶対にしない。跳躍競技では踏切り判定，投てき競技ではスターティングライン，足留，またサークルから出るときの判定，投てき物落下点における痕跡の判定などで首をかしげながら判定動作は周りに不信感を与える結果となる。

④ 競技中に競技者を指導してはならない。また，踏切位置を教えることもしてはならない（助力となる）。

⑤ 練習開始時からスムーズに運営することを心掛け，競技者にストレスを与えず，各競技者がパフォーマンスを十分に発揮できる雰囲気づくりに配慮する。

⑥ 規則に反する競技者には理由を明確にして注意を与える。他の競技者に迷惑を及ぼすような行動をとったり，審判運営を害するような言動をする競技者には厳しい態度で臨む。

悪天候（雨天）時などの準備

すべてのフィールド種目

① 競技者の控所

　　風のない場合は屋根だけのテントでも良いが，横なぐりの風雨の場合は三方を囲んだ天幕が必要である。テントならびにビーチパラソル等を張る場合は常にトラック競技の進行を考え，競技運営に支障をきたさないよう配慮する。また，トラック側ぎりぎりに設置することについては，トラック，フィールド双方の競技者にとって危険であるので配慮する。

② 用器具の保護

　　特に棒高跳のポール，投てき競技の用器具については雨に濡れないようにテント，ビーチパラソル等を設置することが必要である。その他にも雑巾等を用意して，滑ることによる危険の防止にも注意を払うべきである。

③ 記録用紙の保護

　　プラスチック製の記録用机がない場合，透明のビニール袋を用意するなどの工夫をする。

④ 審判員の服装

　　完全防水のフード付雨具が望ましい。傘をさしての審判は危険防止また観衆への配慮からも行ってはならない。

⑤ 用器具の手入れ，返納

競技終了後，用器具は十分手入れをする。例えば巻尺は一度全長に伸ばし，雨天時は特に泥水の除去，油を少量含ませ軽くするなどする。

特にフィールド用の科学計測装置は水に対して弱いので，取扱いは注意する。

競技中の留意点

審　判　長	主　　任
①　進行担当総務員との連絡を密にして競技運営，進行に万全を期す。 ②　警告，除外の権限を行使するときは理由を明確に伝える。 ③　競技中の危険防止に対する監視を行い問題点に関しては迅速に対応する。 ④　記録用紙にサインするときは誤りがないか点検する。特に手書きの記録用紙を横に見て，最高記録や風力の記載に間違いがないか確認する。また，記録用紙を縦に見て，順位やTOP8に間違いがないか確認する。	①　審判長より委任された任務は責任をもって処理するとともに必ず審判長に報告する。 ②　決定を下すのに疑問を生じ，決定できないような事柄は審判長にその決裁を求める。 ③　新記録に挑戦するときは必ず計測に立会い責任をもって記録を確認する。その場合は審判長に報告，またアナウンサーにも連絡する。 ④　透視計測器，科学計測装置等にトラブルが発生したときは審判長に連絡し，競技を遅延させないよう最善の策を講じる。

3　世界記録，日本記録が誕生した時の対応

審　判　長	主　　任
①　世界記録・日本記録が生まれた場合は，CR31，CR37に記載されている内容により作成した申請書に署名する。日本記録（オリンピック種目のみとし，U20・U18，室内は含まない）が樹立された場合ドーピング検査を24時間以内に受けさせる必要がある。 ②　投てき種目においては，世界（日本）記録と同等か上回った場合，投てき物が規則に合致しているか再度検査を行い確認する。	①　記録は3名のフィールド競技審判員が検査済みの鋼鉄製巻尺または高度計で正確性を確認する。あるいは科学計測装置を用いて計測され，正確性が確認されなければならない。 ※鋼鉄製巻尺で計測する場合は，試技を計測する審判員，巻尺を引っ張る審判員，巻尺の0の位置にピンを合わせる審判員の3人で記録の正確性を確認すること。

② 高さの跳躍では試技でバーに触れた場合，複数の審判員で，その次の試技の前に再確認する。

③ 距離の跳躍では走幅跳，三段跳では平均秒速追い風2m以下であること。世界記録公認のためには非機械的（超音波）風向風速計を使用していること。

④ 投てき種目では予め投てき器具に番号をつけておき，毎試技ごと誰がどの器具を使用したかチェックしておくとよい。

アスリートビブス，商標広告等について

すべてのフィールド種目

① アスリートビブス

競技者は TR5.7 に定められているように，アスリートビブスをつけなければならない。違反者には注意を与え修正させなくてはならない。跳躍競技では胸または背のどちらかにつけるだけでよい。

② 商標，広告等

競技者は「競技会における広告および展示物に関する規程」に反する商標，広告等のついた服装，所持品を競技場内に持ち込むことは許されない。これに違反した競技者には注意を与え，違反している商標，広告等にはテープを貼るなどをして違反となっている部分を隠す措置をする。

マーカー

すべてのフィールド種目

① 主催者が準備したものまたは承認したマーカーを走高跳，棒高跳，走幅跳，三段跳，やり投では2個まで，それ以外の種目では1個使用できる（TR25.3）。

② 走高跳は助走路上に，その他の跳躍種目とやり投は助走路の外側に，サークルから行う投てき競技ではサークルの直後に置く

(TR25.3)。

【point】　走高跳は支柱の延長線上にもマーカーを置くと規定数を超えてしまうことがある。競技開始前1人当たり2個までのマーカーが使用できることを確認する。TOP8試技開始前には終了競技者のマーカーを撤去させる。

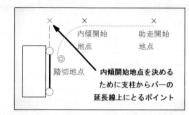

禁止事項（TR25.2）

すべてのフィールド種目

① 競技が開始されたら競技者は練習の目的で次のものを使用することはできない。

(a) 助走路や踏切場所

(b) 棒高跳用ポール

【point】　国内ルールとして(b)は審判長が特に認めた区域において使用可能としている。例えば，競技者間の競技能力に著しい差があり，1時間以上経過してから当該競技者の試技が開始される状況下で許可した事例が報告されている。その際に練習を認めた区域の安全をきちんと確保する必要がある。審判長が認めていない場合ポールを持っての練習はできない。

(c) 投てき物

(d) 投てき物を持つ，持たないに関係なく，サークルや着地場所

を使用することはできない。

【point】　審判長はじめ審判員は競技中の危険防止に対する監視を行う。

助力（TR6）

跳躍審判員	投てき審判員
①　競技者が競技場外に出て監督やコーチの指示を受けたり，監督やコーチが競技場内に入って助言をしたりするのは規則違反であり，文書をもって助力することも規則違反となる。	
②　競技者は競技中でも競技場所からだけでなく，競技場所を離れてスタンド下まで行き，競技場外の監督，コーチと会話することが許されている（競技中の離脱（TR25.19））。ただし，フィールド内で競技中の競技者が，周回レース中のトラックを不注意に横切らないよう審判員の許可を得て，あるいは審判員が伴うなどの注意が必要である。監督らがビデオ装置等を見せて指示を与えることができるようになったが，競技者が手に持ったり競技場内に持ち込むことは規則違反である。その他の物品の受け渡しもしてはならない。	
③　競技者同士での助力が見られたときや，他の競技者に公平を欠くような内容のときは注意を与える。	
④　棒高跳では手袋の着用が認められる（TR28.3）。	④　投てき競技において，試技を行う際に身体に重りを装着する等，何らかのかたちで助けとなる器具を使用することは認められない（TR32.4）。また，手や指にテープを使用する競技者がいる場合，競技開始前に審判員主任が確認する。
⑤　棒高跳ではボックスの周りにクッションを置くことができる。かかる用具の設置は，競技者の試技に割り当てられた時間内に行わなければならず，競技を終えた後，直ちに当該競技者が取り除く。	⑤　砲丸投と円盤投で，競技者がチョーク等の物質を器具につけることは認められるが，ぬれた布で簡単に拭きとれ，後に残らないものでなければならない（TR32.5）。また，チョーク等の物質を靴底につけることも認めてはならない。

⑥　棒高跳のポールにおけるテープの巻き方注意

　　ポールの握りの部分（手を保護するため）と下部（ポールを保護するため）にはテープあるいは適切な物質で幾重にも巻いてもよいが，握り部分のテープは必然的に重なり合う部分を除き均一でなければならず，ポールにリングを付けたような太さが突然かわるような状態にしてはならない。従って，下図のようにテープ

を凹凸に巻くような行為は規則違反となるので，注意が必要である。

事故防止

跳躍審判員	投てき審判員

① 練習のときでも競技中であっても，競技者を砂場付近，投てき物落下付近に近づけさせない。

② 審判員も不用意に助走路に立ち入ったり，着地場所（落下地点）に立っていると思わぬ事故を起こすので注意する。

③ 走幅跳，三段跳においては砂場の先にフィニッシュタイマー用の光電管が設置されている状況が多いので，走り抜けた競技者がそれらに衝突しないようコーンやテープを張って安全を図る。 ④ 棒高跳ではポールの曲がり具合によって跳躍した競技者が思わぬ方向に飛び出ることがあるので，マットの周りには計測用具や備品類を置かないよう注意する。	③ 投げられた投てき物から目を離さないようにする。 ④ 円盤投，やり投の判定には常に風向，太陽光線に注意し風上から判定する。 ⑤ 円盤投，ハンマー投において思わぬ方向に用具を手放すことがある。角度，距離的に危険な場所で他の競技が行われているときは，その付近に審判員を配し他の競技者ならびに審判員にも注意を喚起する。それでも予想外に大きくそれて投げられた場合は「危ない」と大声で叫ぶ。

アナウンサーとの連携

すべてのフィールド種目

① 競技開始，終了の審判員合図とアナウンスを同調させる。
② 競技会は目の前で展開されるトラック競技に目をとられがちである。フィールド競技を盛り上げるために，その進行状況をできるだけアナウンサーに連絡し，状況を観衆に伝えるよう心がける。好記録や新記録が出たとき，好記録や新記録が期待されるときには速やかにアナウンサーに知らせ大会を盛り上げるよう努力する。
③ 上位8人（TOP8）が決定したら，できるだけ早くアナウンサーに知らせることが大切である。ナンバー，氏名，記録を知らせれば良い（情報処理システムを使用してない大会では記録用紙の原票を1枚余分にコピーしておき，それをアナウンサーに渡すことも一方法である）。

報道関係者との接触

すべてのフィールド種目

① カメラマンのエリアを確認しておく。カメラマンは決定的瞬間を撮ろうとするあまり，事前にとり決めてある禁止区域に立入ることがあるが，これが競技者に心理的影響を与えることもあり，また競技運営上も危険である。
② 危険防止と運営上の見地から約束を守らないカメラマンがいたら，一時競技を停止してでもエリアを守らせる。審判をしながら報道関係者の整理はなかなか大変なことであり，判定に集中しているときでもあるのでお互いに言葉が荒くなりがちであるが，マーシャルと連携をできるだけ密にして整理をしてもらうと良い。

同時に2種目以上出場する競技者の取扱い（TR4.3）

すべてのフィールド種目

① 競技開始前に必ず申し出るよう指導する（競技者係からの情報の再確認）。申し出があった場合，審判長は競技会に先立って決めた順序によらないで，試技を許すことができる（審判長のこの権限は，あらかじめ主任または競技者担当に委譲しておくと良い）。
② 試技順を変更する場合は公平の原則から他の競技者にも伝えて周知させるべきである。

③　同時刻に2種目の競技を兼ねる場合，いずれの競技種目を優先させるか競技者自身が決めることであるが，トラック競技と兼ねているときはトラック競技が優先となる。

④　競技者が与えられた試技順（変更を含めて）に不在のとき，その試技時間が過ぎればパス扱いなる。

⑤　高さを競う競技では［国内］適用により，事前に申告しておくことで無効試技扱いにすることが可能である。他種目へ移動する際に，試技順に間に合わない場合はその試技をパスにするか，無効試技にするか確認しておくことが大切である。

高さを競う競技での同時申し込み競技者の扱い

　高さを競う競技で，他種目と掛け持ちしている競技者に対して，審判長の判断で各試技に一度試技順を変更することが許される。

　例えば1m80の1回目最初に跳躍させたが失敗し，その後他の種目に行き，戻ってきたら2回目の最後に試技させるといった方法である。ただし，2回目に間に合わない場合も有りうるので，その時の扱いを「パス扱い」にするか「無効試技扱い」にするのか本人に確認しておく必要がある。

　「パス」はその高さを試技しないことなので，その高さの途中で戻ってきても次の高さまで試技することができない。「無効試技扱い」にすると，その高さの途中で戻ってきた場合，残りの回数を試技することが可能であるが，戻って来なかった場合，呼び出しに合わせてタイマーが作動し，所定の時間が過ぎたら赤旗が挙がり無効試技となる。

　仮に3回目に戻ってきたら，残り1回の試技が許されるが，3回連続で無効試技となった場合，その時点で競技終了となる。

　なお，何の確認もできなかった時は「パス扱い」とするが，他のすべての競技者が競技を終了していて，ある競技者がその場に不在の場合，与えられた試技時間が経過した後，審判長は「試技放棄」と見なすものとする。

4 審判員の任務

準備

跳躍審判員	投てき審判員
① 競技ができるよう必要な器具，器材をセットする。	
② 計測に関係する器材および場所は入念に点検する（競技開始50分前に完了）。	

① 競技ができるよう必要な器具，器材をセットする。

② 計測に関係する器材および場所は入念に点検する（競技開始50分前に完了）。

跳躍審判員	投てき審判員
(a) 走高跳では両支柱間と外側に規則で定められた白線を引く（TR27.2〔注意〕）。	(a) 投てき場の角度線は正確でまっすぐなラインを設置する。
(b) 棒高跳のマット設置に関しては，ポールがマットに触れないようにする。	(b) 投てき角度線内の距離線は出場競技者の記録を考慮し5m毎または10m毎とする。出場競技者が投てきする際（観衆が見るため）の目安となるように，適切な数の本数の距離線を引く。例えば競技者の記録が幅広い（40m～70m）場合は，4本程度の距離線が必要である。ただし砲丸投は1m毎とする。
(c) 棒高跳ではボックス先端に沿ったマット上に白線を引く（ゼロライン）。さらに助走路に沿ってゼロラインから適切で安全なディスタンスマーカーを設置する。	(c) 予選通過標準記録を示すラインは黄色で，大会記録等は赤色とするのが望ましい。

(d) 透視計測器，科学計測装置等の使用法については事前に熟知，練習しておく。また計器類は精密機械であり取扱いは慎重にする。

(e) 科学計測装置は計測員と連携して設置場所を決める。

(f) 器具の取扱いを慎重にして計測の正確性を期す。

③ 風力計測員，科学計測員，アナウンサーなど関係役員と連絡をとり，開始予定時刻に競技が開始できるよう配慮する。

④ 補助員に対する指導

  (a) 補助員は自分の分身と考え親切に指導するとともに，常に行動を見守って正しい行動ができるように配慮する。

  (b) 必ず安全第一であることを周知徹底する。投てき場では投げられた投てき物から絶対に目を離さないように指導する。練習投てきの際も危険を伴う。身の危険を感じた場合，すぐにその場を離れることを指導する。危ない場合は競技役員・補助員間で声を掛け，ただちにその場から離れるようにする。

  (c) 判定に関する部分を補助員に担当させることはできない。また公正・公平の観点から，例えば砂ならしなどは短時間で平らに整地するよう指導するが，補助員まかせにせず，審判員が最終チェックをすることが必要である。

(d)　次競技者の呼び出し，手動記録表示板・TOP8表示板の操作，
　　落ちたバー直し，投てき物の運搬等，補助員の任務は競技会の
　　規模，性格に応じて多岐に渡る。将来の公認審判員取得を目指
　　すきっかけとなるように興味・関心を引きつけさせると共に，
　　必要なルール理解の指導も行えると良い。

走高跳の支柱間と外側の白線

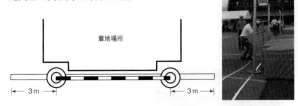

留意点：地面に引く白線の助走路側の端をバーの助走路の面に合
わせ，白線は支柱間にも引く。

（跳躍せず白線を踏んだり踏み越えたりした場合は無効試技）

棒高跳のゼロラインの引き方

　　走高跳と同様に棒高跳においても助走路側と着地場所側の区
分があり，これを定めるラインを「ゼロライン」と呼ぶ。これ
はボックスのストップボード内側上縁の垂直面が基準で，これ
を越えた地面または着地場所に，バーを越える前にポールある
いは身体が触れると無効試技となる。

　　この境界を明示するために，助走路の中心線と直角に幅
10mmのラインを引かなければならない。着地場所のマットの

上，さらに支柱の外側ま
で延長しなければならな
い。この長さに規定はな
いが，本連盟施設用器具
委員会が定めたところに
よると500mm程度とし
ている。

棒高跳のディスタンスマーカー

　ルール上は TR25.3.3 の国際扱いとなっているマーカーだが，このマーカーは競技者，コーチに対しても有効なものであることから国内競技会でも設置することを推奨する。

〈設置方法〉

　助走路に沿って「ゼロライン」から2.5m地点をはじめとし5mまでは0.5mごとに，5mから18mまでは1mごとに設置する。

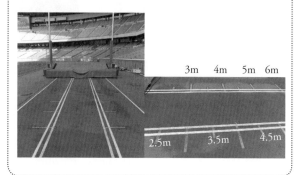

やり，円盤，ハンマー投距離線

砲丸投距離線

科学計測装置の設置

科学計測装置の作動確認

　フィールド競技の記録計測に科学計測装置を使用する場合は，競技の開始前に数カ所のポイントを定めて鋼鉄製巻尺による計測を併行して実施し，値の一致を入念に調整・確認する。従来は，競技終了後に再度計測し，競技開始前の計測結果と一致しているかを確認する必要があったが，2020年からは鋼鉄製巻尺を用いることなく，予め点検用ポイントを決めておき，そこを確認することで済ませることができるようになった。確認結果は科学計測装置確認書に残す。

　　尚，トラブル防止で気をつけたいことは，夏季には内部温度が上昇し，機器が熱暴走を起こすことがあるので，パラソル等で日よけをすること，直接ウレタン舗装面に機器を置かない

科学計測装置確認書
EDM ／ VDM ※どちらかに○をつける

種　目 _____

実施日　　　年　　　月　　　日

競技開始前確認時刻　　　：

計測ポイント	A	B	C	その他の場所
科学計測装置				
鋼鉄製巻尺				

(単位：m)

競技終了後確認時刻　　　：

計測ポイント	A	B	C	その他の場所
科学計測装置				

(単位：m)

略図（踏み切り板・投てきサークル・投てきスタートラインを左辺として計測ポイントをスケッチする）

　　　審　判　長 _____

　　科学計測員主任 _____

　　計 測 担 当 者 _____

　　　　J　T　O _____

※EDM：電子光学距離測定装置
※VDM：ビデオ距離測定装置

(JAAF-37, 2023/03)

処置をすることが必要である。さらに雨天時には反射鏡に水滴が付着しないよう配慮することも大切である。

競技中何らかの計測装置トラブルが発生した場合，痕跡の確保には十分配慮する。また，トラブル防止の観点から痕跡側審判員は，計測結果との整合性にも気を配る必要がある（トランシーバー等，通信機器の利用）。各ラウンド終了後に点検用のポイントを確認するとよい。

審判員構成と配置

走高跳

棒高跳

走幅跳・三段跳

砲丸投

円盤投・ハンマー投

やり投

ハンマー投用囲いの設置に関する留意事項

　ハンマー投用囲いの設置については TR37 に詳細が規定されているが，競技場に備え付けられている設備の形状がそれぞれ異なるので，実際の競技会では技術総務の指揮の下，ルールに沿う形で運用されている。特にサークル前方の囲いに接続される可動パネルの運用については，危険防止の観点からも厳格に行われなくてはならない。

　ルール通りに運用すると，写真の通りパネルによる圧迫感を感じるが，競技者は普段の競技会から慣れるしかなく，競技会運営も対応していかなければならず，この位なら安全だろうという審判員の感覚による判断ではなく，あくまでもルールに沿った設置を行うことが重要である。

　可動パネルをどの位置まで閉じるかについては，あらかじめそのポイントを技術総務と打合せし，ルールブックに示された図に基づいてマークすることが必要で，右投げ左投げに対応できるようにする。

ハンマー投囲い補助ネットの設置方法について

　観衆，競技役員，競技者の安全を確保するために囲いを設置する。このため囲いが大型化され，左側の可動パネルは右投げの競技者，右側のパネルは左投げの競技者に使用する。

　右投げの競技者のときには，左側の可動パネルを投てき角度線の中に入れる。この時左側のパネルに当たらなくても，角度線の外側にハンマーが飛んでいくので注意が必要である。逆に右側のパネルでは，パネルが無ければ角度線内となる投てきがパネルに遮られるデッドスペースがある。これは右投げ，左投げの競技者の投てきエリアを同じにするためである。

　可動パネルが一体となっているハンマー投囲いの場合，投てき角度34.92°の中心線から1.12ｍ外側の位置に可動パネルの先端が来るように設置する。その位置はサークルの中心点から7.00m（台車の位置は7.682m）離れた位置である。

------ R2407 サークルの中心からの軌道

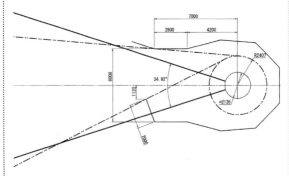

　一方，一体的でない囲いの場合，補助ネットを可動パネルの代わりに使用することになる。その際，囲いの前方の支柱に合わせて設置しようとすると，台車同士がぶつかり，移動作業に困難をきたすことが多い。また，囲い本体と補助ネットの間に隙間ができ飛び出すことがある。

　そこで今回，一体的でない囲いの補助ネットの置く位置を20mのメジャーで決める方法を紹介する（次項の図を参照）。

1　中心線から1.12 mの位置（Bポイント）

- ・サークル中心の右端にメジャーのゼロとする。
- ・Bポイントの方向にメジャーを6.734 m伸ばす。そこから
サークル中心の左端に向かってメジャーを6.326 m伸ば
し，メジャーの目盛り13.060 mを押さえる。三角形の頂
点がBポイントとなる。

　※サークルの中心の右端にメジャーの目盛りを0mとして
　　Bポイント方向に6.734m伸ばし，もう一つメジャーを
　　用意し，サークルの左端の目盛りを0mとしてBポイン
　　ト方向に6.326m伸ばす。二つのメジャーの交点がBポ
　　イントとなる。

2　反対側の間口の位置（Aポイント）

- ・サークル中心の右端にメジャーのゼロとする。
- ・Aポイントの方向にメジャーを7.215 m伸ばす。そこから
サークル中心の左端に向かってメジャーを8.189 m伸ば
し，メジャーの目盛り15.404 mを押さえる。三角形の頂
点がAポイントとなる。

　※サークルの中心の右端にメジャーの目盛りを0mとして
　　Aポイント方向に7.215m伸ばし，もう一つメジャーを
　　用意し，サークルの左端の目盛りを0mとしてAポイン
　　ト方向に8.189m伸ばす。二つのメジャーの交点がAポ
　　イントとなる。

　右左両側に設置すべき位置に目印をつけておき，作業がス
ムーズに行えるようすることが肝心である。

　このようにすることで移動がスムーズになると共に，いわゆ
る，ハンマーを引っ張り過ぎてしまった場合でも補助ネットが
遮る範囲が増え，安全が増すエリアも増え，一体的な囲いとほ
ぼ同じ投てきエリアとなることになる。また，競技者が圧迫感
を感じることも少なくなる。

　もちろん，こうすることで事故がゼロになるわけではなく，
競技者を含めた現場審判員の安全に対する意識の高さと連携が
必要なのは言うまでもない。

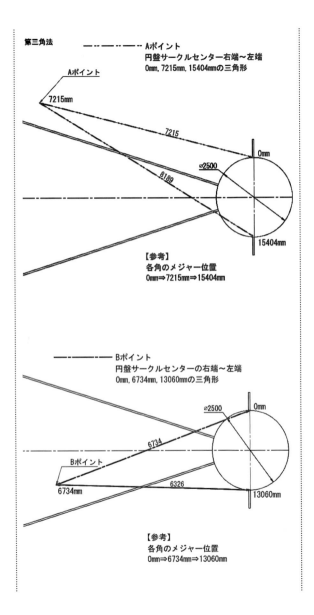

第三角法

——・——・—— Aポイント
円盤サークルセンター右端～左端
0mm, 7215mm, 15404mmの三角形

Aポイント

7215mm

7215

∅2500

0mm

8189

15404mm

【参考】
各角のメジャー位置
0mm⇒7215mm⇒15404mm

—————— Bポイント
円盤サークルセンターの右端～左端
0mm, 6734mm, 13060mmの三角形

∅2500

0mm

6734

Bポイント

6734mm

6326

13060mm

【参考】
各角のメジャー位置
0mm⇒6734mm⇒13060mm

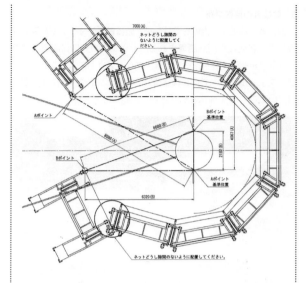

しかし古いタイプの囲いや，経年劣化等で寸法通り置いても隙間ができてしまう場合がある。その場合（の対応策として予備の補助ネットを使い本体と補助ネットの間に設置して隙間をなくす方法や，本体や補助ネットをひもで引っ張り隙間をなくす方法などがある）は，間口6mを確保した上で，観衆，競技役員そして競技者の安全を確保できる位置に補助ネットを設置する。その際には，技術総務，投てき審判長で安全性の確認をすることが重要である。

5 競技者の待機場所

　競技者は招集所で点呼を受けた後，競技者係やマーシャル等の先導により各競技場所へ誘導される。トラックの外側に設置されたピット（走幅跳や棒高跳等）では，ダッグアウトに入ることもあるが，フィールドの中で行われる種目では，テントやベンチが用意されていることが普通である。

練習

跳躍審判員	投てき審判員
① 入場した競技者に競技前の練習時間を与え，適正な準備で競技に臨めるよう指示する。	
② 競技場に入ってきた競技者を公平に効率よく練習させるには，次のようなやり方で指示すると良い。	
(a) 「競技者全員集合」と声をかけ，「練習はプログラムに記載された順序で行う」	
(b) 「練習1回目。何番」「次何番」「何番準備」というようにするのが公平で安全な方法である。	
③ 高さの競技では申合せた練習の高さを準備し，プログラムに記載された順序で練習をさせる。	③ 待機場所付近で，投てき物を持って勝手に練習をさせないよう十分に管理する。

フィールド競技の練習試技時間と待機選手の管理

　招集所で最終コールを受けたフィールド競技者は，それぞれの競技場所に誘導され練習方法などの説明を受けた後，公式練習を行う。種目の特性によって多少の差はあるが，通常は2回の練習機会が与えられる。これは最小限であり，時間が許すなら，一部またはすべての競技者による追加練習は認めるべきである。

　走幅跳や三段跳，あるいは砲丸投等，ピットやサークルに入って直ぐに練習試技が開始されれば良いが，特にハンマー投ではサークルの中でのスイング練習や，投げずにターンの練習だけを何度も繰り返し行うなどの例が多数報告されている。これでは競技開始が遅れるばかりでなく，他の競技者に対しても著しく公平性を欠くこととなる。

　こうした行為を防ぐためには，練習試技からタイマーを作動させ，1分が経過したら赤旗を挙げて練習終了を宣言する方法が有効である。突然「赤旗」を挙げられれば競技者は混乱するかもしれないので，練習開始前の諸注意の中で説明し，徹底しておくことが必要である。定刻の競技開始まで時間が残っている場合は，希望者に追加の練習試技を与えても良い。

　投てき競技の練習及び競技中，選手待機場所付近での投てき物や代替用具を保持しての練習を度々見かけるが，これは審判団が競技区域の方向にのみ意識が集中していて後方の状況を充分に把握していない場合に多い。

　競技が開始されたら，器具を持っての練習は規則で禁止されており，また事故防止の観点からも選手の待機場所周辺を監察しながら管理する審判員を置くことが望ましい。

競技者のベンチへの座らせ方

　競技者は招集所で点呼を受けた後，競技者係やマーシャル等の先導により各競技場所へ誘導される。トラックの外側に設置されたピット（走幅跳や棒高跳等）では，ダッグアウトに入ることもあるが，フィールドの中で行われる種目では，テントやベンチが用意されていることが普通である。

　この時，ベンチの座る位置についてまで指示することはあまりなく，競技者の自由に座らせている場合が多いのではないだろうか。しかし，ややもすると荷物を広げて自分のスペースを余分に取ったりする競技者もおり，それが原因でトラブルに発展してしまうケースも少なくないようである。

　この対応として，ベンチにあらかじめ試技順を示すカードを貼っておき，それに従って座らせる方法がある。

　この方式であれば皆平等となるし，試技順を間違えるといったことも少なくなる。

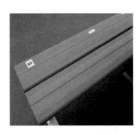

次の競技者の待機場所

　中学生や高校生の競技会では参加人数が多く，走幅跳や三段跳では，A，B2つのピットを使用することがよくある。その時ピットが隣接していることからベンチ付近では大変混雑する状況が生じがちである。そして，呼び出しの声が聞こえなかった，気が付かなかった，そのためタイムオーバーとなり無効試技になってしまった，と抗議に発展するケースが起こりがちである。

　そのようなトラブルを防ぐための方法の一つとして，試技順を示した流し用紙をベンチ付近に掲示し，自分の順番まであとどのくらいあるか把握させることが有効である。さらに，助走の開始位置付近後方に次の競技者の待機場所を設け，呼び出しされる前にそこで待機しておくことを競技開始前に説明し，徹底しておくとよい。

6 競技

競技開始・終了時の旗の上げ方

すべてのフィールド競技

競技開始の合図　　　　　　　　競技終了の合図

試技時間の厳守　（TR25.17）

すべてのフィールド競技

① 試技のできる準備が整った時点で競技者に指示し，その時点で時計をスタートさせる。競技者の都合に合わせる必要はない。

② 試技時間は状況に応じて細かく決められているが，競技者が公平に競技できるように配慮されたものである。表彰や他の競技で中断された時もこのことを考慮し，運用する。

③ 試技時間内であれば，一度始めた試技を途中で中断してやりなおすことができるので，試技が完了するまで時計を止めてはならない。競技者が試技を開始してから試技時間を超過しても，その試技は認められる。

④ 試技時間が残り15秒になったときから黄旗を水平に挙げ続けるかその他の方法で競技者に知らせる。

⑤ 試技時間が超過したら，黄旗を垂直に挙げる等の方法を用い，主審にタイムオーバーしたことを伝える。

タイマーの設置例

タイマーと黄旗

競技時間の変更

すべてのフィールド競技

① 競技の開始あるいは終了時刻が早くなったり，遅くなったりすることが予測される場合には審判長に報告する。
② 審判長は総務，進行担当総務員，その他関連部署と連絡を密にして競技運営に支障を生じないよう対処する。
③ 競技日程に記載してある競技開始時刻は大会の基本となるものなので，遅れをきたさぬよう注意する必要がある。

試技順と試技時間

すべてのフィールド競技

① 試技順
(a) フィールド競技はプログラムに記載された順序で試技を行う。しかしながら，走高跳，棒高跳では，試技の成功・失敗に加えて，試技する権利を失った競技者やその高さをパスしている競技者が混在するため，プログラムに記載された順序通りに試技が行われるとは限らない。
(b) TOP8による4回目以降の試技順は，前半の3回までの記録の低い順とする。5回目以降の試技順についても試技順を変更することが可能であるので，申合せ事項等を確認する必要がある。
(c) 予選があった場合の決勝は新たに抽選して試技順を決める（TR25.5）。
② 単独種目における試技時間

残っている競技者数	走高跳	棒高跳	その他
4人以上※	1分	1分	1分
2〜3人	1分30秒	2分	1分
1　　人	3分	5分	―
連続試技※※	2分	3分	2分

※　4人以上または各競技者の最初の試技は1分とする。
※※　単独種目・混成競技ともに，残っている競技者数が2名以上の時に適用し，走高跳，棒高跳では高さが変わった場合でも適用する。

【単独種目におけるフィールド競技の試技時間適用例：
棒高跳（大会記録5m20）】

	4m80	4m90	5m00	5m10	5m15	5m21
A	××○	×××				
B	○	×−	××			
C	○		××○	××−	×	
D	−	−	−	××○	××○	×××
競技者数	←	4人以上	→	← 2～3人 →		1人
試技時間		1分		2分		5分

〔注意〕

1 4m80, 4m90で試技したのは3人だが, 権利を有するD が（パスして）いるので, 4人以上の1分が適用される。

2 Aの4m80の3回目, 4m90の1, 3回目は, 高さが変わる場面も含め, それぞれ連続試技の3分が適用される。

3 Cの5m00の3回目, 5m10の1回目も連続試技の3分が適用される。

4 Dの5m10の1回目は, 最初の試技なので1分。2回目は2分。3回目は連続試技の3分が適用される。

5 5m15で, Cの試技が失敗した段階でDの優勝が決定したが, 試技時間の変更は連続試技である場合を除き, バーが新しい高さに上げられるまで適用しない（TR25.17（注意ii））。従って, Dの1回目は2分。Dの2,3回目は連続試技の3分を適用する。

6 Dの優勝が決まってからは, 任意の高さで設定することが可能（TR26.4）。

7 Dの5m21以降は優勝が決まり1人になり, 大会記録への挑戦となるので, 1人の試技時間5分に1分を加えて, 6分の試技時間が与えられる。

8 大会記録等にバーを上げた場合, 競技者がバーに触れたらその都度高さを再確認する（TR26.6）。

9 混成競技の棒高跳における試技時間は, 1人または連続試技の場合は3分で行うので注意しなければならない（混成競技のページ参照）。

風力測定

走幅跳	三段跳
① 踏切線から40m離れ，助走路のそばに置かれたマークを通過するときから5秒間計る。 ② 競技者が40mより短い助走をする場合は，助走を開始したときから計る（TR29.12）。	① 踏切線から35m離れ，助走路のそばに置かれたマークを通過するときから5秒間計る。 ② 競技者が35mより短い助走をする場合は，助走を開始したときから計る（TR29.12）。

③ 風向風速計は，踏切線から20mの地点に立て，助走路から2m以上離してはならない。高さはほぼ1m22とする（TR29.11）。

競技者呼出し担当

すべてのフィールド種目

① 競技者が入場したら競技者数，氏名，ナンバーを記録用紙で確認し，競技上の注意事項と試技順を伝え公平に練習をさせる。走高跳，棒高跳は足合わせの練習をさせた後バーを掛け2回程度練習させる。練習が終了したらそのむね主任に連絡する。

② 競技者にはナンバーと名前を呼び必ず意思表示をさせる。また，前の競技者が助走位置またはサークルに向かったら次の競技者に準備をさせ，競技進行がスムーズに行われるようにする。

③ パスをする競技者がいるので試技順を間違わないようにする。なお，記録担当者と連絡をとりながら競技者名簿にそのつど記録を記入するとよい。

④ 予選を行う場合，標準記録を通過した競技者が出たときには順序が繰上がってくるので，そのむね競技者に伝え競技進行上支障のないようにする。

⑤ 終了した競技者には必ず助走マーカーを片付けるように指導する。

フィールド競技の時間短縮

　走幅跳，三段跳において，特に１ピットで多くの競技者が試技する場合は競技時間が長引き，終了予定時刻に終了しない例が少なくない。

　通常は砂場など着地場所の準備が出来てからコーンを取り除くことや白旗で試技開始を知らせるが，できるだけ間延びせずに競技を進行させるための一つの方策として，呼び出しで先に競技者をピットに誘導し，それと同時並行で砂場をならし着地場所の準備を行うことで時間短縮を図ることができる。また，砂場ならしも手際よく行うことで更なる短縮が図れる。

　加えて，粘土板の挿入部分が窮屈で，取り換えに時間が掛かるケースも多いので，スムーズな粘土板交換ができるよう競技開始前に入念にチェックしておくことも肝要である。

　こうしてテンポよく競技を進行させることで，競技者の次試技への待ち時間も短縮され，全体の流れもリズミカルになり結果的に好記録への一助となることが多い。

試技順の呼び出し間違いの対応

　フィールド競技はプログラムに記載された順序で試技を行うが，走高跳・棒高跳では試技の成功・失敗に加えて，試技する権利を失った競技者やその高さをパスしている競技者が混在するため，プログラムに記載された順序通りに試技が行われるとは限らない。そのため，係員による試技順の呼び出し間違いが起こることが少なくない。

　そうしたトラブルのほとんどは，間違いが発覚した直後に「自分の順番ではないのに呼び出されて，慌てて試技をして失敗した。先ほどの試技はなかったものとして再試技をさせてほしい」という競技者や監督・コーチからの要求への対応である。

　要求の採否は審判長の判断に委ねられ，競技者が不利益を被った場合には謝罪のうえ再試技を認めるのが妥当であろうが，事前呼び出し（何番準備）の段階から本人も了解し，十分な準備時間があった場合には認めなくても良い。

　「呼び出し間違いによる試技はすべて破棄し，再試技が妥当」との考え方もあるが，試技順間違いの発覚が遅れ，既に何人もの試技が終わっていた場合や間違った試技順において試技に成功した競技者がいる場合などを勘案すると，一律に再試技とするのが最善とは言いがたく，あくまでも「特定の競技者が不利にならない」という基本に照らした上で，要求の採否を判断すべきである。

7 予選と決勝

バーの上げ方

走高跳，棒高跳

① 走高跳は2cm以上，棒高跳は5cm以上の上げ方とし，上げ幅を増してはならない。
② 残っている競技者全員の同意があり，日本記録もしくは大会記録等を超える高さに挑戦する場合には，上げ幅を変えることができる（TR26.4〔国内〕）。

予選通過標準記録の設定と高さの競技における最初の高さ

すべてのフィールド種目

① 標準記録を設定する場合，高すぎても低すぎても予選の意味をなさなくなるので慎重に協議して決定する。
② 当日の天候により標準記録を変更した方が良いと判断される場合は，審判長は最初の高さを変更する処置をとる。
③ 高さの競技では，練習時の競技者の状況を見て最初の高さに無理があると思われるときは，審判長は最初の高さを変更する処置をとる。

走高跳，棒高跳	走幅跳，三段跳，投てき種目

① 国内競技会では，参加者が24人を超えるときは予選を行う（TR25.9〔国内〕）。

② 3回続けて失敗していない競技者は，予選通過標準記録の高さの試技が終るまで試技を続ける（TR25.14）。	② 3回までの試技が許され，予選通過標準記録に達した競技者は，その後の試技は許されない（TR25.13）。

③ 予選通過標準記録に達したものが12人に満たなかった場合にはTR25.15に従って追加補充する。

決勝，同記録1位決定の方法

走高跳，棒高跳

●決勝
  少なくとも12人で行う（TR25.12）。
●同記録1位決定の方法（TR26.8）
① 同記録の高さで試技数の少なかった競技者が勝者となる。

競技者	1.60	1.63	1.66	1.69	順位
A	×○	○	×○	×××	2
B	○	××○	××○	×××	3
C	○	×○	○	×××	1

② 同記録の高さで試技数が同じ場合，それまでの無効試技数の少ない競技者が勝者となる。

競技者	4.60	4.70	4.80	4.90	無効試技	順位
A	○	○	×○	×××	1	1
B	○	×－	×○	×××	2	2
C	×○	×○	×○	×××	3	3

③ それでも1位が決まらない場合に限り，同成績となった次の高さでもう1回の追加試技を行い，いずれも成功するか失敗して決定に至らなかった場合走高跳は2cm，棒高跳は5cmバーを上げ下げして差がつくまで行う（ジャンプオフ）。2位以下については行う必要はなく同順位となる。

④ ジャンプオフを行わないことの決定は，荒天等で競技続行が危険であると審判長が判断したときと，競技者が自発的に競技終了を申し出た場合のみである。

（走高跳）

競技者	1.95	2.00	2.03	2.06	2.09	追加試技 2.03	追加試技 2.01	追加試技 2.03	順位
A	－	○	－	×－	××	×	○	<u>○</u>	1
B	○	○	×－	××					3
C	－	○	－	－	×××	×	○	<u>×</u>	2

［留意］

1：追加試技の最初の高さは同成績となった次の高さの2m03となる。

2：追加試技における試技数は各高さ1回のみである。

3：1位が決定した時点で追加試技を止め，競技を終了する。

4：追加試技で試技内容に差がつけば，2位以下の順位もそれに基づき差がつく。

5：追加試技の記録が本戦の記録を上回った場合，それが優勝記録（2位以下も同じ）となる。本戦を下回った場合は本戦の記録となる。

走幅跳，三段跳，砲丸投，円盤投，ハンマー投，やり投

●決勝

8人を超える競技者が競技を行う場合3回の試技が許され，その中で，有効試技で記録を得た上位8人にはさらに3回（競技注意事項等で規定されている回数）の試技が許される。記録のない競技者は4回目以降の試技に進むことはできない。また，競技者が8人以下の場合は，競技注意事項等で規定がなければ，4回目以降の試技に進むことができる。4回目以降の試技順は成績の低い

順に行う（TR25.6）。
● 同記録の場合の順位決定方法
① 同記録となった競技者の2番目の記録で順位を決める。
② それでも決められないときは3番目の記録により，以下このようにして決める。

同記録の場合の順位決定方法（例）

	試技			3回目の最高記録高	試技			最高記録	順位
	1	2	3		4	5	6		
A	5m12	5m23	5m13	5m23	5m11	×	5m45	5m45	1
B	×	×	5m21	5m21	×	×	5m34	5m34	4
C	5m09	5m10	×	5m10	5m34	5m21	×	5m34	3
D	×	5m26	×	5m26	5m11	×	5m34	5m34	2

① B，C，Dの最高記録は5m34であるので，それぞれの2番目の記録を確認する。B，Cは5m21，Dは5m26であることからDが2位となる。
② B，Cの2番目の記録が同じであるので，それぞれの3番目の記録を確認する。Bは有効試技がなく，Cは5m10であることから，Cが3位でBが4位となる。

3番目の記録で決着！

　21世紀初頭，女子走幅跳で2人のスーパーアスリートが活躍していた。

　現在も日本記録保持者である井村（池田）久美子さん（6m86）と歴代3位の花岡真帆さん（6m82）である。

　2005年の日本選手権の試技内容をご覧いただこう。

	試技						順位
	1	2	3	4	5	6	
花岡真帆	6m30	6m40	6m57	6m61	6m43	6m69	2
池田久美子	6m24	5m02	6m60	6m41	6m69	6m61	1

　3回目以降逆転に次ぐ逆転で，最後の6回目池田さんが花岡さんの2番目の記録となる6m61を跳躍し，結果3番目の記録（6m60：6m57）で決着がついたのである。

　仮に花岡さんの3回目が6m60であったならば，3番目の記録も同じとなり4番目の記録（6m43：6m41）を比較して順位をつけることとなる。

　コンピューターに連動しているマグボードであれば，瞬時に順位表示も出てくるが，手動のTOP8板を操作する際には2番目の記録，3番目の記録（あるいは4番目）で順位が変わることがあるので，注意が必要である。

跳躍競技で2ピットを使用するときの運用方法

〈一般種目：高さの跳躍種目の場合〉

　出場人数が多い場合で予選を行うことが困難な日程の場合は2つのピットを用いて決勝を行わざるを得ないことがある。そのような場合に上記，混成競技と同様な方法で実施する場合もあるが，決勝というチャンピオンを決める場であることからできるだけ公平な試技の機会を与えるべきとの考えもある。そこで高さが上がって跳躍人数が減ってきて，1つのピットが4名未満になった時，予めAピット（1組）→Bピット（2組）の順として試技順を決めておき，その順番に試技をさせると良い。全体では6名以上いることになるので走高跳では，試技時間は1分のままとなる。両ピット合わせて4名未満となったときに初めて試技時間に1分30秒を適用する。

　この場合は両ピットのバーの上げ方について特段の注意を払い，バーを上げるタイミングがほぼ同時になるように運用すべきである。

〈一般種目：距離の跳躍種目〉

　同じく走幅跳・三段跳を2ピットで同時に行うときは3回目まででTOP8を決め，4回目以降にピットを1つにまとめて実施する場合と，ピットは2つのまま試技順だけを成績の低い方から高い方へと実施していく方法がある。基本的には後者の方法を推奨する。ピットを1つにまとめるとそこで再び助走練習が必要になることがあるからである。

走高跳の競技開始前の練習設定とバーの上げ方の試み

〈競技開始前の練習設定〉

　世界選手権やオリンピック等WAが主催する競技会では，競技開始前の公式練習方式は用いず，バーを上げていきながら各人に自由練習時間を与える形式になっている。公式練習方式はインターハイなど出場者数の多い競技会では効率よく，しかも混乱なく練習時間を終えて競技を開始するという点で大いにメリットがあると思われるが，選手強化という観点では，身につけたウォーミングアップ方法を国際競技会に出るときだけ海外のやり方に合わせるというのはむずかしい。そこで例えば，練習跳躍を2m10で15分，2m15で10分，2m20で10分，そして競技開始は2m10からといった運営方法で，競技者のウォーミングアップ方法を国際競技会でのやり方に慣れさせることも必要であろう。

〈バーの上げ方〉

　国内では慣例的に5cmと3cmの刻みが多く使われてきたが，競技規則では「2cmより少ない上げ方はできない」「上げ幅を増してはならない」と定めているだけであり，これさえ守っていればいろいろな組合せ方が可能である。オリンピックや世界選手権はもちろん海外サーキット大会でも5cm→4cm→3cm→2cmとバーの上げ幅を少なくしていく設定方法が多く実施されている。

　理由は，選手がパスしやすいバーの高さの設定にし，見応えある試合展開を引き出すためである。特に勝負所の高さになると，3cm刻みではパスしづらいが2cmならパスをして次の高さに懸けるといった駆け引きが可能である。ヨーロッパの試合では上位陣が勝負所でのパスの応酬によって最後まで誰が勝つのか分からない見応えのある試合が展開されている（前ページ表参照）。

　時間的にゆとりのある競技会で，こうしたバーの上げ方を採用すれば競技の面白さが増すに違いない。

9 判定・計測

___ フィールド審判員 ___

① 判定員

  (a) 主任，進行担当総務員，アナウンサーと連携して練習開始競技開始の合図と，終了時に終了の合図をする。

  (b) 走幅跳，三段跳は座位で判定し，それ以外の種目では，踏切，バーのクリアランスがきちんと確認できるように立位で判定することを原則とする。ただし，長時間にわたる場合，疲労度を軽減するために，座位で行っても構わない。

② 有効試技・無効試技

  判定員は，有効試技は「白旗を挙げ」，無効試技は「赤旗を挙げる」（有効「よし」無効「だめ」の発声はしない）。

  (a) 走幅跳，三段跳の有効試技は，踏切線を越えていないこと，および着地後砂場からの退出動作を確認した上で白旗を挙げる。

  (b) 無効の判定の場合には競技者が踏切りの痕跡の確認に来ることがあるので，粘土板などの補修には十分注意し，次の競技者に対し支障のないようにする。

③ 投てき種目での落下地点判定員は，速やかに落下地点に行き正しい痕跡を確認する。白旗・赤旗で合図する必要はない。

  落下地点の痕跡は，計測の後ただちに整地する。

  (a) 投てき物が角度線の外に落下した場合は，「角度線外である」ことを，またやり投においてはやりが頭部から着地しなかったと判断した場合「無効試技である」ことをそれぞれ合図する。

  (b) 予選で予選通過標準記録を超えた場合は，両手を頭上に挙げ円状に作る。

  (c) 円盤は常に自分の2m以内に落下させるよう，円盤に向かって走っていくように心がける。落下地点近く（2m以内）の真横で確認することがポイントである。

④ 計測の際にはその場に立会い，記録の読取りが正確であることを確認する。

フィールド競技における旗の挙げ方降ろし方

　跳躍競技では踏切地点に判定員がおり，助走から踏み切り，着地そして着地場所からの離脱を確認して，その跳躍が有効か無効かを判断している。通常，違反があった場合はその時点で無効試技が成立するので，即座に赤旗を挙げている。長さの跳躍種目における有効試技は着地場所を正しく離れなければ成立しないので，正確にはそこまで確認すべきであろうが，計測や表示の競技進行を考慮して，その後の動作で違反がないと予想される場合には離脱動作の途中で有効の白旗を挙げるのはやむを得ない。

　投てき競技でも同様で，特にやり投の場合にいつまでも助走路を離れない競技者に対して2008年度の規則改正で助走路の着地場所側から4mよりも後方に下がっている場合は助走路内にいても助走路を離れたとみなすことになった。

　いずれにしても有効・無効を表示する判定員の旗挙げ動作は観衆の注目するところでもある。きちんとした動作で，わかりやすく挙げおろしする必要がある。また，一瞬で旗をおろしてしまっては有効なのか無効なのか記録が表示されるまではっきりしないこともあるので，旗を挙げたら一呼吸置いてからおろすようにすると親切である。

　投てき競技の判定においては，通常着地場所側の旗は使用しない。やり投において，やりが頭部から着地しなかった場合も含め，着地判定員は無効試技を合図で知らせることとする。

粘土板の角度を90度にして判定する理由

　これまで走幅跳および三段跳において，粘土板に痕跡が残ればファールとしていた。逆につま先が垂直線より先に出ていても，痕跡がなければ白旗を挙げて有効試技としていたわけである。

　しかしながら，昨今ビデオ判定が普及し，あわせてテレビのライブ映像でも踏切の状況が場内の観衆や，世界中のお茶の間に届けられるようになるにつれ，「つま先が出ているのになぜファールじゃないのか？」という素朴な疑問がよせられるようになってきた。

　こうした流れを受け2020年11月から WA主催競技会では，すべてビデオ判定が導入されることになった。その判定の根拠は「踏切線の垂直面より前に出たらファール」というものである。もちろん国内ではすべての競技会でビデオ判定を導入できるわけでもない。ビデオ判定ができない場合は粘土板を使用し改定の主旨に則り，粘土板の角度をこれまでの45度から90度に変え，つま先が踏切線の垂直面より先に出た際には痕跡が残り，しっかりと判定できるようにすることが必要である。

　なお，ビデオ判定を採用する場合でも，機器の故障に備えて粘土板は用意しておくべきである。

走高跳，棒高跳

① 計　測

(a) バーを新しい高さに上げたとき，競技者が試技を開始する前にその高さを計測する。世界記録，日本記録（含む U20・U18 記録）に挑戦している競技者がバーに触れた場合は，次に行われる試技の前に複数の審判員でその高さを再計測する（TR26.6）。バーを交換した時も再計測しなければならない。

(b) 地面から垂直にバーの上部の一番低いところで計測する（TR26.5）。

② 計測員（支柱）

(a) 最初にバーを掛けるときには左右の支柱の目盛りを正確に合わせておく。

(b) バーの上げ下げに際し 3cm，6cm と目盛りを見ながら高さを調整すると良い。

(c) バーはいつも同じ方向に掛け，支柱とバーの間は少なくとも 10mm 開ける（TR27.9）。

(d) 試技前に風などでバーが揺れている場合は，バーの片側を手で軽く上げて揺れをとめてやる。

(e) 棒高跳の支柱の移動は，競技開始前にあらかじめ競技者から申告されているので，それによって移動する（競技中でも申告は可能であるが，その移動は試技時間に含まれる）。

③ 計測員（バー掛け，ポール受け）

(a) 落下したバーをバー止めに掛ける。

(b) 棒高跳では支柱移動の際にバーが落ちないように支える。

(c) 棒高跳ではポールの倒れる方向が定まらないうちに触れてはならない（TR28.4）。

④ 高度計・科学計測装置

(a) 高度計の目盛りを正しくセットし，計測の場合に高度計の先端とバーとの接触に特に注意する。

(b) バーを掛け左右の高さを調整しながらバーの最下点で高度計を垂直に保つように基盤に置き，高さを正確に合わせてバー止めを固定する。

(c) バーが折れたり，バー止めが動いてしまった場合等は，再計測する可能性があるため，次の高さに変わるまで高度計の高さを動かしてはならない。

(d) 科学計測装置を使用する場合には，競技開始前に振動などで誤差が生じない場所に装置を固定し，使用方法を熟知して計測に支障のないようにしておく。

(e) 棒高跳では，計測する場合必ず支柱の前後位置を0点へ戻してから計測する。

(f) 棒高跳では，バーが上がるに従って高度計の重量のため目盛りが下がる場合があるので，高度計のネジをしっかり締めて毎回目盛りを再確認することが大切である。

跳躍種目	投てき種目

① 計測

(a) 距離は1cm未満の端数を切り捨てて記録する（TR29.8，TR32.19）。

(b) 跳躍種目では足跡や痕跡が同じような距離に2カ所あり，どちらを採用するか判断できない場合には2カ所とも計測する。

② 計測員（踏切線側）

(a) 着地点巻尺の目盛りをあわせて踏切線との最短距離を踏切線に対して直角に巻尺を当てて計測し記録する。その際，記録担当員の復唱を確認する。

(b) 科学計測装置等の計測装置を使用する場合には，競技開始前に振動などで誤差が生じない場所に計測器を固定し，使用方法を熟知して計測に支障のないようにしておく。

③ 計測員（着地側）

(a) 着地点の足跡または手などの痕跡を正確にとらえ，機敏に踏切線に近い方の痕跡に計測用のピンを垂直に刺し，巻尺の目盛0を合わせて固定する。巻尺は一直線にし，ねじれ，たるみがないように引っ張る。

(b) 踏切側の計測員は巻尺を強く引っ張るので，着地点側はしっかり手と足先（踏みつけない）で巻尺を保持する。

(c) 跳躍ごとに跳躍距離，投てき1投ごとに距離を計測する（TR29.9，TR32.20）。

④ 科学計測装置

(a) 科学計測装置（光波距離計測装置）を使用する競技会では競技役員編成に際し，科学計測員として独立させ任務分担を明確にする。

(b) 科学計測員は，その装置が正しく作動していることを確かめるため競技開始前に審判長立会の上で鋼鉄製巻尺を使って距離を（2〜3カ所）計測し，その結果が一致することを確かめ，

装置が正しく作動するよう管理する（特に振動に注意）。また競技終了後は，鋼鉄製巻尺を用いずに確認を行う。確認作業に関わった全員の署名を付した適合確認書を作成し，成績表に添付する（科学計測装置の作動確認参照）。

⑤ 科学計測装置を使用する場合は，反射鏡は正しく痕跡の真上でサークルまたは円弧に最も近い地点に正確に置く。

判定

走高跳，棒高跳
---

① バーの落下の判定について特に注意しなければならないのは，競技者の身体がバーに触れて落下したのか，風によるものかを十分見きわめてから旗を挙げる。明らかに風の影響で落下したものであるならば無効試技とはしない。

② 走高跳において，試技を中止しようとして支柱に触れた場合には1回の無効試技となる。

③ 棒高跳において，試技を中止しようとしてポールがストップボード上部内側垂直の先の地面あるいは着地場所に触れた場合には，1回の無効試技となる（TR28.2）。

④ 棒高跳において，ポールをボックスに突っこまないで跳んだ場合は無効試技である。

⑤ 棒高跳において，身体がバーを越えても倒れかかったポールがバーまたは支柱にあたりバーが落ちた場合は無効試技である。

⑥ 棒高跳において，身体がバーを越え，手から離れたポールがバーの下をくぐり着地場所に倒れた場合は有効試技である。

棒高跳　基準面ライン

走幅跳・三段跳
---

(1) 踏切板付近の有効試技・無効試技の判定

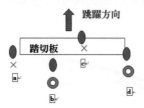

(a) 踏切足が助走路外にあり無効試技。

(b) 踏切足が走路内にあり有効試技。

(c) 踏切足が踏切線の先の地面に触れているので無効試技。

(d) 踏切足が踏切板にかかっていれば有効試技。

(2) 着地の有効試技，無効試技の判定

(a) 踏切板から砂場までの区域は助走路とはみなさない。

(b) 三段跳では，ホップとステップの着地位置が助走路の外であっても無効試技とはならない。

(c) 三段跳では，競技者が跳躍中に使っていない方の足が地面に触れても無効試技とはしない（TR31.2）。

(d) 片足で着地を行った場合でも，規定されている違反がなければ有効試技である。

(e) 片足が砂場の外に触れた場合，砂場の足跡の方が踏切線に近ければ有効試技であり，砂場の外の足跡が砂場の着地痕跡より踏切線に近ければ無効試技となる（TR30.1.5）。

(3) 試技のやり直し（TR25.18）

審判長の判断により試技のやり直しが生じた場合，試技順の変更は認められない。しかし試技が進行していた場合にはその時点でその他の試技が行われる前に行う。

投てき種目

(1) やり投

① やりの頭部が他のどの部分よりも先に地面に落下し，はっきりと見える痕を残した場合のみ有効とする。やりの頭部から落下したかどうかの判定はできる限り真横から見ることである。常に真横から見る訓練と，競技者の練習時を通してどの辺りにやりが落下するかを見ておくことが，より近い距離で判定するのに役立つ。判定は速やかに正確に行う。

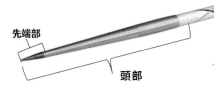

先端部

頭部

② 競技者がやりを投げてから転んだとき，スターティングライン円弧の内側助走路内であれば有効試技である。

③ 投てき動作中に，やりまたは身体の一部がスターティングラインに触れたとき，または助走路の外側の地面に触れたときは無効試技となる。

④ やりが地上に落下するまで助走路を離れてはならない。

⑤ 有効試技は助走路を正しく離れた場合に成立するが，助走路内であっても，スターティングラインから4m後方の仮想ラインから後方に下がったときは正しく助走路から離れたとみなして良い（TR32.17.2）。

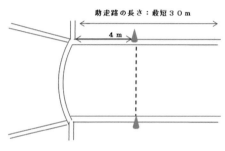

助走路の長さ：最短３０m

4 m

やり投げ助走路

(2) 角度線上の判定

砲丸・円盤・ハンマーは頭部，やりは先端部分の落下痕跡が有効角度線の完全に内側でなければ有効試技にはならない。

ハンマーの接続線とハンドル，やりの先端以外の部分は有効角度線に触れたり，そこから出たりしても差し支えない。

（●印は痕跡を示し，○印は頭部の直径を示す。）

頭部も角度線内にあり有効

角度線外

接地しなかった頭部が角度線にかかっているが，痕跡は角度線内にあるので有効

⑶　砲丸投，円盤投，ハンマー投においてサークルに入り，再びサークルから出た場合の判定

　　サークル内に入ってもまだ試技は開始されていないか，試技を始めてから急に動作を中断し一度サークル外に出ても，規則に反しない限り無効試技とはならず，試技時間内であれば試技を続けることができる（TR32.15）。

⑷　砲丸投

　　砲丸は，あごまたは首につけるか，あるいはまさに触れようとする状態に保持する。両肩を結ぶ線より後方にもっていってないかを注意する。

円盤やハンマーの頭部が囲い等に
当たった時の判定（右利きの競技者の場合）

① 競技者の投げた円盤またはハンマーの頭部がサークルの周りに設置した競技者に近い側（着地場所に対して右側）の可動パネルを含む囲いに当たって角度線内に落下した場合，競技者が正しくサークルを離れたときは有効試技とする。囲いに可動パネルがなく，補助ネットで代用した場合も同様である。しかし，競技者の投げた円盤またはハンマーの頭部が競技者に遠い側（着地場所に対して左側）に当たった場合は無効試技とする。

② 囲いから離れた位置に設置した補助ネットに当たって角度線内に落下した場合は，無効試技とする。

　補助ネットはトラック競技の競技者や審判員，観衆を保護するために，設置したものである。

③ 距離を示す表示器に当たり，角度線の中に落下した場合は，無効試技とする。距離を示す表示器は角度線の外に置いてあるものである。

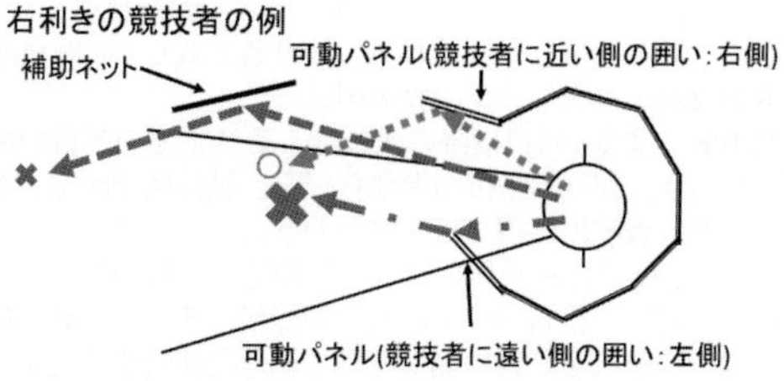

右利きの競技者の例

補助ネット　　可動パネル(競技者に近い側の囲い：右側)

可動パネル(競技者に遠い側の囲い：左側)

　上図はハンマー投での右投げ競技者用の設定であり，左投げの場合は可動パネルの開閉を逆にする。

記録担当と注意事項

跳躍審判員	投てき審判員

① フィールド競技の記録は記録担当の審判員が行う。記録は少なくとも2人の審判員がすべての試技を記録し，点検しなければならない（CR19.4）。

② 記録の聞き間違い，書き間違いは大変な混乱を生じるので，復唱して記入する。復唱は正しくはっきり大きな声でする。

③ 誤記入を防ぐため，成績は2人の審判員（含：記録用端末担当）によって個別に記録すると良い。また記入のつど記録は相互確認することと，常に競技者のナンバーを確認する。

④ 定められた記号（記録なし：NM，失格：DQ，成功・有効試技：○，失敗・無効試技：×，パス：－，試技放棄：r）を使う（CR25.4）。

⑤ 高さの新記録が試みられるときは，アナウンサーならびに審判長に連絡する。また，長さの跳躍や投てき種目で新記録が予想されるときも同様である。

⑥ 記録用紙の整理の仕方

(a) その競技者の一番良い成績を○で囲んで3回の最高記録の欄に写す。

(b) TOP8を選ぶ場合はまず3回の最高記録の欄の中から記録の良い順に8人を○で囲み，次にナンバー，氏名と所属を○で囲む。

(c) TOP8の最後の通過順位に同記録がある場合には2番目の記録を比べ，それも同じ場合には3番目の記録を比べて決める。それでも同じならば，同成績として9名で残り3回試技を行う（TR25.22）。＜次ページの表参照＞

(d) TOP8による4回目以降の試技は，それまでの各自の最高記録に基づき，記録の下位の者から行う。試技順を所定の欄に記入し，競技者呼出し担当者と確認のうえ，競技者に周知する。

(e) 後半の3回で記録が伸びたらその中で一番良いものをまた○で囲む。常に一番右の○で囲んだ記録が，その競技者の最高記録となる。それを記録の欄に写して順位を決定すると正しく早く整理ができる。

(f) 審判長あるいは主任の確認を経てTOP8を発表し，速やかにアナウンサーに連絡する。

(g) 競技終了後は走幅跳，三段跳の場合，風力計測員からの資料を記録用紙に記入する。

(h) 日本記録，大会記録などが出た場合は備考欄にそれを記入し，審判員主任の確認をとり，最後に審判長のサインを得たうえで，記録・情報処理員に提出する。

番号	氏名	所属	1	2	3	3回の最高記録	TOP8の試技順	4	5	6	記録	順位	備考
a	A		15.04	(15.24)	×	(15.24)	6	15.18	×	×	15.24	3	
b	B		15.21	15.49	(15.61)	(15.61)	8	15.70	15.41	(15.71)	15.71	1	
c	C		15.30	(15.36)	15.28	(15.36)	7	(15.46)	×	15.33	15.46	2	
d	D		13.47	×	(14.65)	(14.65)	3	×	(14.81)	14.70	14.81	6	
e	E		14.73	14.75	(14.80)	(14.80)	4	15.08	(15.10)	×	15.10	4	
f	F		13.83	(14.06)	×	14.06							
g	G		×	×	×	NM							
h	H		(14.56)	×	14.50	(14.56)	2	×	×	14.38	14.56	8	
i	I		13.57	13.39	(14.26)	14.26							
j	J		14.76	(14.83)	14.75	(14.83)	5	14.86	14.99	(15.02)	15.02	5	
k	K		14.13	[14.30]	(14.46)	14.46							14.30
l	L		14.26	[14.40]	(14.46)	(14.46)	1	14.56	(14.67)	×	14.67	7	14.40

TOP8の最後の通過順位に同記録があるため2番目の記録によって通過者を決めた例

情報機器を用いた大会の4回目開始時間の短縮

　情報機器を用い，フィールド競技の現場にPCを持ち込んで記録を入力管理している場合には，紙への控え記録とPC入力の確認は都度行っていればTOP8の確認は読み合わせる必要はなく，情報機器につながっている記録表示板を見て競技者に試技順を伝えて遅滞なく4回目を開始するとよい。

記録用紙記入記号「r」（試技放棄・離脱）

　フィールド競技において，まだ試技する権利を有しながら，競技者からその時点で権利を放棄して競技を終了するとの申し出があった場合には，記録用紙に「r」を記入する。

　こうした状況が起こる事例としては以下のものがある。

1. 競技中の怪我などの故障により以後の試技を断念した場合

2. 自分の優勝が決まったため，その時点で競技を終了する場合

3. 他種目への出場を兼ねているなどの理由により，体力の温存を図る場合。

4. 始めのうちの試技で大記録を達成したことで満足し，以後の試技を放棄する場合。

　試技放棄を確認して「r」を入力した後は，どのような理由があろうとも当該競技者は試技を再開することはできない。

　また，試技放棄をした時点での有効記録ならびに試技内容が，1位と同成績であっても1位決定戦に参加することはできず，第1位決定戦に参加した競技者の次の順位となる。

〔留意点〕

1. 競技場所へ入場した後，競技開始前のウォーミングアップで怪我をするなどして，最初の試技を行う前に出場を断念した場合は「棄権（DNS）」として扱い，「r」は用いない。

2. 走高跳と棒高跳で優勝が決定し，次の高さの試技を行わずに競技を終了すると競技者が申し出た場合は，競技注意事項で定められた上げ幅に基づき競技を終了した次の高さを入力し，その欄に「r」を記入する。

フィールド順位・記録表示板の有効活用

　走幅跳・三段跳をはじめ投てき種目においても，競技の進行状況を進行担当総務員，アナウンサー，競技者，観衆（含む指導者）などに伝達する一つの方法として，「フィールド順位・記録表示器」（TOP8板）がある。浸透した「TOP8」という通称から，この表示板はTOP8が決定した後の試技（4回目以降）から使用されることが多いが，予選時や決勝の1ラウンド目から使用することが望ましく，伝達効果は非常に高い。また，砲丸投だけでなく，ペグでの表示が見づらい他の投てき種目においても効果的である。

【予選の時】

　予選の時の使用は原則的に予選通過標準記録を突破した競技者の「ナンバーと記録」を表示する。

　写真は平行して行われる予選において，予選通過標準記録を突破した競技者のナンバーと記録を表示している。その他，気象条件や予選通過標準記録が高

（予選通過標準記録突破者を表示）

く突破者が12名より少なくなる可能性が考えられる場合，予選通過標準記録に近い競技者も表示することもある。

　この時，予選通過標準記録突破者は赤色チョーク，それに近い競技者は白色のように区別し，表示板の表と裏に記入する。この場合，表示板の上方にある順位板は使用せず裏返しにしておくが，表示は記録順にする。

【決勝の時】

　1ラウンド目から，この表示器を使用して順位と記録を表示することを推奨する。数に余裕あれば，出場者全員の記録を表

示できればなおよい。

　配置場所は各ピットの記録表示器の近くに配置する。トラックの外側のピットを使用する場合は見えにくい場所があるので進行担当総務員席，アナウンサー席や観客席から見やすい所に工夫して置く。

(TOP8の表示)

(決勝12名表示)

フィールド内における審判員等配置の人数

　近年フィールド競技においては，電子機器や運搬装置等の普及により審判員及び補助員の配置人数を減らす方向にある。国際大会では著しくその傾向が見受けられ，今後の国内競技会においても，TV放映，観客対応等を考慮する観点から，運営に支障をきたさない程度に配置人数を減らす工夫をする必要がある。

フィールド順位・記録表示板の使用

俗に「TOP8板」と呼ばれるこの順位・記録表示板は走幅跳や三段跳のみならず，砲丸投，やり投等の投てき種目にも，1回目の試技からフィールド順位・記録表示板を使用することを推奨する。

順位・記録表示板の前に役員や補助員が立つとスタンドから見えないので，板の裏側に①試技順②ナンバー③記録④セカンド記録を記入しておくのである。こうすれば前に出て確認しなくても，記録・順位の変動があった場合すばやく対応できる。また数字の印刷されたマグネットシートを利用すると見やすいが，ない場合は黄色のチョークを使いできるだけ太い文字で表示するとよい。

A，Bで行われる跳躍競技配置，電光表示板の使用例

A，B合わせたTOP8の表示（岩手国体）

混成競技

混成競技

1 混成競技審判長

(1) 任務

混成競技審判長は必要に応じて1名以上任命される（CR18.1）。ただし，十種競技と七種競技が同日開催で行われる場合は，種目数が多くなることから，複数任命するか，一部の種目をトラック審判長，フィールド競技審判長に委譲しておくことも必要である。

任務については，CR18に準じ，監視責任，技術的な問題の処理，成績の点検，異議抗議への対応など，混成競技全般の責任を負う。

(2) 権限

混成競技審判長は以下の権限を有する。

① 警告と除外（CR18.5）

② 競技結果を無効とし，やり直しを命じる（CR18.7）

③ 競技開始時刻の変更（TR39.6）

④ 組またはグループの再編成（TR39.7）

※ 特に十種競技やり投は，前の種目の棒高跳と最終種目の1,500mの競技時程等で急遽グループ分けを行うことがある。「やり投（十種競技）の最初のグループは，棒高跳を最初に完了した競技者（十種競技に参加している競技者の半分にできるだけ近い数）によって作る」などの工夫をすることがある。

(3) 実施要領

① 競技開始前

・P.249「トラック競技審判長」P.335「フィールド競技審判長」参照

・他の審判長と役割について十分に打合せておくことが望ましい。

・競技の進め方や競技者へ連絡事項がある場合の伝達方法についてなどを混成競技係と確認しておく。例として，控室前にホワイトボードを置き，次の種目の集合時間などの連絡事項や，競技結果を掲示する方法がある。各日の最初の種目は，招集所に集合することが多いので，周知させたいことはこの伝達方法を利用して連絡するとよい。

② 競技中

以下の混成競技独自のルールに留意する。

・不正スタートの扱い（TR16.8，TR39.8.3）。

・長さを競うフィールド競技種目は3回の試技で終了
（TR39.8.1）。

・走高跳・棒高跳のバーは，残りの人数に関係なく上げ幅は一
律とする（TR26.4）。ジャンプオフの非適用。

・不正スタートなどの失格をした種目があっても競技は続行す
ることができるが，スタートしなかったか，1回も試技しな
かった場合はそれ以降の種目に参加することはできない。途
中棄権をする場合は，ただちに混成競技審判長に申し出るよ
うにさせる（TR39.10）。

フィールド種目の試技時間については，以下のとおりである
（TR25.17）。

混成競技

残っている競技者数	走高跳	棒高跳	その他
4人以上※	1分	1分	1分
2～3人	1分30秒	2分	1分
1人	2分	3分	―
連続試技※※	2分	3分	2分

※　　4人以上または各競技者の最初の試技は1分とする。

※※　単独種目・混成競技ともに，残っている競技者数が2名以上
の時に適用し，走高跳，棒高跳では高さが変わった場合でも
適用する。

③ 順位のつけ方

現行のWA混成競技採点表を用いて，各種目の記録に応じ
た得点が個々の競技者に与えられる。その合計得点で総合の順
位が決定する（TR39.11）。

2人以上の競技者の総合得点が同じだった場合は，どの順位
についても同成績とする（TR39.13）。

④ 記録の扱い

a) 混成競技の総合得点は，定められた条件のもとで達成され
たものであっても，風力計測が求められる種目の平均風速

が＋2.0mを超えると，追い風参考記録となる（CR31.18）。

b）混成競技の個々の種目の記録は，単独種目の記録としても認められる。しかし，風力計測が求められる種目は単独種目と同様の条件が必要である。ならびに，混成競技のトラック種目で許されている1回の不正スタートがあった場合は，単独種目の記録として扱うことはできない（CR31.14.4）。

混成競技の結果表

順位	ナンバー	100m	LJ	SP	HJ	400m	110mH	DT	PV	JT	1500m	合計	備考
1	41	11.20(+1.6)	7.12(+1.0)	12.00	1.90	49.67	16.36(-1.9)	38.97	4.20	51.55	4.38.98		
		817	842	606	714	830	693	644	673	612	687	7118	
2	53	11.29(+0.3)	6.61(+1.4)	10.89	1.85	50.91	15.21(+0.8)	37.89	4.10	53.48	4.56.91		
		797	723	539	670	773	824	622	645	640	578	6811	
2	15	11.24(+0.3)	6.63(+1.4)	11.75	1.93	51.30	15.37(+0.1)	31.92	4.00	47.29	4.34.44		
		808	727	591	740	756	805	502	617	549	716	6811	
4	54	11.26(+0.3)	6.40(+1.8)	10.07	1.75	51.98	15.80(-1.9)	31.06	4.10	41.50	4.40.50		
		804	675	490	585	726	755	485	617	464	677	6278	
5	45	11.35(+1.6)	6.93(+4.2)	11.87	1.93	52.56	14.66(+0.8)	35.70	NM	44.49	4.46.01		平均風速+2.2m
		784	797	599	740	700	891	578	0	508	643	6240	追風参考
		2番目の記録 6.63(+3.3)727点										6170	公認記録
6	49	11.05(+0.3)	6.46(+4.6)	11.77	1.80	49.36	15.42(+0.8)	28.16	3.80	45.48	6.03.70		
		850	688	592	627	844	799	428	562	526	249	6165	
7	86	11.11(+0.3)	6.40(+1.0)	12.16	NM	49.87	15.81(+0.4)	36.42	3.60	44.15	4.41.88		
		836	675	616	0	821	754	592	509	503	460	5975	
8	42	11.80(+0.3)	6.05(+3.5)	10.76	1.80	53.87	16.38(+0.8)	29.71	4.00	49.57	5.06.80		
		691	597	531	627	645	693	459	617	582	521	5963	
DNF	31	11.10(+1.6)	6.34(+1.3)	10.74	1.75	51.89	15.42(-1.9)	DNS					
		838	661	530	585	726	799						

（注）大会記録，競技者名，所属などは競技結果から省いてある。

＊ナンバー53番と15番は共に6811点なので第2位。

＊ナンバー45番は風力計測が求められる種目の平均風速が＋2.2mであるため追風参考記録として扱われる。走幅跳の2番目（または3番目）の記録を採用して，平均風速が＋2.0mを超えなければ，その記録が公認記録となる。この場合，仮に2番目の記録が6.63m（＋3.3m）727点なら，総合得点は6170点となる

混成競技における記録の得点換算方法

　混成競技は達成された記録をすべて得点に換算し，合計得点の高い順番で競技者の順位を決定するが，各記録の得点換算方法は以下の通りである（2005年1月1日現在：WA）。

(1) 換算一般式

　　トラック種目：得点＝定数 a ×〔（定数 b －秒単位の記録）累乗定数 c〕

　　　　（注意）手動計時による記録については以下の処置を施す

　　　　400m 未満の場合　　　：0.24 秒を加える

　　　　400m の場合　　　　　：0.14 秒を加える

　　　　400m を超える場合：そのまま一般式に代入する

　　　　跳躍種目：得点＝定数 a ×〔（cm 単位の記録－定数 b）累乗定数 c〕

　　　　投てき種目：得点＝定数 a ×〔（m 単位の記録－定数 b）累乗定数 c〕

【それぞれの一般式には累乗（冪（べき）計算）が含まれており，やや複雑な計算となるが，いずれの場合も，算出された数値の小数点以下は切り捨てて得点とする。】

(2) a，b，cの各定数

《男子》	定数 a	定数 b	累乗定数 c
100m（電気計時）	25.4347	18.00	1.81
200m（電気計時）	5.8425	38.00	1.81
400m（電気計時）	1.53775	82.00	1.81
1,500m	0.03768	480.00	1.85
110mH（電気計時）	5.74352	28.50	1.92
走高跳	0.8465	75.00	1.42
棒高跳	0.2797	100.00	1.35
走幅跳	0.14354	20.00	1.40
砲丸投	51.39	1.50	1.05
円盤投	12.91	4.00	1.10
やり投	10.14	7.00	1.08

（室内競技）

60m（電気計時）	58.0150	11.50	1.81
1000m	0.08713	305.50	1.85
60mH（電気計時）	20.5173	15.50	1.92

《女子》

200m（電気計時）	4.99087	42.50	1.81
800m（電気計時）	0.11193	254.00	1.88
100mH（電気計時）	9.23076	26.70	1.835
走高跳	1.84523	75.00	1.348
走幅跳	0.188807	210.00	1.41
砲丸投	56.0211	1.50	1.05
やり投	15.9803	3.80	1.04

（十種競技）

100m（電気計時）	17.8570	21.0	1.81
400m（電気計時）	1.34285	91.7	1.81
1,500m	0.02883	535	1.88
棒高跳	0.44125	100	1.35
円盤投	12.3311	3.00	1.10

（室内競技）

60mH	20.0479	17.00	1.835

(3) 得点換算の具体例

　1）トラック種目：100m の電気計時記録が11.26 秒の場合

　　　得点＝25.4347×〔（18.00−11.26）の1.81乗〕

　　　　　25.4347×31.6136＝804

　2）跳躍種目：走幅跳が6m80 の場合

　　　得点＝0.14354×〔（680−220.00）の1.40乗〕＝

　　　　　＝0.14354×5343.9325＝767

　3）投てき種目：砲丸投が14m50 の場合

　　　得点＝51.39×〔（14.50−1.50）の1.05乗〕

　　　　　＝51.39×14.7788＝759

混成競技で2ピットを使用する時の運用方法

　混成競技の出場者が多いとき，走幅跳，走高跳，棒高跳では2ピットを使用して，競技時間の短縮を図るべきである。

　走高跳と棒高跳においては，競技力の差によって，「低いバーから始める組」と「高いバーから始める組」の，できるだけ人数に片寄りがない2グループを編成するのが効率的である。

　2グループはそれぞれ独立しており，競技者に許される試技時間は平等でなければならない。したがって，「低いバーから始めた組」であっても，残った競技者数が2～3人になった場合には走高跳で1分30秒，棒高跳で2分の試技時間を与えなければならず，1人になった場合は走高跳では2分，棒高跳では3分を与える。

混成競技における順位を示すアスリートビブス

　男子10種目（高校生＝8種目）女子7種目で行われる混成競技は，走・跳・投の要素を組み合わせ，それぞれの種目で得た記録をすべて得点に換算し，その合計得点で順位を競うものである。そして最終種目には男子1,500m，女子800mの中距離種目が行われる。

　競技会によってはスタート前に「現在のトップは○○で何点。それを△△が何点差で追っています。その差☆☆点は時間にして□□秒，距離にすると約○○m。逆転も十分ありえます」等と興味を引き付けるアナウンスも多く聞かれるようになってきた。しかし，誰がその時点での総合順位トップで，誰が2番目なのか，いざ走り出してしまうと集団の中に紛れてしまい，よほど特徴あるユニフォームでも着用していない限り見つけることは容易でない。

　そこで考え出されたのが，最終種目のスタート前に，そこまでの総合得点の高い方から「1」「2」「3」と順番を示すアスリートビブスを配布して装着させる方法である。ただし，両面

とも変えてしまうと今度は誰が誰だかわからなくなってしまうので，前面だけ順位番号，背面は個々の番号をつけているのが現状のようである。しかしながら競技者からは「後ろに順位があった方がマークしている競技者（自分より順位が上＝数字が小さい）がわかりやすい」という声もある。

この他にも，総合得点順に腰ナンバー標識を1から順番に振っていくという方法も考えられる。前後でアスリートビブスが変わることの混乱もなく，スタンドから観戦するにはこの方が見やすいかもしれない。この場合はスタートの整列順が内側から成績順となる。

いずれにしても，競技者ナンバーと異なる特別なアスリートビブスや腰ナンバー標識を着用する場合には，競技注意事項や申合せ事項に明記しておくことが必要である。

2　混成競技係

(1)　任務

混成競技の円滑な進行のために，総務員や関係審判員（競技者係，出発係，跳躍審判員，投てき審判員，記録・情報処理員，表彰係との連絡調整にあたる。また，怪我，体調不良等で途中棄権する競技者がいるので，競技場所に帯同し，競技者の参加状況を常に把握する。

(2)　配置

主任　1

係員　5（誘導係　3，控室係　2）

同日に男女の種目があったり，競技者数によってピットが複数に分かれたりする場合もあるので，適宜配置数や男女の数を工夫する。

(3)　業務内容

①　主任

(a)　主任は混成競技審判長の指示を受け，各関係部署の主任と連携を緊密にとり，連絡事項を係員に徹底させることにより，競技が円滑に進行できるようにする。

(b) 競技者が途中で競技を棄権する場合，総務，混成競技審判長，各関係部署の主任に確実に連絡する。

(c) 各係員の役割分担（誘導,控室係等）を明確にすると共に，常に綿密な連絡がとれるよう指揮する。特に誘導係は，他の部署の役員が手薄な場合は競技場所での役割が多いので，具体的な役割を確認し，指示する。

(d) 第1日目，第2日目の第1種目の招集に立ち合い，必要に応じて競技者に注意事項および連絡事項を伝達する（第2種目以降の招集時間や方法など）。

(e) 競技に立ち合い，円滑に進行できるよう，現場審判員と連絡を密にとり，協力する。

(f) 番組編成や競技日程に変更が生じた場合には，混成競技審判長の指示により，すぐに当該部署と連携を取ると共に，競技者に速やかに伝える。

② 誘導係

(a) 招集所で招集しない種目の点呼を行い，混成競技控室から各競技場所に誘導し，担当審判員に引き継ぐ。点呼したリストなどがある場合は，出場の競技者が分かるように確実に引き継ぐ。

(b) ケガやトイレ等で競技者が競技場所から離れる場合，主任に連絡し，付き添う。ケガや体調不良の場合は速やかに医務員に連絡する。

(c) フィールド種目で，指導者からのアドバイスを受けるために，競技場所とトラックを往復する際の安全確認は，本来マーシャルの務めだが，手薄な場合は誘導係が代行する場合がある。あわせて，一部禁止されているスタンドとの物品のやり取りがないかどうかの監視が必要な場合がある（TR6.4.6）。これらは混成競技係主任の指示を仰ぐ。

(d) フィールド競技で試技が終了した競技者の退場ルートが定められている場合（ミックスゾーンを通るなど）は，その誘導を行う。

③ 控室係

(a) 競技者が落ち着いて休養できるよう環境を整える。競技者

以外（コーチや付き添い）の立ち入りが制限されている場合
は，その監視をする。
- (b) 成績一覧表や番組編成を記録・情報処理員から受け取り掲
  示する。
- (c) その他競技時刻変更等の情報を速やかに競技者に伝える。

(4) その他

混成競技独自のルールに留意する。

（P.392「混成審判長(3)実施要領②競技中」参照）

混成競技控室の掲示の例

競歩競技

競歩競技

I 判定編

競歩審判員は競技者の歩型の判定をするとき、他の審判員や競技役員、観衆その他の言動に惑わされることなく毅然とした態度で自信を持って行わなければならない。もちろん、ビデオや写真等を参考にしてはならない。あくまでも競歩審判員本人の視覚で判定する（TR54.3.2）。

競技者は競技中、競歩の定義（TR54.2）の通りに歩かなければならない（下図参照）。これに反する場合に失格となり、競技中であっても競技から排除される。

規則違反には、ロスオブコンタクトとベントニーの2種類がある。

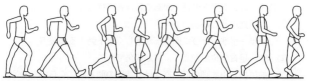

CORRECT TECHNIQUE

IH入賞競技者（レッドカード無し）～2022.8

1 歩型の判定方法

(1) ロスオブコンタクト（loss of contact：⊖）

競歩では競技者のいずれかの足は地面についた状態でなければならず、ロスオブコンタクトは、両足が同時に地面から離れた状態があるという規則違反である。

判定は、競技者を真横から見て、その両足が同時に完全に地面から離れたと競歩審判員の目で明らかに確認できたときに規則違反とする。

IHDQ競技者(ロスオブコンタクト)～2022.8

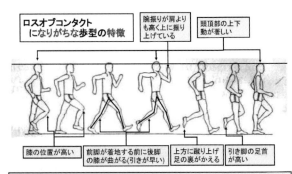

これらは定義に反する疑いがある競技者を探す目安であり，レッドカード
(RC)とする場合は肉眼で定義に反することを確認できた時だけである。

ロスオブコンタクトの疑いがある競技者の特徴は

① 上下動が著しい。

　一歩一歩進むたびに頭頂部が激しく上下動する競技者。

② 膝，足首の位置が高く，膝が鋭角である。

　前に振り出す脚の膝の高さは支持脚の膝と同じくらいかやや
低い程度であり，膝を曲げている角度は鋭角（狭い）である。
また，足首も高い。

支持脚に対する引き脚の違い

<膝の高さの違い>
①低さがある②差があまりない

<膝の角度>
③角度が緩い④角度が狭い

<足首の高さ>
⑤低い⑥高い

①③⑤IH入賞者と②④⑥同DQ競技者（ロスオブコンタクト）~2022.8

③ 激しく蹴り上げている

　後脚で激しく地面を蹴り上げ，靴裏全体が上を向いてしまう
動きが見られる。

④　引き脚が早い。

　　振り出した前脚の着地点が重心に近く，前脚が着地し膝が伸び始める前に後脚を引いてしまい，両脚が同時に曲がった状態が見える。

　　以上の4つの特徴は「あくまでも疑わしい」状態であり，「判定上着目するための手がかり」とするだけで，ロスオブコンタクトの根拠ではない。

前脚の違いと靴裏の状態

<前脚の違い>　　　　　　　<着地の位置>　　　　　　<靴裏の状態>
①伸びている②曲がっている　重心よりも⑤遠い⑥近い　③上がっていない④上がっている

①③2022IH入賞競技者と②④同DQ競技者（ロスオブコンタクト）～2022.8

(2)　ベントニー（bent knee：◁）

　　ベントニーは，「前脚が接地した瞬間から競技者のからだの真下（すなわち垂直）の位置になるまで」の間，膝が伸びていない状態（膝曲り）の時があるという規則違反である。ロスオブコンタクトは一瞬でも浮いているか否かを見極めることが必要だが，ベントニーでは図の通り，前脚が接地した瞬間からからだの真下までの間を判定するため，ほんのわずかではあるが，ロスオブコンタクトよりも判定時間が長い。競技者の膝は，一連の動きの中では前脚が接地した瞬間から棒のように完全には伸びてはおらず，接地の瞬間は伸ばし始めている動作の途中であり，若干曲がっている（膝が甘い）ように見えることが多い。競歩審判員は競技者の前脚（支持脚）の膝がからだの真下で完全に伸びていることが確認できれば「規則通り」という判断で良い。

　　ベントニーの特徴は次の通りである。

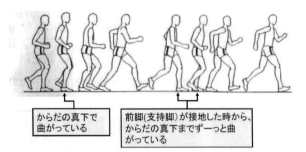

ベントニーの
典型的な歩型

からだの真下で
曲がっている

前脚(支持脚)が接地した時から、
からだの真下までずーっと曲
がっている

① 膝が伸びている状態がない（いわゆる忍者走り，図参照）。
② 支持脚の膝の角度が接地の瞬間，上下に動く（いわゆるバネ
　のように膝を使っている…ランニングの膝使いに酷似）。
③ 支持脚の膝がからだの真下の時にまっすぐに伸びていない。
　　つま先が上がらず踵ではなく足裏全体で着く（いわゆるべた
　足）とベントニーになりやすいが，べた足だからといってベン
　トニーと判定する理由にはならない。また，歩行のスピードは
　関係ないので，明らかにベントニーであればどんなに遅くとも
　規則違反と判断する。もし，先天的に膝が伸びないと主張する
　競技者がいたとしても，本連盟公認競技会に出場した競技者は
　あくまでも規則通りに判断する。

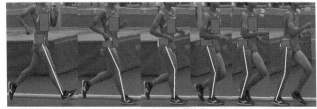

ベントニーが見られたIH競技者〜2022.8

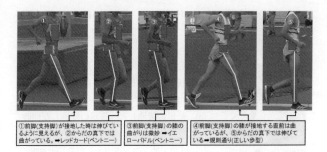

① 前脚（支持脚）が接地した時は伸びているように見えるが、②からだの真下では曲がっている。➡レッドカード(ベントニー) ③前脚(支持脚)の膝の曲がりは微妙➡イエローパドル(ベントニー) ④前脚(支持脚)の膝が接地する直前は曲がっているが、⑤からだの真下では伸びている➡規則通り(正しい歩型)

2 判定と視力

　人間の目では，ビデオ1コマ分（すなわち1/60秒＝0.0167秒）以内を見極めるのは困難と言われている。歩型判定は，まさに極限との戦いであるが，「ロスオブコンタクトだろう」とか「ベントニーだろう」と先入観で規則違反と決めてかかれば歩型違反に見え，逆に「有名選手だから，歩型に問題ない」と楽観視していると，規則違反があっても問題なしと見えてしまう。歩型の判定は常に無心の境地であたらなければならない。

3 判定ガイドライン

　ここでは本連盟科学委員会によるビデオ分析に基づいた別の視点での判定方法を紹介する。前出の判定方法とは表現が異なるが目的は同じであり，競歩審判員は判定しやすい方法を採用すれば良い。尚，これらはあくまでも「ポイント」であり，「疑わしきは罰せず」に変わりはない。

◎ロスオブコンタクト

① 両足が前後に最も開いた姿勢の時に前足の踵と後足のつま先を結ぶ線（ライン）をイメージする。
(a) このラインが上下動する。
(b) 前足の踵がこのラインから垂直に落下するようにして接地する。
(c) 後足のつま先がこのラインから垂直に上がるように見える。

上記a-cのいずれかの動きが見える場合に「ロスオブコンタクト」の疑いがある。

② 両足が前後に最も開いた姿勢の時に，「前足の接地（の瞬間）」と「後足の離地（の瞬間）」を観察する。

(a) 「前足の接地」と「後足の離地」が同時に見える。

⇒「ロスオブコンタクト」はないと判断。

(b) 「前足の接地」と「後足の離地」にはっきりと時間差が見られる。

⇒「ロスオブコンタクト」が発生の疑いが有る。

※判定は，あくまで足と地面との接触の有無を観察して行う。頭部・胴体 の上下動や「抜き足」の膝の高さは 注意して観察すべき競技者を選ぶための「目印」に過ぎない。

以上のポイントを一連の流れの中で見る場合，次の図のようになる。

国際競技会の動作分析からみたロスオブコンタクト判定の観点

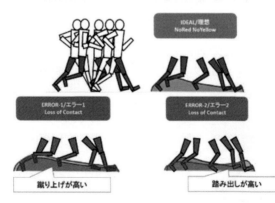

◎ベントニー

(a) 前足が接地する瞬間から地面と垂直になるまで，大転子（ランニングパンツ等の縫い目または大腿付け根の中間線）と足首を結ぶラインをイメージする。

(b) この線が膝関節で膝の輪郭（膝の側面の突起）におさまっている。

⇒「ベントニー」でないと判断する。

(c) このラインが膝関節で膝の輪郭の後ろ側にはみ出る（膝蓋骨が前に突き出た状態が見える）。

⇒「ベントニー」の疑い有り。

※ラインが前にはみ出るとき（膝が後方にしなる）は過伸展なので「よく伸びている」状態として扱う。

① 前足が接地した後の脚全体の長さまたは股関節の高さをよく観察。

(a) 脚全体が「つぶれる」ような動き（膝が一瞬前に突き出る）が見える。

⇒「ベントニー」の発生の疑い有り。

(b) 接地した瞬間，股関節が上に突き上げられる動きがない（膝で動きを吸収してしまっている）。

⇒「ベントニー」発生の疑いがある。

以上のポイントを一連の流れの中で見る場合，以下の図ようになる。

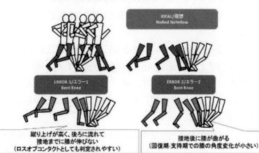

国際競技会の動作分析からみたベントニー判定の観点

IDEAL/理想
NoBad NoYellow

ERROR 1/エラー1
Bent Knee

ERROR 2/エラー2
Bent Knee

蹴り上げが高く，後ろに流れて接地までに膝が伸びない（ロスオブコンタクトとしても判定されやすい）

接地後に膝が曲がる（回復期・支持期での膝の角度変化が小さい）

4 判定の位置

(1) 歩型判定に適した位置

競歩審判員が判定する際の場所や位置は次の通り。

競歩審判員の判定の範囲

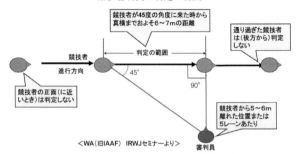

> 競技者が45度の角度に来た時から真横までおよそ6〜7mの距離

> 通り過ぎた競技者は（後方から）判定しない

競技者

進行方向

判定の範囲

45°

90°

> 競技者の正面（に近いとき）は判定しない

> 競技者から5〜6m離れた位置または5レーンあたり

審判員

<WA（旧IAAF）IRWJセミナーより>

① 判定する場所は，競技者と審判員の間に障害物がなく，競技者の膝や足と地面の接地状態がはっきりと見通せる場所で行う。トラックでは外側から競技者を見る方が良い。競技者との距離は5〜6m程取ると良い。

② 判定の範囲は，競技者が競歩審判員のおよそ45度位の角度（競歩審判員の6〜7ｍ程手前）の位置から90度（真横）の位置まで移動している間の歩型を見るのが望ましい。ただし，この判定の範囲はもっとも見やすいので，判定するにあたり，あくまで推奨する範囲という意味であり，この範囲外でも明らかに競歩の定義（TR54.2）に違反していれば規則違反と判断して差し支えない。ただし，競技者の真正面（正面に近いときも含む）や通り過ぎた競技者（後方から）は判定してはならない。

③ 判定はその審判員の目の高さで行わなければならない。審判員は競技者と同じ高さの地面に直立の姿勢で立ち，かがんだり，横たわったりしてはならず，ダッグアウトのような低い位置での判定もしてはならない。また，判定する時はその場に静止して行う。

④ すべての競歩審判員は個人の主観に委ね，他の競歩審判員の意見や他の競技役員，観衆等の意見に惑わされないようにする。

また，道路競技では各班の担当種目が異なる競歩審判員が同じ地点に立つこともある。この場合，若干離れた位置に立つなど配慮し，同じ位置で審判にあたらないように注意する。

⑤　競歩審判員は競歩審判員主任から指示された地点についてのみ判定の全権限を持つ。つまり，担当外の場所の判定はできないし，観衆等から判定に異論の声があっても担当競歩審判員の判定が絶対である。

(2)　競技者が規則違反を犯しがちなのは，次のポイント（場所）である。

(a)　スタート時

(b)　他の競技者を追い越すとき

(c)　フィニッシュ直前のラストスパートのとき

(d)　飲食物供給所や給水，スポンジをとるとき

(e)　集団の中にいる競技者

道路ではさらに次のポイントも重要である。

(f)　コーナーを曲がるときや折り返し点など急激な進路変更をするとき

(g)　のぼりくだりのある場所

これらのポイントにはなるべく競歩審判員を配置する。

なお，道路では競歩審判員間の間隔が長いので死角になる場所には監察（走路）員を配置し，違反行為が発生しないようにする。

(3)　イエローパドル（Yellow Paddle）（TR54.5）

競歩審判員は競技者の歩型を見たときに，少しでも定義に反するおそれを感じたら即座にイエローパドルを競技者に示し，競技者が歩型違反とならないよう未然に防がなくてはならない。歩型が定義に明らかに反した競技者で，レッドカードを出す場合であってもその前にイエローパドルを示す（同時，つまり，イエローパドルを示した後，直ちにレッドカード書いてもよい）。ただし，パドルを示したことによって歩型が直ったとしても，すでに歩型違反していたことは帳消しとはならず，レッドカードを出さなくてはならない。パドルを示したら，直ちに競歩審判記入用紙に記入する。イエローパドルは，同一の競技者にロスオブコンタクト

411

とベントニーをそれぞれ一度ずつ示すことはできるが，同じ種類を2度示すことはできない。また，レッドカードを出した競技者には当該競歩審判員は関与できないため，レッドカードを出した競技者にはイエローパドルを示すことはできない。

イエローパドル（YP）は競技者にはっきりと見えるよう至近距離から目線の高さで示す。
①トラック外側から～2022.8②フィールド側から～20222.6

(4) レッドカード（Red Card）（TR54.6）

レッドカードは，競歩審判員が競技者の歩型が競歩の定義（TR54.2）に明らかに反していると判断した時に出される。レッドカードは競技中どの審判員から出されたかについて，競技者はもちろんのこと，主任及び競歩記録員以外には知られてはならない。これはレッドカードを書いた競歩審判員は，それ以降はその競技者には関われなくなり，例えば競技者がレッドカードを書かれた競歩審判員の前で歩型違反をしても，当該競

競歩レッドカード/RW Judge's Red Card

競技会/Competition		
期日/Date　　年/Y　　月/M　　日/D		

男子/Men　女子/Women		
種目/Distance		
競技者No./Bib Number		
理由/Reason	〜	時/hour　分/minute
	〈	時/hour　分/minute
審判員サイン/Judge's Signature		
審判員No./Judge's No.		

	主任	記録員	掲示板

赤色の用紙に複写して使用下さい。（JAAF-06, 2020/09）

歩審判員には関わる権限が無く抑止力が働かないためである。

レッドカードを発行する手順は,

(a) TR54.6 にある通り,競技者の歩型が競歩の定義に反していると判断した。

(b) 直ちに競歩審判記入用紙のレッドカードの欄に記入する。

(c) その直後にレッドカードに記入する。

(d) レッドカードと競歩審判記入用紙の記入内容が同じか再度確認する。

(e) レッドカードを連絡員に手渡し,競歩審判員主任または同補佐まで運ばせる。なお,レッドカードは同一の競技者にロスオブコンタクトまたは ベントニーのいずれか一枚のみしか出せない。

(5) 失格（Disqualification）（TR54.7）

同一の競技者に対し,3人以上の競歩審判員からレッドカードが出された後,競歩審判員主任が当該競技者のすべてのレッドカードを確認し終えた時点でその競技者は失格となる。ただし,TR54.7.3で行うレースは4枚以上で失格となる（TR54.7.5）。失格はロスオブコンタクト及びベントニーのいずれかあるいは混合でも3枚もしくは4枚で失格が成立する。また,本連盟が主催,共催する競技会では競歩審判員主任単独の判定での失格もある（TR54.4.1）。

① 失格の告知

競歩審判員主任は失格と判明した競技者に直ちに告知しなければならない。ただし,規則違反はフィニッシュ直前に起こることも多く,競技中（＝該当競技者がフィニッシュするまでを指す）に失格を告知できないことがある。競技者がフィニッシュ後に失格と判明した

失格告知はフィニッシュライン手前で行う
〜2022.8

ら，できるだけ早く競歩審判員主任または同補佐がその競技者のもとに行き失格を告知しなければならない。なお，競技者がフィニッシュ後移動して見失ってしまい，告知できなかったとしても失格は成立する。

② 告知時刻の記録

失格を告知した時刻はレッドカードの裏に記入し，競歩記録員に伝える。競歩記録員は，競歩審判集計表の失格告知時刻欄にその告知した時刻を記入する。前出のように競技者に告知できなかった場合の告知時刻の記載は，3枚目のレッドカードが出された時刻を記入する。

③ 告知の場所

トラックではフィニッシュラインの手前で告知する。これは周回記録員にも認識しやすくするためである。道路ではトラックと同様フィニッシュラインの手前で告知する。また，コースの折り返し地点には主任補佐を配置して告知する。

告知後は，すぐにマーシャル等の競技役員に引き継ぎ，トラックの外側に誘導する。道路ではすぐにコースの外に誘導し，トランスポンダー等のチップを預り，ビブスは外させる。

(6) 歩型判定上の注意事項

① 疑わしきは罰せず

疑わしいときは競技者有利とし，規則違反としない。競技者が競歩の定義に反しているかどうか競歩審判員がその判断に少しでも迷いがあるときはイエローパドルに止めるべきである。レッドカードの判定は，その競技者が明らかに歩型違反していると競歩審判員が絶対的な自信を持てる場合にのみ下せるのであって慎重を期さなければならない。

② イエローパドルをできるだけ示す

イエローパドルは，競技者に良く見えるように競技者の近くで示すこと。競技者が自身にパドルを与えられたことを認識していないのでは，競技者に歩型の修正を促したことにはならない。ただし，イエローパドルを示せずレッドカードを出しても規則違反ではない。しかし，競歩審判員の使命として，競技者が競歩の定義に則った歩型で競技させるためにもレッドカード

の判定を下す前にイエローパドルで競技者の歩型を修正させるべきである。レッドカードを多く出したことが競技審判員として良い仕事をしたと考えてはならない。なお，イエローパドルの対象競技者が集団の中にいる場合，ビブスの番号を読み上げても良い（感染症拡大防止上，大声を出さないようにする）。

③　迅速に行動する

イエローパドルやレッドカードを出すと判断したら直ちに行うこと。

④　謙虚で紳士的態度を保つ

イエローパドルを示すために後方から競技者を走って追いかけたり，競技者の横を併走したりしてはならない。もし，イエローパドルを示そうとした時に競技者が通りすぎてしまった場合は次の周回で示せば良い。また，競技者に対して威圧的な言動，怒声のような声かけ，進路妨害となりそうなイエローパドルの示し方は厳に慎む。

⑤　公正な判定

以前の競技会で失格した競技者やウォームアップ等を見て「この競技者は歩型違反する競技者である」と事前に決めつけてはいけない。また，外部の意見に惑わされたり，参考にしたりしてはならない。

⑥　明瞭で正確な記入

文字は大きく読みやすい字で記入する。イエローパドルやレッドカードの判定記録は明瞭かつ正確に記入しておかなければならない。なお，時刻の記入は12時間制のほうが望ましい（例：15時→3時，12時→12時）。

5　競歩審判員の配置

(1)　トラック競技

①　競歩審判員主任が判定しない場合

競歩審判員主任が判定しない競技会では，先頭の競技者が残り1周になったら，周回の鐘を合図にすべての競歩審判員は移動する。A⇒a, B⇒b, C⇒B, D⇒d, E⇒eの位置に移動（図参照）し，全競技者がフィニッシュするまでその場所で判定する。

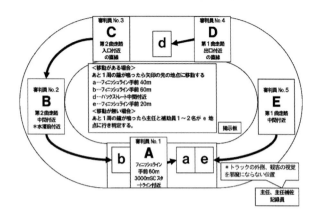

② 競歩審判員主任が判定する場合

　主任が残り100mを判定する場合，競歩審判員は，A，B，C，D，Eの位置（図参照）から移動することなく同じ位置で最後まで判定する。

　主任は先頭の競技者が残り1周になったらeの位置に入り，全競技者がフィニッシュするまで判定する。この間のレッドカードの管理，すなわち3枚以上のレッドカードが集まり，失格と判断するのは，競歩審判員主任補佐もしくは競歩記録員が行い，もう一人の競歩審判員主任補佐により競技者に告知する。従って，主任が判定する場合は競歩審判員主任補佐を必ず2名以上任命する。

③ スタート時の配置について

　スタート時に違反歩型が多くみられることから，第2曲走路入口でスタートする競技（3000m競歩や5000m競歩等）ではスタート時にNo.3（C）の審判員がスタートラインとNo.2（B）の間に位置して判定して良い。また，第1曲走路入口をスタートする競技（10000m競歩等）も同様にNo.1（A）の審判員がNo.5（E）の審判員とスタートラインの間で判定して良い。

　グループスタートの場合はこれらの審判員は外側と内側を分担して判定しても良い。

④　ペナルティゾーンの場合

　　　競歩審判員主任や競歩記録員，掲示板の位置が異なるのでペ
　　ナルティゾーンマニュアルを参照のこと。

(2)　道路競技

　通常，競歩審判員主任を含め9人で行う（図参照）。道路では複
数の種目が同時進行する場合もあり2班体制で判定することがあ
る。この場合，複数の競歩審判員の配置場所が重なることもあるの
で，審判員同士が会話しないよう注意する。

　競歩審判員主任補佐はコースの両端もしくはコース上の競歩審判
員主任を起点として最も遠い距離に配置し，失格者にできるだけ早
く告知する。

　道路では競技中に競歩審判員との連絡はトランシーバー等で行う
と良い。ただし，歩型の判定に関わるような連絡はしない。

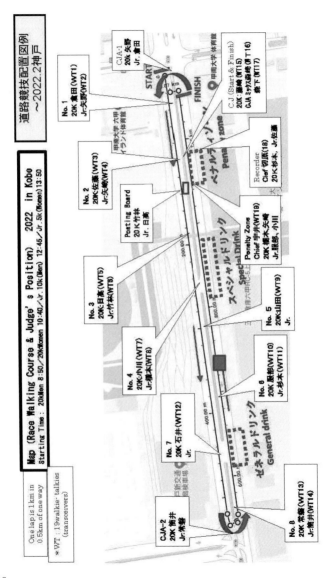

Map (Race Walking Course & Judge's Position) 2022 in Kobe
Starting Time : 20k(Men 8:50/20k(Komen 10:40/Jr.10k(Men) 12:45/Jr.5k(Komen) 13:50

道路競技配置図例
〜2022.2神戸

One lap is 1km in
0.5km of one way
*WT : 19walkie･talkies
(transceivers)

START

FINISH

C.J.A-1
20k 矢野
Jr.倉田

C.J.(Start & Finish)
20K:濱崎(WT15)
C.JA ミッカ濱崎(JT T16)
森下(WT17)

甲南大学体育館

No. 1
20K倉田(WT2)
Jr.矢野(WT1)

甲南大学六甲
アイランド体育館

ペナルティゾーン
Penalty zone

Recorder
C.Iof 切畑(18)
20K杉本、Jr.佐藤

No. 2
20K佐藤(WT3)
Jr.矢崎(WT4)

Posting Board
20K竹林
Jr. 日高

Penalty Zone
Chief 写井(WT19)
20K楠木,矢崎
Jr.瓶部,小川

No. 3
20K日高(WT5)
Jr.竹林(WT6)

スペシャルドリンク
Special Drink

No. 5
20K山田(WT9)
Jr.

No. 4
20K小川(WT7)
Jr.楠木(WT8)

No. 6
20K瓶部(WT10)
Jr.杉本(WT11)

ゼネラルドリンク
General drink

No. 7
20K石井(WT12)
Jr.

日新交通
高速線車庫

No. 8
20K常線(WT13)
Jr.筒井(WT14)

C.JA-2
20K筒井
Jr.濱崎

Ⅱ 競技運営編

1 競歩競技に関係する競技役員の任務

(1) 競歩審判主任（Chief Judge）の任務

国内競技会では，通常競歩審判員主任はあらかじめ任命され，プログラムに記載されている。ただし，同主任がすべての競歩種目の競技中の主任を担当しなくても良い。特に国体やインターハイなどの大規模競技会では，種目ごとにそれぞれ競歩審判員主任を立てた方が，負担が軽減されて良い。プログラム上の競歩審判員主任は総括という立場で，掲示板やパドル等競歩関係の諸準備について責任を持って行うようにしたい。

競歩競技の運営がスムーズになるか否かはすべて競歩審判員主任によると言っても過言ではない。競歩審判主任の任務は多岐にわたる。状況ごとの任務は次の通りである。

なお，「Race Walking A guide to Judging and Organising2016」（WA発行）では「Judges' Coordinator（競歩審判コーディネーター)」を立て，競歩関係役員をチームとして一元管理し，競歩関係の用器具や打合せ会及び反省会の開催する責任をもたせている。国内の大規模競技会や道路競技会では複数の主任が立つことが多いので，責任の明確化と競技会運営をよりスムーズに運ぶため「競歩審判コーディネーター」役を1名置き，競歩競技運営を統括させることを推奨する。

① 各部署との打合せ

主任会議もしくは競技開始前に，次のことを関係部署と打合せる。

(a) 総務員

i 抗議が出た場合の段取りを確認する。特に受付場所，担当競技役員名（総務・TIC 等）

ii 天候状況を把握し，安全対策上必要と思われる場合は，水等の準備（5000m 以上，TR17.15.1)。

iii 国体，インターハイ，日本選手権等の大規模競技会では競歩関係競技役員の数も多くなるので待機できる控え室やテントを確保する。

iv 監督会議等で，競歩競技中，競歩用掲示板に掲示する番

号はビブスの番号か腰の番号か等の競歩競技に関連する
　　伝達内容を確認する。
　ⅴ　技術総務または総務員：道路競技では，1チーム2人ま
　　で給水を補助できる係を主催者が許可することができ
　　る。この場合，明確に識別できるようビブスやADカー
　　ド等を主催者は用意しなければならないのでその対応方
　　法を確認する。また，ペナルティゾーン，飲食物供給所，
　　給水所，競歩記録員，掲示板等の位置の確認と必要用具
　　が揃っているか，電源確保や雨天時のテント等雨除け，
　　審判員への雨具の確認等を行う。
　ⅵ　総務員または報道係：競歩記録員が集計する場所とカメ
　　ラマンの撮影位置が交錯することがある。また，競歩用
　　掲示板の位置も同様なので，競技開始前の諸準備の際に
　　入念に打合せる。
　ⅶ　競歩審判集計表のコピーはTICにおかせてもらい希望
　　者に配布をお願いする。
　(b)　審判長
　　審判長は競技者の歩型に関することなど，競歩審判員主任
　の責任範囲にある事項については責任外である（CR18.3）。
　審判長の任務のうち競歩競技における留意点は次の通り。
　ⅰ　競歩審判集計表の署名
　　競歩競技終了後直ちに競歩審判員主任から示されるレッド
　カードと競歩審判集計表を確認し，競歩審判集計表に署名し
　なければならない（CR18.4）。特に失格競技者が有る場合は，
　競歩審判集計表とレッドカードを照合するなど念入りに点検
　する。署名した競歩審判集計表は競歩審判主任にコピーさせ，
　保管しておく。
　ⅱ　抗議の対応
　　歩型の判定についての権限は競歩審判員主任にあるが，競
　技の結果または行為に関するいかなる抗議も第一に競技者自
　身または代理人から審判長に対して口頭でなされなければな
　らない（TR8.3）ので抗議については，たとえ歩型の判定に
　関することであってもまず審判長が対応する。とはいえ，審

判長が直接受け付けるのは現実的には難しいので，前出の通り，総務（員）とその段取りについて打合せておく必要がある。

iii 競技打ち切り時間を過ぎた競技者の対応の確認。

iv 道路競技での飲食物供給所での規則違反への対応の確認。

飲食物供給所では主催者に許可された者が並走したり，コース内に入る等の規則違反をしないよう（TR54.10），担当競技役員を決めて監視させる。

v ペナルティゾーン関連のことを確認する
- ペナルティゾーンに入れられなかった競技者への当該時間の加算
- ペナルティゾーンに入ることを拒む競技者の対応
等々

(c) 出発係，競技者係，競技者受付係（競歩競技Ⅳ 1 参照）

i ビブスを競技者に配布する際，ビブスを安全ピンでユニフォームに固定する場合には外れにくい付け方について競技者に説明する。

ii スタート前にビブスを確認する際，正しいつけ方になっているかを確認する（「Ⅳ-1 ビブスのつけ方」参照）。

(d) 周回記録員

i 失格競技者が出た場合の連絡方法について打合せる。

ii 周回記録員とトランスポンダー係との連携

iii 周回遅れ競技者への回数の告知の確認。

iv あと1周の鐘はなるべくすべての競技者に鳴らしてもらうよう確認する。特に最後の競技者は必ず鳴らしてもらう。

v 最後尾競技者を主任が確認することがあると知らせておく。

(e) 記録・情報処理員

i 失格競技者の有無，失格の理由を競歩審判集計表のコピーを提出する際に報告する。また，フィニッシュ後に失格した競技者がいた場合には，口頭でも必ず伝える。

ii 競歩審判集計表の原本はレッドカード，イエローパドル等の情報をすべて書き入れ，コピーを取った後，記録・

　　　　情報処理員に提出する。

　　　ⅲ　道路競技ではTOP8の歩型判定が確定した際の連絡の
　　　　段取りを確認しておく。

　(f)　マーシャル，ミックスゾーン係等

　　　ⅰ　フィニッシュした競技者は，所定の場所で競歩審判員主
　　　　任または主任補佐から解散の指示があるまで競技者を所
　　　　定の場所に待たせておくよう打合せる。競技者を場外
　　　　（トラック外，コース外）に誘導する場合，なるべく同
　　　　性の競技役員が望ましい。競技中に失格した競技者を誘
　　　　導することもあるので，スタート直後から準備しておく
　　　　よう打合せる。

　　　ⅱ　道路競技ではフィニッシュした競技者や棄権あるいは失
　　　　格した競技者を誘導するため，主任補佐の近くに3名以
　　　　上配置（フィニッシュライン1名，折り返し地点各1名）
　　　　する。また，競技者やコーチ，競技役員，報道関係者，
　　　　観衆等をコントロールする。

Q： 大会新記録でフィニッシュした競技者がある場合や大規模
　　競技会で盛り上げるため，先頭競技者の記録を早めに確定
　　したいが可能か？

A： 競技開始前にフィニッシュした時点でのレッドカードの確
　　認方法をどのように行うか取り決め，関係部署（審判長，情
　　報処理，アナウンサー等）と連携を密にすれば可能である。

　(g)　アナウンサー

　　　競技者がフィニッシュ後，歩型の判定結果やペナルティ
　　ゾーンの罰則時間の加算によっては見た目の着順と正式順位
　　が異なることがあることを観衆に解説する。また，トラック
　　レースでは競技者のビブスの番号とレース中につけている胸
　　のビブスの番号が異なる（腰の番号と同じにすることが多
　　い）ことがあるので観衆に説明する。

　(h)　救護（医務）

熱中症や低体温症等の発生の恐れがある時期には競歩競技
中の救護の体制について打合せをしておく。

(i)　給水係

　　給水係は感染症拡大防止のため当該競技前に再度手洗い，
手指消毒をする。競技中は手袋，マスク，フェイスシールド
等を着用することが望ましい。

i　トラック競技での給水テーブルの位置は，競技者全員が
　　1周目を通過するまでは4レーン内側。1周目通過後に
　　3レーンの外側寄り（テーブルの後方の脚が4レーンの
　　線上に置く）に移動させ，安全性に問題なければ，3レー
　　ンの内側にする。テーブルの位置は参加者数が多い，少
　　ないによって位置を調整する。ただし，遠すぎると競技
　　者が給水をしなくなる傾向があり，熱中症を誘発する危
　　険があるので，テーブルが近すぎて危険にならない範囲
　　で，できるだけ競技者に近い位置に置く。

給水の位置〜2022.8IH

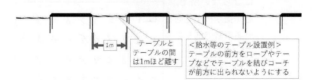

テーブルと
テーブルの間
は1mほど離す

<給水等のテーブル設置例>
テーブルの前方をロープやテー
プなどでテーブルを結びコーチ
が前方に出られないようにする

ii　道路競技の給水テーブルの位置は，コースの外側（右手
　　で取れる位置）に置き，テーブル間は1m以上あける。

チームへの割り当ては1チームに1台が望ましい。

② 競歩審判員打合せ

競歩審判員主任は遅くとも競技開始45分前までに競歩関係競技役員及び補助員（連絡員）を招集し，打合せを行う。内容は次の通り。

(a) 競歩審判用具の配布。

(b) 競歩審判員の担当地点の割り当て。

競歩審判員の審判員番号（トラック競技及び道路競技に応じて1〜8，競歩審判員主任は「CJ」または「6」あるいは「9」）を決め，担当地点を割り当てる。

(c) 判定場所の移動の確認

競技終盤（先頭競技者が残り1周の鐘が鳴ったとき）の競歩審判員の移動について確認しておく。主任が判定に入る競技会（TR54.4.1）では審判員の移動は無いが，勘違いすることもあるので必ず確認する。

(d) 諸準備

競歩関係役員が所持する時計を標準時（12時間表示）に合わせ，配布した競歩審判記入用紙，レッドカードに予め記入できるところはすべて記入しておくよう指示する。

(e) 競歩記録員との打合せ

・競歩記録員に主任をおき，係員の業務を分担させる。

・競歩審判員主任は競歩記録員主任とともに作業をする場所を確認する。適切な場所は，トラックではフィニッシュライン付近のレーンの外側で観衆の視覚の邪魔にならない所，道路ではフィニッシュライン手前で競技の支障にならない所で，必ず掲示板を見通せる位置であること。なお，場所については競技開始前に担当総務員か報道係に適切か確認しておく。

4と7は分かりづらい場合がある

424

・IRWJが審判に入る競技会ではIRWJ全員に0～9まで
の数字を競技前に書いてもらって筆跡を残し，競技中読
み難いときに照らし合わせる。

(f) 連絡員（補助員）の配置と紹介

連絡員を各競歩審判員に紹介し，面通しをする。連絡員
の人数はトラックでは一人の競歩審判員に1名以上が望まし
い。第2曲走路（B）やバックストレート（C，D）の場所
は遠いので2人は必要である。道路では競歩審判員に対して
1名以上で，なおかつ，自転車も1台ずつ配置する等，レッ
ドカードを主任に届ける手段を確保しておく。

また，連絡員には，レッドカードを運ぶ要領（ⅰどこを通
るか：8または9レーンが一般的，ⅱできるだけ急いで運ぶ
こと：走る，ⅲ競歩審判員主任から指示があるまで戻らな
い），競技終了後競歩審判記入用紙を連絡員が直ちに主任に
運ぶこと等，競歩審判員とともに打合せておく。

(g) 掲示板係との打合せ

掲示板係は2人以上配置し，主任と掲示係をおく。

掲示板は競技中，競技者や競歩記録員及び観衆に見やすい
か，競技に支障はないか等，適正に使用できるよう掲示板係
に指示し，競技開始前に競歩審判員主任自ら確認する。

掲示板に全競技者を掲示できる場合はあらかじめ番号の若
い順に掲示しておく。できない場合はレッドカードが出た順
に掲示させ，競技中その順番を変えてはならないことを伝え
ておく。

(h) 競技終了後について

競歩審判員全員に競技終了後，直ちに競歩審判記入用紙を
連絡員により主任に届けさせる。また，関係競技役員には控
室等所定の場所に速やかに移動し解散の指示があるまで待機
するよう伝達する。

③ 競技中について

競技中の任務は次の通り。

(a) 関係競技役員の監督

競歩審判員主任は競技中，関係競技役員を監督しなければ

ならない。また，競歩審判員主任は競技会運営がスムーズに運ぶよう各競歩審判員のみならず，主任補佐や競歩記録員，掲示板係，連絡員等の関係競技役員の動きにも注意を払う。特にレッドカードが大量に出た時は，主任補佐や競歩記録員と協力し，失格の判定及び告知の任務を迅速に行う。

(b) レッドカードの確認

レッドカードは，できるだけ競歩審判員主任または主任補佐が受け取り，正しく記入されているか確認する。記入の不備があれば，当該競歩審判員に連絡員によって差し戻し，速やかに再提出させる。

(c) 掲示板への掲示指示

レッドカードが正しく記入されていることを確認したら，競歩記録員に手渡し，競歩審判集計表に記入させるとともに，掲示板係に該当する違反のマーク（赤色）を掲示させる。競歩記録員主任は掲示板係に掲示されている違反マークの種類や数が正しいか常に確認させる。

(d) 失格の手順

レッドカードが3枚以上揃った競技者に失格をできるだけ早く知らせ，競技から除外する。但し，失格を知らせる前に，必ずレッドカードの再確認を行う。確認する内容は次の通りである。

・すべてのレッドカードのすべての欄が正しく記入されているか。特に規則違反の理由，時刻，地点，競歩審判員の署名等。

・すべて同一の競技者のものか。

・すべて異なる競歩審判員から出されているか。

これらを確認し終えたら，再度競歩審判集計表の記入と相違ないか確認した後，競技者に失格をレッドパドル（両面赤色）で知らせ，他の競技者の競技の妨げにならないようにレーンの外側に出す。道路では，車両に注意し，歩道など安全な場所へ移動させ，ビブスを外させる。トランスポンダーシステムの場合はチップ等を担当係員（マーシャル等）に回収させる。

また，失格した競技者はできるだけフィニッシュさせないようにする。もし，該当競技者がフィニッシュした後，失格していることが判明した場合，直ちにその競技者のもとへ行き，失格の旨を伝える。また，記録・情報処理員には集計表のコピーを提出する際に，フィニッシュ後に失格した競技者があることを伝え，記録が残らないよう注意喚起する。

　失格告知の際は当該競技者の3枚（ペナルティゾーンルールでは4枚）のレッドカードを受け取り，改めて確認してから告知する。失格を告知したらその時刻をレッドカードの裏側（重ねたカードの一番下）に記入し，競歩記録員に戻す。

④　競技終了後

　競技終了後（すべての競技者がフィニッシュした時点）は次の事を速やかに行う。

(a)　競歩審判記入用紙の回収

　競技終了後直ちに競歩審判員の競歩審判記入用紙を回収する。連絡員に競技終了後直ちに届けさせるよう指示しておく。

(b)　レッドカード及び競歩審判記入用紙の確認

　競歩審判員から出されたレッドカードと競歩審判記入用紙，競歩審判集計表（集計表）を点検する。点検項目は，レッドカードの記載は正しいか，すべての競歩審判員の競歩審判記入用紙があるかなどである。

(c)　集計表の記載確認

　競技中に出されたレッドカードのすべてが競歩審判集計表に記入されているか確認し，問題なければ署名する。また，失格理由（K1，K2…等）が記載されているかを確認する。

(d)　競歩関係役員への競技後の指示

　集計表を確認したら，競歩記録員に競歩審判記入用紙を保管するよう指示し，関係競技役員は控室等所定の場所で待機するよう指示する。

(e)　競技者に解散の指示

　待機している競技者に解散の指示をする。できれば，主任補佐もしくはマーシャルに伝達を指示したほうが良い。

(f) 審判長の署名

　　競歩審判員主任は競歩審判集計表に自ら署名し，直ちに競歩審判集計表とレッドカードを審判長に提出し署名を受ける。失格競技者がいる場合は，審判長に失格競技者のすべてのレッドカードを示し，集計表とレッドカードが一致しているか再確認してもらう。

(g) 記録・情報処理員への連絡

　　署名を受けた競歩審判集計表は2部コピーして，1部を記録・情報処理員に手渡す。この時，失格競技者の有無と，失格者がある場合はその競技者がフィニッシュしているかいないかを口頭でも伝え，記録発表が正確になるよう協力する。残る1部を審判長に手渡した後，原本はレッドカードと共に競歩記録員に手渡す。

(h) 競歩審判集計表の仕上げとコピー

　　競歩審判員主任は，競歩審判記入用紙の記載内容を転記させる。この作業は読み上げ者と記入者の複数の役員で行い，記入ミスが無いよう心がける。読み上げる際レッドカードの欄の記載内容も読み上げ，集計表と一致しているか確認する。一致しない場合はレッドカードと照合し，当該審判員に競歩審判記入用紙を訂正させる。

　　記入をすべて終えたらコピーする。枚数は競歩関係役員人数分に加え，競技後競技者が欲しいという申し出に備え（配布は TIC 等が行う）相応の部数をコピーする。

(i) 反省会の開催

　　競歩審判員はじめ競歩競技関係者に配布し，判定について分析し，協議をする。特に判定に際立った相違がなかったかを討議し，競歩審判員相互の資質の向上をはかる。

(j) 所定の場所での待機

　　競技結果が確定するまで競歩審判員を所定の場所に待機させておく。

(k) 抗議対策

　　失格者の有無に関わらず次のことを行い，抗議に備えておく。

- 競歩審判集計表をコピーしておく。なお，競歩審判員名が記載されていても問題は無い。
- 審判長やジュリーから説明を求められても良いように，レッドカード，競歩審判記入用紙が正しく記入されているか改めて確認しておく。
- 必要であれば各競歩審判員から状況を確認しておき，理路整然と説明できるようにしておく。
- 審判長やジュリーから判定について説明を求められたら，競歩審判集計表で当該競技者にイエローパドル及びレッドカードが出された時刻を説明する。

(1) 抗議の対応

　　歩型の判定に対して抗議が出され，説明を求められたら次の手順で説明する。

- 席上に持参する資料は競歩審判集計表のみでそれ以外は持参しない。
- 説明の席には当該種目の競歩審判員主任が出席し，当該の競歩競技関係者（本連盟より派遣 JRWJ がいればそのうちの一人）も出席し，説明の内容をメモする。JRWJ はその内容を後日競技運営委員会に報告する。
- 抗議側の出席者について競技者本人なのか代理者なのか。代理者であれば競技者とどのような関係なのか確認する。それ以外は関係者ではないものとして退席させ，室内は必要最低人数にする。また，フィジカルディスタンスをとる，対面で座らない，換気をする等の感染症防止策をとる。
- 抗議者には，集計表のうち当該競技者の部分のみを提示し，当該競技者に対して各競歩審判員から示されたイエローパドルの種類と時間，レッドカードの種類と時間について時系列で簡潔に説明し，できるだけ短時間で済ませる。この時，当該競技者のことのみ説明する。たとえ，当該競技者と他の競技者の歩型とを比較し，質問されても絶対答えない。
- 抗議ではないが判定に関して，競技者本人あるいは代理

人から説明を求められることがある。この場合も競技確
　　　定前であれば抗議と同等の扱いで説明する。
　　・ビデオを持参して抗議に来る場合もあるが，TR54.2,
　　　TR54.3.2 により一切参考にしないことを伝える。執拗
　　　に見せようとしても一切見てはならない。
(2)　競歩審判員主任補佐（Chief Judge Assistant）の任務
　　　本連盟が主催，共催するトラック競技での競歩競技では主任補
　　佐は2人以上任命し，1人は失格の告知係，もう一人はレース終
　　盤に主任が判定するためその判定中の主任業務代行係とする。県
　　レベルであっても最低1名は配置する。
　　　同様に道路競技では，3人以上必要である。2人は失格告知係
　　として競歩審判員主任を基点にそれぞれコース上のもっとも遠い
　　ところに配置し，もう1人はレッドカードの管理の補佐係とする。
　　連絡には（半径1 km以上電波が届く）高性能なトランシーバー
　　を使用する。
　　　なお，競歩審判主任補佐は競歩審判員として判定に加わること
　　はできない。主な任務は次の通りである。
　①　失格となった競技者に対して失格を告知する。
　②　競歩審判員主任の業務を同主任の指示のもとで代行あるいは
　　　補佐する。
(3)　競歩審判員（Judges）の任務
　　　競歩審判員の任務は次のとおり。
　①　競歩審判員主任の指示に従うこと。
　②　配布された審判用具を確認すること。特にイエローパドルは
　　　2種類2本か，レッドカード及び競歩審判記入用紙，筆記具は
　　　十分か。
　③　競歩の定義（TR54.2）に反する恐れのある競技者にイエ
　　　ローパドルで注意を与えること。
　④　競歩の定義（TR54.2）に明らかに違反している競技者には
　　　レッドカードを直ちに発行すること。
　⑤　競技終了後の作業
　　(a)　直ちに競歩審判記入用紙を，連絡員を通じて競歩審判員主
　　　　任に届けるか直接手渡しし（最も速い方法を選択する），自

身の発行したレッドカードが正しく届いているか，集計表に記載されているかできるだけ自身で確認する。

(b) 競歩審判員主任や競技者から歩型の判定に関して質問を受けても答えられるようにしておく。但し，競歩関係競技役員以外への対応は抗議に発展しないためにも競歩審判員主任もしくは同主任が許可したもの以外は行わないこと。

⑥ 競歩審判員（競歩審判員主任を除く）の注意事項

競歩審判員は次のことを注意しなければならない。

(a) 指示された地点のみの審判（判定）をする。

(b) 競技開始前，自身が担当する地点で競技を実施する上で支障がないかを確認し，支障があれば近くの監察員などの競技役員に連絡する。連絡した内容は，競歩審判員主任にも伝達する。

(c) 最後の競技者がフィニッシュするまで，許可なく定められた地点を離れてはならない。道路競技のように分かりにくい場合はどのように知らせてもらうか打合せ会で確認しておく。

(d) 反省会に必ず参加する。

(e) 解散の指示があるまで所定の場所で待機する。

(4) 競歩記録員（Recorder）の任務

競歩記録員は，競技中レッドカードの管理をする極めて重要な役目を負う。従って，競歩競技があるときは必ず任命する。競歩記録員はなるべく競歩審判員の経験がある人が良い。国体やインターハイ，日本選手権競歩等の大規模競技会では種目ごとに5人以上任命し，レッドカード読上係，集計表記入係，レッドカード管理係，PC入力係，掲示板伝達係等に役割分担する。人数に制約があるときは読上係と管理係は兼務でも良い。また，責任者として競歩記録員の主任（読上げ係等と兼務で良い）を決めておき，集計表やPC入力が正確か，掲示板に正しく掲示されているかを常に監視する。

競歩記録員の位置はトラック競技ではフィニッシュライン付近のトラックの外側で掲示板が見やすく，かつ，観衆の視覚の邪魔にならないようでトラックからできるだけ離れたダッグアウトか観客席下近くに位置するようにする。

競歩記録員の任務は次の通りである。

(a) レッドカード読上係

- 競技前に，競歩審判員主任や競歩審判記入係と共に競技場内で位置する場所や係員の配置（座る場所）について打合せておく。
- 競技中，受け取ったレッドカードを，集計表記入係，PC入力係，掲示板伝達係に聞こえるよう明瞭かつ大きな声で読み上げる。読み上げは，「競技者番号○○番」と言ったら，少し間をおき，集計表記入係に何枚目かを知らせてもらう。続いて「審判員番号○，ロスオブコンタクト（またはベントニー）○時○○分」と読み上げる。終えたらレッドカード管理係に手渡す。なお，読み上げている最中にレッドカードの記入漏れやミスを発見することが良くあるので，発見次第作業を中止してレッドカードの記載を取り消すと共に，競歩審判員主任に報告し，レッドカードが訂正されたらやり直す。競歩審判員主任からレッドカードが出た場合は「主任のレッドカード」とはっきりと言い，直ちに失格になることを周知させる。
- 競技終了後，競歩審判記入用紙を回収し，全員分が揃ったら競歩審判員主任に提出する。この時点で判定は確定する。競技終了後，集計表に競歩審判記入用紙の情報を記入する際も読み上げを担当する。

(b) 競歩審判集計表記入係

- 競技が始まる前に集計表に競技会の期日，場所，種目，競歩審判員番号，競技者番号を記入しておく。競技者番号はなるべく全員を記入する。
- 競技がスタートしたら，その時刻を直ちに記入する。
- 競技中は，読上げ係が競技者番号を読み上げたら，すかさず「何枚目」と言って，レッドカードの枚数を競歩主任や補佐などに知らせる。競歩審判集計表に記入する際は必ず復唱する。
- 集計表には競技中はレッドカードのみの記入なので記入する欄に注意する。また，違反マークを○で囲むことを忘れ

ない。記入している最中に同一審判員が同じ競技者にレッドカード出していたり，競歩審判員番号が誤っていたり等のレッドカードの不備に気付くことが多い。発見したら読み上げ係同様，競歩審判員主任に報告するとともに当該レッドカードの情報の記載は消去する。

・競技終了後，競技終了時刻を記録し，レッドカードの数と集計表の記載の数と合っているか確認する。また，失格競技者の失格理由と時間が記載しているかを確認する。競歩審判員主任による失格があったときは特に気を付ける。確認を終えたら，署名をし，競歩審判員主任に集計表をレッドカードと共に手渡す。

・審判長の署名を受けた後，競歩審判集計表を受け取り，競歩審判記入用紙のイエローパドルの情報の記入とレッドカードの情報が競歩審判集計表に記載した内容と合致しているか確認する。すべての作業を終えたら，競歩審判員主任に手渡す。

(c) レッドカード管理係

・競技前，管理するための必要な備品があるか確認しておく。

・競技中，正しく記載が終えたレッドカードを受け取り，競技者の番号ごとに整理し，管理する。管理はコルクボードに競技者ごとに張り付けたり，クリップでまとめて管理したりする方法がある。クリップは大きく重さのあるものだと，風に飛ばされにくく扱いやすい。同一競技者のレッドカードが3枚以上になったら，ホチキス等でそのカードを一つにまとめ，競歩審判員主任または主任補佐にすべてのレッドカードを手渡す。失格の告知を終えたレッドカードを再度受け取り，管理しておく。失格の告知時刻がレッドカードの裏側に記載されているか確認する。競技中，受け取ったレッドカードの数と掲示板に掲示してあるマークの数や規則違反の種類が合致しているか常に確認しておく（4枚目（ペナルティゾーンルールでは5枚）以降は除く）。

・競技終了後，まず，失格した競技者のレッドカードを競技者ごとに揃えて主任に手渡す。次に，2枚出た競技者，そ

して1枚だけの競技者の順にレッドカードをそれぞれ揃えて主任に手渡す（ペナルティゾーンルールでは3枚出た競技者も揃える）。

(d)　PC入力係

・入力システム（関数入り）が導入された最新のファイルか確認する。

・競技前に必要な情報はすべて入力しておく。

・競技中，集計表記入係と同様に復唱しながら入力する。

・競技終了後，競歩審判集計表記入係と共に競歩審判集計表を完成させる。また，リザルトの情報も入力し終えたら，

2022.8IH競歩記録員配置（オンラインシステム）

プリントアウトし，主任に提出する。

(e)　掲示板伝達係

・読み上げ係が読み上げている際，復唱しながらサインボード（小型のホワイトボード等）に書き入れる。レッドカードの枚数も書き入れる。

・掲示板係のところへ直接伝達するときは，レッドカードを持って行き，読上げて掲示させる。その際掲示係には復唱させながら掲示させ，正しく掲示しているかを確認する。掲示を終えたらカード管理係に手渡す。主任よりレッ

ドカードが出た場合は掲示板係にそれまで出ていたレッド
カードの枚数に関わらず3枚掲示（ペナルティゾーンルー
ルでは4枚）させる。違反マークは残る欄には主任が判定
した違反マークをつけさせる。

(5) 掲示板係（Posting Operator & Assistant）

　掲示板は競技者が自分自身に対してのレッドカードの有無やそ
の数を知る唯一の方法である。設置は競技者や観衆に見やすい場
所で，かつ競技の支障にならないよう配慮する。また，レッドカー
ドが出たら直ちに掲示しなければならない。掲示板のマークには
規則違反の種類を掲示する。

　失格を意味する3つ目（ペナルティゾーンでは4つ）のマーク
は競技者に告知する前であっても掲示する。

　国体やインターハイ等では電光掲示板を使うことが多いが，
ホワイトボードを使用する場合は，掲示する番号やマークはでき
るだけ大きく（7cm〜10cm角）する。電光掲示板を使用する場
合は業者のオペレーターだけで十分であるが，ホワイトボードを
設置する場合は，競技役員1人以上と強風で倒れる危険があるの
で，補助員をホワイトボードに一枚につき一人ずつは必要である。

種目	女子	10000m競歩			競歩用	掲示	板					
No.	1	2	3	4	No.	1	2	3	No.	1	2	3
1	~	<	<	<								
25	<	~										
30	<	~										

数字やマークは1辺が7cm角以上
観客席からも見える大きさ

掲示板係の主な任務は次の通り。

・競技前の備品の確認

　　掲示板や掲示するマーク等必要な備品が揃っているか競技
前に確認する。電光掲示板を使用する場合は，オペレーター
と打合せをしておく。ホワイトボードを使用する場合は，転

435

倒防止用の砂袋等の
錘を用意すると共に，
補助員も手配する。
競技者の番号は，で
きればあらかじめ全
員を番号順に掲示す
る。人数が多くて掲
示することが難しい
場合は，レッドカー

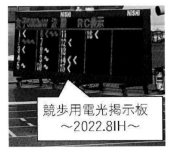

競歩用電光掲示板
～2022.8IH～

ドが出た順に掲示し，一度掲示した順番は絶対に変えない。

・掲示板の位置

　　競技に支障のない場所で競技者，競歩記録員，観衆から見
やすい場所に置く。

　　トラック競技ではフィニッシュラインを10～20m程過ぎ
たフィールド内に置く。ただし，ペナルティゾーンの場合は
ホームストレートほぼ中央のフィールド内に設置する。

　　道路競技ではフィニッシュラインの手前，およそ100m以
内が望ましい。

・競技中はマークを掲示する

　　競技中，競歩審判員主任から直接あるいは競歩記録員（掲
示板伝達係）を通じて，その指示のもとに掲示する。掲示
板には競技者番号と規則違反の内容（ロスオブコンタクト
「～」，ベントニー「<」）を印したマークを正しく掲示する。
マークの数はレッドカードの数と一致するが，4枚目（ペナル
ティゾーンでは5枚目）以降は掲示しない。また，指示無く
掲示してはならない。掲示板の前に不用意に立ち，見えにく
い状況にならないよう配慮する。掲示する際は掲示板主任が
競技者番号，枚数，規則違反の種類を読み上げる。掲示係は
復唱しながら掲示する。その際掲示板主任は正しく掲示され
ているか確認する。

・主任による失格の場合の掲示

　　主任よる失格があった場合，それまでのマークの数に関係
なく，マークが3つ（ペナルティゾーンは4つ）になるように

掲示する。その際のマークは主任が判定した違反マークをつける。

・掲示板の撤去

競技終了後，競歩審判員主任の指示があるまで掲示しておく。撤去の指示が出たら速やかにトラックやコースの外に出す。通常は競歩審判記入用紙をすべて回収し，失格が確定した時点で撤去して良い。

(6) 連絡員（Card Collectors）

連絡員は，競歩審判員から出されたレッドカードを迅速に主任に運ぶことが任務である。レッドカードが出されたら，できるだけ早く（全力で走る）主任に届ける。また，レッドカードや競歩審判記入用紙が不足した時に主任のもとに取りに行くなど，競歩審判員の補助もする。

Q：IHや国体等では連絡員（補助員）がレッドカードを運んでいる。IHで熱中症になった連絡員もいたという事例がある。補助員が走って運ぶ方法以外に安全で迅速な方法はないのか？

A：走って運ぶ方法は競技者に対して最も安全で速い方法であるため採用している競技会が多い。ただし，補助員が多数必要である，体力の消耗が激しい，熱中症の危険がある等の欠点もある。最近はスマートフォンやタブレットを使用するオンラインシステム（「IV-4競歩運営支援システム」参照）も開発されているので活用していただきたい。

2　競歩競技で男女混合レースを行う場合の目安と配慮

① 競技会の規模

同一距離の競歩種目で，男女共あるいはどちらかの出場者が少なく，合計しても多人数とならない場合，競技時間の短縮対策として1組にまとめた混合レースを実施する事は差し支えないが，選手権等の競技会や複数の陸協からの参加者がある場合には男女混合レースはできるだけ避ける。

② 1レースの最大人数

　　男女混合で行う場合はその合計は30名以内とする。ただし，男女いずれか8名以内である状況を基準とし，双方が8名を超える場合は30人以内でも男女別に分ける（TR9.2.1〔国内〕）。

③ 競歩審判員の配置

　　本連盟主催共催以外の競技会であっても，男女混合で行う場合は，主任が判定に入り，他の競歩審判員は移動しない（本項「Ⅰ 5競歩審判員の配置①」参照）。

④ 周回表示板と周回の告知

　　周回表示板は男女それぞれに用意し，それぞれの先頭に合わせて表示板を操作する。周回遅れの競技者には「周回記録員」の項に示す要領で必ず全員に残りの周回数を知らせる。

　　最終回の鐘は男女それぞれの先頭競技者に鳴らすのはもちろん，なるべくすべての競技者にも鳴らし，特に，最終競技者には必ず鳴らす。

3　競歩審判員用の用器具及び物品類

(1)　競歩審判員主任用の物品

・レッドパドル（両面赤色）

・筆記具：雨天時は鉛筆のほうが書ける

・競歩審判員配置図及びスタートリスト

・帽子や腕章など競歩審判員と他の競技役員とが明らかに判別できる物。ただし，主任は遠くから一目で競歩審判主任と判別できるよう他の競歩審判員とは別色の帽子を着用するのが好ましい。JRWJとして任命された場合は指定の帽子。

・予備のレッドカードと競歩審判記入用紙（審判員から不足の申し出があった場合のため…競歩記録員に持たせても良い）

・本連盟が主催する競技会で主任が判定する際は，主任用のレッドカード及び競歩審判記入用紙を用意する（Q & A参照）。

> **Q**：主任専用のレッドカード，競歩審判記入用紙の書式はある
> のか？
>
> **A**：本連盟では特に書式を定めていないが1枚で失格になるの
> で，㊤と書く等工夫し，他の競歩審判員が使うレッドカー
> ドや競歩審判記入用紙とは明確に区別したほうが良い。

(2) 競歩審判員用の物品
・イエローパドル2種1組
・競歩審判記入用紙：出場全競技者が書けるだけの紙数を用意す
る。
・レッドカード：競歩審判員各10枚程度（競技者数により調整）
・バインダー：A4版程度
・筆記具：雨天時は鉛筆のほうが書ける
・競歩審判員配置図及びスタートリスト
・帽子や腕章など競歩審判員と他の競技役員とが明らかに判別で
きる物。JRWJとして任命された場合は指定の帽子。
・時計：標準時に合わせる
・雨カッパやビニール袋（バインダーが入り，かつ手を入れて袋
内で書ける大きさ）等の雨天対策用具など。

(3) 競歩記録員用の物品は次の通り
・競歩審判集計表（全競技者分を書き込める数）
・バインダーと筆記具
・レッドカード整理用ボードまたは用具（ホチキスと大型クリッ
プ等）
・競歩記録員用机，椅子，雨天対策

(4) 掲示板係用の物品
・掲示板，椅子，筆記具，雨天対策

(5) 連絡員用の物品
・連絡員（補助員）と識別できるADカード，服装，帽子等
・雨天対策
・夏場は熱中症対策用飲料水（メーカー名は隠す）や水筒

Q：イエローパドルのうち，ロスオブコンタクトのマークは，国内で使用されているパドルのマークと国際競歩審判員が使っているパドルのマークが異なっている。問題はないのか？

A：右写真の左のパドルは WA の国際競歩歩審判員が使っているロスオブコンタクトのパドルで，右は国内で広く使用されているパドルである。ご指摘のようにマークが異なっている。WA の見解では競技者がロスオブコンタクトと認識できれば，このマークでも差し支えないという。ただし，オリンピックや世界陸上では WA が使用しているマークであることとされた。国内でも WA 仕様のパドル（左写真）が販売されたので順次置き換わるであろう。

新イエローパドルとレッドパドル

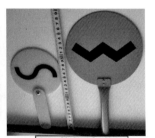

イエローパドル（ロスオブコンタクト）
WAパドル（左）、国内パドル（右）

Ⅲ ペナルティゾーンマニュアル

1 ペナルティゾーン（PENALTY ZONE＝Pit Lane）の設置

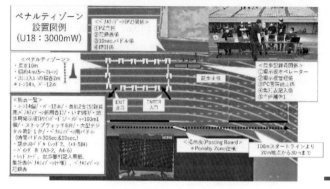

(1) トラック競技

トラック競技ではペナルティゾーンをホームストレートに置くため，競歩審判員主任，競歩記録員，掲示板などの位置がペナルティゾーンルールを適用しない通常の競技会とは異なるので注意が必要である。

- ペナルティゾーンはホームストレートでフィニッシュラインを起点として70m地点から始まり80m地点（100mのスタートラインからは20m地点から30m地点）までに設置する。ペナルティゾーンの長辺（長さ）は10m。短辺（幅）は5レーン〜7レーンの3レーン分（1.22m×3＝3.66m）つまり約4mを標準とし，競技者が同時に5名程度入れるくらいの広さにする。5名以上同時に入ることが予想される場合にはさらに大きい広さを確保しておく。
- ペナルティゾーンの両端には，入口「ENTRY」と出口「EXIT」（出口）があり，同じ長さ（およそ2m幅）で設ける。
- ペナルティゾーンはコーン，バー等を使い明確に示す。
- 掲示板はペナルティゾーン近くのフィールド内に設置する。
- 競歩記員は掲示板近くのフィールド内に位置する。
- 主任はペナルティゾーン近くで競歩記録員，掲示板係，ペナルティゾーン役員と連携が取りやすいところに位置する。

(2) 道路競技

　道路競技ではエントリーする競技者の数がトラック競技よりも多く，100名を超えることも珍しくない。従って10名以上同時に入れるくらいの大きさを確保する必要があるのでゾーンを広げた方が良い。

- ペナルティゾーンはフィニッシュラインの手前100m以内の場所に設置することが望ましい。ただし，道路事情によりこれよりも遠いところでなければ場所を確保できないこともある。その際，主任とペナルティゾーン役員が密に連絡出来るようトラ

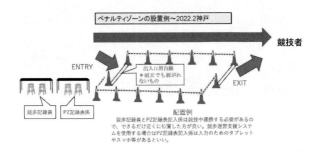

ペナルティゾーンの設置例〜2022.2神戸

競技者

ENTRY　出入口用白線　＊雨天でも剥がれないもの　EXIT

競歩記録員　PZ記録表係

配置例
競歩記録員とPZ記録表記入係は競技中連携する必要があるので，できるだけ近くに位置した方が良い。競歩運営支援システムを使用する場合はPZ記録表記入係は入力のためのタブレットやスマホ等があるといい。

ンシーバー等の連絡手段を確保しておくようにする。

- ペナルティゾーンの両端には，トラックと同様に入口「ENTRY」と出口「EXIT」があり，同じ長さ（約2m幅）で設ける。入口への進入及び出口からの退出は，競技者が多いことから衝突を避けるためコースの進行方向と平行方向が望ましい。
- ペナルティゾーンはコーン，バー，あるいは小さな柵等を使い，明確に示す。

2 必要な用具

(1) ペナルティゾーン設置関連用具

　　ペナルティゾーンの設置はコーンなどの用具を使うので用器具係と連携して行う。

① 用具：コーン14個，バー12本＊長さ10ｍ×幅4ｍ（3レーン分）の場合

〈内訳〉長辺10m（コーン6，バー5）×2，短辺4ｍ（コーン3，バー2）×2

＊四隅が重複するのでコーンは4本減。出口と入口それぞれ幅2m（バー1本分）空けるのでバー2本減。

② 標識：3種類「ENTRY（または入口）」「EXIT（または出口）」「PENALTY ZONE（またはペナルティゾーン）」の標識をA3版程度の大きさ作り「ENTRY」「EXIT」はそれぞれをグランド（地面）またはバーに固定する。

(2) ペナルティゾーン係員関係用具

- 時間パドル：「3′30″」（35km用），「2′」（20km用），「1min.」（10km用），「30sec.」（5km，3km用）の罰則時間告知用のパドルを表裏同一表記でそれぞれ1本ずつ。罰則時間終了10秒前を示す「10sec.」パドルは2本以上用意する。
- そのほかの用具：ペナルティゾーン記録表，記入用の机1台，椅子5脚以上（記録表係と時計係全員分），バインダー1枚，日よけあるいは雨対策用パラソル，筆記具，ストップウォッチ4台以上（競技者管理係1人に1台）。

(3) 掲示板（POSTING BOARD）について

・競歩用電光掲示板を使用する場合はペナルティゾーン仕様で使用する。

・模造紙等で作成する場合は，競技者番号，レッドマークが4つ貼れる欄を作りホワイトボード（マグネットが使える）に貼り付ける。

3　ペナルティゾーンにより追加する競技役員と任務

① ペナルティゾーン主任（CPZ）1名：記録表係及び時計係をコントロールするとともに競歩審判員主任と連携し，ペナルティゾーンに競技者を「入れる」「出す」を遅滞なく行う。

② 記録表係（Official）：ペナルティゾーン記録表の記入を担当すると共にCPZと連携し時計係を管理する。

③ 時計係（Assistant）：競技者がペナルティゾーンに所定の罰則時間で正確に留まれるよう時間を管理する。

4　ペナルティゾーンの運用の実際と競歩関係競技役員の任務

① 競歩記録員はレッドカードが3枚揃った競技者が出たら，直ちに競歩審判員主任または主任補佐に伝える。

② 競歩審判員主任またはペナルティゾーン主任は当該時間を表

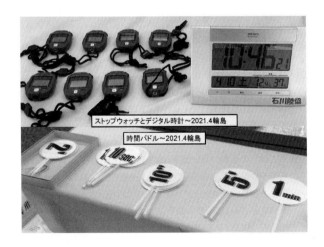

ストップウォッチとデジタル時計～2021.4輪島

時間パドル～2021.4輪島

記したパドルをペナルティゾーン付近（できるだけペナルティ
ゾーンの入口「ENTRY」近く）で当該競技者に示し，ペナル
ティゾーンに入れる。

③　記録表係はペナルティゾーンに入れる競技者が発生したら当
該競技者の罰則時間の管理をさせる時計係を直ちに指名し，ペ
ナルティゾーンの入口「ENTRY」付近で待機させる。競技者
がペナルティゾーンに入ったら記録表係はその時刻を開始時刻
の欄に記入するとともに罰則時間を記入する。当該競技者がペ
ナルティゾーンを出たらその時刻を終了時刻の欄に記入する。
当該競技者がペナルティゾーン内にいる間に失格した（4枚目
を受けた）場合は，失格した時刻の欄に告知された時刻を記録
する。

①ペナルティゾーン誘導②レース復帰〜2021.8Olympic

④　時計係は，記録表係から指名されたらペナルティゾーンに入
る競技者を「ENTRY」付近で待機し，ペナルティゾーンに入っ
た瞬間（「ENTRY」の線を横切ったとき）にストップウォッチ
をスタートさせる。罰則時間の終了10秒前に10sec.パドルを提
示して，競技者を出口「EXIT」の線の手前まで誘導し，5秒前
になったらカウントダウン（ファイブ，フォー，スリー…）し，
0（ゼロ）になったらパドルを外し，競技者をペナルティゾーン
の外に出しレースに復帰させる。

⑤　連絡員は競歩審判員がレッドカードを書いたら，カードの記
載内容を確認し（可能であれば記入した時間が日本時間に合致
しているかを確認），問題なければ迅速に主任または主任補佐ま
でカードを届けなければならない。トラック競技では競歩審判
員1名につき2名以上の連絡員を配置し，トラックの6〜8レー
ン付近を走って届ける。道路競技では競歩審判員一人に対して

一人以上がつき，カードが出たら自転車等を用いて主任まで迅速に運ぶ。競技中，連絡員がカードを運んでいる最中に競歩審判員からカードが出ることが良くある。連絡員が戻るまで時間のロスが出ることもあるので，競歩審判員につく連絡員以外に2〜3名の連絡員を代替え要員として配置し，競技中コース上を自転車等でほぼ等間隔で走らせ，担当連絡員に代わり運んでもらうと良い。

Race Walking Penalty Zone Control Sheet 競歩ペナルティゾーン記録表　JAAF

開催日/Date:　　/　　/　　　　　　場所/Place:

競技会名:

種目/Event:（Men/Women）　　　　距離/Distance:

競技開始時刻/Start Time:

No.	競技者No. Bib Number	係員番号 Assistant's Number	ペナルティ/Penalty					失格時刻 Offence Time	備考 Note
			開始時刻/ Entry Time		所定時間(分) Duration	終了時刻/ Exit Time			
			時/hour	分/minute 秒/second		時/hour	分/minute 秒/second	時 : 分	
1			:	.		:	.	:	
2			:	.		:	.	:	
3			:	.		:	.	:	
4			:	.		:	.	:	
5			:	.		:	.	:	
6			:	.		:	.	:	
7			:	.		:	.	:	
8			:	.		:	.	:	
9			:	.		:	.	:	
10			:	.		:	.	:	
11			:	.		:	.	:	
12			:	.		:	.	:	
13			:	.		:	.	:	
14			:	.		:	.	:	
15			:	.		:	.	:	
16			:	.		:	.	:	
17			:	.		:	.	:	
18			:	.		:	.	:	

担当者署名 _____
Signature

(JAAF-07C, 2020/09)

5 競歩記録員と掲示板の位置

掲示板はペナルティゾーン入り口近くのトラックではフィールド内，道路では競歩記録員が視認できる場所で，かつ競技者に見やすい位置に置く。フィニッシュライン付近に別の掲示板をおいても良いが人員が別に必要であり，ペナルティゾーンの掲示板と常に一致しなければならないので注意が必要である。競歩記録員はペナルティゾーン近くの掲示板付近に位置する。

6 罰則時間の加算（ペナルティゾーンに入れられなかった場合）

レッドカードが3枚になった競技者はペナルティゾーンにとどまらなければならないが，その競技者が最終周でペナルティゾーンを過ぎ，フィニッシュに向かってしまった場合はペナルティゾーンに入れることはできない。この場合 TR54.7.3の該当時間を当該競技者のフィニッシュ時間に加えた時間を当該競技者の記録となる。このような対応になることを競歩審判員主任は審判長，記録・情報処理員，アナウンサー他関係競技役員に事前に伝達しておく。なお，この場合，順位が変わることもあるので注意する。

7 失格となる場合

・競技者がペナルティゾーンに入る前や入っている間，あるいは出た等，どのような状況であれ，4枚以上のレッドカードを受けた場合（TR54.7.5）。
・競歩審判員主任の権限によりラスト100mで失格した場合（TR54.4.1）。
・ペナルティゾーンに入るよう指示されたにも関わらず入らなかった場合（TR54.7.3）。

8 競技者への説明

競歩審判員主任はレース開始前に競技者にペナルティゾーンルール（TR54.7.3）を説明する。説明の内容は次のとおり。
・レッドカード3枚で所定の時間ペナルティゾーンに入ること。
・時間パドルを見せられたらペナルティゾーンにすぐ入ること。
・罰則終了10秒前になったら出口「EXIT」付近で待機するこ

と。

- レッドカード4枚以上か主任による失格判定で失格になること。
- ペナルティゾーン内では歩型の判定はないが，ペナルティゾーン外はすべての場所で判定される。また，ペナルティ

競技者への説明〜2022.8IH

ゾーン内での行動は自由だがペナルティゾーンの外に出ることや飲食はできないこと。ただし，主催者が用意した飲料水は飲むことができる。

Ⅳ　その他

1　ビブスの付け方

　競歩競技中にビブスが脱落し，競技に支障が出る事例がしばしば起きている。道路競技で使用するビブスには4隅に穴（ピンホール）があけてあるタイプが多いがいずれも一カ所であるため競技者は安全ピンで止める際，安全ピンの一方をピンホールに，もう一方をユニフォームにつける（いわゆるちょん掛け）することが多い。紙製のビブスが多いためピンホールが破れやすく，脱落する要因となっている。トラック競技でも道路ほどではないが，脱落するケースがある。

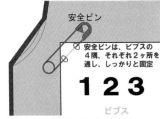

安全ピン

安全ピンは、ビブスの4隅、それぞれ2ヶ所を通し、しっかりと固定

1 2 3

ビブス

　このような脱落を防ぐには，競技者がビブスをユニフォームに付ける際，確実にかつ，脱落しにくくする

ため，ビブスの4隅のそれぞれ2か所を安全ピンで通すよう（図参照）競技者に指導する必要がある。ビブスを配布する際に図示し，さらに，注意書きを添えたりすると良い。

競技者係はビブスを点検する際に，安全ピンを正しく付けているか必ず確認する。

また，心拍数を測定する器具（ハートレートモニター等）を装着している競技者を目にするが，胸につけるセンサーのベルトがビブス（特に背中）を覆ってしまっている競技者もいる。競技者係はビブスが隠れていないかを確認する必要がある（競技者係のページ参照）。

2　日本記録への対応

日本記録は一人以上のJRWJsが歩型の判定をし，署名しなければならないので，日本記録が出ることが予想される場合はJRWJsの派遣申請を本連盟に行い，判定に入れておく必要がある。書式は下記URLからアクセスすること。

https://www.jaaf.or.jp/files/upload/202003/26_155021.docx

3　ペナルティゾーンを行う場合

ペナルティゾーンは　TR54.7.3〔国内〕にある通り，ペナルティゾーンを行う場合には，本連盟主催競技会以外の競技会で，実施する場合は，事前に本連盟に申告し，運営方法について入念に確認した上で実施していただきたい。

4　競歩運営支援システム

競歩運営支援システムは，オンラインによりイエローパドルやレッドカード情報を管理集計するシステムで，連絡員がレッドカードを運ぶことを省くことができる。システムの運用では，市販のデバイス（スマートフォンやタブレット）があれば，特別なアプリは必要なく，URLにアクセスするだけで誰でも使用することができる。

本システムは，スーパーサイエンスハイスクール（SSH）事業の一環として，JRWJ切原氏と徳島科学技術高等学校生徒が開発した

ものである。競技会で運用したい場合は本連盟競技運営委員会まで
事前に相談されたい。

(1) システムの使用対象者

競歩審判員主任，競歩審判員主任補佐，競歩審判員，競歩記録
員，競歩用掲示板係，ペナルティゾーン係等である。アナウン
サー他の競技役員やコーチ，観衆向けに掲示板情報を公開するこ
ともできる。

(2) 運用方法

デバイス（スマートフォン，タブレット，PC等）をQRコー
ドやURLでアクセスするとシステムの画面となりログインでき
る。パスワード等は不要である（設定することもある）。

(3) 競歩運営支援システム概要

競歩審判員が持つ端末（スマートフォン，タブレット等）から
判定データを入力・転送するとクラウドサーバのデータベースに
データが書き込まれる。データベースに格納されたデータは，各
審判員の端末に表示される。レッドカードの情報はデータが入力
されると競歩記録員にメールが自動送信され，同時にSummary
Sheetに表示される。このようにレッドカードを連絡員が運ぶ必
要は無く，失格枚数に達した途端，競技者に直ちに告知すること
ができる。

また，レース後，CSVファイルをダウンロードし，専用の
Excelファイルにインポート，マクロを実行すれば一瞬でサマリー
シートが作成できるので，集計作業が軽減できる。

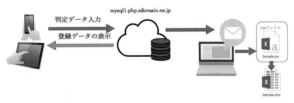

(4) メリット

① レッドカードの発行を主任が瞬時に認識し，失格判明から
告知までの時間が大幅に短縮できる。特にペナルティゾーン
への誘導漏れの改善ができる。某競技会（トラック）のテス

トではレッドカード発行のデータが届いた時間と，連絡員によってレッドカードが届けられた時間との時差はおよそ 2 分程度（競技者にもよるがグランド 1 周以上分の時間）の差があった。

② 道路競技では連絡員が中々来ない，連絡員の動線が競技のコースと重なり接触の不安がある，といった課題が解消できる。

③ 競技者にとってもいち早くレッドカード情報を知ることになり，失格回避の材料にもなり得るので競技者にも有益である。

④ 特別なデバイスは必要なく，レンタルでタブレットまたはスマートフォンを確保すればできる。また，インターネット環境があればどこでもできる。ネット環境が無い場合は，Wi-Fi 無線ルーターを使えば良い。これらが無くても競歩審判員の個人のスマートフォンと PC1 台あれば対応できる等汎用性が高い。

⑤ データ容量は 1 MB も無く，サーバがパンクすることはない。

(5) デメリット

① Wi-Fi 環境が必須なのでこれが整わないと使用できない。

② 夏場はデバイスの熱暴走で使用できないこともある。

③ レンタルの場合，デバイスや無線 Wi-Fi などの使用料がかかる。個人のデバイスでも少額であるが通信料が個人負担になる。

競歩審判記入用紙　/　Race Walking Judge Record

競技者No. /Bib No.	イエローパドル / Yellow Paddle		レッドカード / Red Card		競技者No. /Bib No.	イエローパドル / Yellow Paddle		レッドカード / Red Card	
	∼	<	∼	<		∼	<	∼	<

審判員No./Judge's No.　　　　　審判員サイン/Judge's Signature

競技会/Competition

種目 / Event　男子/Men　女子/Women　　　距離/Distance

期日及び場所/Date & Place

(JAAF-05. 2023/03)

競歩審判集計表　（JAAF-07A トラック）

Race Walking Judges' Summary Sheet / 競歩審判集計表 A (トラック)

Competition / 競技会		
Date / 期日 (yyyy/mm/dd)	/ / ( )	
Venue / 会場		
Event / 種目	男子 - Men　女子 - Women	

Start Time 競技開始時刻 AM・PM :
Finish Time 競技終了時刻 AM・PM :
予選・Heat　　 組　決勝・Final

Referee 審判長
Chief Race Walking Judge 競歩審判員主任
Chief RW Judge's Assistant(s) 競歩審判員主任補佐
Chief RW Judge's Recorder(s) 競歩記録員

RW Judge's Name / 競歩審判員氏名
RW Judge's No. Bib Number 競歩審判員No.

(BIB)	1			2			3			4			5			6/Other		Disqualification 失格		Penalty Zone ペナルティゾーン		Total of Yellow Paddle(s) イエローパドル及びレッドカード数量	
	Yellow Paddle イエローパドル ~ ∨		RC レッドカード	Yellow Paddle イエローパドル ~ ∨		RC レッドカード	Yellow Paddle イエローパドル ~ ∨		RC レッドカード	Yellow Paddle イエローパドル ~ ∨		RC レッドカード	Yellow Paddle イエローパドル ~ ∨		RC レッドカード	RC レッドカード	Reason 理由	Notification Time 告知時刻	Entry Time	Exit Time	~ ∨	Red Card レッドカード
1																						
2																						
3																						
4																						
5																						
6																						
7																						
8																						
9																						
10																						
11																						
12																						
13																						
14																						
15																						
16																						
17																						
18																						
19																						
20																						
21																						
22																						
23																						
24																						
25																						
26																						
27																						
28																						
29																						
30																						
Total of the Page ページ合計	~ ∨		RC	~ ∨		RC	~ ∨		RC	~ ∨		RC	~ ∨		RC						~ ∨	RC
Total of the Sheet 全体合計	~ ∨		RC	~ ∨		RC	~ ∨		RC	~ ∨		RC	~ ∨		RC						~ ∨	RC

失格理由 /Reason of DQ　K1：TR54.7.1 (ロス・オブ・コンタクト/Loss of Contact)　K2 TR 54.7.1 (ベンド・ニー/Bent Knee)　K3：TR54.7.1 (Loss of Contact & Bent Knee)　K4：TR54.7.1 (Loss of Contact)　K5：TR54.4.1 (Bent Knee)

(JAAF-07A, 2022/W)

453

道路競走競技

道路競走競技

　道路競走競技は，広範囲にわたって競技が行われることから，事前の打合せを綿密に行うことが必要である。また緊急時に即応できる体制作りを行うことと，連絡網を整備しておくことも不可欠である。

　以下に関係部署毎に説明を加えるが，係名の後に（◎），（★）印をつけている。これらは，（◎）：審判員は主任のみ配置し，実務は運営スタッフやボランティアが行うケースもある。（★）：WAラベリング対象レース及び後援競技会等の一定水準の大会以外では原則必要ないことを示している。

1　競技運営本部

(1)　総務

　　競技運営全体を管理運営するために，必要な措置をとる。エリート選手の出走や欠場情報を把握する。また，競技者の記録を確認し，世界記録，アジア記録，日本記録，大会記録が出た場合の対応を行う。

(2)　総務員

　　総務を補佐し，総務不在の場合は代行する。

(3)　技術総務

　　スタートラインおよびフィニッシュラインを含めたコース全般の設定を行う。また，技術総務車に乗車し，レース当日のコースが事前に計測されたコース通りに正しく整備されているかの確認，必要な用器具が配備されていることを確認する。

(4)　ジュリー（★）

　　TR8（抗議と上訴）に規定された抗議について裁定する。

(5)　JTO（★）

　　審判長に必要な支援を行い，競技が競技規則と大会規程に従って行われるよう，審判長を補佐する。問題が起こった時や意見を述べる必要がある場合は，審判長に注意を促し，必要に応じて助言する。

(6)　審判長

　　競技規則や競技注意事項が遵守されているか監視する。また，

競技中の問題を処理し，異議・抗議を裁定する。競技終了後，競技記録を確認し，署名する。

(7) 国際道路コース計測員（★）

コースが申請された公認長距離走路の通りに設定されているか確認する。先導車（用意できない場合は技術総務車）に乗車し，スタートライン，フィニッシュライン，中間点，折し返し点，5km 毎のポイントを最終確認する。

(8) 記録・情報処理員

① 競技情報

スタート人数，関門通過者数，関門収容者数，途中棄権者数，完走者数を収集し，帳票（任意書式）を作成する。

② 記録情報

フィニッシュ記録を整理し，速やかに発表する。また，5km 毎地点の計測をしている場合は，上位選手（25 位までを目安とする）の通過情報を速やかに発表する。世界記録，アジア記録，日本記録，大会記録が出た場合は，直ちに総務に報告する。

③ トランスポンダー

競技スタート前に，技術スタッフ立ち合いのもと装置が確実に配置されシステムが正常に作動するか確認する。また，競技開始前から終了までシステムが正常に作動し，トランスポンダーのフィニッシュライン通過時に競技者のフィニッシュタイムが記録されていることを確実にする。

(9) 医師・医務員

医師を含む医務員を複数名配置すると共に，緊急医療体制（AED の配置や救護所の設置，医療機関への搬出方法，連絡網の設置等）の整備をすることが必要である。また，競技会の規模に応じ，救護車や自転車等に乗車，あるいはランニングドクターとして，コース全線を移動観察しながら緊急時に備えることが必要である。その際，AED を携帯しておくことが望ましい。

2　スタート管理

(1) 出発係（◎）

エリート選手の招集（確認）を行う。招集時にアスリートビ

ブス，トランスポンダーの装着確認およびロゴチェックを行う。

　　一般選手に関して，招集は行わなくてもよい。スタート地点
への誘導を行う。

　　スタートまでの時間を5分前，3分前，1分前に合図する。

(2) スターター

　　定められたスタート時刻に選手をスタートさせる。来賓者等が
スターターを務める場合，スタート台に上がる前にスターターと
綿密な打合せを行い，必要によっては練習を行う。スタート1分
前にスターター台に上がり，10秒前で「On your marks（位置に
ついて）」の声をかけ，定刻にスターターの背中をたたき信号器
を撃たせる。

(3) 練習場係（◎）

　　エリート選手の練習スペースを確保し，安全に練習ができるよ
う選手以外の人が練習スペース内に立ち入らないように監視する。

3　コース管理

　　コースは複数の区間（名称は大会により異なる）に分けて管理さ
れるのが一般的で，各区間に設置される用器具，配置されるスタッ
フ（審判員，救護，ボランティア等）は区間管理者が把握しなけれ
ばならない。

(1) 監察員（◎）

① 選手がコースをはずれ，距離を短く走ることがないよう監察
を行う。監察員は等間隔で配置し，重要な場所にも配置する。

② ランナーが安全に走行できるよう歩行者や応援者などの観衆
を整理しコースを確保する。

③ コースを明示するためのコーンやテープを計画通りに配置す
る。

④ 規程のコースを他人の助力なしに競技しているかどうか監察
する（エリート選手が対象）。

⑤ 競技中に明らかに異常な動作をする選手がいた場合は，健康
状態を把握するために声掛けを行う。また，安全を確保するた
めに一時的に競技者に触れても助力とはみなさない。

⑥ 途中で競技を止めたランナーは，コースの端を歩かせ，直近

の収容関門，救護所へ向かうよう指示する。また，トランスポンダーを使用している場合，回収する。

⑦ 技術員

コースを明示するためのコーンやテープ，距離を明示するための看板等の用器具が計画通りに配置されているかの確認を行う。また，5km毎のラインが正確な位置に引いてあるかどうか確認する。

⑧ ランパス（◎）

大規模な大会の場合，歩行者をコース横断させるためにランパスを実施する場合がある。選手の走行を妨げることがないよう，関連スタッフと連携しランパスを実施する。

4 関門管理（◎）

(1) 関門を閉鎖時刻までに通過できなかった選手はレースを中止させ収容する。

(2) 関門収容者のアスリートビブス情報，人数を収集し記録・情報処理員に報告する。トランスポンダーを使用している場合，回収する。

(3) 閉鎖方法は，閉鎖1分前，30秒前，10秒前，5秒前…1秒前を通告し，「0」で関門をロープ等で閉鎖する。

5 給水所管理

(1) スペシャル給水

① スタート会場にてスペシャルドリンクを預かり，各給水所へ搬送する。

② 各スペシャル給水は先頭選手通過予定時刻の30分前までに準備を完了させる。

③ 5km，10km，15km，20km，25km，30km，35km，40km給水所にスペシャルテーブルを設置する。スペシャルテーブルの台数は選手の人数により異なるが，選手の進行方向からテーブル番号1～10番まで設置し，選手のアスリートビブス末尾と同じテーブルにボトルを配置するなどして，競技者がドリンクを取りやすいよう工夫する。

④ 各テーブルの間隔は10～15m程度を基準とする。

⑤ 各テーブルはコースと平行になるように設置する。

(2) ゼネラル給水・給食（◎）

① 各テーブルは先頭選手通過予定時刻の30分前までに準備を完了させる。

② 各テーブルはコースと平行になるように設置する。

6 救護所

医師，看護師，医学療法士，連絡員等の救護所スタッフと連携し競技者を受け入れる。救護所での対応件数を収集し情報処理へ連携する。

7 フィニッシュ管理

(1) 決勝審判員

上位競技者の着順を判定し，着順を記録用紙に記入して審判長に報告する。トランスポンダー計測を導入している場合は，トランスポンダーのデータと照合のうえ順位を確定させる。

(2) 計時員

上位競技者のフィニッシュタイムを記録用紙に記入し審判長に報告する。トランスポンダー計測を導入している場合にはトランスポンダーで取得したタイムを正とし，計時員が取得したタイムをバックアップとして使用する。

(3) マーシャル

フィニッシュエリアでは競技終了まで，競技者とフィニッシュエリアに立ち入ることを許可された関係競技役員，大会関係者以外をエリア内に立ち入らせない。

(4) 競技者誘導

フィニッシュゲートを男女もしくは種目によりレーン分けしている場合は，競技者の誘導を行う。フィニッシュラインから100m程度手前からカラーコーン等でセパレートし，競技者を誘導する。

(5) 入賞者管理（◎）

フィニッシュテープを管理し，持ち手をフィニッシュライン上

に挙げ，フィニッシュテープをセッティングする。

　　入賞者に順位カードの首かけを行う（決勝審判員に順位を確認のこと）。入賞者を表彰控え場所に誘導し表彰担当に引き渡す。

(6)　ドーピング検査シャペロン（★）

①　ドーピングコントロールオフィサー（DCO）から指示を受ける。

　　DCO（日本アンチ・ドーピング機構）を中心に検査役員（ドーピング検査室役員，シャペロン）が打合せを行い，DCOから指示を受ける。

②　対象者への通告

　　フィニッシュした検査対象者へ通告するとともに競技者の署名をもらう。

③　飲料の提供

　　飲料を検査対象競技者へ提供し，ミックスゾーンへ誘導する。

④　検査ルームへの誘導

　　優勝者は，フィニッシュ直後に行われる簡易表彰，インタビュー終了後，その他の検査対象者は，フィニッシュ直後，それぞれエリート選手入口から館内に入り，ミックスゾーンを必ず通り検査室へ誘導する。

⑤　競技者との同行

　　競技者が第三者と接触しないように配慮しながら検査室まで同行監視する。

⑥　DCOへの引継ぎ

　　検査室で医師へ競技者を引継ぎ（チェックイン）後，競技者は検査終了まで控室で待機，この間に，入賞者表彰，インタビューが行われるが，検査未終了競技者の担当シャペロンは，常に同行する。

※シャペロンとしての留意点

　　競技者が禁止物質，制限物質を摂取する可能性としては，以下のことが考えられる。

　　本人の意思に関係なく，本人の飲料に禁止物質，制限物質が混入されてしまう場合（知らない他人から飲料を渡されたり，放置した飲みかけのビン・ボトルに混入されたりしたものを飲

んでしまう場合）

参照：日本陸上競技連盟ウェブサイト「市民マラソン・ロード
　　　レース運営ガイドライン」

道路競走競技

マスターズ陸上・パラ陸上

マスターズ陸上競技の基礎知識

1 マスターズとは

　世界的な長寿命化・高齢化に伴って年長者の運動に参加する割合も増加している。その中にあってマスターズ陸上競技も年々盛んになってきている。国内統括団体である公益社団法人日本マスターズ陸上競技連合では本連盟が掲げる「ウエルネス陸上」をモットーとし「記録へのチャレンジ」や「仲間作り」をも視野に入れた活動を行っている。

　このような状況から本連盟の公認審判員もマスターズ陸上競技に関わる機会が増加している。そのためパラ陸上競技同様に基本的な知識を身につけておくことは重要なことと考える。

2 年齢構成

　世界マスターズ陸上競技協会（WMA）の規程では35歳以上の男女がマスターとなっている。日本マスターズ陸上競技連合では満18歳から入会でき，5歳刻みで年齢グループが形成され同年代で競技ができるようになっている。

競技クラス

男性	女性	満年齢	備考
M-24	W-24	18歳から24歳	WMA 非公認クラス
M-25	W-25	25歳から29歳	WMA 非公認クラス
M-30	W-30	30歳から34歳	WMA 非公認クラス
M-35	W-35	35歳から39歳	
以下同様に5歳刻み			

※年齢基準 競技会当日（複数日開催の場合は，競技会初日）の満年齢

3 JAAF競技会とマスターズ競技会

　マスターズ競技会では，競技規則がJAAFの競技会とは異なる部分がある。

　詳細は日本マスターズ陸上競技連合のウェブサイトに記載があるので確認していただきたい。また，世界マスターズ陸上競技協会のウェブサイトにも国際ルールが記載されている。現在，JAAFと同

様に国内大会では国内ルールが適用されているので，注意が必要である。

　ここでは，大きな違いについて説明していく。詳細に関してはウェブサイトに記載の競技規則で確認していただきたい。

日本マスターズ陸上競技連合

https://japan-masters.or.jp/rule/gamesrules.html

世界マスターズ陸上競技協会

https://world-masters-athletics.com/

① 大会開催日（初日）の満年齢でクラスが決まる。基本的には35歳から5歳刻みのクラスとなっている。種目も年齢に応じて，距離やハードルの高さ，投てき物の重さなどが変わる。

② リレーはそのクラスの選手によって構成されなければならない。ただし，そのクラスより年齢が高いクラスから2名までなら補充をしても構わない（競技時間の関係などがあり，複数のラウンドで争う競技会が現在はない）。

③ 異なる年齢クラスが一緒に競技を行うことは問題ない。また，1500m以上であれば男女混合の競技も可能である（国内ルール）。

④ 競技会（競歩やロードレースを含む）では安全管理をする競技役員が指名される。医師のように一人一人の競技者の状態を観察し，競技場の施設について点検管理を行う。場合によっては，競技の中止や改善が行われるまでの中断を命令する権限も与えられている。

⑤ 記録申請は30日以内に指定されたフォーマットで各団体から日本マスターズ陸上競技連合に申請すること。世界記録は，必要書類をそろえ，日本マスターズ陸上競技連合に申請し，日本マスターズ陸上競技連合から世界マスターズ陸上競技協会に申請する。

　日本記録申請に必要な書類（※ JAAFの大会でも記録が出た場合は必要になるので注意すること）

・生年月日のわかる身分証明書のコピー

・プログラム／リザルト

・ゼロコントロールテスト写真，フォトフィニッシュ

- ラップタイム（1500m以上の種目）
- フィールド記録用紙のコピー
- 競歩は審判配置図，集計表　　など

4　特殊な規則と記録の公認

マスターズ陸上競技では若い（低い）競技クラスでは本連盟競技規則に準じて行われ，記録も公認される。しかしながら競技クラスの年齢が上がるに従い，競技規則が緩和されマスターズの特別な規則が適用されると本連盟の公認記録としては取り扱うことができなくなる。

マスターズの特別な競技規則の下で行われた競技については日本マスターズ陸上競技連合の公認記録としての扱いとなる（例：男子80mH，スタンディングスタートの100m，立五段跳など）。

5　日本マスターズ記録が公認される種目（2022日本マスターズ競技規則より）

※変更になることがあるので必ず最新の競技規則で確認すること

男子　60m（WMA非公認），100m，200m，400m，800m，
　　　1500m，3000m，5000m，10,000m
　　　80mH（70歳以上），100mH（50歳から69歳），
　　　110mH（49歳以下），200mH（80歳から89歳），
　　　300mH（60歳から79歳），400mH（59歳以下）
　　　2000mSC（60歳から79歳），3000mSC（59歳以下）
　　　3000mW，5000mW
　　　クラス別4×100mR，4×400mR
　　　走高跳，棒高跳，走幅跳，三段跳，立五段跳（WMA非公認）
　　　砲丸投，円盤投，ハンマー投，やり投，重量投
　　　十種競技，五種競技，投てき五種競技
　　　5kmW（WMA非公認），10kmW，20kmW，50kmW
　　　5km（WMA非公認），10km（WMA非公認），
　　　20km（WMA非公認），
　　　ハーフマラソン（WMA非公認），マラソン
　　　＊道路競技の途中記録は公認しない。

女子　60m（WMA非公認），100m，200m，400m，800m，

　　　1500m，3000m，5000m，10,000m

　　　80mH（40歳から79歳），100mH（39歳以下），

　　　200mH（70歳から79歳），300mH（50歳から69歳），

　　　400mH（49歳以下），2000mSC（79歳以下）

　　　クラス別4×100mR，4×400mR

　　　3000mW，5000mW

　　　走高跳，棒高跳，走幅跳，三段跳，立五段跳（WMA非公認）

　　　砲丸投，円盤投，ハンマー投，やり投，重量投

　　　七種競技，五種競技，投てき五種競技

　　　5kmW（WMA非公認），10kmW，20kmW，50kmW

　　　5km（WMA非公認），10km（WMA非公認），

　　　20km（WMA非公認），

　　　ハーフマラソン（WMA非公認），マラソン

　　　＊道路競技の途中記録は公認しない。

室内競技種目（男子 M35以上，女子 W35以上）

　　　60m，200m，400m，800m，1500m，3000m，1マイル，

　　　60mH，3000mW

　　　4×200mR，4×400mR，4×800mR

　　　走高跳，棒高跳，走幅跳，三段跳，砲丸投，重量投，

　　　五種競技

混成競技の種類および種目と競技順序は，次の通り

　　　十種競技　男子　（1日目）　100m，走幅跳，砲丸投，

　　　　　　　　　　　　　　　　走高跳，400m

　　　　　　　　　　　　（2日目）　ショートハードル，円盤投，

　　　　　　　　　　　　　　　　棒高跳 ,やり投，1500m

　　　　七種競技　女子　（1日目）　ショートハードル，走高跳，

　　　　　　　　　　　　　　　　砲丸投，200m

　　　　　　　　　　　　（2日目）　走幅跳，やり投，800m

　　　　五種競技　男子　走幅跳，やり投，200m，円盤投，

　　　　　　　　　　　　1500m

　　　　五種競技　女子　ショートハードル，走高跳，砲丸投，

　　　　　　　　　　　　走幅跳，800m

投てき五種競技　男子・女子　ハンマー投，砲丸投，
　　　　　　　　　　　　　　　円盤投，やり投，重量投

室内五種競技　男子　ショートハードル，走幅跳，砲丸投，
　　　　　　　　　　　走高跳，1000m

室内五種競技　女子　ショートハードル，走高跳，砲丸投，
　　　　　　　　　　　走幅跳，800m

6　クラス別のハードルの高さ・配置場所

男子	クラス	種目	高さ	台数	第1ハードルまで	間隔	フィニッシュまで
ショート	M-24〜M30	110mH	1.067m	10	13.72m	9.14m	14.02m
	M35〜M45	110mH	0.991m	10	13.72m	9.14m	14.02m
	M50・M55	100mH	0.914m	10	13.00m	8.50m	10.50m
	M60・M65	100mH	0.840m	10	12.00m	8.00m	16.00m
	M70・M75	80mH	0.762m	8	12.00m	7.00m	19.00m
	M80＋	80mH	0.686m	8	12.00m	7.00m	19.00m
ロング	M-24〜M45	400mH	0.914m	10	45.00m	35.00m	40.00m
	M50・M55	400mH	0.840m	10	45.00m	35.00m	40.00m
	M60・M65	300mH	0.762m	7	50.00m	35.00m	40.00m
	M70・M75	300mH	0.686m	7	50.00m	35.00m	40.00m
	M80＋	200mH	0.686m	5	20.00m	35.00m	40.00m

女子	クラス	種目	高さ	台数	第1ハードルまで	間隔	フィニッシュまで
ショート	W-24〜W35	100mH	0.840m	10	13.00m	8.50m	10.50m
	W40・W45	80mH	0.762m	8	12.00m	8.00m	12.00m
	W50・W55	80mH	0.762m	8	12.00m	7.00m	19.00m
	W60〜W75	80mH	0.686m	8	12.00m	7.00m	19.00m
ロング	W-24〜W45	400mH	0.762m	10	45.00m	35.00m	40.00m
	W50・W55	300mH	0.762m	7	50.00m	35.00m	40.00m
	W60・W65	300mH	0.686m	7	50.00m	35.00m	40.00m
	W70・W75	200mH	0.686m	5	20.00m	35.00m	40.00m

	クラス	種目	高さ	台数	第1ハードルまで	間隔	フィニッシュまで
室内男子	〜M45	60mH	0.991m	5	13.72m	9.14m	9.72m
	M50・M55	60mH	0.914m	5	13.00m	8.50m	13.00m
	M560・M65	60mH	0.840m	5	12.00m	8.00m	16.00m
	M70・M75	60mH	0.762m	5	12.00m	7.00m	20.00m
	M80〜	60mH	0.686m	5	12.00m	7.00m	20.00m
室内女子	〜W35	60mH	0.840m	5	13.00m	8.50m	13.00m
	W40・W45	60mH	0.762m	5	12.00m	8.00m	16.00m
	W50・W55	60mH	0.762m	5	12.00m	7.00m	20.00m
	W60〜	60mH	0.686m	5	12.00m	7.00m	20.00m

	クラス	種目	水濠に接した障害物	台数	それ以外の障害物	台数
男子	M-24～M55	3000mSC	0.914m	7	0.914m	28
	M60～M75	2000mSC	0.762m	5	0.762m	18
女子	W-24～W75	2000mSC	0.762m	5	0.762m	18

7　クラス別投てき器具の重さ

	クラス	砲丸・ハンマー	円盤	やり	重量
男子	M-24～M45	7.26kg	2.0kg	0.8kg	15.88kg
	M50・M55	6.0kg	1.5kg	0.7kg	11.34kg
	M60・M65	5.0kg	1.0kg	0.6kg	9.08kg
	M70・M75	4.0kg	1.0kg	0.5kg	7.26kg
	M80＋	3.0kg	1.0kg	0.4kg	5.45kg
女子	W-24～W45	4.0kg	1.0kg	0.6kg	9.08kg
	W50・W55	3.0kg	1.0kg	0.5kg	7.26kg
	W60～W70	3.0kg	1.0kg	0.5kg	5.45kg
	W75	2.0kg	0.75kg	0.4kg	4.00kg
	W80＋	2.0kg	0.75kg	0.4kg	4.00kg

詳細は公益社団法人日本マスターズ陸上競技連合のウェブサイトを参照していただきたい。

https://japan-masters.or.jp/site_data/files/CompetitionRules2022.pdf

パラ陸上競技の概要
（基礎知識）

1　パラ陸上競技：名称の由来

　パラ陸上競技の"パラ"はパラリンピックに由来し，パラリンピックはイギリスのストークスマンデビル病院で行われた傷痍軍人のリハビリテーションとしてのアーチェリー競技会に由来する。つまり脊髄損傷を受けて下半身に麻痺をきたした（対麻痺＝ Paraplegia）人の国際競技会（Olympic Games に由来）という造語に語源がある。障がい者という言葉は様々な意味で悪いイメージを伴うことが多いことから，この"パラ"が用いられている。

　2021 年に東京において 2 回目のパラリンピックが開催され，日本国内でパラ競技への関心が高まっている。日本陸連が主催・共催，後援する競技会においてもパラ種目を実施する競技会が増えてきている。日本陸連公認審判員もパラ陸連競技会に運営協力する機会が増大していることに鑑み，パラ陸上競技の知識を持つことが求められている。

　以下，日本パラ陸上競技連盟の著作物から引用させてもらい，パラ陸上競技の概要を紹介する。

2　障がい者陸上競技団体

　日本には，障がいある競技者が加盟する陸上競技の統括団体が複数ある。日本パラスポーツ協会（JPSA）に加盟する団体は 4 団体。日本パラ陸上競技連盟（JPA），日本知的障がい者陸上競技連盟（JIDAF），日本ブラインドマラソン協会（JBMA），以上がパラリンピック対象種目。このほか聴覚障がい競技者＝デフリンピック対象の日本デフ陸上競技協会（JDAA）がある。

　本稿では，パラリンピック対象種目を中心に解説しており，全国障がい者スポーツ大会の規則とは異なる。

3　クラス分け ＝ Classification：クラシフィケーション

⑴　クラス分けとは

障がいのある部位や種類はさまざまであり，同じ障がいでもその程度は人それぞれ異なる。「クラス分け」は公平，平等な競争を実現するために，同程度の障がいの重さの競技者でグループを作ることを「クラス分け／Classification」と呼ぶ。クラス分けを行うための必要な知識・技術を学び，資格を取得した者を「クラシファイヤー／Classifier」と呼ぶ。

(2)　クラス分けの目的

①　障がいの確認をする。

　　競技者の障害の種類・程度が参加を認められているものか？またそれが永続的かどうか？

②　公平に競い合うためのグループを作る。

　　同程度の障がいのある競技者同士で競い合うことができるようにグループを作る。

(3)　クラス分けの種類

　　パラリンピックで採用される競技については，IPC（国際パラリンピック委員会）が定めている「国際クラス分け基準／IPC Classification Code」に準じて，各国際競技連盟，国際障がい者団体によってクラス分け規則が定められている。

　　また，全国障がい者スポーツ大会で使用される「障害区分」と呼ばれる日本国内独自のクラス分け規則もある。

(4)　クラス分けの表示方法

　　頭のアルファベットは競技種別を表している（T：競走種目と跳躍種目　F：投てき種目）。

　　数字の部分で十の位は障がいの種別，一の位は程度を表し，小さいほど障がいが重い。

　　10番台：視覚に障がいがあり，立位で競技する。

　　11＝不透明なゴーグル等を着用しガイドランナーやコーラー，エスコートとともに競技する。

　　12＝視力0.0025〜0.0032，ガイドランナーやコーラー，エスコートとともに競技できる。

　　13＝視力0.04〜0.1，単独で競技する。

　　20番台：知的に障がいがあり，立位で競技する。クラスは20のみIQ検査（75以下）と精神科医の診断が必須

30番台：まひや筋硬直，運動障がいなどのある脳原性のまひ
　　　　がある立位競技者及び車いすや投てき台を利用する
　　　　競技者

40番台：低身長，脚長差，切断（義足未使用），筋力低下など
　　　　の障がいがあり，立位で競技する。

40～41＝低身長　42～44=下肢切断・下肢機能障がい　45
～49=上肢切断・上肢機能障がい

50番台：脚長差，切断，関節可動域制限などの障がいがあり，
　　　　車いすや投てき台を使用する競技者。

T51～54＝四肢欠損 / 関節可動域制限 / 筋力低下（競技用車
　　　　いす「レーサー」に乗って競技する）

F51～58＝四肢欠損 / 関節可動域制限 / 筋力低下（車いす，
　　　　投てき台を使って競技する）

60番台：切断等の理由により義足を装着して競技する。

61～64：下肢切断（競技用義足使用）

4　日本陸連登録のパラ競技者

　日本陸連に登録しているパラ競技者は例年400名以上にのぼる。知的障がいがその半数以上だが，視覚障がい，脳性まひ，低身長，下肢障がい，上肢障がい，下肢義足，さらには車いす使用などすべての障がいにわたる。

　全国の公認審判員が，知らず知らずのうちに普段の競技会でパラ競技者と接しているケールは少なくない。

　なお，パラ競技者のほか，視覚障がいの競技者に伴走するガイドランナーも日本陸連公認競技会に出場する際には，日本陸連登録を必要としている。

5　日本陸連登録の記入欄の改良

　日本陸連が2023年度から導入する新しい登録システムでは，障がいクラスを記入する欄も新たに設けられている。これまでは，加盟団体が登録を受け付けた際には障がいの有無が確認できなかったため，競技会の会場で選手に障がいあることを初めて知るケースもあったが，今後は，競技会エントリー時に障がいある競技者の存在

を把握することが可能となる。

　日本パラ陸連としても，日本陸連登録しているパラ競技者に対し，公認競技会にエントリーする際には，自身の障がいについて主催者に告知するよう呼びかけをおこなっている。

https://para-ath.org/wp-content/uploads/2022/05/20220531k.pdf

6　日本陸連規則とパラ競技者

　SDGs（持続可能な開発目標）では共生社会の実現も目標のひとつとされている。健常者と障がい者を区別するのではなく，障がいある競技者がどうしたら健常者と一緒に陸上競技に参加できるのかを考える時代になってきている。日本陸連登録している障がいある競技者を，障がいを理由に排除するのではなく，障がいの特性を知り受け入れることへの理解をお願いしたい。

　日本陸連規則（＝WA規則）では，障がいある競技者への配慮への記載も増えてきている。

① 　審判長は障がいある競技者が出場する際，柔軟な規則解釈をしてよい（CR18.8）。

② 　視覚障がい者へのガイドランナーは助力とみなさない（TR6）。

③ 　聴覚障がいのための光刺激システムの使用は認められる（TR6）。

　他方，義足の使用については，オリンピック・世界選手権への参加についてWAは次の見解を示している。

① 　義足の使用が有利となっていないことを証明できなければオリンピック・世界選手権への参加は認められない（WA通達）。
　　　逆に言えば，それ以外の競技会への参加の可否，また順位をどう扱うか，記録をどう扱うかは，各国陸連や競技会主催者の判断にまかせられている。

7　障がいクラスごとのパラ規則

　以下，日本陸連登録者がいる障がい区分ごとにパラ規則と日本陸連規則とで何らかの違いがあるか簡単に説明する。

① 　知的障がい（T/F20）　日本陸連規則とまったく同じ。障が

い特性への配慮はお願いしたい。

② 視覚障がい（T/F11〜14） 障がいの軽いT/F13と14は日本陸連規則とまったく同じ。全盲のT/F11や重度のT/F12にはガイドランナーやアイマスクの使用，レーンのある種目での2レーン使用，ガイド先着は失格など特別な規則あり。

③ 脳性まひ（T/F31〜38） 重度の場合（T/F31〜38）は車いす使用。立位（T/F35〜38）ではスタブロ使用は任意。障がい特性からスタンディングスタートも認められる。

④ 低身長（T/F40〜41） 日本陸連規則とまったく同じ。ただし投てき種目は重量が軽い。

⑤ 下肢機能障がい（T/F42〜44・48） スターティングブロック使用は任意。障がい特性からスタンディングスタートも認められる。これ以外は日本陸連規則と同じ。

⑥ 上肢機能障がい（T/F45〜47・49） スターティングブロック使用は任意。障がい特性からスタンディングスタートも認められる。これ以外は日本陸連規則と同じ。

⑦ 下肢義足（T/F61〜64） スターティングブロック使用は任意。障がい特性からスタンディングスタートも認められる。義足には靴底の規則（TR5）は適用できない。これ以外は日本陸連規則と同じ。

⑧ 車いす パラ陸上オリジナルの種目。

8 公認競技会でのパラ競技者

現在，国内では，日本パラ陸連などが主催後援するパラ競技者のみを対象としたパラ競技会のほかに，パラ競技者を受け入れる日本陸連公認競技会がある。

日本陸連公認競技会へのパラ競技者参加の方法は大会の事情によって柔軟に対応可能である。

① 日本陸連登録している競技者のみを対象

競技会で実施される種目に一般競技者と一緒に競技させる。規則はパラ競技者であっても日本陸連競技規則を適用。ただし障がい特性に応じた若干の配慮が可能。

② 日本陸連登録の有無に関係なく対象

競技会の特別種目として実施

例　義足の競技者による100m　（静岡国際などで実施）

車いすレース　　　　など

9　公認競技会でのパラ競技者への配慮事項

パラ陸上競技では，不可能を可能にするため，通常の陸上競技規則に加え若干の特別な規則が設けられている。障がいの特性を知り少しの配慮をすることでパラ競技者の可能性が広がっていくことを理解いただきたい。

一般の公認競技会への参加が想定されるクラス（主に車いす，座位投てき等以外）を対象として，競技役員部署ごとの特記事項をJPAウェブサイトで確認できる。

https://para-ath.org/wp-content/uploads/2022/06/20220622jk.pdf

以下，その抜粋である。

① 情報処理

エントリー受付時，スタートリストの競技者の後ろに競技クラスを追記しておくと競技役員各部署は対応が容易になる。

例：東京太郎（T11）

② 競技者係

1)　T11のアイパッチ，アイマスク装着の確認。アイマスクは不透明なもので，装着時に隙間があってはならない。T12は装着の義務はない。

2)　T11ではガイドランナーは必須だが，T12は任意。

3)　ガイドランナーがいる場合，テザー（＝ガイドロープ）の仕様，長さ，伸縮しないことの確認

4)　レーンを使用する種目では，隣り合う2レーンが割り当てられているか（T12は，ガイドランナーがいなくても2レーン分割り当てる）

③ 出発係

1)　スターティングブロックは，T11〜13（視覚障がい），T20（知的障がい）のみ必須，その他クラスでの使用は任意。任意の場合は，スタートラインに触れない・超えない限り，スタンディング，膝をトラックに着いていない，片

手だけをついている，片方のスターティングブロックだけを使用している等，どのようなかたちの姿勢でも可となる。

2) 招集所で確認済みのアイパッチ，アイマスクの着用確認。テザー（＝ガイドロープ）の仕様などの確認。ガイドランナー用ビブス着用の確認

3) 隣り合う2レーンが割り当てる際のスタートラインの延長（技術総務と連携）。

④ スターター

1) スターティングブロック任意のクラス（T11〜13，T20以外）で，スタートラインに触れない，超えない限り，スタンディング，膝をトラックに着いていない，片手だけをついている，片方のスターティングブロックだけを使用するなどの配慮が可能なことの理解。

2) ガイドランナーもスターティングブロック使用は必須。また，ガイドランナーは競技者と一体であるので不正スタートの対象となることの理解。

⑤ 監察員

1) トラック競技において，上肢義肢の装着は任意，下肢義肢の装着は必須であることの理解。義肢を装着して競技する場合は，常に装着して競技しフィニッシュしなければならず，途中での脱落含め違反の場合は失格となる。

2) T11/12でレース中，アイマスクを常に着用しているか。

3) ガイドランナーと競技者が常に正しくテザー（＝ガイドロープ）でつながっているか。

4) ガイドランナーが競技者を押したり，引っ張ったりしていないか。

5) フィニッシュ時にガイドランナーが先着または同着の場合は失格となるので審判長に報告する。

6) ガイドランナーは選手と一体であるのでレーン侵害も対象。

⑥ 写真判定員

T11/T12でガイドランナーが先着または同着の場合は失格となるので審判長に報告。

⑦　フィールド審判員

1)　フィールド競技では，上肢・下肢義肢とも装着は任意であるが，義肢を装着する場合はすべての試技での装着が必須。違反した場合は失格となる。

2)　助走中に義足が脱落した場合，義足なしでは試技できないが，制限時間内に義足を装着すれば試技の継続が可能である。

3)　跳躍中に義足が落下した場合：

a　走高跳：義足がバーを越えなかった場合は無効試技となる。

b　走幅跳：着地エリア内に落下しその痕跡が踏切板に最も近い場合はその痕跡を起点として計測し，着地エリア外に落下した場合は無効試技となる。

4)　T11でアイパッチ及びアイマスクを着用しているか。

5)　アシスタントは以下のことができる：

a　助走路およびサークル内で，競技者が投げる方向，位置を決める手伝い。

b　試技の際，声や音で方向を示す。

6)　アシスタントは以下のことはできない。

a　競技エリアでのコーチング

⑧　技術総務

1)　T11〜13（視覚障がい）でレーンを使用する競技で2レーン分を使用する際のスタートラインの延長。

2)　T11/T12，上肢機能障がいのクラスで給水が必要なレースでは，右側で取れない場合に対応して左側の縁石内側への設置配慮。

10　パラ陸上競技オリジナル種目の規則

　パラ陸上競技には，座位投てきや視覚障がいの距離の跳躍など通常の競技会にないオリジナル種目もある。こうした種目の規則を含めパラ陸上競技の競技規則は日本パラ陸連のウェブサイトで確認できる。

https://para-ath.org/sports/basic-knowledge#ruleパラ陸上

競技会における広告および展示物に関する規程

競技会における広告および
展示物に関する規程

当該競技会において，本規程が適正に運用されているかを確認し，チェックするのは主に総務，競技者係（招集所），フィールド審判員である。

本編，1〜4は，その任の助けとなるものに資料を添えて掲載した。また，その他として競技会開催にあたり準備段階から主催者が整えなければならない事項のうち，〔国内〕大会要項記載（例），競技場内広告ボード掲出（例）の二点を示す。更に，巻末にはチェック用の目盛りを付けている。

1　〔国内版〕衣類およびアクセサリーのガイドライン

2　広告規程 チェック/早見表【競技者の衣類・その他のアパレル】

3　製造会社ロゴ　シンボルデザイン

4-1　装飾的なデザインマーク　4-2　重ね着/重ね履き

その他　・〔国内〕大会要項／競技注意事項　記載例
　　　　・競技場内 (marketing) 広告ボード掲出（例）

1　〔国内版〕衣類およびアクセサリーのガイドライン

〔国内〕本規程は，以下の(ⅰ)から(ⅴ)の国内競技会に適用される。

＊国内での競技会でも，国際マラソンや，WAツアー競技会，海外開催の競技会はWAガイドラインおよび，当該地競技会が定める規程に従う必要がある。

(ⅰ)　本連盟主催・共催競技会

(ⅱ)　本連盟後援競技会

(ⅲ)　テレビ放映またはインターネット等によって不特定多数に送信される競技会

(ⅳ)　アスリートビブスに広告協賛を付した競技会

(ⅴ)　その他大会要項において本規程の適用を定めている競技会

国際競技会におけるガイドラインと完全なWAのマーケティングおよび広告規程は，以下に掲載されている。

https://www.worldathletics.org/about-iaaf/documents/book-of-rules
(bookC-C7.4)

競技用の衣類〔アスリートキット〕前面

競技用の衣類（アスリートキット）

前面

ロゴはキット前面への掲出が原則だが、前面、袖および（または）前面に配置できる。

製造会社名/ロゴ
上衣：一箇所／40cm²／最大の高さ5cm
＊前面X/Y、袖、または後ろに配置できる。

アスリートピアス
最大の大きさ：幅24cm × 高さ16cm
上部：6cm以内　下部：4cm以内

製造会社名/ロゴ
下衣：一箇所／40cm²／最大の高さ5cm
＊前面X/Y、または後ろに配置できる。

所属団体名/ロゴまたは（学校名/ロゴ）
上衣前面：一箇所
（所属団体名/ロゴ）　長さは問わないが、最大の高さ5cm
（学校名/ロゴ）　大きさの制限なし

アスリートスポンサー名/ロゴ
上衣：一箇所／40cm²／最大の高さ5cm
＊前面X/Y、袖、または後ろに配置できる。
＊上下全く同一のものでなければならない。

アスリートスポンサー名/ロゴ
下衣：一箇所／40cm²／最大の高さ5cm
＊前面X/Y、または後ろに配置できる。
＊上下全く同一のものでなければならない。

所属団体名/ロゴまたは（学校名/ロゴ）
下衣：一箇所（前後のどちらか）
（所属団体名/ロゴ）　長さは問わないが、最大の高さ5cm
（学校名/ロゴ）　大きさの制限なし

注：アスリートキット前面に表示できるのは、所属団体名/ロゴ1つ、アスリートスポンサー名/ロゴ1つと、所属団体名/ロゴ1つ。なお、許可されている場合は、個人の所有物およびアクセサリーにも表示することができる。ただし、すべてのアイテムに同じアスリートスポンサー名/ロゴ、所属団体名/ロゴを表示する必要がある。

484

競技用の衣類 背面

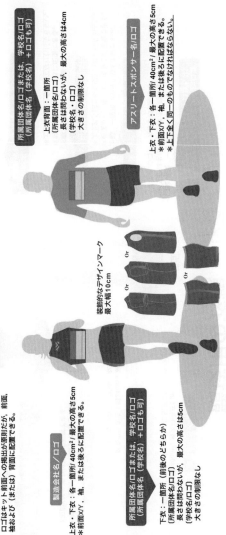

ロゴはキット前面への掲出が原則だが、前面、袖および（または）背面に配置できる。

製造会社名/ロゴ

・上衣・下衣：各一箇所／40cm²／最大の高さ5cm
＊前面X/Y、袖、または後ろに配置できる。

所属団体名/ロゴまたは、学校名/ロゴ
（所属団体名〔学校名〕＋ロゴも可）

下衣：一箇所（前後のどちらか）
長さは問わないが、最大の高さは5cm
（学校名・ロゴ）
大きさの制限なし

所属団体名/ロゴまたは、学校名/ロゴ
（所属団体名〔学校名〕＋ロゴも可）

上衣背面：一箇所
（所属団体名/ロゴ）
長さは問わないが、最大の高さは4cm
（学校名・ロゴ）
大きさの制限なし

アスリートスポンサー名/ロゴ

・上衣・下衣：各一箇所／40cm²／最大の高さ5cm
＊前面X/Y、袖、または後ろに配置できる。
＊上下全く同一のものでなければならない。

装飾的なデザインマーク
最大幅10cm

競技用の衣類　レオタード

前面

背面

製造会社名/ロゴ
上部：一箇所/最大の高さ5cm
※前面X/Y、他、または後ろに配置できる。

アスリートビブス
最大の大きさ：幅24cm x 高さ16cm
上部：6cm以内　下部：4cm以内

製造会社名/ロゴ
下部：40cm²/最大の高さ5cm
※前面X/Y、または後ろに配置できる。

所属団体名/ロゴまたは、学校名/ロゴ
（所属団体名/ロゴ（学校名）＋ロゴも可）
上部背面
（所属団体名/ロゴ）
長さは問わないが、最大の高さは4cm
（学校名・ロゴ）
大きさの制限なし

所属団体名/ロゴまたは、学校名/ロゴ
（所属団体名/ロゴ（学校名）＋ロゴも可）
上部前面
（学校名/ロゴ）
長さは問わないが、最大の高さは5cm
大きさの制限なし

アスリートスポンサー名/ロゴ
上部：一箇所/40cm²/最大の高さ5cm
※前面X/Y、他、または後ろに配置できる。
※上下全く同一のものでなければならない。

アスリートスポンサー名/ロゴ
下部：一箇所/40cm²/最大の高さ5cm
※前面X/Y、または後ろに配置できる。
※上下全く同一のものでなければならない。

所属団体名/ロゴまたは、学校名/ロゴ
（所属団体名/ロゴ（学校名）＋ロゴも可）
下部：一箇所（前後のどちらか）
長さは問わないが、最大の高さは5cm
（学校名/ロゴ）
大きさの制限なし

競技用の衣類〔アスリートキット〕装飾的なデザインマーク
表示が認められる箇所　WAと〔国内〕共通

競技用の衣類（アスリートキット）

装飾的なデザインマーク　表示が認められる箇所

1箇所に、1回または、1回幅10cm以内の帯状で繰り返し表示できる。

*パンツまたはレオタードの両側、両脚の先端
*両袖の外側の縫い目沿い
（Tシャツ、トラックスーツ上衣、他）
*両脚の外側の縫い目沿い
（レオタード、レギンス、他）

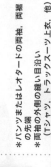

帯状での使用が認められている装飾的なデザインマークの例

ADIDAS	ASICS	MIZUNO	NIKE	PUMA	REEBOK

文字を含むため、帯状での使用が認められない
装飾的なデザインマークの例

ADIDAS	ASICS	MIZUNO	NIKE	PUMA	REEBOK

その他のアパレル

ヘッドバンド

メガネおよびサングラス

製造会社名/ロゴ

6cm²/最大高さ3cm
*メガネ・サングラスは2つ表示できる。

所属団体名/ロゴ または 学校名/ロゴ

(所属団体名/ロゴ)を1つ一箇所表示できる。

(所属団体名/ロゴ)または(学校名/ロゴ)：6cm²まで
(所属団体名/ロゴ)：6cm²まで
(学校名/ロゴ)：大きさの制限なし

帽子

ソックス類

アームウォーマー
レッグウォーマーなど

手袋

・その他のアパレルには、アスリートスポンサー名/ロゴおよび、製造会社の装飾的なデザインマークは表示できない。

概略

競技用キット

競技用トップス（ベスト、シャツ他）

製造会社名/ロゴ（1つ） 40cm²、最大の高さ5cm
アスリートスポンサー名/ロゴ（1つ） 40cm²、最大の高さ5cm
所属団体名/ロゴ または 学校名/ロゴ：前後に各一箇所 長さは問わないが高さは 前：5cm 後ろ：4cm *学校名/ロゴの大きさには、制限なし

競技用パンツ（タイツ、レギンス他）

製造会社名/ロゴ（1つ） 40cm²、最大の高さ5cm
アスリートスポンサー名/ロゴ（1つ） 40cm²、最大の高さ5cm
所属団体名/ロゴ または 学校名/ロゴ：前後どちらかに一箇所 長さは問わないが高さは5cmまで *学校名/ロゴの大きさには、制限なし

レオタード（ワンピース）

同上

その他のアパレル

靴下（膝丈の靴下を含む）、ヘッドギア、帽子、ヘッドバンド、手袋、メガネ、サングラス、リストバンド、前腕バンドなど

製造会社名/ロゴ（1つ） 6cm²、最大の高さ3cm
*メガネおよびサングラスについては、製造会社名/ロゴを一箇所表示できる。
所属団体名/ロゴ または 学校名/ロゴ：一箇所まで 6cm²まで *学校名/ロゴの大きさには、制限なし

医療用テープ／一般的なテープ

競技者が使用する医療用テープまたは一般的なテープは、無地でも、競技者の名前が付いていても構わない。医療用テープまたは一般的なテープに記載される商品名／ロゴは、大会主催者の書面での承認が必要である。

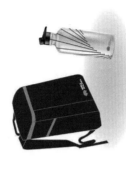

個人の所有物およびアクセサリー

すべてのタオル（ビーチ、バス、ハンド、フェイス）およびブランケット

1x 製造会社名／ロゴ
2x アスリートスポンサー名／ロゴ または
競技者名／競技者個人のソーシャルメディア
ハッシュタグ

➡ それぞれ、40cm²、最大の高さ 5cm
＊競技者名／競技者個人のソーシャル
メディアハッシュタグの大きさには、
制限なし

すべてのバッグ（タグとラベルを含む）

1x 製造会社名／ロゴ
2x アスリートスポンサー名／ロゴ または
競技者名／競技者個人のソーシャルメディア
ハッシュタグ
（そのうち、1つを所属団体名／ロゴまたは
学校名／ロゴにすることができる。）

➡ それぞれ、40cm²、最大の高さ 5cm
＊所属団体名／ロゴは、長さは問わな
いが、最大の高さは 5cm
＊学校名／ロゴ、競技者名／競技者個人
のソーシャルメディアハッシュタグ
の大きさには、制限なし

ドリンクボトル（最大2リットルのボトル）

2x 飲み物の提供者（製造会社名および
アスリートスポンサー名／ロゴ

➡ それぞれ、40cm²、最大の高さ 5cm

シューズ

競技者が使用する靴の製造会社名／ロゴのサイズに制限はない。競技者の名前、競技者個人
のソーシャルメディアハッシュタグ（すなわち商品参照のないハッシュタグ）も同様に、
サイズや配置の制限はない（これには、競技者自身の靴のブランドが含まれる）。

2 競技者係 広告規程 チェック／早見表
【競技者の衣類・上衣】

競技者係　　　　　広告規程 チェック早見表　【 競技者の衣類・上衣 】

競技者の衣類 上衣	共通		国際大会用		国内大会用		学校用 ※国内大会のみ	
	製造会社	装飾デザイン(*1)	スポンサー1	スポンサー2	所属団体名	スポンサー	学校名	スポンサー
	1つ	1か所(*1)	1つ	1つ	2つ	1つ	2つ	1つ
アスリートキット 上 ランニングシャツ Tシャツ ベスト レオタード上 セレモニーキット 上 ジャージ上 ウインドブレーカー上 その他 上衣 場内で着用するTシャツ 防寒着上 レインスーツ上	40cm²以内 高さ5cm以内	垂直の水平幅 10cm以内 *1 A 袖口 B 袖の外側 縫い目沿い C 脇の 縫い目沿い その他も可	40cm²以内 高さ5cm以内 ※すべての 衣類で同じで あること ※ 所属団体 ・学校名でも可	40cm²以内 高さ5cm以内 ※すべての 衣類で同じで あること	(前) 高さ5cm以内 長さの規制なし (後) 高さ4cm以内 長さの規制なし	40cm²以内 高さ5cm以内 ※すべての 衣類で同じで あること	(前) サイズの規制 なし (後) サイズの規制 なし	40cm²以内 高さ5cm以内 ※※高校・ 中学は 表示不可

491

競技者係　　　広告規程　チェック早見表　　【 競技者の衣類 ・ 下 衣 】

競技者の衣類　下衣	共通		国際大会用		国内団体用		学校用	国内大会のみ
	製造会社	装飾デザイン(*2)	スポンサー1	スポンサー2	所属団体名	スポンサー	学校名	スポンサー
	1つ	1か所(*2)	1つ	1つ	1つ	1つ	1つ	1つ
アスリートキット　下 ランニングパンツ タイツ レギンス レオタード セレモニーキット　下 ジャージ ウインドブレーカー下 その他　下衣 場内で着用するタイプ 防寒着下 レインスーツ下	40㎠以内 高さ5cm以内	垂直の水平幅 10cm以内 *2 A標の周り B外側の 縫い目沿い	40㎠以内 高さ5cm以内 ※すべての 衣類で同じで あること ※※所属団体 名 ・学校名でも可	40㎠以内 高さ5cm以内 ※すべての 衣類で同じで あること	高さ5cm以内 長さの規制なし	40㎠以内 高さ5cm以内 ※すべての 衣類で同じで あること	サイズの規制 なし	40㎠以内 高さ5cm以内 ※すべての 衣類で同じで あること ※※高校・ 中学生は 表示不可

【その他のアパレル】

競技会における広告および掲示物に関する規程

広告規程　チェック早見表　【 その他のアパレル 】

	共通		国際大会用		国内大会用		学校用・※国内大会のみ	
	製造会社(*3)	装飾デザイン	スポンサー1	スポンサー2	所属国体名	スポンサー	学校名	スポンサー
その他のアパレル 靴下(膝下の靴下を含む) 帽子 ヘッドギア ヘッドバンド 手袋 メガネ(2つ表示可) サングラス(2つ表示可) リストバンド 前胸バンド	1つ(*3) 6cm²以内 高さ3cm以内 *3 メガネ、サングラスは2つ	不可	不可	不可	6cm²以内	不可	サイズの制限なし	不可
その他個人の所有物等 シューズ	1つ サイズの規制なし (競技者名／個人のハッシュタグも可)	1つ	1つ	不可	1つ	1つ	1つ	1つ
すべてのバッグ	40cm²以内 高さ5cm以内		40cm²以内 高さ5cm以内 または 競技者名／個人のハッシュタグ	40cm²以内 高さ5cm以内 または 競技者名／個人のハッシュタグ	高さ5cm以内 長さの規制なし	40cm²以内、高さ5cm以内 または 競技者名／個人のハッシュタグ	サイズの規制なし	40cm²以内、高さ5cm以内 または 競技者名／個人のハッシュタグ
すべてのタオルおよびブランケット	40cm²以内 高さ5cm以内	不可	40cm²以内 高さ5cm以内 または 競技者名／個人のハッシュタグ		※所属国体名・学校名のハッシュタグ	40cm²以内、高さ5cm以内		
ドリンクボトル			40cm²以内、高さ5cm以内 ※ドリンク提供会社・製造会社でも可		40cm²以内、高さ5cm以内 ※ドリンク提供会社・製造会社でも可			

※それぞれの衣類・アパレルに、スポンサー名／ロゴ等を2つ以上表記する場合、異なる表記のものでなくてはならない。

493

チェック用具〔例〕

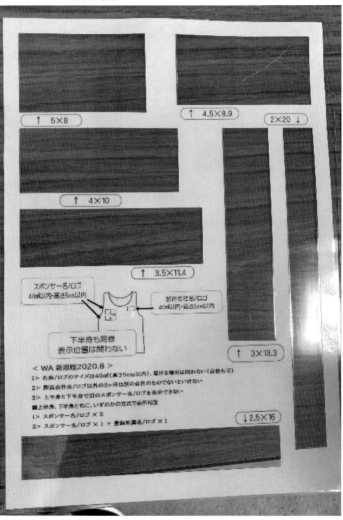

↑ 5×8

↑ 4.5×8.9

2×20 ↓

↑ 4×10

↑ 3.5×11.4

スポンサー名/ロゴ
40cm²以内・高さ5cm以内

製造会社名/ロゴ
40cm²以内・高さ5cm以内

下半身も同様
表示位置は問わない

↑ 3×13.3

< WA 新規程2020.8 >
1> 名前/ロゴのサイズは40cm²（長さ5cm以内）、着ける場所は問わない（前後も可）
2> 製造会社名/ロゴ以外の2ヶ所は別の会社のものでないといけない
3> 上半身と下半身で別のスポンサー名/ロゴを表示できない
■上半身、下半身ともに、いずれかの方式で表示可能
1> スポンサー名/ロゴ × 2
2> スポンサー名/ロゴ × 1 ＋ 登録所属名/ロゴ × 1

↓2.5×16

3　主な製造会社ロゴとシンボルデザイン

　製造会社ロゴとは、「シンボル，デザインまたはその他の図案化された表示，キャッチフレーズ，スローガン，タグラインなど，製造会社，スポンサー，他のあらゆる会社，または，そうした会社の製品名を表すもの」であり，製造会社の一般的なロゴマークだけではなく，その製造会社だけが使用している図案化された表示やキャッチフレーズ，スローガンも全て，製造会社ロゴとして扱われる。

○製造会社の図案化された表示・キャッチフレーズ・スローガンの例
　・ADIDAS：END PLASTIC ∞ WASTE　→

　・ASICS：
　　　LIVE IN THE MOMENT　→

　・MIZUNO：
　　　§ NXT →

　・NIKE：
　　　JUST DO IT→

　・DESCENT：
　　　MOVESPORT→

　・NISHI：
　　　§ N∞ NO LIMIT\ATHLETE　→

【注意】　一般的な製造会社名／ロゴマーク以外に，これら製造会社の「図案化された表示・キャッチフレーズ・スローガン」が，表示されている場合，規則違反となる。

4-1 装飾的なデザインマーク

帯状での使用が認められている装飾的なデザインマークの例

ADIDAS	ASICS	MIZUNO	NIKE	PUMA	REEBOK
III	asics	ミズノマーク	✓	puma	Reebok

文字を含むため，帯状での使用が認められない
装飾的なデザインマークの例

ADIDAS	ASICS	MIZUNO	NIKE	PUMA	REEBOK
adidas	asics	Mizuno	NIKE	PUMA	Reebok

1箇所に，1回または，
幅10cm以内の帯状で
繰り返して表示できる。

*パンツまたはレオタードの両袖，両裾
　の先端
*両袖の外側の縫い目沿い
　（Tシャツ，トラックスーツ上衣，他）
*両脚の外側の縫い目沿い
　（レオタード，レギンス，他）

　幅10cm以内の帯状で繰り返し表示できるが，次の例のように規程を超えて繰り返しデザインされているものや，アルファベットを含むロゴ，幅10cmを超える〔着用時〕ものは認められない。

×：全面に表示

×：幅／アルファベット／
　　サイズ

4-2 重ね着・重ね履き

　1枚1枚のウエアが規程通りでも，重ね着・重ね履きにより製造会社名が2カ所表示される事例が散見される。これらも認められない。

　（重ね着した下の衣類への広告表示は不可）

×：Tシャツとベストの重ね着

×：パンツとランパンの重ね着

〔国内〕大会要項／競技注意事項　記載例

●競技規則	20xx年度日本陸上競技連盟規則および，競技会における広告および展示物規程による
●競技場内で着用できる衣類と持ち込める物品について	競技会における広告および展示物規程により，競技場内で着用できる衣類等に掲出できる製造会社名／ロゴ，スポンサー名／ロゴの大きさ，数については下記の様になっている。 事前に確認しておくこと。違反した場合にはテープ等でマスキング処置を行う。 〈アスリートキット〉 　(1)　競技用の衣類（トップス，ベスト，パンツ，レギンスなど），ウォームアップ用の衣類，セレモニーキット，トラックスーツ，Tシャツ，スウェットシャツ，スウェットパンツ，レインジャケット，など 　　○上衣 下衣〔それぞれ〕 　　・製造会社名／ロゴ：1つ／一箇所 40cm^2（高さ5cm）まで 　　・スポンサー名／ロゴ：1つ／一箇所 40cm^2（高さ5cm）まで 　　・所属団体名／ロゴ または 学校名／ロゴ： 　　〔所属団体名／ロゴ〕 　　上衣 前後 各一箇所 ＊長さは問わないが，高さは前：5cm，後ろ：4cm まで 　　下衣 一箇所 ＊長さは問わないが，高さは5cmまで 　　〔学校名／ロゴ〕上衣・下衣 大きさの規制なし 　(2)　競技者が着用するあらゆるその他のアパレル（靴下，ヘッドギア，帽子，ヘッドバンド，手袋，アームバンド，メガネ，サングラスetc） 　　・製造会社名／ロゴ：1つ／一箇所 6cm^2（高さ3cm）まで 　　＊メガネおよびサングラスについては，製造会社名／ロゴを二箇所掲出できる 　　・所属団体名／ロゴ または 学校名／ロゴ：1つ／一箇所 　　〔所属団体名／ロゴ〕6cm^{2}まで 　　〔学校名／ロゴ〕大きさの規制なし

〈個人の所有物およびアクセサリー〉

(1) タオル，バッグ
- ・製造会社名／ロゴ：1つ／一箇所 40cm^2（高さ5cm）まで
- ・スポンサー名／ロゴ または 競技者名／競技者個人のハッシュタグ：
  2つ／二箇所 それぞれ40cm^2（高さ5cm）まで
  ＊バッグについては，スポンサー名／ロゴのうち1つ／一箇所を，次のいずれかに変更できる
  〔所属団体名／ロゴ〕長さは問わないが高さは5cmまで
  〔学校名／ロゴ〕大きさの規制なし

(2) 飲料ボトル
- ・ドリンクの提供者，製造会社，および（または）スポンサー名／ロゴ：2つ／二箇所 それぞれ40cm^2（高さ5cm）まで
  ＊ペットボトルを持ち込む場合はラベルをはがすこと。

競技場内 (marketing)広告ボード掲出（例）

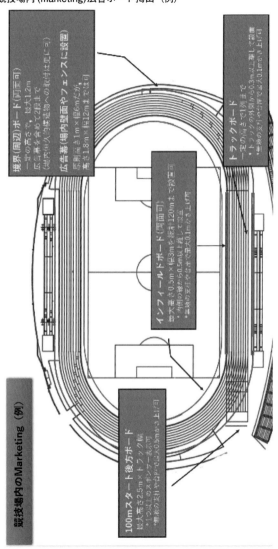

競技場内のMarketing（例）

境界（周辺）ボード（両面可）
一定の高さで、以大1.2m
広告類または2段まで
（地域内から特定物への取付は不可）

広告幕（場内壁面やフェンスに設置）
片側は幅1m×高6mだが、
高さ18m×幅12mまで可

インフィールドボード（両面可）
以大高さ0.5mを縦横計120mまで設置可
* 内側の縁から0.5m以上離して設置
* 車線の安全帯などから安全上0.1mから立上げ可

トラックボード
一定の高さで2列まで
* ランンングの外側から0.3m以上離して設置
* 車線の安全帯などから安全上0.1mから立上げ可

100mスタート後方ボード
以大高さ2.5m トラック幅
* 1つ以上のスポンサー表示可
* 車線の安全帯などから安全上0.5mから立上げ可

500

広告および展示物に関する規程　あとがき

　本規程は，競技者（特にアマチュア競技者）が，過剰に広告表示されたウエアを着用することで，競技者をその製造会社の広告塔にしないことや，資金面・物品面など，様々に競技会や競技者を支援しているスポンサーの方々への配慮のために定められている。

　競技者が日頃の練習の成果を最大限に発揮する競技会において，本規程に違反したユニフォームを着用，または物品を持参し，FOP内の下記各エリアにて，当該競技役員に注意やマスキングがなされることがないように，審判員の皆さんからも競技者への周知徹底に協力していただきたい。

I　招集所

　すべての競技者が広告展示物規程を遵守し，許可されていない物品が持ち込まれていないか，競技者係が確認する。

- ・表示物の測定は，着用中または使用できる状態で行う。
- ・違反があれば，その場で解決するか，審判長，大会主催者に確認し，解決を図る。
- ・競技者が広告展示物規程に違反している場合，審判長は，競技エリアに入ることを許可してはならない。

II　競技エリア

　競技エリアでは，当該競技の競技役員が，本規程が遵守されているかを確認する。

- ・違反があれば，その場で解決するか，審判長，大会主催者に確認し，解決を図る。

※なお，規程には【国際規程】と【国内規程】の2種類がある。どちらが適用されるかによって表示できる内容が異なる。

本連盟のウェブサイトに，本規程の詳細や，Q&Aを掲載している。問い合わせ先もあわせて掲載しているので，活用していただきたい。

日本陸上競技連盟　→　委員会　→　競技運営委員会
https://www.jaaf.or.jp/news/article/14995/

広告および展示物に関する規程について

競技者の着用するユニフォームやジャージ、個人の所有物等に関する広告規程を掲載をしています。大会主催者、審判、出場選手の皆さまは事前にご確認いただきますようお願いいたします。

CLICK

付録

競技会で使用する略語・略号

競技会で使用する略号例

記録用紙やスクリーンには，次のような略号を用いて簡潔に表記する。その際，観客や競技者が意味を理解できるように，使用する略号説明一覧の類をプログラムに記載する。

1．スタートリスト・記録用紙・スクリーンなどに用いる略号（**CR25.4**）

略 号	日 本 語 表 記	意 味
D N S	欠 場	Did Not Start
D N F	途中棄権（トラック競技・道路競技）	Did Not Finish
N M	記録なし	No valid trial recorded
D Q	失格　※備考①	Disqualified
○	成功・有効試技（走高跳・棒高跳）	Cleared
×	失敗・無効試技	Failed
—	パス	Pass
r	試合放棄(離脱)(フィールド競技・混成競技)	Retired from competition
Q	順位による通過者　※備考②	Qualified
q	記録による通過者　※備考②	qualified
q R	審判長の決定による通過者	Advanced to next round by Referee
q J	ジュリーの決定による通過者	Advanced to next round by Jury of Appeal
<	ベントニー（競歩）　　※備考③	Bent knee (Race Walking)
～	ロス・オブ・コンタクト(競歩)　※備考③	Loss of contact (Race Walking)
Y C	警 告	Yellow card
Y R C	2回目の警告	Second Yellow card
R C	レッドカードによる失格	Red card

※備考

① 競技者が規則違反で失格になった場合は，相当する規則番号を明記する。
　　例：「**DQ TR16.8**」
　　　　「**DQ FS**」（以下の「**3.失格の理由を示す略号の例**」を使用）など
　　なお「競技者にあるまじき行為や不適切な行為」で失格になった場合はその理由について公式記録に明記する。

② 「Q，**q**」について
・トラック競技の場合　　（例：3組2着＋2）
　　Q：　各組2着以内の競技者　（ **Qualified by place** ）
　　q：　3着以下で記録が上位の競技者2名　（ **qualified by time** ）
・フィールド競技の場合
　　Q：　予選通過標準記録突破者　（ **Qualified by pre-set standard** ）
　　q：　TR25.15による決勝進出者（ **qualified as per TR25.15** ）
　　予選通過標準記録を突破した競技者が**12**名に満たない場合，決勝進出者を**12**名とすることから，予選通過標準記録突破者に「**Q**」を，**TR25.15**による決勝進出者に「**q**」をつける。

(JAAF-35①. 2021/2)

付
録

③ 競歩競技のベントニー(<)、ロスオブコンタクト（〜）について
　　(<)、(〜) の略号は競技運営上，競技者にパドルや掲示板で示す場合や，記録用紙に
　　違反マークとして使用される。電光掲示板やリザルトに失格の理由が表示される場合
　　は，「**DQ**」と「**K1〜K5**」(以下の「**3. 失格の理由を示す略号の例**」を使用)の表
　　記などが用いられる。

2. 新記録などの略号例

略　号	日 本 語 表 記	意　　　味
P B	自己最高記録	Personal Best
S B	今季自己最高記録	Season Best
W R	世界記録	World　Records
= W R	世界タイ記録	Equal　World　Records
W I R	室内世界記録	World　Indoor　Records
= W I	室内世界タイ記録	Equal　World　Indoor　Records
W J R	U20世界記録　※備考④	World　U20　Records
= W J	U20世界タイ記録	Equal　World　U20　Records
W J I	室内U20世界記録	World　U20　Indoor　Records
= J I	室内U20世界タイ記録	Equal World U20 Indoor Records
N R	日本記録	National Records
= N R	日本タイ記録	Equal National Records
N I R	室内日本記録	National Indoor Records
= N I	室内日本タイ記録	Equal National Indoor Records
N J R	U20日本記録	National U20 Records
= N J	U20日本タイ記録	Equal National U20 Records
N J I	室内U20日本記録	National U20 Indoor Records
= J I	室内U20日本タイ記録	Equal National U20 Indoor Records
N Y R	U18日本記録　※備考④	National U18 Records
= N Y	U18日本タイ記録	Equal National U18 Records
N Y I	室内U18日本記録	National U18 Indoor Records
= Y I	室内U18日本タイ記録	Equal National U18 Indoor Records
G R	大会記録 ◆	Game Records
= G R	大会タイ記録	Equal Game Records

◆ 競技会規模や性格により異なる大会記録略号の例		
G R	国体など	Game Records
C R	選手権大会	Championship Records
M R	ゴールデングランプリなど	Meet Records

※**備考④**　競技会が行われる年の **12** 月 **31** 日現在で，「**U20**」は **18** 歳あるいは **19** 歳，
　　　　　「**U18**」は **16** 歳あるいは **17** 歳の競技者のこと。「U20」の記録は **19** 歳以下，
　　　　　「U18」は **17** 歳以下の競技者が出した時に認定される。

(JAAF-35②. 2021/2)

3．失格の理由を示す略号の例

失格の理由を示す略号は，主催団体が決めてよい。

以下はあくまでも参考例であり規則ではなく，「**DQ　TR16.8**」のように表記してもよい。
先にも述べたが略号を使用する場合は，観客や競技者が略号の意味を理解できるように，
略号を説明した一覧表の類をプログラムなどに記載することが必要となる。

略号例	内　　　容	規則番号
FS	不正スタート	TR16.8
T1	他の競技者を妨害した	TR17.2
T2	他のレーンに入った	TR17.3.1
T3	縁石の上，内側ライン上または，その内側を走った/歩いた	TR173.2
T4	ブレイクライン手前でレーンを離れ内側に入った	TR17.5
T5	競技者が自らの意思でトラックから離脱した	TR17.6
T6	ハードルをすべて越えなかった	TR22.6
T7	足または脚がハードルをはみ出してバーの高さより低い位置を通った	TR22.6.1
T8	手や体，振り上げ脚の上側でハードルを倒した	TR22.6.2
T9	自分または他のレーンのハードルを倒したり移動させて妨害した	TR22.6.3
T10	水濠と障害物をすべて越えなかった	TR23.7
T11	水濠と障害物を越える際に規則違反があった	TR23.7
R1	テイクオーバーゾーン内でバトンパスが完了しなかった	TR24.7
R2	バトンを落とした際に規則違反があった	TR24.6.3
R3	コーナートップで並んだ際に規則違反があった	TR24.20 又は21
K1	ロスオブコンタクトで3名以上がレッドカードを出した	TR54.7.1
K2	ベントニーで3名以上がレッドカードを出した	TR54.7.1
K3	ロスオブコンタクトとベントニーで3名以上がレッドカードを出した	TR54.7.1
K4	ロスオブコンタクトで競歩主任が単独で失格にした	TR54.4.1
K5	ベントニーで競歩主任が単独で失格にした	TR54.4.1

付
録

(JAAF-35③．2021/2)

世界記録・アジア記録が公認されるための要件

※世界記録・アジア記録はワールドランキングコンペティションで達成された記録であること（TR11.1 [国際]）

【全般】

要件	競技規則	WA／AAAが承認に必要な資料・署名など
WA競技規則の適用	CR31.1	競技会はWA規則に基づいて実施
記録の種類	CR31.2	WA／AAAが承認する記録・世界記録／アジア記録・U20世界記録／U20アジア記録・室内世界記録／室内アジア記録・U20室内世界記録／U20室内アジア記録
最少参加者数	CR31.1	・個人種目は3人以上　・リレー種目は2チーム以上
提出書類	CR31.6	WA所定の用紙で30日以内に申請 種目に応じて次の役員の署名 ・審判長　・写真判定主任（または計時員3名、またはトランスポンダー主任）　・スターター ・風力計測員　・フィールド審判員3名　・計測員（科学）　・総務　・ドーピング検査担当者(DCO) ・競技施設審判員3名　・WA／AIMS自転車計測員　・コース計測担当とコース設置認証担当
提出物	CR31.7	・申請書　・競技会のプログラム（もしくは電子データ）(CR31.7.1)　・当該競技に関するすべての結果(CR31.7.2) ・フィニッシュの判定写真とゼロ・コントロールテストの写真(CR31.7.3)
ドーピング検査	CR31.3.5	競技終了後のドーピング検査の実施（リレーは全てのメンバー）
WA認証の施設	CR31.12.1	・WAの認証の施設＝WAクラス1またはクラス2を裏承・もしくはWA基準で検定し、事後の計測報告者（WA書式）提出 ・日本開催上、世界記録申請にあたり、WAクラス1またはクラス取得を義務付け
男女混合の制限	TR9 CR31.2 [注釈] U|	・競技場内のみで行う競技では、フィールド種目を除き、男女混合の競技をしないこと(TR9.1以外)　・女子混合競技は、男女混合と女子単独の2つの世界記録を公認する　・道路競技は、男女混合は認められる。
国際競歩審判員	CR31.19	競歩種目では、少なくとも3人の国際競歩審判員（WAレベル／地域レベル）

【トラック競技】

要件	競技規則	WA／AAAが承認に必要な資料・署名など
計時方法 （手動計時・写真判定システムで記録計時）	CR31.14.1	・800m(4×200mリレーおよび4×400mリレーを含む)まで: 写真判定装置(CR31.14.2)　もしくはWA基準で検定、事後の計測報告者または手動計時
非輪械的風速計の使用	CR31.14.3	・200m以内の屋外競技では、TR17.8～13に規定される方法で測定された風速の報告 ・TR17.9: 非輪械的（超音波）風向風速計の使用
スタートインフォメーションシステム（~400m（4×200mリレーおよび4×400mリレーを含む））		・CR32（シニア）及びCR34（シニア室内）の400mまでは、WA認定のスタートインフォメーションシステム使用

【フィールド競技】

要件	競技規則	WA／AAAが承認に必要な資料・署名など
計測方法	CR31.17.1	・鋼鉄製巻尺、または高度計を使用し、3人の審判員が確認・科学計測装置で計測（EDM／VDM）・鋼鉄製巻尺の照準確認が必要
非輪械的風速計の使用	CR31.17.2	・走幅跳と三段跳では、TR29.10～12に規定される方法で測定される風速の報告 ・TR17.9: 非輪械的（超音波）風向風速計の使用
投てき物の再検査	CR31.17.4	・使用された投てき物へのマークと競技後の検査

【道路競技（競走・競歩）】

要件	競技規則	WA／AAAが承認に必要な資料・署名など
計時方法	CR31.14.1	・手動計時・写真判定・トランスポンダーシステムで記録計時
コースの自転車計測		・WA／AIMS自転車計測員の級またはB級によって計測
コースの証明		・コースでは、次の条件を満たす
レース当日のコース確認		・レース当日のコース設置が正しくなされているかの確認
コース再計測	CR31.21.5 CR31.20.4	・WA／AIMS 自転車計測員による再計測 ただし、コース計測がA級1名を含む2名以上で実施され、うち1名が当日の設置確認を実施した場合は不要

世界記録・アジア記録・日本記録が公認されるための要件　確認リスト

※世界記録・アジア記録はワールドランキングコンペティションで達成された記録であること【TR11.1（国際）】

○…必要／一は必要ではない。

【トラック技技】

要件	規則/規格	世界記録	UDD世界記録	案内世界記録	アジア記録	UDD アジア記録	案内アジア記録	UDD案内アジア記録	日本記録	UDD・U16日本記録
WA競技規則の適用	CR31.1	○	○	○	○	○	○	○	○	○
国際標準（アジア標準）への公式な記録申請	CR31.6	○	○	*国際連盟用のルールにある	○	○	*国際連盟用のルールにある	*日本選手への申請必要	○	○
WAのクラスAまたはの施設であること	CR31.12.1	○	○	TR41 TR43	TR41 TR43	○	TR41 TR43	TR41 TR43	○	○
有効写真とゼロコントロールテストの写真表出	CR31.7.3	○	○	○	○	○	○	○	○	○
ドーピングテストの実施	CR31.3.5	○	○	○	○	○	○	○	○ (UPU・U20の記録では6人)	○
計時方法（手動計時・写真システムで記録計時）	CR31.14.1	○	○	○	○	○	○	○	○	○
写真判定装置の使用（~800m(4×200m)～およびび4×400m(ルールを含むまで)	CR31.14.2	○	○	○	○	○	○	○	○	○
スタートフォーンシステム(~400m(4×200m)～およびび4×400m(ルールを含むまで)	CR31.14.5	○	○	○	○	○	○	○	○	—
非機械的風速計の使用(~200mまで)	CR31.14.3	○	○	—	○	○	—	○	○	—
個人種目で3人以上、リレー種目で2チーム以上の出場	CR31.1	○	○	○	○	○	○	○	○	—
男女混合で行なうこと(TR9において適用外の場合あり)	TR9	○	○	○	○	○	—	—	○	○
競歩種目（国際競歩審判員が少なくとも6人以上	CR31.19	—	—	—	—	—	—	—	JRW11名	JRW15名

【フィールド技技】

要件	規則/規格	世界記録	UDD世界記録	案内世界記録	アジア記録	UDD アジア記録	案内アジア記録	UDD案内アジア記録	日本記録	UDD・U16日本記録
WA競技規則の適用	CR31.1	○	○	○	○	○	○	○	○	○
国際標準（アジア標準）への公式な記録申請	CR31.6	○	○	*国内連盟のルールにある	○	○	*国内連盟のルールにある	*日本速連への申請必要	○	○
WAのクラスAまたはの施設であること	CR31.12.1	○	○	TR41 TR43	TR41 TR43	○	TR41 TR43	TR41 TR43	○	○
ドーピングテストの実施	CR31.3.5	○	○	○	○	○	○	○	○ (UPU・U20の記録では6人)	○
非機械的風速計の使用(走幅跳・三段跳)	CR31.17.2	○	○	○	—	—	—	—	○	○
個人種目で3人以上	CR31.1	○	○	○	○	○	—	—	○	—
計測方法（鋼鉄製巻尺、またはは走路計で手動計測、3人の審査員が確認、又は、科学計測装置(EDM、VDM)で計測）	CR31.17.1	○	○	○	○	○	—	—	○	○
認定された物の再検査	CR31.17.4	○	○	○	○	○	—	—	○	○

【ロード競技】

要件	規約規定	世界記録 U20世界記録	アジア記録	U20・アジア記録		日本記録	U20・U18 日本記録
WA競技規則の適用	CR31.1	○	○	○		*国内通用のルールもあり	
国際陸連（アジア陸連）への公式な記録申請	CR31.6	○	○	○		*日本陸連への申請必要	
ドーピングテストの実施	CR31.3.5	○	○	○		○(マラソン競歩)	—
複数種目で3人以上、リレー種目でチーム以上の出場	CR31.1	○	○	○		—	—
計時方法（手動計時・写真判定・自動応答システムで記録計時）	CR31.14.1	○	○	○		○	○
国際競歩審判が少なくとも3人	CR31.19	○	○	○		JRW11名	JRW11名
コースの距離計測（WA・AIMS計測員また計測員は出題）	CR31.20.1 CR31.21.1	○	○	○		*国内通用のルールもあり	
コースの条件（セパレーションエレベーション）	CR31.21.2	○	○	○		○	○
レース当日のコース確認	CR31.21.4	○	○	○		○	—
コース証明書	CR31.21.5	○	○	○		—	—

※ロードレースの途中計時については、記録が望めることがあるもので、CR31.20.5、21.6を確認のこと。

* 国内で日本記録（U20・U18を含む）が上回るか同等の成績を記録した場合には、陸連事務局に即時連絡すること。

* 国外に通信する場合には、登録証明書類外用を事前に作成し事前に通信先に提出しておくと、記録証明などを入手し易い（記録用紙別様照）。

競技会開催に関する公認申請

　加盟団体あるいは協力団体が直接主催する公認すべき競技会および，それらの下部組織が主催する公認すべき競技会について，加盟団体あるいは協力団体は，事前にそれぞれの競技会要項が公認競技会開催のすべての条件を満たすものであるか審査を行う。加盟団体あるいは協力団体が管轄するすべての公認すべき競技会を一次申請時は本連盟公認競技会システムに締め切り期日までにエクセルデータにまとめてアップロードを行う。一次申請以降の追加・修正・中止時は大会開催前までに随時更新を行い，本連盟競技運営委員会にて承認を行う。毎日午後１：００に承認された競技会が本連盟ホームページで確認できる。ホームページに掲載された競技会のみが国内の公認競技会として認定される。

　例外として加盟団体あるいは協力団体が管轄する主要な駅伝競走の競技会もここに掲載する。（駅伝競走は，検定されていない距離の使用，公認コースを使用しない場合がある点において例外である）

(1)　開催が認められる競技場

　公認競技会が開催される競技場は，別途本連盟に申請され認可を受けたものでなければならない。競技場の公認には期限があり，競技会の開催日がこの期限内にあることが条件となる。

　諸事情により，競技場の公認期限が切れて新たな申請の延長願いが出される場合があるが，この延長期間に公認競技会を開催することはできない。（詳細は本連盟施設用器具委員会に問い合わせること）

(2)　道路競走に関する留意事項

　ロードレースなどの道路競走の開催申請にあたっては，実施される各距離の中でも本連盟の検定を受けている距離についてのみを競技会名に続いて（距離）の形で示す。

〔記載例〕※（　）内が検定を受けている距離

　　第55回青梅マラソン（30㎞，10㎞）

　　第71回元旦競歩大会（20㎞，10㎞，5㎞）　等

主催者はエントリーの際に競技者の登録の有無を確認する。プログラムに登録者であることがわかるように表示する。登録者は所属団体名・登録都道府県名を表記する。未登録者は所属名を表記しないことが望ましい。

(3) 競技会コードに関する事項

すべての公認競技会は特有の競技会コードを持つ。競技会コードは8桁の数字で表され，上の2桁は西暦年の下2桁を利用する。例：2023年→23となる。新規の競技会でなければこの2桁の数字を変えて使用することができる。新規の競技会は各加盟団体ごとに新たなコードを付与し管理する。全国規模の大会は本連盟で番号【50】を管理，新規に競技会を開催する場合は問い合わせを行う。

(参考)

地域		都道府県コード　（2017より国体方式に変更）						
1	北海道	北海道 01						
2	東　北	青森 02	岩手 03	宮城 04	秋田 05	山形 06	福島 07	
3	関　東	茨城 08	栃木 09	群馬 10	埼玉 11	千葉 12	神奈川 14	山梨 15
4	東　京	東京 13						
5	北　陸	新潟 16	長野 17	富山 18	石川 19	福井 20		
6	東　海	静岡 21	愛知 22	三重 23	岐阜 24			
7	近　畿	滋賀 25	京都 26	大阪 27	兵庫 28	奈良 29	和歌山 30	
8	中　国	鳥取 31	島根 32	岡山 33	広島 34	山口 35		
9	四　国	香川 36	徳島 37	愛媛 38	高知 39			
10	九　州	福岡 40	佐賀 41	長崎 42	熊本 43	大分 44	宮崎 45	鹿児島 46
		沖縄 47						

日本学生連合　地区学生連盟コード

学連 60	北海道 61	東北 62	関東 63	北信越 64	東海 65	関西 66	中四国 67
	九州 68						

執筆・編集

執　筆
　　日本陸上競技連盟競技運営委員会

編　集
　　審判ハンドブック編集プロジェクトチーム
　　リーダー：関　隆史
　　サブリーダー：中村　拓也
　　メンバー：黒澤　達郎，佐藤　孝洋，高田　彬成，山田　峰生，
　　　　　　　　吉田　啓
　　監修：（副委員長）関根　春幸
協　力
　　日本陸上競技連盟施設用器具委員会
　　日本陸上競技連盟医事委員会

陸上競技審判ハンドブック2023‐2024年度版

2023年4月1日　第1版第1刷発行

発　　行	公益財団法人日本陸上競技連盟
	〒160-0013　東京都新宿区霞ヶ丘町4-2
	JAPAN SPORT OLYMPIC SQUARE 9階
	電話　050-1746-8410
制作・販売	株式会社ベースボール・マガジン社
	〒103-8482　東京都中央区日本橋浜町2-61-9
	TIE浜町ビル
	電話　03-5643-3930（販売）
振 替 口 座	00180-6-46620

印刷／製本　大日本印刷株式会社

ISBN978-4-583-11604-4 C2075　　Printed in Japan

フィールド競技試技時間表（票）

単独種目

残っている競技者数	走高跳	棒高跳	その他
4人以上*	1分	1分	1分
2〜3人	1分30秒	2分	1分
1人	3分	5分	―
連続試技**	2分	3分	2分

混成競技

残っている競技者数	走高跳	棒高跳	その他
4人以上*	1分	1分	1分
2〜3人	1分30秒	2分	1分
1人	2分	3分	―
連続試技**	2分	3分	2分

* 4人以上または各競技者の最初の試技は1分とする。
** 単独種目・混成競技ともに，残っている競技者数が2名以上の時に適用し，走高跳，棒高跳では高さが変わった場合でも適用する。

単独種目

残っている競技者数	走高跳	棒高跳	その他
4人以上*	1分	1分	1分
2〜3人	1分30秒	2分	1分
1人	3分	5分	―
連続試技**	2分	3分	2分

混成競技

残っている競技者数	走高跳	棒高跳	その他
4人以上*	1分	1分	1分
2〜3人	1分30秒	2分	1分
1人	2分	3分	―
連続試技**	2分	3分	2分

* 4人以上または各競技者の最初の試技は1分とする。
** 単独種目・混成競技ともに，残っている競技者数が2名以上の時に適用し，走高跳，棒高跳では高さが変わった場合でも適用する。

単独種目

残っている競技者数	走高跳	棒高跳	その他
4人以上*	1分	1分	1分
2〜3人	1分30秒	2分	1分
1人	3分	5分	―
連続試技**	2分	3分	2分

混成競技

残っている競技者数	走高跳	棒高跳	その他
4人以上*	1分	1分	1分
2〜3人	1分30秒	2分	1分
1人	2分	3分	―
連続試技**	2分	3分	2分

* 4人以上または各競技者の最初の試技は1分とする。
** 単独種目・混成競技ともに，残っている競技者数が2名以上の時に適用し，走高跳，棒高跳では高さが変わった場合でも適用する。